"十二五"职业教育国家规划教材
经全国职业教育教材审定委员会审定

国际贸易实务

第2版

主　编　李乐锋　刘晓军

副主编　于邢香　陈晓宁　李　蕊

编写人员　(以姓氏笔画为序)

王从芳　付秀芹　杨苗苗　赵永刚　姜梅梅

钟巧玲　阎玉华　曹长新　曹　薇　谢翠梅

南京大学出版社

图书在版编目(CIP)数据

国际贸易实务 / 李乐锋,刘晓军主编. — 2版. — 南京:
南京大学出版社,2015.8(2020.8重印)
ISBN 978-7-305-15566-6

Ⅰ.①国… Ⅱ.①李… ②刘… Ⅲ.①国际贸易—贸易实务—
高等职业教育—教材 Ⅳ.①F740.4

中国版本图书馆 CIP 数据核字(2015)第 165323 号

出版发行　南京大学出版社
社　　址　南京市汉口路 22 号　邮　编　210093
出 版 人　金鑫荣

书　　名　国际贸易实务(第 2 版)
主　　编　李乐锋　刘晓军
责任编辑　王日俊　　编辑热线　025-83592193

照　　排　南京南琳图文制作有限公司
印　　刷　常州市武进第三印刷有限公司
开　　本　787×1092　1/16　印张 19.75　字数 516 千
版　　次　2015 年 8 月第 2 版　　2020 年 8 月第 4 次印刷
ISBN　978-7-305-15566-6
定　　价　48.00 元

网址:http://www.njupco.com
官方微博:http://weibo.com/njupco
官方微信号:njupress
销售咨询热线:(025)83594756

第 2 版编写说明

《国际贸易实务》第 2 版是在 2009 年版的基础上，严格依据教育部颁发的教学大纲，并结合教材使用的教学反馈意见和建议进行的全面修改。新修订的教材经过全国职业教育教材审定委员会审定，列为"十二五"职业教育国家规划教材。第 2 版教材主要特点有：

1. 基于工作任务模式，去掉纯粹的理论描述，以够用、适度为原则进行知识介绍，以流程图为工具将每个模块的知识串联起来，形成系统的理论框架，并且与实际工作情境相结合，增强理论知识对实践的指导作用。

2. 重点突出动手能力的培养，在原有四个模块的基础上增加一个"国际贸易流程实训"模块，利用 SimTrade 外贸实训平台对教学内容进行模拟仿真实训，提高学生的实践能力。

3. 针对高职高专教育的特点，以职业能力培养为核心，从一个典型外贸公司的国际贸易业务入手，详细阐述了贸易前的准备、合同的订立、进出口合同的履行、业务善后与争议的处理等知识内容。

4. 教材体系仍采用模块化下的项目细分法，把进出口业务知识点具体化为操作环节，使抽象的理论知识与实际业务结合起来，增强教材内容的针对性和实用性。每个项目中都包含项目描述与分析、相关知识、项目实施与心得、业务技能训练等部分，开篇均列明了知识目标和能力目标，便于学生在学习中注意理论与实践的有机结合。

参与本书编写的同志有（以姓氏笔画为序）：于邢香、王从芳、付秀芹、刘晓军、李乐锋、李蕊、陈晓宁、杨苗苗、赵永刚、姜梅梅、钟巧玲、阎玉华、曹长新、曹薇、谢翠梅等，由李乐锋负责全书总纂，由陈晓宁负责修改校对。

本书的策划、修订与出版，得到了南京大学出版社黄继东主任的关心和帮助，特别是在教材体系设计方面提出了许多宝贵意见，谨在此表示诚挚的谢意！

由于时间仓促和水平所限，书中错误和疏漏之处在所难免，恳请广大读者批评指正。

编　者
2015 年 8 月

目　录

模块三　合同的履行

模块四 业务善后与争议的处理

模块五 国际贸易流程实训

模块一　国际贸易准备

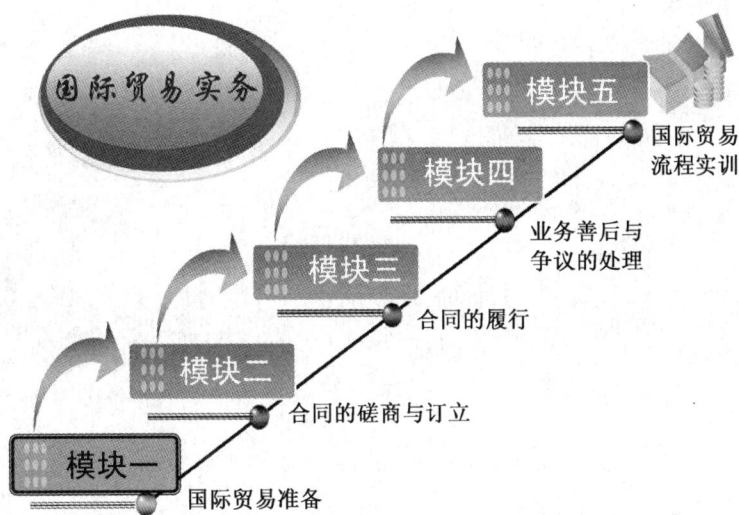

国际贸易实务

模块五
国际贸易
流程实训

模块四
业务善后与
争议的处理

模块三
合同的履行

模块二
合同的磋商与订立

模块一
国际贸易准备

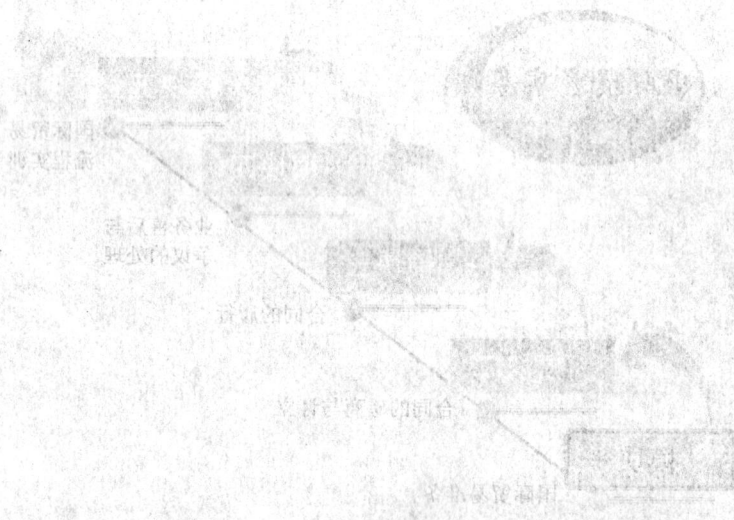

项目1　认识对外贸易

学习目标	
知识目标	能力目标
◇ 国际贸易相关概念 ◇ 对外贸易政策的类型 ◇ 关税、非关税措施以及出口鼓励、出口限制措施 ◇ 国际贸易的特点及发展趋势	◇ 查找我国对外贸易政策措施的变动内容 ◇ 了解相关贸易伙伴国家的对外贸易政策措施的变动情况，查找具体内容

1.1　项目描述与分析

1. 项目描述

烟台中策外贸有限公司一直是山东某高职院校的战略合作企业，每年接收数名国际贸易专业的毕业生。该公司自1985年成立以来，一直致力于纺织品、服装、复合地板和电子产品的出口。公司老总（法人代表）安排刚到此报到的王铮到出口部工作，跟资深外贸业务员于冬亮熟悉国际贸易业务，首先让王铮了解我国近年的对外贸易政策、措施以及国际贸易的大环境。

2. 项目分析

烟台中策外贸有限公司主要从事服装、复合地板、电子产品的进出口业务，即主要出口我国竞争力强的优势产品，进口我国所需的木材、化工原料等。

国际贸易业务是在不同国家（地区）间开展贸易，具有很强的涉外性和综合性，具体涉及国际贸易理论与政策、国际贸易法律与惯例、国际结算、国际金融、国际运输与保险等诸多方面的理论与实际操作。所以从事国际贸易业务工作，一定要学习好国际贸易相关理论与实务，掌握开展国际贸易业务所必须具备的理论知识与技能。

国际贸易业务受国家宏观经济政策的影响很大，所以从事国际贸易工作一定要了解我国和贸易伙伴所在国的对外贸易政策、措施，熟悉相应的国际惯例和贸易规则。

1.2　相关知识

1.2.1　国际贸易的基本概念

国际贸易活动种类繁多，性质复杂，从不同的角度进行科学的分类是认识和研究国际贸易非常重要的基础工作。

1. 国际贸易与对外贸易

国际贸易（International Trade）也称"世界贸易"或"全球贸易"，是指世界各国或地区之间的(货物)商品和服务交换活动,是从整个世界的角度来考察贸易活动。

对外贸易(Foreign Trade)是从一个国家或地区的角度来看它与其他各国(地区)之间的商品和劳务的交换。一些海岛国家或地区,如英国、日本、中国台湾等,常把对外贸易称之为海外贸易(Overseas Trade)。

2. 有形贸易与无形贸易

有形贸易(Visible Trade)是指贸易双方所进行交易的商品是可以看得见的有形实物。《联合国国际贸易标准分类》把国际贸易商品共分为十大类:食品及主要供食用的活动物(0);饮料及烟类(1);燃料以外的非食用原料(2);矿物燃料、润滑油及有关原料(3);动植物油脂及蜡(4);未列名化学品及有关产品(5);主要按原料分类的制成品(6);机械及运输设备(7);杂项制品(8);没有分类的其他商品(9)。0~4类为初级产品;5~8类为工业制成品。

无形贸易(Invisible Trade)是指劳务或其他非实物商品的进出口交易,如运输、保险、国际旅游、金融、技术转让和劳务输入输出等。

有形贸易的金额反映在一国的海关统计上;无形贸易的金额一般不反映在海关统计上,但反映在该国的国际收支表上。

3. 进口贸易与出口贸易

对外贸易又称为进出口贸易,由进口和出口两个部分组成。对输入商品或劳务的国家(地区)来说,是进口;对输出商品或劳务的国家(地区)来说,是出口。

如果出口国与进口国之间进行的贸易买卖,其货物运输必须要通过第三国的国境,对第三国来说,就构成了该国的过境贸易(Transit Trade)。

一个国家对于某种商品往往既有出口又有进口,在一定时期内(假定一年)出口大于进口,为净出口(Net Export);反之,即为净进口(Net Import)。

4. 直接贸易、间接贸易与转口贸易

直接贸易(Direct Trade)是指商品生产国与商品消费国直接买卖商品的行为。

间接贸易(Indirect Trade)是指商品生产国与商品消费国不直接买卖商品,而是通过第三国进行买卖商品的行为。对生产国而言,是间接出口;对消费国而言,是间接进口;对第三国而言,就是转口贸易(Entrepot Trade)。

5. 对外贸易值与国际贸易值

对外贸易值(Value of Foreign Trade)是以货币表示的贸易金额。一定时期内一国从国外进口商品的全部价值,称为进口总额。一定时期内一国向国外出口商品的全部价值,称为出口总额。两者相加为进出口总额,它是反映一个国家对外贸易规模的重要指标。联合国编制发表的世界各国对外贸易值的统计资料是以美元表示的。

把世界上所有国家的进口总额或出口总额用同一种货币换算后加在一起,即得到世界进口总额或世界出口总额。由于各国一般是按FOB(装运港船上交货)价计算出口额,按CIF(成本加保险费、运费)价计算进口额。因此世界出口总额略小于世界进口总额。从国际贸易来看,一国的出口就是另一国的进口,如果世界各国进出口值相加作为国际贸易总值就是重复计算。因此,通常所说的国际贸易值就是世界出口总额。

6. 贸易顺差与贸易逆差

贸易差额(Balance of Trade)是一国在一定时期内(如一年、半年、一季、一月)出口总值与进口总值之间的差额。

当出口总值与进口总值相等时,称为"贸易平衡"。当出口总值大于进口总值时,出现贸易盈余,称"贸易顺差"(Favourable Balance of Trade)或"出超"。当进口总值大于出口总值时,出现贸易赤字,称"贸易逆差"(Unfavourable Balance of Trade)或"入超"。通常,贸易顺差以正数表示,贸易逆差以负数表示。

想一想

一般来说,贸易顺差表明一国在对外贸易收支上处于有利地位,贸易逆差则处于不利地位,那么,长期顺差是否一定是好事,长期逆差是否一定是坏事?为什么?

表1-1 中国进出口商品年度统计表

日期	进出口总值	同比	出口总值	同比	进口总值	同比
2012年	38 667.6 亿美元	6.2%	20 498.3 亿美元	7.9%	18 178.3 亿美元	4.3%
2010年	29 727.6 亿美元	34.68%	15 779.3 亿美元	31.31%	13 948.3 亿美元	38.71%
2009年	22 072.2 亿美元	−13.84%	12 016.6 亿美元	−15.88%	10 055.6 亿美元	−11.26%
2008年	25 616.3 亿美元	17.84%	14 285.5 亿美元	17.29%	11 330.9 亿美元	18.55%
2007年	21 738.3 亿美元	23.46%	12 180.1 亿美元	25.69%	9 558.2 亿美元	20.74%
2006年	17 606.9 亿美元	23.81%	9 690.7 亿美元	27.17%	7 916.1 亿美元	19.92%
2005年	14 221.2 亿美元	23.18%	7 620 亿美元	28.43%	6 601.2 亿美元	17.62%
2004年	11 545.5 亿美元	35.67%	5 933.3 亿美元	35.39%	5 612.3 亿美元	35.97%
2003年	8 509.9 亿美元	37.09%	4 382.3 亿美元	34.59%	4 127.6 亿美元	39.84%
2002年	6 207.7 亿美元	21.8%	3 256 亿美元	22.36%	2 951.7 亿美元	21.19%

(资料来源:中华人民共和国商务部商务数据中心)

7. 国际贸易商品结构与国际贸易地理方向

国际贸易商品结构(Composition of International Trade)是指一定时期内各大类商品或某种商品在整个国际贸易中的构成。国际贸易商品结构可以反映出一国或世界的经济发展水平、产业结构状况、科技发展水平等。

表1-2 2006—2012年中国进口商品结构　　　　金额单位:亿美元

	2006年	2007年	2008年	2009年	2010年	2011年	2012年
总值	7 916.14	9 558.18	11 330.86	10 059.23	13 962.47	17 434.84	18 184.05
一、初级产品	1 871.41	2 429.78	3 627.76	2 892.02	4 325.56	6 043.76	6 346.05
0 食品及活动物	99.97	114.97	140.50	148.24	215.66	287.65	352.62
1 饮料及烟类	10.41	14.02	19.20	19.54	24.29	36.85	44.03
2 非食用原料	831.64	1 179.09	1 672.08	1 408.22	2 111.18	2 852.55	2 696.15
3 矿物燃料、润滑油及有关原料	890.02	1 048.26	1 691.09	1 239.63	1 887.04	2 755.60	3 127.97

5

（续表）

	2006 年	2007 年	2008 年	2009 年	2010 年	2011 年	2012 年
4 动、植物油脂及蜡	39.38	73.44	104.88	76.39	87.40	111.11	125.27
二、工业制成品	6 044.72	7 128.41	7 703.11	7 163.53	9 622.72	11 390.82	11 832.21
5 化学品及有关产品	870.79	1 074.99	1 191.95	1 121.24	1 496.36	1 811.44	1 792.69
6 按原料分类的制成品	869.60	1 028.67	1 071.59	1 077.32	1 311.13	1 503.28	1 459.00
7 机械及运输设备	3 571.08	4 125.08	4 419.18	4 079.99	5 495.61	6 303.88	6 527.50
8 杂项制品	712.95	875.04	976.19	851.92	1 135.26	1 277.09	1 365.29
9 未分类的其他商品	20.30	24.65	44.20	33.06	184.37	495.13	687.74

（数据来源：中华人民共和国海关统计）

国际贸易地理方向（Direction of International Trade）又称国际贸易地区分布，是表明世界各洲、各国或各个区域经济集团在国际贸易中所占的地位。观察和研究不同时期的国际贸易地理方向，对于掌握市场行情的发展变化，认识世界各国间的经济交换关系及密切程度，开拓国外市场等具有重要意义。

表 1-3　中国 2012 年按照国别（地区）进出口总额排序的前十大贸易伙伴

排序	国别（地区）	进出口总额（亿美元）	占比（%）	占比变化（%）
1	欧盟	5 460.4	14.1	−3.7
2	美国	4 846.8	12.5	8.5
3	东盟	4 000.9	10.35	10.2
4	中国香港	3 414.9	8.8	20.5
5	日本	3 294.5	8.8	−3.9
6	韩国	2 151.1	6.6	−2.5
7	中国台湾	1 689.6	4.4	5.6
8	澳大利亚	1 223	3.2	4.9
9	俄罗斯	881.6	2.3	11.2
10	巴西	857.2	2.2	1.8

（数据来源：中华人民共和国海关统计）

8. 对外贸易依存度

对外贸易依存度（Ratio of Dependence on Foreign Trade）是指一国对外贸易额在该国国民生产总值中所占比重。这是衡量一国国民经济对进出口贸易的依赖程度的一个指标。

对外贸易依存度分为进口依存度和出口依存度。进口依存度反映一国市场对外的开放程度，出口依存度则反映一国经济对外贸的依赖程度。一般来说，对外贸易依存度越高，表明该国经济发展对外贸的依赖程度越大，同时也表明对外贸易在该国国民经济中的地位越重要。

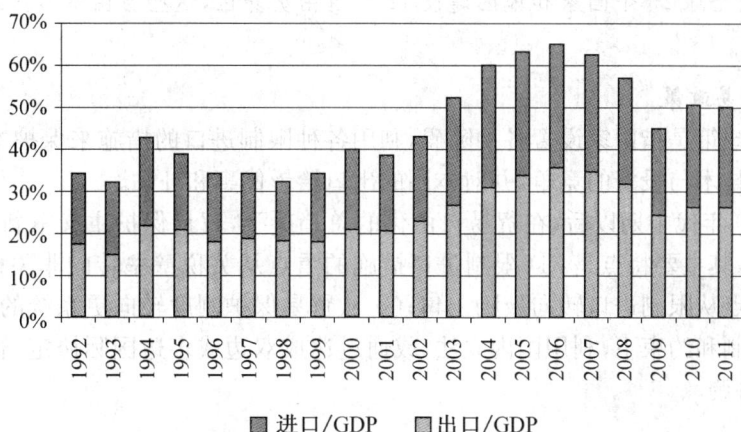

图 1-1　1992—2011 年中国对外贸易依存度

（数据来源：海关总署、国家统计局）

1.2.2　对外贸易政策

对外贸易政策是各国在一定时期内对进出口贸易所实行的政策。其目的是为了保护本国市场，扩大本国产品出口，促进本国产业结构的改善，积累资本，维护本国对外的政治和经济关系。

不同国家或同一国家不同时期的对外贸易政策会不断变化。随着世界经济和贸易的发展，目前世界各国或多或少采取自由贸易和保护贸易这两种既相互对立又相互并存的对外贸易政策。

1. 自由贸易政策

自由贸易政策在历史上多为经济强盛国家所采用。采取该政策的国家取消对进出口货物贸易、服务贸易和与贸易有关的投资上的限制和障碍，取消对它们的各项特权和优惠，使其在国内外市场上自由竞争。

从 20 世纪 50 年代开始，主要资本主义国家在不同程度上放宽了进口限制，对外贸易政策出现了贸易自由化倾向，主要表现在：① 在关税与贸易总协定缔约国范围内大幅度降低关税；② 在区域性贸易集团内部取消关税；③ 通过普遍优惠制的实施，发达国家对来自发展中国家和地区的制成品和半制成品普遍给予减免关税的优惠待遇；④ 发达国家在不同程度上放宽数量限制，逐步放宽或取消外汇管制，实行货币自由兑换，促进贸易自由化的发展。

近年来，在经济全球化深入发展的同时，区域经济一体化迅猛发展，以自由贸易区为主要形式的区域贸易不断涌现。世界主要国家和区域集团均加快发展自由贸易区，在全球范围内掀起了一股新的自由贸易浪潮。我国顺应这一新形势，稳步推进自由贸易区建设，取得了很大进展。

〖小贴士〗

2007 年 10 月，中国共产党的"十七大"报告第一次明确提出要"实施自由贸易区战略"。自由贸易区建设已经成为中国加入 WTO 后，以开放促改革、促发展的新平台和新方式。目前,中国正在同全球29个国家和地区建设12个自由贸易区,这些自由贸易区涵盖中国外贸总额的1/4。

2. 保护贸易政策

保护贸易政策是指国家设置各种障碍,利用各种限制进口的措施来保护本国市场免受外国货物、服务、技术与投资的竞争,并对本国的出口给予优惠和补贴。

20世纪70年代中期以后,在贸易自由化的总趋势下,贸易保护主义重新抬头,出现了新贸易保护主义,其主要特点是:① 限制进口措施的重点从关税壁垒转向非关税壁垒;② 奖出限入措施的重点从限制进口转向鼓励出口;③ 从贸易保护制度转向更系统的管理贸易,也就是在政府的控制和约束下,利用国内立法,或通过达成双边或多边国际协定,管理本国对外贸易,进行国际协调。

1.2.3 对外贸易措施

对外贸易措施是一国实行对外贸易政策的手段。实施对外贸易措施的目的往往是为了奖出限入,也就是鼓励和帮助本国商品出口而限制外国商品进口。此外,各国还实施出于某些特殊目的的出口限制措施。对外贸易措施主要有关税措施、非关税措施、出口鼓励措施和出口管制措施等。

1. 关税措施

关税措施又称为关税壁垒,是指国家通过对进口商品征收高额关税,增加商品成本,达到限制进口目的的措施。

关税(Customs Duties;Tariff)是进出口货物经过一国关境时,由政府设置的海关向其进出口商所征收的一个税种。目前大多数国家对绝大部分出口商品都不征收出口税(Export Duties),主要对进口商品征收进口税(Import Duties)。

进口税主要分为最惠国税和普通税两种。最惠国税适用于与该国签有最惠国待遇条款的贸易协定国家或地区所进口的商品。普通税适用于与该国没有签订这种贸易协定的国家或地区所进口的商品。最惠国税率比普通税率低,二者税率差幅往往很大。例如,美国对玩具征收的最惠国税率为6.8%,而普通税率高达70%。

按差别待遇和特定的实施情况分类,除正常进口税以外,还有进口附加税、优惠关税和惩罚关税、报复关税等。

(1) 进口附加税

进口附加税(Import Surtaxes)是对进口商品除征收一般关税外,再加征额外的关税。进口附加税主要有以下三种:

反补贴税(Countervailing Duty)是进口国家对于直接或间接地接受奖金或补贴的外国进口商品所征收的一种进口附加税。反补贴税的税额一般以"补贴数额"征收,其目的在于增加进口商品的成本,抵消出口国对该项商品所做的补贴,削弱其竞争能力。

反倾销税(Anti-dumping Duty)是对于实行商品倾销的进口商品所征收的一种进口附加税。进口商品以低于正常价格进行倾销,并对进口国的同类产品造成重大损害是构成征收反倾销税的重要条件。反倾销税的税额一般以倾销差额征收。

差价税(Variable Levy)也称滑动关税,是指当本国生产的产品国内价格高于同类的进口商品价格时,为了削弱进口商品的竞争能力,保护国内生产和国内市场,按国内价格和进口价格之间的差额征收关税。

（2）优惠关税

优惠关税是指从某些国家或地区进口的全部商品或部分商品,给予特别优惠的低关税或免税待遇。但它不适用于从非优惠国家或地区进口的商品。二战以后,比较著名的优惠关税有以下两种:

特惠税(Preferential Duties):"洛美协定"国家之间的特惠税是欧盟向参加协定的非洲、加勒比海和太平洋地区的发展中国家单方面提供的。它规定欧盟将在免税不限量的条件下,接受这些发展中国家全部工业品和96％农产品进入欧盟市场,而不要求这些发展中国家给予"反向优惠"(Reverse Preference)。

普遍优惠制(Generalized System of Preferences,GSP):它是发达国家对从发展中国家或地区输入的商品,特别是制成品和半制成品,给予普遍的、非歧视性的和非互惠的关税优惠待遇。

表 1-4　中国自行车的关税税率

商品编码	商品名称	进口最惠国税（％）	协定关税（％）	特惠关税（％）	进口普通税（％）	进口最惠国暂定税（％）	出口税（％）	出口暂定税（％）	增值税（％）
87120020	竞赛型自行车	13	—	—	130	—	0	—	17
87120030	山地自行车	13	—	—	130	—	0	—	17
87120041	16、18、20 越野自行车	13	0	—	130	—	0	—	17
87120049	其他越野自行车	13	—	—	130	—	0	—	17
87120089	其他未列明自行车	13	—	—	130	—	0	—	17

2. 非关税措施

非关税措施又称为非关税壁垒(Non-tariff Barriers,NTBs),是指除关税以外的一切限制进口的各种措施。二战后,许多国家加入关贸总协定,各国的关税水平都有不同程度的降低,关税的贸易保护作用减弱,限制进口的各种非关税壁垒措施则被日益广泛应用。

非关税壁垒具有更大的灵活性、针对性、隐蔽性和歧视性,更能达到限制进口的目的。非关税壁垒措施名目繁多,现仅就几种重要的措施阐述如下:

（1）进口配额制

进口配额制(Import Quotas System)又称进口限额,是一国政府在一定时期以内,对某些商品的进口数量或金额所加的直接限制。在规定的期限内,配额以内的货物可以进口,超过配额不准进口,或者征收更高的关税、附加税或罚款后才能进口。前者称为绝对配额(Absolute Quotas),后者称为关税配额(Tariff Quotas)。

想一想

在世界上许多国家纷纷实行进口配额制的情况下,如何扩大我国商品出口?

（2）"自动"出口配额制

"自动"出口配额制（Voluntary Export Quotas）是出口国家或地区在进口国的要求或压力下，自愿规定某一时期内某些商品对该国的出口限制，在限度的配额内自行控制出口，超过配额即禁止出口。"自动"出口配额制有非协定的"自动"出口配额制和协定的"自动"出口配额制。

（3）进口许可证制

进口许可证制（Import License System）是进口国家规定某些商品进口必须事先领取许可证，否则一律不准进口。通过发放进口许可证，进口国可以对进口商品的种类、数量、来源、价格和进口时机等加以直接的控制。

按照进口许可证与进口配额的关系，进口许可证可分为有配额的进口许可证和无配额的进口许可证；按照进口商品有无限制，进口许可证可分为公开一般许可证和特种进口许可证。

（4）新贸易壁垒

新贸易壁垒措施是以技术壁垒为核心，包括环境壁垒和社会壁垒在内的，所有阻碍国际贸易自由进行的新型非关税壁垒。

技术性贸易壁垒（Technical Barriers to Trade）是指为了限制商品进口所规定的复杂苛刻的技术标准、卫生检疫规定以及商品的包装和标签规定等。这些过于复杂、繁多的规定限制了商品的进口。

绿色贸易壁垒（Green Trade Barriers）是进口国为了保护生态环境、自然资源和人类健康，考虑对本国可持续发展的需要，强制制定一些严格、高要求的规定或标准，对不符合其规定或标准的产品限制或禁止进口。绿色贸易壁垒的合理性在于顺应了环境保护的世界发展潮流，容易在社会公众中获得广泛的支持；其隐蔽性在于国际贸易规则上没有被禁止，一系列国际环境公约和国内环保法规可作为其理论上的依据。代表性的标准有 ISO 14000、欧盟汽车尾气排放标准等。

小贴士

"双绿指令"

被称作"双绿指令"的欧盟废弃电子电气设备指令（WEEE）和电子电气产品危害物质限用指令（RoHs），分别于 2005 年 8 月 13 日和 2006 年 7 月 1 日施行。前者要求电子电气设备报废后，生产者和经销商须承担回收处理责任，并为此付费；后者则要求电子设备中不包含铅、汞、镉、六价铬、聚溴二苯醚和聚溴联苯汞共六种有害物质。如果达不到指令要求，我国出口机电产品将被排挤出欧盟市场。

社会壁垒（Social Barriers to Trade）是以提高劳动者劳动环境和生存权为目的而采取的贸易保护措施。目前，最主要的是社会责任管理体系 SA8000 标准，其主要内容有：禁止使用童工、为员工提供安全健康的工作环境和安全卫生的生活环境、公司不得使用或支持使用强迫性劳动、不得有各种歧视行为，公司不得采取或支持体罚、精神或肉体胁迫以及语言侮辱等惩罚性措施等。

其他还有外汇管制、海关估价制、进出口国家垄断、歧视性政府采购政策、进口最低限价和禁止进口、进口押金制等非关税壁垒。

3. 出口鼓励措施

许多国家在利用关税和非关税措施限制进口的同时,往往还采取各种鼓励措施扩大商品的出口。鼓励出口措施有许多,主要介绍以下几种:

(1)出口信贷

出口信贷(Export Credit)是一个国家的银行为了鼓励商品出口,加强商品的竞争能力,对本国出口商或国外进口商提供的贷款。它是一国出口厂商利用本国银行的贷款增强商品出口的能力,特别是出口金额较大、期限较长的成套设备、船舶的一种重要手段。

出口信贷按借贷关系可以分为卖方信贷和买方信贷。卖方信贷(Seller's Credit)是出口方银行向本国出口厂商提供的贷款;买方信贷(Buyer's Credit)是出口方银行向国外的进口厂商所提供的贷款。

为了鼓励出口方银行和出口商更好地利用出口信贷加强出口,许多国家还实行出口信贷国家担保制。出口信贷国家担保制(Export Credit Guarantee System)是国家设立专门机构,对本国出口厂商或商业银行向国外进口厂商或银行所提供的信贷进行担保,当国外债务人拒绝付款时,由其按照担保的数额给予补偿。

(2)出口补贴

出口补贴(Export Subsidies)是一国政府为了降低出口商品的价格,加强其在国外市场上的竞争力,在出口某种商品时,给予出口厂商现金补贴或财政上的优惠待遇,如减免税收、降低运费等。前者称为直接补贴(Direct Subsides),后者称为间接补贴(Indirect Subsides)。

(3)商品倾销

商品倾销(Dumping)是出口企业以低于国内市场的价格,甚至低于商品生产成本的价格,在国外市场抛售商品,打击竞争者以占领市场的行为。

商品倾销会损害进口国的利益,因而进口国会采取反倾销税等措施进行抵制。

(4)外汇倾销

外汇倾销(Exchange Dumping)是出口企业利用本国货币贬值的机会,争夺国外市场的特殊手段。当一国货币贬值后,出口商品以外国货币表示的价格降低,提高了该商品的竞争能力;而且货币贬值后,货币贬值国家进口商品的价格随之上涨,削弱了进口商品的竞争力。因此,货币贬值起到了促进出口和限制进口的双重作用。

当然,外汇倾销得以实现须具备一定条件,也就是货币贬值程度大于国内物价上涨程度,其他国家不同时实行同等程度的货币贬值或采取其他报复性措施。

(5)其他措施

有些国家还实行一些促进出口的行政组织措施。例如,设立专门组织,研究与制定出口战略;建立商业情报网,加强商业情报的服务工作;组织贸易中心和贸易展览会;组织出口商的评奖活动等。

此外,在一些实行外汇管制的国家,政府实行外汇留成(分红)和出口奖励制度;利用官方援助或贷款推动商品出口。

4. 出口管制措施

为了达到一定的政治、军事和经济目的以及履行联合国决议,一些国家对某些商品,特别是战略物资与先进技术资料实行出口管制或禁止出口,这就称为出口管制。

实行出口管制的商品主要有以下几类:① 战略物资及其有关的先进技术资料;② 国内生

产所需的原材料、半成品及国内市场供应不足的某些必需品;③ 为了缓和与进口国在贸易上的摩擦,在进口国的要求或压力下,"自动"控制出口的商品;④ 为了有计划安排生产和统一对外而实行出口许可证制的商品;⑤ 为了采取经济制裁而对某国或地区限制甚至禁止出口的商品;⑥ 对某些重要的文物、艺术品、黄金、白银等特殊商品,大多数国家都规定需特许才能出口。

出口管制形式有单方面出口管制和多边出口管制。前者是一国根据本国的出口管制法律,设立专门的执行机构对本国某些商品出口进行审批和颁发出口许可证,实行出口管制;后者是几个国家政府通过一定的方式,建立国际性的多边出口管制机构,商讨和编制多边出口管制货单和出口管制国别,规定出口管制的办法等,以协调彼此的出口管制政策和措施,达到共同的政治和经济目的。

1.3　项目实施与心得

1. 学好国际贸易理论和实务

"国际贸易实务"是一门专门研究国际间商品交换具体过程的课程,对外贸从业人员今后从事国际贸易业务起着关键的作用。学习者在学习国际贸易的基本业务来掌握必要的理论和方法,在完成业务过程中掌握技能。在学习时,主要应把握以下几点:

(1) 理论联系实际,重视国际惯例的学习

在学习时,要以国际贸易基本原理和国家对外方针政策为指导,将《国际贸易概论》等先行课程中所学到的基础理论和基本方法加以具体运用,力求做到理论与实践、政策与业务有机地结合起来,不断提高分析与解决实际问题的能力。

在学习过程中,结合我国国情来研究国际上一些通行的惯例和普遍实行的原则,加速同国际市场的真正接轨。例如,国际商会等国际组织制定的《国际贸易术语解释通则》、《托收统一规则》、《跟单信用证统一惯例》等规则已成为当前国际贸易中公认的一般国际贸易惯例,被人们普遍接受并经常使用,并成为国际贸易界从业人员共同遵守的行为准则。

(2) 注重案例分析和实训

"国际贸易实务"是一门实践性很强的应用学科。在每个项目完成后,要重视案例分析和课后的实训操作练习,并利用课余时间到校外参观、实习,以增加感性知识,加强基本技能的训练,注重自身动手能力的培养。在本教材中穿插了许多相关的小案例,设置了相似的项目实训内容,以期更好地满足不同层次学习者对国际贸易业务技能的学习和训练。

(3) 提高外语能力,加强与其他课程知识的整合

对于外贸从业人员而言,外语能力尤其重要,用外语与外商交流、谈判以及收发外贸函电、制作外贸单证。如果外语掌握不好,就很难胜任工作,甚至会影响业务的顺利进行。因此,学习者必须强化外语学习,切实提高外语口语和听力水平。

"国际贸易实务"是一门综合性的学科,在学习过程中,应该将各学科的知识综合运用。比如,学到商品的品质、数量和包装内容时,就应去了解商品学的知识;学到商品的价格时,就应去了解价格学、国际金融及货币银行学的内容;学到国际货物运输、保险内容时,就应去了解运输学、保险学科的内容;讲到争议、违约、索赔、不可抗力等内容时,就应去了解有关法律的知识等。

2. 了解国家外贸政策和措施

国事、家事、天下事，事事关心。无论学习国际贸易实务，还是从事实际的国际贸易业务工作，都应养成关注我国经济贸易政策和措施的良好习惯，及时查找相关贸易政策、措施的内容。

学生从现在起就要养成这样的好习惯，并且在同学间要经常性地对此展开讨论，可以组成相应的社团，对经济贸易热点问题举办讲座和一些宣传讨论活动。

我国政府的相关网站如下：

中华人民共和国商务部：http://www.mofcom.gov.cn

国家质量检验检疫总局：http://www.aqsiq.gov.cn

中华人民共和国海关：http://www.customs.gov.cn

国家外汇总局：http://www.safe.gov.cn

国家税务总局：http://www.chinatax.gov.cn

不仅需要了解我国的贸易政策和措施，还需要及时了解其他主要国家或地区（包括中国香港、澳门）的贸易政策和措施，特别是贸易伙伴国的政策情况，可以关注以下主要网站：

美国商务部：http://www.commerce.gov/

日本经济产业省：http://www.meti.go.jp/english/

香港贸易发展局：http://www.hktdc.com

澳门经济局：http://www.economia.gov.mo/index.jsp

新加坡国际企业发展局：http://www.iesingapore.gov.sg/wps/portal/CN

1.4　知识拓展

国际贸易组织

1. 世界贸易组织（WTO）

世界贸易组织（简称世贸组织）成立于 1994 年 4 月，1995 年 1 月 1 日正式开始运作，负责管理世界经济和贸易秩序，总部设在瑞士日内瓦莱蒙湖畔。世贸组织是一个独立于联合国的永久性国际组织，具有法人地位，在调解成员争端方面具有更高的权威性。与国际货币基金组织、世界银行一起被称为世界经济发展的三大支柱。1999 年 11 月 15 日，中国和美国签署关于中国加入世界贸易组织的双边协议。2001 年 11 月 10 日，中国被批准加入世界贸易组织。2001 年 12 月 11 日，中国正式成为其第 143 个成员。截至 2013 年 3 月 2 日，世界贸易组织共有 159 个成员。

其基本原则是通过实施市场开放、非歧视和公平贸易等原则，来实现世界贸易自由化的目标。

2. 国际货币基金组织（IMF）

国际货币基金组织是根据 1944 年 7 月在布雷顿森林会议签订的《国际货币基金协定》，于 1945 年 12 月 27 日在华盛顿成立的。与世界银行同时成立，并列为世界两大金融机构之一，其职责是监察货币汇率和各国贸易情况，提供技术和资金协助，确保全球金融制度运作正常。我们常听到的"特别提款权"就是该组织于 1969 年创设的。

其主要职能是：制定成员国间的汇率政策和经常项目的支付以及货币兑换性方面的规则，并进行监督；对发生国际收支困难的成员国在必要时提供紧急资金融通，避免其他国家受其影响;为成员国提供有关国际货币合作与协商等会议场所;促进国际间的金融与货币领域的合作;促进国际经济一体化;维护国际上的汇率秩序;协助成员国之间建立经常性多边支付体系等。

3. 世界银行(WBG)

世界银行是世界银行集团的俗称,"世界银行"这个名称一直是用于指国际复兴开发银行(IBRD)和国际开发协会(IDA)。成立于1945年12月27日,1946年6月开始营业。凡是参加世界银行的国家必须首先是国际货币基金组织的会员国。这些机构联合向发展中国家提供低息贷款、无息信贷和赠款。它是一个国际组织,一开始的使命是帮助在第二次世界大战中被破坏的国家的重建。今天它的任务是资助国家克服穷困,各机构在减轻贫困和提高生活水平的使命中发挥独特的作用。

4. 国际商会(ICC)

国际商会于1919年在美国发起,1920年正式成立,其总部设在法国巴黎。发展至今已拥有来自130多个国家的成员公司和协会,是全球唯一的代表所有企业的权威代言机构。国际商会是为世界商业服务的非政府间组织,是联合国等政府间组织的咨询机构。国际商会是促进贸易和平、繁荣的强大力量,推行一种开放的国际贸易、投资体系和市场经济。由于国际商会的成员公司和协会本身从事于国际商业活动,因此它所制定用以规范国际商业合作的规章,如《托收统一规则》、《跟单信用证统一惯例》、《国际贸易术语解释通则》等被广泛地应用于国际贸易中,并成为国际贸易不可缺少的一部分。国际商会属下的国际仲裁法庭是全球最高的仲裁机构,它为解决国际贸易争议起着重大的作用。

5. 中国国际贸易促进委员会(CCPIT)

中国国际贸易促进委员会是由中国经济贸易界有代表性的人士、企业和团体组成的全国民间对外经贸组织,成立于1952年5月。

中国贸促会的宗旨是:遵循中华人民共和国的法律和政府的政策,开展促进对外贸易、利用外资、引进外国先进技术及各种形式的中外经济技术合作等活动,促进中国同世界各国、各地区之间的贸易和经济关系的发展,增进中国同世界各国人民以及经贸界之间的了解与友谊。

经中国政府批准,中国贸促会1988年6月组建了中国国际商会(CCOIC)。中国贸促会、中国国际商会已同世界上180多个国家和地区的400多家商会、工商联合会、外贸协会和其他经贸组织保持着联系,与上百个国家与地区的对口组织签署了合作协议,并同一些国家的商会建立了联合商会;同时,中国贸促会还在15个国家和地区设有驻外代表处。

中国贸促会、中国国际商会及其所属业务部门已经加入了许多国际组织,其中包括世界知识产权组织、国际保护工业产权协会、国际许可证贸易工作者协会、国际海事委员会、国际博览会联盟、国际商事仲裁机构联合会、太平洋盆地经济理事会、国际商会等。

1.5 业务技能训练

1.5.1 课堂训练

1. 谈谈你对"国际贸易实务"课程的认识。"国际贸易实务"课程与其他课程之间是一种什么样的关系? 在今后的学习中你将如何学习这门课程?

2. 查找目前我国对哪些产品征收出口税? 了解当前我国产品在国外遭遇反倾销的状况。

3. 目前的外贸形势对出口产品的影响有哪些? 为此,我国采取了哪些鼓励出口的措施?

4. 请上网查询最近中国进出口商品的金额、国别地区、商品大类情况以及贸易差额。

1.5.2 实训操作

1. 烟台东方外贸有限公司是我国最大的男衬衫生产出口企业之一,公司生产各种档次、规格的男衬衫,产品全部出口到欧美等国,与众多国外用户建立长期良好的合作关系。请查找近年来我国对男衬衫出口政策方面的变化。在国家税务总局网(http://www.chinatax.gov.cn/)出口退税率查询中查找公司的男衬衫、牛仔布的出口退税率。

2. 山东天地木业有限公司是我国最大的木地板生产出口基地之一,公司生产各种档次、规格的复合地板,产品全部出口到世界各国,与众多国外用户建立了长期良好的合作关系。请在国家税务总局网出口退税率查询中查找公司的复合地板的出口退税率。

3. 每位学生给自己起个英文名,适应外商称呼的习惯,计算机选用英文 Windows 操作系统,使用全英文界面,注册一个 hotmail 或者 yahoo 的电子信箱,方便客户联系你。

每位学生参考案例模拟成立一个从事进出口业务的公司,在熟悉国家相关政策的基础上,初步选定自己公司出口产品的大类。

附:部分产品资料

(1) 男式睡裤 MEN'S DORM PANTS

海关编码:62034290,20PCS PER CARTON

COLOR:LIGHT GREY

FABRIC CONTENT:100% COTTON

毛重:13.000 kg/CARTON

净重:11.000 kg/CARTON

体积:0.1430 0 m³/CARTON

国内采购参考价:RMB55

国外销售参考价:USD11.74

(2) 女式牛仔裤 WOMEN'S JEANS

海关编码:62046200,20PCS PER CARTON,

COLOR:LIGHT SANDBLAST,FABRIC

CONTENT:100% COTTON

毛重:15.000 kg/CARTON

净重:13.000 kg/CARTON

体积:0.143 00 m³/CARTON

国内采购参考价:RMB68.50

国外销售参考价:USD14.20

(3) 强化地板 LAMINATED FLOORING

海关编码:4411131900(Thickness 小于或等于 8 mm),4411141900(Thickness 大于或等于 12 mm)

毛重:19 800 kg/CONTAINER

净重：19 600 kg/CONTAINER

体积：25 m³/CONTAINER

国内采购参考价：8 mm RMB 60　70/SQM；12 mm RMB 100　120/SQM

国外销售参考价：8 mm FOB Shanghai USD4.5/SQM；12 mm FOB Shanghai USD 6.5/SQM

（4）黄鸭玩具 YELLOW DUCK

海关编码：95034100，48PCS PER CARTON 10 INCH

毛重：8.000 kg/CARTON

净重：6.000 kg/CARTON

体积：0.164 00 m³/CARTON

国内参考价：RMB5.80/PC

国外参考价：USD1.20/PC

（5）圣诞老人玩具 SANTA CLAUS

海关编码：95034100，64PCS PER CARTON

毛重：12.000 kg/CARTON

净重：10.000 kg/CARTON

体积：0.164 00 m³/CARTON

国内参考价：RMB 11.50/PC

国外参考价：USD2.50/PC

（6）蘑菇罐头 CANNED MUSHROOMS(CHAMPIGNONS)

海关编码：20039010，GTINS PER CARTON 2 840GRAMS NET WEIGHT

毛重：18.744 kg/CARTON

净重：17.040 kg/CARTON

体积：0.022 80 m³/CARTON

国内参考价：RMB52.50/CARTON

国外参考价：USD10.10/CARTON

（7）什锦蔬菜罐头 CANNED MIXED VEGETABLES

海关编码：20059090，24TINS PER CARTON 425GRAMS NET WEIGHT

毛重：11.220 kg/CARTON

净重：10.200 kg/CARTON

体积：0.0142 5 m³/CARTON

国内参考价：RMB30.17/CARTON

国外参考价：USD5.82/CARTON

项目 2　掌握国际贸易业务流程

学习目标	
知识目标	能力目标
◇ 国际贸易业务的基本流程 ◇ 贸易磋商的环节 ◇ 发盘、接受的构成条件	◇ 掌握外贸公司的主要业务流程,熟悉公司的产品和客户 ◇ 熟悉询盘、发盘、还盘和接受等函电的写作

2.1　项目描述与分析

1. 项目描述

一周后,王铮已经大致熟悉了我国近年的对外贸易政策、措施,重点了解最近相关产品出口退税税率的变化情况。在这期间,于冬亮把上月刚出口到美国洛杉矶的一笔 8 000 条裤子的业务流程都教给了王铮,同时把该笔业务所有单据的副本也给王铮熟悉。

7 月 10 日,于冬亮转给王铮一份法国公司有关求购服装信息的 E-mail,请他与对方建立业务联系并给对方发盘,并让他开始独立完成和该公司的出口服装业务。下面是法国公司的地址和联系方式。

GOLDEN MOUNTAIN TRADING CO. , LTD.

ROOM 1618 BUILDING G

NO. 36 THE FIRST LYON STREET, PARIS, FRANCE

TEL：0019-33-44-55　　　　FAX：0019-33-44-56

E-mail：paul@hotmail. com

2. 项目分析

从事国际贸易业务的人员必须熟练掌握国际贸易业务的流程,以确保国际贸易的顺利开展。国际贸易具有不同于国内贸易的特点,其交易过程、交易条件、贸易习惯及所涉及的法律问题都远比国内贸易复杂,进出口双方只有按照正确的国际贸易流程进行实务操作,才能确保在将来获得预期的利润,任何一个程序中的偏差或失误都可能导致巨大的损失。

国际贸易业务具有线长、面广、环节多、难度大、变化快等特点,其复杂性具体表现在以下几个方面。

（1）涉及法律的复杂性

国际贸易的交易双方处在不同国家和地区,在洽商交易和履约的过程中,会涉及不同的制度、政策措施、法律和惯例,情况错综复杂,稍有疏忽,就可能影响交易目标的顺利实现。

（2）中间环节多

国际贸易的中间环节多,涉及面广,除交易双方当事人外,还涉及商检、运输、保险、银行、港口、税务和海关等部门以及若干中间商和代理商。不管哪个环节出了问题,都会影响整笔交易的正常进行,并引起法律上的纠纷。

（3）受外在因素的影响大

国际贸易易受政策、经济形势和其他客观条件变化的影响,尤其在当前国际局势动荡不安、国际市场竞争和贸易摩擦愈演愈烈、国际市场外汇汇率剧烈波动以及货价瞬息万变的情况下,国际贸易的不稳定性更为明显,从事国际贸易的难度也相应增大。

（4）交易成本巨大

国际贸易由于交易主体双方地处遥远的两地,远距离的货物运输使得其运输成本增加,由此导致货物损失风险加大,保险费也会大幅增加。跨国界的交易也会要求在建立业务关系、履行合同等过程中相应地增加许多经营管理费用。此外,由于行业的专业性较强,对从业人员的素质要求也较高,人力资源的成本也会随之攀升。

（5）属于高风险行业

国际市场广阔无垠,交易双方时空界限分明,加之国际贸易的从业机构和人员情况复杂多变,易产生欺诈行为。稍有不慎就可能受骗上当,货款两空,蒙受严重的经济损失。

2.2　相关知识

在国际贸易实际业务中,不同的交易方式、贸易条件其业务环节也不尽相同。在具体工作方面,各个环节又常先后交叉进行,或者出现齐头并进的情形。但是,无论是出口贸易,还是进口贸易,就它们的基本业务程序而言,主要包括交易前的准备、合同的磋商订立以及合同的履行三个阶段。具体国际贸易业务流程如图2-1所示。

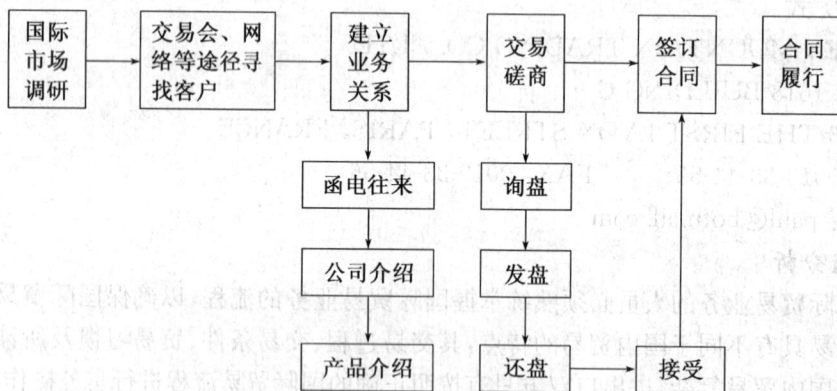

图2-1　国际贸易业务流程图

2.2.1　交易前的准备工作

交易前的准备是整个国际贸易程序中的第一项工作,也是整个交易的基础。国际贸易交易前的准备主要包括国际市场调研、寻找客户及与客户建立业务关系三方面内容。

1. 国际市场调研

国际市场调研是为了获得与贸易有关的各种信息,通过对信息的分析,得出国际市场行情特点,判定贸易的可行性进而制定贸易计划。国际市场调研范围和内容包括经济调研、市场调研和客户调研三个方面。

经济调研的目的在于对经济大环境的总体了解,也是对可能的风险和效益情况的预估。对外贸易尽量在经济环境较好的国家和地区间开展。

市场调研的目的主要在于确定该商品贸易是否具有可行性,能否获得收益。

《小贴士》

从消费习惯来看,全球市场可大致分为美加(美国和加拿大)市场、欧洲市场、日韩市场、东欧市场、中东市场、非洲市场这几类,每个市场的风格不同。一般日韩市场特别是日本市场,偏爱精致优质的产品,高、精、尖、小巧美观,喜好中国传统文化,一些具有民族特色的产品常能得到理解与欢迎,也能接受高价格,但数量一般不会太大;美加与西欧、北欧、南欧等英语国家市场一般对品质要求适中,喜欢简洁流畅、新奇多变的产品风格,价格适中,量比较大;中东市场对品质要求不高,对产品的审美较为朴实,价格低,数量比较大;非洲市场弹性最大,跨度较大,奢侈品和品质极差的产品都能接受。

客户调研在于了解欲与之建立贸易关系的国外客户的基本情况,包括它的历史、资金规模、经营范围、组织情况、信誉等级等总体状况,还包括它与世界各地(包括我国)其他客户开展对外经济贸易的历史和现状。只有对国外客户有了一定的了解,才可以与之建立贸易联系。在我国对外贸易实际业务中,常有因对对方情况不熟悉,匆忙与之进行交易而造成重大损失的事件发生。因此,在交易磋商之前,一定要对国外客户的资金和信誉状况有十足的把握,不可急于求成。

一般情况下,国际市场调研信息的主要来源如下:

(1)一般性资料,如一国官方公布的国民经济总括性数据和资料,内容包括国民生产总值、国际收支状况、对外贸易总量、通货膨胀率和失业率等。

(2)国内外综合刊物。

(3)委托国外咨询公司进行专门调查。

(4)通过我国外贸公司驻外分支公司和商务参赞处,在国外进行资料收集。

(5)利用交易会、洽谈会和客户来华做生意的机会了解有关信息。

(6)派遣专门的出口代表团、推销小组等进行直接的国际市场调研,获得第一手资料。

(7)利用互联网获得信息。

2. 寻找客户

外贸企业寻找客户的方法很多,可以简单地概括为以下三类:

(1)第三方介绍

企业通过我国驻外使领馆的商务参赞、代办处或国外驻华使领馆的商务参赞、代办处、国内外各种商会、银行及与我方有业务合作关系的其他企业介绍客户。由于公共信息平台提供的信息较粗略且有滞后的现象存在,加之商业领域激烈的竞争态势,导致该方式的有效使用受到了严重的阻碍。但其成本较低,简单易行,对于个别企业来说,仍不失为一种简单有效的方法。

（2）媒体寻找

企业利用各国商业协会、工商团体、国内外出版的企业名录以及国内外报刊、杂志上的广告以及计算机数据库中提供的客户信息和网络资源等途径查找客户。对于发展初期的中小型外贸企业来说，第一种方法寻找客户困难重重，第三种方法成本又较高，媒体手段自然成为首选的方法。但是，在实践中，其成功率往往较低。

《网站链接》

很实用的 30 种寻找客户的方法

(http://www.360doc.com/content/12/0522/09/4735881_212711879.shtml)

（3）主动出击

虽然网上外贸的比重越来越大，但传统的交易会仍是直接寻找客户的主流形式，效果也更为明显。在我国现行的国际贸易实践中，主动参加各种展会以开拓业务是一种最为重要的建立业务联系的方法。其最大的障碍在于成本相对较高，特别是在国外举办的交易会。故许多外贸企业倾向于选择参加广交会等国内举办的国际性的展览会或交易会。

《网站链接》

广交会的官方网站：http://www.cantonfair.org.cn/cn

3. 建立业务关系

企业通过各种渠道找到国外客户，必须对客户资信情况进行调查，然后才能与之建立业务联系。

国际贸易中，买卖双方业务关系的建立，往往是由交易一方通过主动向对方写信、发传真或 E-mail 等形式开展，有时也会通过正式的谈判建立。建立业务关系的函件一般包括下列内容：

（1）信息来源，即取得对方资料的方法，如通过他人介绍、网上信息等。

【例 1】 We learned from the Commercial Counselor's Office in your country that you are interested in Chinese handicraft.

【例 2】 We have obtained your name and address from the Internet.

（2）言明去函目的，如扩大交易范围、建立长期业务关系等。

【例 3】 In order to expand our products into South America, we are writing to you to seek possibilities of cooperation.

【例 4】 We are writing to you to establish long-term trade relations with you.

（3）本公司情况，包括公司性质、业务范围、宗旨及公司经营优势等。

【例 5】 We are a leading company with many years' experience in machinery export business.

【例 6】 We enjoy a good reputation in the circle of textiles.

（4）产品介绍，分两种情况，一是明确对方需求，此时宜选取某类特定产品，进行具体的推荐；二是不明确对方需求，此时宜对企业产品整体情况作笼统介绍（最好附上商品目录、报价单或另寄样品供对方参考）。

【例 7】　Art. No. 76 is our newly launched one with super quality, fashionable design, and competitive price.

【例 8】　To give you a rough/general idea of our products, we are airmailing you under separate cover our catalogue for your reference.

（5）激励性结尾，即希望对方给予回应或采取行动。

【例 9】　Your comments on our products or any information on your market demand will be highly appreciated.

【例 10】　We are looking forward to your specific inquiries.

2.2.2　交易磋商

国际贸易的磋商形式主要包括口头谈判和书面谈判两种。口头谈判主要是在谈判桌上的面对面谈判和双方通过语音通信手段进行的交易磋商。书面谈判主要是通过信件、电报、传真及 EDI 等通信方式来洽谈交易。由于现代通信技术的飞速发展，费用低廉，书面洽谈正成为日常交易磋商最常用的方式。

一般来说，口头谈判和书面谈判都可以分为询盘、发盘、还盘和接受四个环节。其中发盘和接受是达成交易、订立合同必不可少的环节。

1. 询盘

询盘（Enquiry）是指交易的一方有意出售或者购买某种商品，而向对方发出的关于买卖该商品的有关交易条件的意思表示。实践中，询盘一般是向不特定的相对方发出，其内容可以包括一项或多项交易条件，往往以询问价格者居多，故也有人称之为询价。

根据发出主体的不同，将询盘分为两种：一种是买方询盘，由买方向不特定的卖方发出；另一种是卖方询盘，由卖方向不特定的买方发出。

【例 11】　意购中号 T 恤 1 500 打，请报最低价及最早装运期。

WANT TO BUY MIDDLE-SIZE T-SHIRT 1 500 DOZEN PLEASE OFFER THE LOWEST PRICE AND THE EARLIEST DELIVERY.

【例 12】　能够提供 T 恤 2 000 打。

CAN SUPPLY T-SHIRT 2 000 DOZEN.

注意

询盘对于买卖双方都不具有法律约束力，也非交易磋商的必经程序。但在实际业务操作中，它很可能是一笔业务的源头。所以，被询盘方对所接到的询盘应根据自己的客观情况给予相应的重视，及时做出适当的答复。

2. 发盘

发盘（Offer）亦称报价，在法律上称之为"要约"，是买卖双方中的一方向特定的对方提出各项交易条件，并愿意按这些条件达成交易、订立合同的一种意思表示。《联合国国际货物销售合同公约》（以下简称《公约》）认为，"向一个或一个以上特定的人提出的订立合同的建议，如

21

果内容十分确定并且表明发盘人在得到接受时将承受约束的意思表示,即构成发盘"。

【例13】 SUPPLY MIDDLE-SIZE T-SHIRT 100 CARTONS, 20 DOZEN TO A CARTON, FIFTY U.S. DOLLARS PER DOZEN CIF LONDON DECEMBER SHIPMENT, IRREVOCABLE SIGHT L/C SUBJECT REPLY REACHING US FIFTEENTH.

在实际业务操作中,发盘多为卖方发出,称之为售货发盘;如果是买方发出,则可称为购货发盘或递盘。

(1) 发盘的构成条件

依据《公约》的规定,要构成一项有效的发盘,必须同时具备以下四项要件:

1) 发盘的相对方为一个或一个以上特定的人。所谓"特定的人",是指在发盘中指明个人姓名或企业名称的受盘人。而日常生活中常见的商业广告、商品价目表及其他一些载有部分交易条件的宣传品,由于其不是向"特定的人"发出,因而一般不构成发盘,仅视为"邀请发盘"。

2) 发盘的内容十分确定。《公约》中明确规定,一项订立合同的建议,"如果表明货物并且明示或暗示地规定数量和价格,或规定如何确定数量和价格,即为十分确定。"但是,为了避免纠纷,在实际业务中,最好将品名、品质、数量、包装、规格、装运和支付条件等主要合同条款均列明在发盘中。

3) 表明发盘人将受其约束。发盘人应在发盘中明确向对方表示,愿意按发盘中所述的确定条件与对方订立合同。如果是发盘人想就某些交易条件同对方进行协商,而没有受其约束的意思,其就不能被认为是一项有效的发盘。

4) 送达到受盘人。发盘必须被送到受盘人时才能生效。不论什么原因导致发盘未能到达受盘人,该发盘均无效。

(2) 发盘的有效期

发盘的有效期是指可供受盘人对发盘是否做出接受的时间限制。在发盘的有效期内,发盘人要受发盘的约束,不得随意撤销,超过有效期,发盘人就不再受其约束。故受盘人的接受必须在发盘的有效期内做出,超期接受无效。在实际业务中,发盘有效期的规定通常有以下三种方法。

1) 明确规定发盘的有效期,规定最迟接受的期限或规定一段接受的时间。这种情况下的发盘自其送到受盘人时生效,到规定的有效期结束时终止。

例如,发盘……限3月20日复到。(SUBJECT TO MARCH 20.)

发盘7日内复。(VALID IN 7 DAYS.)

2) 未明确规定发盘有效期。该种发盘并非永久有效,根据《公约》第18条的规定,受盘人在这种情况下必须在合理时间内作出接受的意思表示,否则接受无效。但是,对"合理时间"的解释各国法律有所差异,难以作出明确统一的解释。因此,为了避免产生纠纷,尽量避免使用这种规定方法。

3) 口头发盘。依《公约》规定,采用口头发盘的,除发盘人发盘时另有声明外,受盘人只能当场表示接受才有效。在我国目前的对外贸易实践中,一般不采用口头发盘方式。

(3) 发盘的撤回与撤销

发盘在一定情形下可以撤回和撤销,具体如表2-1所示。

表 2-1　发盘的撤回与撤销的比较

	发盘的撤回	发盘的撤销
概念	发盘人在其发盘送达受盘人以前,将该项发盘取消的行为。	发盘人将已经送达受盘人的发盘取消的行为。
《公约》规定	发盘在未被送达受盘人之前,如果发盘人改变主意,可以将其撤回,但发盘人必须将撤回通知于发盘送达之前或与发盘同时送达受盘人。	已经被受盘人收到的发盘,如果撤销通知在受盘人做出接受通知前到达受盘人,可以撤销。
不得撤回或撤销的情形	在实践中,由于贸易双方多用传真和电子邮件等比较快捷的方式进行发盘,撤回基本上无法实现。	发盘是以规定有效期或以其他方式表明不可撤销的;受盘人有理由信赖该发盘是不可撤消的,并已根据该信赖采取了行动。

《小实践》

我方于周一上午 10 点以电传方式向英商发盘,公司原定价格为每单位 2 000 英镑 CIF 伦敦。由于经办人员失误,错报为每单位 2 000 美元 CIF 伦敦,如果当天下午 2 点发现问题,如何处理? 第二天上午 9 点发现问题时,客户尚未接受,如何处理? 按照《公约》的规定进行解释。(假设发盘传至对方需 10 小时)

(4) 发盘的终止

发盘的终止也称为发盘的失效(Termination),是指已经生效的发盘失去法律效力。发盘的终止对于发盘人来说,他不再受该发盘约束;对受盘人来说,他也失去了接受该盘的权利。

如果受盘人对已经失效的发盘表示接受,只能视之为新的发盘,不能导致合同的成立,必须经原发盘人接受后才能成立,使双方当事人的角色发生了对换。

在实践中,引起发盘终止的事由主要有以下几种:

① 受盘人做出还盘或拒绝的意思表示。

② 发盘人依法撤销发盘。

③ 发盘的有效期届满或发盘虽未规定有效期,但已经超过了合理时间,发盘人仍未收到受盘人的答复。

④ 因发生了某些特定情况而依法失效。例如,发盘人在发盘被接受前丧失了行为能力或被正式宣告破产;发盘人因违法而被取消经营权;发盘中的商品被政府宣布为禁止进出口的;发盘中特定标的物的灭失等。

3. 还盘

受盘人在接到发盘后,不能完全同意发盘的内容,为了进一步进行交易的磋商,对发盘提出修改意见,用口头或书面形式表示出来,就构成还盘(Counter Offer)。

还盘的形式并不固定,有的明确使用"还盘"字样,有的仅在内容中表示出对发盘的修改。还盘是对发盘的拒绝,还盘一经做出,原发盘即失去效力,发盘人也不再受其约束,该还盘即成为一个新的发盘。

【例 14】　你方 10 月 8 日的发盘,如果改为付款交单,我们就可以接受。

YOUR OFFER OF OCT. 8 ACCEPTABLE IF REPLACE BY D/P.

【例15】 我们认为你方的发盘要价过高,我们很难接受。

WE THINK YOUR OFFER IS TOO HIGH, WHICH IS DIFFICULT FOR US TO ACCEPT.

4. 接受

接受(Acceptance),法律上将之称为"承诺",指交易的一方在接到对方的发盘或还盘后,以声明或行为的方式向对方表示同意。接受和发盘一样,既属于商业行为,也属于法律行为。《公约》对接受作了明确的规定。

【例16】 我方接受"红星"牌手套2 000打,每打 HK＄3.50 CIF LONDON,七月底前装运,不可撤销即期信用证支付。

WE ACCEPTED "RED STAR" GLOVES 2 000 DOZEN HK＄3.50 PER DOZEN CIF LONDON SHIPMENT DURING JULY PAYMENT IN SIGHT IRREVOCABLE L/C.

(1) 接受的构成条件

根据《公约》的解释,构成有效的接受要具备以下四项要件:

① 接受必须是由受盘人做出。受盘人以外的其他人对发盘表示同意,不能构成接受。发盘的构成要件中要求必须向特定的人发出,即表示发盘人愿意按发盘的条件与受盘人订立合同,但并不表示他愿意按这些条件与任何人订立合同。因此,接受也只能由受盘人做出,才具有法律效力。

② 受盘人表示接受,要采取声明的方式即以口头或书面的声明向发盘人明确表示出来。另外,还可以用行为表示接受(如卖方发运货物或买方支付价款、开立信用证等),但是沉默(silence)或不行为(inactivity)本身并不等于接受。

③ 接受的内容要与发盘的内容相符。根据《公约》规定,一项有效的接受必须同意发盘所提出的交易条件,只接受发盘中的部分内容,或对发盘条件提出实质性的更改,或提出有条件的接受,均不能构成接受,而只能视作还盘。所谓实质性更改,根据《公约》规定,有关货物的价格、付款、货物的质量和数量、交货时间和地点、一方当事人对另一方当事人赔偿的责任范围或解决争端的添加或不同条件,视为实质上变更发盘条件。但是,若受盘人在表示接受时,对发盘内容提出某些非实质性的添加、限制和更改(如要求增加重量单、装箱单、原产地证明或某些单据的份数等),除发盘人在不过分延迟的时间内表示反对其差异外,仍可构成有效的接受,从而使合同得以成立。在此情况下,合同成立的条件就以该项发盘的条件以及接受中所提出的某些更改为准。

④ 接受的通知要在发盘的有效期内送达发盘人才能生效。

(2) 接受的撤回

根据《公约》规定,接受可以撤回,但撤回通知必须于接受生效之前或与接受通知同时到达发盘人为限。但是接受不得撤销,因为接受生效后,合同已经成立,如果要撤销接受,在实质上已属毁约行为,问题的性质就大相径庭了。

(3) 逾期接受

在国际贸易中,由于各种原因,导致受盘人的接受通知有时会晚于发盘人规定的有效期送达,这在法律上称为"迟到的接受"或"逾期的接受"。对于这种迟到的接受,发盘人不受其约束,不具法律效力。但也有例外的情况,《公约》第21条规定,逾期的接受在下列两种情况下仍具有法律效力。

① 如果发盘人毫不迟延地用口头或书面的形式将认可迟到接受的意思通知受盘人。

② 如果载有逾期接受的信件或其他书面文件表明,它在传递正常的情况下是能够及时送达发盘人的,那么这项逾期接受仍然具有接受的效力,除非发盘人毫不迟延地用口头或书面方式通知受盘人,明确表示该发盘已经失效。

《注意》

逾期接受是否有效,关键取决于发盘人如何表态,主动权在发盘人一方。因此,发盘人在收到逾期接受后,无论是接受还是拒绝,都应立即给对方一个答复,这样使自己处于主动地位,避免今后产生纠纷。

2.2.3　合同的签订与履行

经过交易磋商后,如果就某项交易的基本条件达成一致意见,双方一般会以书面形式将该一致意见记录下来,并各自签署盖章,这就是签订合同。合同是后续贸易业务施行的基础和依据。因此,在签订合同过程中必须谨慎。合同签订后,双方就进入履行合同的阶段。

1. 出口合同的履行

出口合同履行指出口人按照合同的规定履行交货义务直至收回货款的整个过程。出口合同履行是目前我国外贸企业出口工作最重要的阶段。采用 CIF 或 CFR 术语按信用证支付方式成交的出口合同,履行程序一般包括备货、催证、审证、改证、租船订舱、报检、报关、保险、装船和制单结汇等步骤。

2. 进口合同的履行

进口合同履行指进口人按照合同规定的义务履行付款义务直至提取货物的整个过程。它是进口工作的最后阶段,应该注意货款和货物的流转进程,同时必须重视货物的验收工作,保证交易商品物有所值。在贸易术语的选择上,出于整体利益的考虑应尽可能采用 FOB 术语,在支付方式的选择上也要慎重对待,争取采用对进口方有利的方式付款,但目前实践中多为 L/C 方式。进口合同履行程序一般包括开立信用证、租船订舱和催装、保险、审单和付汇、报关和接货、验收和拨交、违约索赔等环节。

2.3　项目实施与心得

1. 项目实施

王铮写了一封建立业务关系的函电给对方,并请对方就具体产品进行询价。

DEAR SIRS,

WE LEARNED FROM THE INTERNET THAT YOU ARE ONE OF THE MAJOR IMPORTERS OF TEXTILES AND GARMENTS IN YOUR COUNTRY. WE ARE WRITING TO ENTER INTO BUSINESS RELATIONS WITH YOU ON THE BASIS OF MUTUAL BENEFITS AND COMMON INTERESTS.

OUR CORPORATION IS A STATE-OWNED FOREIGN TRADE ORGANIZATION,

DEALING IN THE IMPORT AND EXPORT OF TEXTILES AND GARMENTS. OUR PRODUCT IS OF FASHIONABLE DESIGN, COMFORTABLE FEELING AND HIGH QUALITY, WHICH ENJOYS HIGH REPUTATION BOTH IN AMERICA AND ASIA.

AS REQUESTED, ENCLOSED IS OUR LATEST CATALOGUE. IF YOU HAVE SPECIAL REQUIREMENTS, PLEASE INFORM US.

LOOKING FORWARD TO YOUR PROMPT REPLY.

YOURS FAITHFULLY
WANG ZHENG

2. 项目实施心得

寻找客户对外贸业务员来说至关重要,但这是一个长期的过程。找到潜在的客户,建立业务关系仅仅是外贸业务的第一步,然后进入艰苦的询盘、发盘和还盘等磋商阶段。

发盘、还盘和接受是建立在对产品的成本核算以及对产品市场行情的把握上的。出口商品交易的实施过程,包括货源采购、出运报关、运交买方三个基本阶段,其间产生的成本、费用是构成出口商品价格的最主要因素。出口商品对外发盘,需根据出口成本、国际市场价格和经营意图等多方面综合考虑。因发盘时有些费用尚未真正发生,即使是已发生的费用,具体分摊也要经过一段时间,因此成本在拟订价格时很难准确地确定,只能进行估算。

本节仅是掌握磋商的程序,具体的价格核算以及还盘将在后面的合同条款磋商部分展开讲解。

2.4　知识拓展

国际电子商务的蓬勃发展

电子商务作为一种全新的经济运作模式,极大地降低了经济与社会活动成本,提高了社会运行效率和企业经济效益。电子商务对国际贸易产生了深远的影响,它将突破空间与时间上的限制,供应商与最终顾客将直接接触,顾客将从"有限选择"转变为"无限要求",将带来一对一的国际贸易等诸多新的变化。

电子商务作为一种新的贸易活动方式,在国际贸易中所占的比重正逐渐上升。作为电子商务的重要组成部分——电子招标在今后的国际贸易中也会有更大的发展。

我国的外贸企业可以充分利用电子商务平台,开拓国际市场。下面是一些比较著名的电子商务网站。

阿里巴巴:http://www.alibaba.com/
慧聪网:http://www.hc360.com/
中国制造网:http://www.made-in-china.com/
环球资源网:http://www.globalsources.com/
纺织品交易网:http://www.texindex.com/
世界买家网:http://win.mofcom.gov.cn/
http://www.ec21.com/
http://www.tradekey.com/
http://www.ecplaza.net/

B to B 网站的向导:http://www.Worldjump.com/

B to B 网站大全:http://www.b2b99.com/

2.5 业务技能训练

2.5.1 课堂训练

1. 简述国际贸易实际业务程序。简述出口合同的履行程序。

2. 构成发盘和接受的有效条件有哪些? 分组讨论,以实际业务举例说明。

3. 案例分析题。

(1) 某出口公司与美商洽谈一宗交易,我方于 2008 年 6 月 7 日以电报发盘,规定 6 月 12 日前复到有效。美商在 6 月 10 日以电报表示接受。我方 14 日收到该项复电。业务员因其为逾期接受,应属无效,未予理睬,将该货又售另一客户。事后美商坚持合同已成立,要我方发货。你认为合同是否成立? 我方是否应交货并阐述理由。

(2) 我国某外贸公司于 6 月 1 日向美国进口商发出电传,发盘供应一批瓷器 1000 件并列明"牢固木箱包装"。美国进口商收到我方电传后立即复电表示接受并要求用新木箱装运。我方收到复电后立即着手备货,准备于 7 月份装船,两周后,美国进口商来电称:"由于你方对新木箱包装要求未做确认表示,所以双方合同没有成立。"而我方认为合同已经成立,为此双方发生了争执,试分析美国进口商的理由能否成立。

(3) A 向 B 发盘"蝴蝶牌缝纫机 JA-1 型 3000 架木箱装每架 62 美元 CFRC2% 科威特 2008 年 10 月装即期信用证限 6 日复到此地。"B 于 9 月 5 日回电:"你 3 日电如每架 62 美元 CFRC3%D/P 即期接受"。A 对此未予答复,问双方合同是否成立? 为什么?

2.5.2 实训操作

1. 2013 年 9 月 15 日,烟台东方外贸有限公司从国外一个老客户那里得知加拿大客户 JAMES BROWN & SONS(以下简称 J.B.S 公司)要求订购型号 MS691、MS862 的男衬衫。现在请你写一函电给 J.B.S 公司,以建立业务合作关系。

烟台东方外贸有限公司

YANTAI DONGFANG IMPORT & EXPORT CORP.

Room 2601,Yantai International Trade Center

801 YanLing Road(w),Yantai,Shandong 264000

TEL:+8651986338175,FAX:+8651986338177

JAMES BROWN & SONS.

♯304-310 JaJa Street,Toronto,Canada

TEL:(1) 7709910,FAX:(1) 7701100

2. 2013 年 10 月 25 日,山东天地木业有限公司收到美国现代公司的要求订购木地板的传真,现在请你回传真,说明天给他们具体报价。

山东天地木业有限公司

SHANDONG TIANDI WOOD CO.,LTD.

CUIBEI VILLAGE, MENGLIN TOWN, WUJIN DISTRICT, YANTAI，SHANDONG

TEL：0086-519-6850766

FAX：0086-519-6850777

MODEN TRADE，INC.

66750 VOSE ST. NORTH HOLLYWOOD, CA 91605，USA

TEL：215/880-9066

FAX：816/232-0388

3. 在熟悉国际贸易业务流程的基础上,每位学生对照自己公司的出口产品,完成以下操作。

(1) 在中国制造网(http://www.made-in-china.com/)等相关网站上寻找供应商,进行询价比较,取得产品的国内价格信息。

(2) 熟悉常用的著名 B to B 网站,在 http://www.tradekey.com/、http://www.ec21.com/或者到针对某个国际市场的贸易平台,如新加坡贸易网 http://tradelink.com.sg/、非常活跃的印度市场 http://www.trade-india.com 等相关网站上寻找国外客户,发出建立业务关系函,最好在成本核算的基础上发盘。

(备注:如果短时间内不能够取得国外客户,可请学生成立模拟的国外进口公司,请出口公司与其他学生的进口公司开展业务。)

(3) 对收集到的客户资料和供应商资料进行整理。

项目 3　选择合适的国际贸易方式

学习目标	
知识目标	能力目标
◇ 国际贸易方式的主要种类和特点 ◇ 招标和投标的程序	◇ 能够根据产品情况以及国际市场行情，采用合适的贸易方式 ◇ 能够签订包销、代理协议 ◇ 掌握加工贸易的程序以及办理相应手续的能力

3.1　项目描述与分析

1. 项目描述

服装作为烟台中策外贸有限公司的主要出口产品之一，除了一般贸易外，公司出口到日本、美国的部分服装也做来料加工或进料加工。

王铮在掌握一般进出口贸易的流程后，现在于冬亮让他熟悉其他的一些国际贸易方式，为今后其他产品的出口选择更合适的贸易方式。

王铮已经和法国公司负责亚洲事务的 Paul 取得了联系，并且双方都有进行贸易合作的意向，现在对此批服装采用什么方式开展探讨。

2. 项目分析

随着社会经济的发展，新的国际贸易方式在不断发展与涌现。在实际业务中，由于商品间存在差异，市场也各有特点，贸易方式日趋多样化。目前比较常见的贸易方式除采用一般贸易的逐笔售定的方式外，还有包销、代理、寄售、招标与投标、拍卖、期货交易和加工贸易等。

针对不同的产品、不同的情况，采取恰当的贸易方式能够使公司利益最大化，因此，对当代国际贸易方式有所了解非常必要。在外贸实践中，我们必须学会选择适合于自己的贸易方式。

3.2　相关知识

3.2.1　包销

包销（Exclusive Sales），也称独家经销（Exclusive Distribution），指出口人（委托人）通过协议把某一种商品或某一类商品在某一个地区和期限内的经营权给予国外某个客户或公司的贸易做法。

1. 包销的特点

出口人与包销商之间的关系是买卖关系,包销商赚取的是货物的进价与售价之间的差价。包销商从出口企业处购进货物后,自行销售、自负盈亏,承担货价涨落及库存积压的风险。

包销方式的优点有:通过专营权的给予,有利于调动包销商的经营积极性,有利于利用包销商的销售渠道,达到巩固和扩大市场的目的,并可减少多头经营产生的竞争的弊端。

包销方式也存在着风险。这种风险大致有:包销商可能还经销其他出口企业的商品,以致不能专心经营约定的商品;包销商的经营能力较差,不能完成协议规定的经销数额;包销商凭借专营权压低价格或包而不销,使出口人蒙受损失等。

2. 包销协议

采用包销方式,买卖双方的权利与义务是由包销协议所确定的。两者签订的买卖合同也必须符合包销协议的规定。包销协议包括下列主要内容:

(1) 包销协议的名称、签约日期与地点。

(2) 包销协议双方的关系。在协议中,应明确包销商和委托人之间的关系是买卖关系。

(3) 包销商品的范围。委托人(出口人)经营的商品种类繁多,即使是同一类或同一种商品,其中也有不同的牌号与规格。因此,在包销协议中,双方当事人必须约定包销商品的范围。

(4) 包销地区。包销地区是指包销商进行销售的地理范围。通常有下列约定方法:确定一个国家或几个国家;确定一个国家中的几个城市;确定一个城市等。

确定包销地区的大小,要考虑包销的规模及能力、包销商所能控制的销售网络、包销商品的性质及种类、市场的差异程度、包销地区的地形位置等因素。

(5) 包销期限。在我国的出口业务中,往往在签订包销协议时明确规定期限,通常为一年。还有的在包销协议中不规定期限,只是规定中止条款或续约条款等。

(6) 专营权。专营权是指包销商行使专卖和专买的权利,这是包销协议的重要内容。专营权包括专卖权和专买权。前者是委托人(出口人)将指定的商品在规定的地区和期限内给予包销商独家销售的权利,出口人负有不向该区域内的客户直接售货的义务;后者是包销商承担向出口人购买指定商品,而不得向第三者购买的义务。

(7) 包销数量或金额。此项数量与金额对协议双方均有同等的约束力。包销商必须承担向出口人购买规定数量和金额商品的义务,出口人必须承担向包销商出口上述数量和金额商品的责任。

(8) 作价办法。包销商品的作价办法有两种:一种是在规定的期限内,一次作价,即无论协议期限内包销商品价格变化与否,以协议规定价格为准;另一种是在规定的包销期限内分批作价。

(9) 广告和商标宣传。包销协议的当事双方是买卖关系,因此委托人(出口人)不实际涉足包销地区的销售业务,但他十分关心开拓海外市场。为宣传其产品,委托人常要求包销商负责为他的商品刊登一定的广告。

〖小实践〗

我国 A 公司与美国 B 公司签订了一份独家经销协议,将自己的产品在美国的独家经销权授予 B 公司,期限为一年。一年来,B 公司因销售不力,致使 A 公司蒙受巨大损失。试分析 A

公司经营失误的原因。

3.2.2　代理

代理(Agency)也是国际贸易活动中的常见做法,是指出口商(委托人)授权国外代理人向其他中间商或用户,代表出口商销售其产品的一种贸易方式。

1. 代理的特点

代理贸易方式有如下特点:

(1) 代理人与委托人之间的关系属于委托代理关系。代理人在代理业务中,只是代表委托人进行交易,如招揽客户、招揽订单、代表委托人签订买卖合同、处理委托人的货物、收受货款等,他本身并不作为合同的一方参与交易。

(2) 代理人通常运用委托人的资金进行业务活动。

(3) 代理人一般不以自己的名义与第三者签订合同。

(4) 代理人不管交易的盈亏,只收取佣金。

2. 代理的种类

代理贸易方式在具体运用时,可根据出口商赋予的特许经营权限分为三种类型,如表 3-1 所示。

表 3-1　代理的种类

分类	总代理 (General Agency)	独家代理 (Exclusive Agency or Sole Agency)	佣金代理 (Commission Agency)
概念	在指定地区授权的全权代理。总代理除了有权代理委托人进行签订买卖合同、处理货物等商务活动外,还进行一些非商业性的活动	指委托人给予代理商在一定的地区和一定期限内享有代销指定货物的专营权	又称一般代理,是指在同一代理地区、时间和期限内,同时有几个代理人代表委托人行为的代理
权限	有权指派分代理,并可分享代理的佣金	只要在一定地区和规定的期限内做成该项货物的交易,无论是由代理商签约,还是由委托人直接签约,代理商都按成交金额提取佣金	根据推销商品的实际金额和根据协议规定的办法和百分率向委托人计收佣金

一般规定,独家代理商在一定地区和期限内只能代理指定的货物,不得经营与代理货物相同或与代理货物有竞争性的货物;委托人根据协议也不能再安排另外的代理人在该地区进行代理业务。

3. 代理协议

代理协议是明确委托人与代理人之间权利与义务的法律文件。其主要内容如下:

(1) 代理商的责任、代理权的授予和双方的关系。

(2) 代理权及其对等条件。

(3) 代理的商品种类、名称、规格及代理的地区和期限。

(4) 最低代销额条款。

(5) 代理人佣金条款。

（6）宣传推广、商情报告和保护商标。

（7）其他规定。例如，委托人在授予独家代理商专营权时，保留在约定地区一定销售权限的例外规定；非竞争性条款；代理人应负责售后服务以及代理人应保护委托人知识产权等条款。

3.2.3 寄售

寄售（Consignment）是指委托人（货主）先将货物运往寄售地，委托国外代销人（受委托人），按照寄售协议规定的条件，由代销人代替货主进行销售。货物出售后，由代销人向货主结算货款的一种贸易做法。

1. 寄售的特点

在国际贸易中采用的寄售方式，与正常的卖断方式比较，它对代销人有利，适用于比较难以销售的产品，具体优缺点如表3-2所示。

表3-2 寄售方式的优缺点

	寄售人	代销人
寄售方式的优点	货物出售前，拥有货物的所有权，可根据市场的情况，进行销售处理，有利于随行就市；寄售是凭现货进行的交易，货物与买方直接见面，有利于促进成交	代销人不负担风险与费用，一般不需垫付资金，多销多得，有利于调动其经营积极性
寄售方式的缺点	资金周转期长，费用增加，风险较大，收汇很不安全，特别是货物到达目的地后，如遇市场不景气，货物一时不能出手或代销商有意压低价格就比较被动	一般没有什么弊端

《小实践》

我国某公司以寄售方式向科威特装运出口一批商品，货物到达目的地后，经努力推销仍无法顺利销售，最后只能装运回国。试根据此案例评析寄售方式存在的缺点。

2. 寄售协议

寄售协议应特别处理好寄售商品的价格、各种费用的负担和安全收汇三个方面的问题，其主要内容有：协议名称及双方的义务与责任；寄售区域及寄售商品名称及数量；定价方法（如寄售人限价、代销人自行定价、销售前逐笔征求寄售人意见定价法等）；佣金和付款；货物保险、各种费用负担等预防性条款。

3.2.4 招标与投标

招标与投标并非规范化的商品贸易形式，但常常在国家政府机构、公用事业单位或国际经济组织的大批物资采购、大型器材设备或项目援建中广泛采用。

招标（Invitation to Tender）是指招标人发出招标公告或招标单，提出准备买进商品的品种、数量和有关交易条件，邀请投标人在规定的时间、地点，按照一定的程序进行投标，然后招标人择优取标，达成商品交易的一种方式。

投标（Submission of Tender）是指投标人应招标人的邀请，根据招标公告或招标单的规定条件，在规定的时间内向招标人递盘的行为。

实际上,招标、投标是一种贸易方式的两个方面。一次具体的招标通常要经历招标、投标、开标与评标、签订协议四个阶段。

国际货物贸易中的招标有公开招标和选择性招标两种做法。前者是一种无限竞争性招标。招标人在国内外主要报刊上刊登招标广告,凡对该项招标内容有兴趣的人均有机会购买招标资料进行投标。后者又称邀请招标,它是有限竞争性招标,招标人不在报刊上刊登广告,只是根据自己具体的业务关系和情报资料由招标人对客商进行邀请,进行资格预审后,再由他们进行投标。

《注意》

投标具有实盘性质,要对标单内容负责并受其约束。一旦投标,不经招标人同意,该投标不能随意撤销。因此,在确定投标条件时,价格应注意保本求利,过高不易中标,过低容易产生亏损。对企业的能力亦应有正确估计,如不能按时、按质、按量交货或完工,投标人必须承担招标人的损失。

3.2.5　拍卖

拍卖(Auction)是由专营的拍卖行接受货主的委托,在一定的地点和时间,按照一定的章程和规则,以公开叫价竞购的方法,最后由拍卖人把货物给出价最高的买主的一种现货交易方式。

1. 拍卖的特点和程序

通过拍卖进行交易的商品大都是些品质规格复杂、难以标准化的,或是难以久存的,或是习惯上采用拍卖方式进行交易的商品,如茶叶、烟叶、兔毛、皮毛、木材、水貂皮、澳洲羊毛、古玩、艺术品等。

拍卖是一种单批实物的现货交易,它对于买主的要求较高,买方须对货物有关情况进行调研,做到心中有数,否则容易吃亏。拍卖后卖方或拍卖举办人对货物的品质一般不负赔偿责任。按质论价、优质优价的特点在拍卖中表现得尤为突出,故对卖方较为有利,往往可以使卖方获得较高的价格。拍卖所需的费用一般较其他交易高。

拍卖程序不同于一般的出口交易,其交易过程大致要经过准备、看货、出价成交和付款交货四个阶段。

2. 拍卖的种类

拍卖的出价方法有以下三种:

(1) 增价拍卖,又称买方叫价拍卖,这是最常用的一种拍卖方式。拍卖时,由拍卖人提出一批货物,宣布预定的最低价格,估后由竞买者相继叫价,竞相加价,有时规定每次加价的金额额度,直到拍卖人认为无人再出更高的价格为止。

(2) 减价拍卖,又称荷兰式拍卖。这种方法先由拍卖人喊出最高价格,然后逐渐减低叫价,直到有某一竞买者认为价格已经低到可以接受了,表示买进,交易便告达成。

(3) 密封递价拍卖,又称投标式拍卖。采用这种方法时,先由拍卖人公布每批商品的具体情况和拍卖条件等,然后由买方在规定时间内将自己的出价密封递交拍卖人,以供拍卖人进行审查比较,决定将该货物卖给哪一个竞买者。这种方法不是公开竞买,拍卖人有时要考虑除价格以外的其他因素。有些国家的政府或海关在处理库存物资或没收货物时往往采用这种拍卖方法。

3.2.6 期货交易

期货交易是众多的买主和卖主在商品交易所内按照一定的规则,用喊叫并借助手势进行讨价还价,通过激烈竞争达成交易的一种贸易方式。

目前,交易量比较大的著名交易所有美国的芝加哥商品交易所、纽约商品交易所、英国伦敦金属交易所、日本东京工业品交易所、中国香港期货交易所、新加坡国际金融交易所等。

1. 期货交易的特点

商品期货交易的品种基本上都是属于供求量较大、价格波动频繁的初级产品,如谷物、棉花、食糖、咖啡、可可、油料、活牲畜、木材、有色金属、原油、贵金属等。

期货交易不同于传统的货物买卖方式。在现货交易的情况下,买卖双方可以以任何方式、在任何地点和时间达成实物交易。卖方必须交付实际货物,买方必须支付货款。而期货交易则是在一定时间、在特定期货市场上,即在商品交易所内,按照交易所预先制订的"标准期货合同"进行的期货买卖。

期货交易具有下列特点:

(1) 期货交易不规定双方提供或者接受实际货物。

(2) 交易的结果往往不是实际货物的转移,而是支付或者取得签订合同之日与履行合同之日的价格差额。

(3) 期货合同是由交易所制订的标准期货合同,并且只能按照交易所规定的商品标准和种类进行交易。

(4) 期货交易的交货期是按照交易所规定的交货期确定的。不同商品的交货期不同。

(5) 期货合同都必须在每个交易所设立的清算所进行登记及结算。

(6) 期货交易是建立在严格的"保证金"制度上的。

2. 期货交易的种类

由于期货交易的上述特点,在期货交易所内,期货交易根据交易者的目的,可分为投机型期货交易和套期保值型期货交易。

投机型期货交易是利用期货合同作为赌博的筹码,买进卖出,从价格涨落的差额中追逐利润的纯投机活动,这在商业习惯上称为"买空卖空"。买空又称多头,是指投机者估计价格要涨,买进期货;一旦到期涨价,再卖出期货,从中赚取差价。卖空又称空头,与买空的做法正好相反。买空卖空是投机者根据自己对市场前景、价格走向进行预测的基础上来决定做多头或空头。他们进行投机交易时同时面临着盈利和亏损两种可能性,能否获利主要取决于他们对行情预测的准确程度。

套期保值又称为"海琴"(Hedging),是期货市场交易者将期货交易和现货交易结合起来进行的一种市场行为,主要目的是通过期货交易转移现货交易的价格风险,并获得这两种交易相配合的最大利润。通常的做法是,在卖出或买入实际货物的同时,在期货市场上买入或卖出同等数量的期货。

3.2.7　展卖

展卖(Fairs and Sales)是出口商通过参加或举办展览会、展销会、博览会及其他交易会形式,将自己的商品展示给客户,从而进行销售的方式。

展卖是最古老的交易方式之一,雏形是区域性的集市。随着世界经济的发展和国际贸易的不断扩大,展卖形式逐渐向国际化、大型化和综合化方向发展。

展卖最基本的特点是将出口商品的展览和推销有机地结合起来,边展边销,以销为主。

展卖主要有以下三种形式:

1. 展览会

展览会是指举办方通过选择适当的场所,将商品集中进行展出和销售的贸易方式。展览会可在国内,也可在国外,还可以流动方式在各地进行轮流展出。国际展览会主要是一国商品集中在一起进行展览和销售。有时也可以是几个国家联合起来在另一国举办。

举办国际展览会,展出国可以展示其新产品、新成果及其他特色商品,有利于宣传其科技新成就,介绍出口产品,提高知名度,以扩大影响、促成交易。另外,展览会提供了现货成交和集中成交的机会,对出口商和进口商都比较有利。

2. 展销会

展销会是指出口商自己或者联合其他出口商共同在国内举办的展销活动,一般多是食品、农产品、纺织品等小型展览会,也有的展销会是大型商企集团、垄断企业展销自己的拳头产品。国际展销活动常常受到国家海关的政策限制,因为在国际展销会上,出口商虽然可以直接销售产品,但这些产品一般要经过海关的检验通过。

3. 博览会

博览会是指世界一些著名的城市定期举办的,邀请各国商人来参加商品展卖的一种贸易活动。

国际博览会上各国商品云集,形成了一个相互交流、相互竞争的环境,各国客商通过相互洽谈、宣传及商品买卖活动,往往可以建立广泛的世界性商业关系。因此,国际博览会在国际贸易中的地位越来越显著。

国际博览会有综合国际博览会和专业国际博览会。前者一般规模较大,展出的商品品种多样,展品不受限制;后者则对展品具有一定的专业要求。

🎀 小贴士

参加交易会的要点

在大型交易会举办期间,出口商在一间或多间标准摊位上展览产品,与来自全世界的进出口贸易商直接洽谈价格和交易细节。

参加交易会有助于促进贸易的达成,如果有机会参加这样的大型交易会,应该事先做好以下准备工作。

首先要深入了解产品,牢记产品的价格,尤其是款式较多的产品类别的价格。因为交易会时间紧,客流大,客户匆匆而过,如果不能对客户询价当场作出及时的回应,容易错失机会。如果对价格能够脱口而出,能给客户够专业的印象,增强客户对你的信心。其次,细致而快速记录客户的询问和要求,这是后期跟进的关键。展会期间,多准备名片以散发,同时尽一切可能收集客户的名片,这是宝贵的商业资料。此外,利用机会参加同行的参展摊位,了解竞争对手的动态,与同行交流信息,结交朋友。

交易会上,待客要热诚周到。如果碰到几个客户同时访问的情形,注意先一一招呼到,再按照顺序一个个地谈,不可冷落了客户,但也尽量不要同时与几个客户洽谈。对于暂时不能洽谈的客户先致歉,请他暂时自行参观或翻阅资料。需要注意的是,在打招呼的同时交换名片,因为有些客户会因为不愿等待而先离开,给客户印有摊位号的名片以便他回头再来,收集他的名片便于主动联系。交谈的时候除了回应客户的询问,更要主动了解客户的经营情况,以便日后推荐相关产品,增加贸易机会。如果有时间,洽谈又融洽,客户也开朗的话,不妨闲聊一下以联络感情,但注意避免政治和宗教话题。交易会上有时候可以当场得到订单,但更多的工作则要后期跟进。交易会结束回来以后,要及时整理资料,对接触过的客户,一一发信问候,确认询问事宜,补充更详细的产品资料,使客户的兴趣变成实际的订单。

〈〈网站链接〉〉

地板行业的博览会 DOMOTEX 在上海、迪拜、德国举办三站。

http://www.domotex.de/homepage_e 德国的展览会网址

http://www.domotex-middle-east.com/ 中东的展览会网址

http://www.domotex-asia.german-pavilion.com/content/lang/home/home.php 第九届中国国际地面材料及铺装技术展览会(中国上海)

http://www.expo2010.cn/ 中国 2010 年上海世博会

3.2.8 补偿贸易与加工贸易

1. 补偿贸易

补偿贸易(Compensation Trade)是我国利用外资较常使用的一种方式。它是指贸易双方就某个项目达成协议后,由外方企业提供该项目生产所需的设备和技术,中方企业在合同规定的时间内,以产品返销的形式补偿外方企业的设备款、技术费用及补偿期间产生的利息。

对于发展中国家来说,通过补偿贸易,可在不增加外债的情况下,用国内产品来换取本国生产建设所急需的技术、设备和物资。对于发达国家来讲,则可以用比较优惠的价格得到国内生产所需的原材料,降低生产成本,并有助于推销那些用现汇难以销售的产品或技术。但补偿贸易是在互惠的原则下进行的,会造成交易的局限性,市场机制的作用也受到很大削弱。

2. 加工贸易

加工贸易(Processing Trade)是一种加工再出口业务。它把加工和扩大出口同赚取加工费结合起来。目前的主要做法有以下几种:

(1)来料加工。它是指加工方按照对方的要求,把对方提供的原辅料加工成制成品交给对方并收取加工费。在来料加工下又有一些不同的具体做法。例如,有的加工过程由对方提供全部原料;有的则由对方提供部分原料,加工方采用部分本国生产原料,这叫带料加工;有的对方只提出各方面要求,并提供样品,加工方全部采用国产原辅料加工,这叫来样加工。无论采取哪种做法,双方都是一种委托加工关系。

（2）进料加工。它是指加工方自己进口原辅料进行加工，成品销往国外，这种情况又称以进养出。具体做法与单边进口、出口无异。

（3）来件装配。它是指对方提供零部件或元器件，加工方进行装配并将成品交给对方，收取装配费的一种做法。

3.3　项目实施与心得

1. 项目实施

烟台中策外贸有限公司出口到日本、欧洲的服装基本是来样加工，同时还进口部分面料。所以有时候是做来料加工，有时候做的是进料加工，具体情况由双方沟通决定。

这次王铮和法国的客户沟通后，决定先做一般贸易，今后视法国市场情况和客户具体需求再探索进料加工或来样制作。

2. 项目实施心得

来料加工、进料加工贸易远比一般贸易要复杂，具体体现在进出口报关上，需要做加工贸易的核销手册。当然，工厂的生产加工管理也更严格。这些具体的手续将在"报关实务"中学习，本书就一般贸易来展开。

3.4　知识拓展

中国加工贸易升级取得积极进展

2013 年前三季度，中国加工贸易转型升级取得了一定的积极进展，出口产品结构进一步升级，战略性新兴产业的产品加工贸易出口同比增长。

今年的前三季度，中国的加工贸易进出口 9 894.3 亿美元，比去年同期增长 0.7%，同比增速放缓了 1.5 个百分点，增幅低于同期中国外贸整体增幅的 7 个百分点，占同期中国外贸总值的 32.3%。这其中加工贸易出口 6 250 亿美元，下降 0.9%；进口 3 644.3 亿美元，增长 3.6%。

从上述数据看出，近年来中国加工贸易的增速确实在放缓，但是在放缓的同时，中国的加工贸易在加快转型升级和梯度转移的政策引导下，转型升级取得了一定的积极进展。具体可以从以下四个方面来看：

一是从加工贸易的主体结构来看，以企业法人为主体的地位得到进一步的巩固，民营企业增长贡献显著。随着中国加工贸易参与国际产业链分工的程度日益加深，产业分工的格局也开始从以往的加工装备为主的低附加值环节，向研发设计、创立品牌等产业链的高端环节在延伸。在逐步实现从委托性的来料加工为主，向自主经营的进料加工为主的运作方式转变。

二是从加工贸易产品结构上来看，出口产品结构进一步升级。前三季度机电产品仍然是中国加工贸易出口的主打产品，出口 4 663 亿美元，占全国加工贸易总值的 74.6%。同期战略性新兴产业的产品加工贸易出口同比增长，如高新技术产品出口增长了 0.1%，其中计算机集成制造技术产品的出口增长 3%，航空航天技术的出口增长了 4.3%。

三是从区域结构来看，加工贸易的梯度转移对中西部地区外贸拉动的作用持续显现。今年的前三季度，广东加工贸易仍然保持着龙头地位，江浙沪长三角地区紧跟其后，但是同期，中西部地区的进出口增长了 23.2%，占到 10.5%，比重较 2012 年提升了 5.7 个百分点，加工贸易梯度转移的迹象非常明显。

四是加工贸易产业利用国际、国内两个市场能力在不断增强。前三季度,欧盟、日本占中国加工贸易进出口总值的比重由 2012 年的 37.9% 下滑至 36.2%。而同期中国对非洲、拉丁美洲等新兴市场分别进出口增长 4.3% 和 3.3%,表现好于同期加工贸易的整体情况。

(资料来源:http://www.chinanews.com/gn/2013/10-12/5369840.shtml)

§网站链接§

加工贸易——中国国际电子商务网(http://jm.ec.com.cn/)

3.5　业务技能训练

3.5.1　课堂训练

1. 案例分析:

某外贸公司用补偿贸易方式进口一艘渔轮。其具体做法是先出口渔品积存外汇,在达到一定金额后,即用以购买新渔轮。该公司把这种做法报请主管机关给予补偿贸易的优惠待遇,遭到拒绝。试分析主管机关的做法是否合理。

2. 分组讨论:包销、代理、寄售、拍卖、招标与投标、期货交易和加工贸易这些贸易方式一般在什么情况下采用,它们适合什么产品?

3. 学生登录优秀外贸论坛的网站,学习外贸的实际操作经验,吸取别人的教训,然后分组交流心得。

http://bbs.fobshanghai.com/

http://bbs.tradehr.com/

http://bbs.globalimporter.net/

http://www.import.net.cn/bbs/

3.5.2　实训操作

1. 烟台东方外贸有限公司给加拿大客户 JAMES BROWN & SONS 写一函电,说明自己公司的服装出口有来样加工、来料加工、进料加工等,但男衬衫大都是一般贸易的出口,因此建议该笔业务采用一般贸易。

2. 现在请你帮山东天地木业有限公司给美国现代公司回传真,讨论具体木地板出口的贸易方式,建议采用一般出口的方式。

3. 在已经和国外客户取得联系后(或两位学生模拟的进出口公司确定进出口业务关系,下同),每位学生就公司具体的产品和对方商量,除了一般贸易以外,还可以采用什么贸易方式?

综合训练一

1. 业务背景

2013 年 9 月 4 日,烟台永盛外贸有限公司(YANTAI YONGSHENG IMPORT & EXPORT CORP. , 88. YANLING ROAD, YANTAI, SHANDONG, CHINA)收到新加坡一新客户 RAFFLES TRADING CO. , LTD. 来函,对烟台永盛外贸有限公司在网上发布的"黑牡丹"牌牛仔布感兴趣。

2. 训练项目

根据相关背景及资料,以烟台永盛外贸有限公司业务员身份,向客户发出建立业务关系函,内容包括:向客户寄送样品,介绍"黑牡丹"牌牛仔布,邀请客户来参观等。

查找我国的牛仔布出口退税率和进出口关税情况,对客户进行资信调查。

3. 相关资料

(1) 客户名称、地址

RAFFLES TRADING CO. , LTD.

69 INTERNATIONAL TRADEPLAZA, ORCHARD ROAD, SINGAPORE

客户电话:(065)6402588

传真:(065)6403688

客户开户银行及账号:中国银行新加坡分行(BANK OF CHINA,SINGAPORE),03063288

(2) 商品信息("黑牡丹"牌牛仔布基本情况)

货名及货号:"黑牡丹"牌牛仔布,0866。

规格:坯布经纬纱 30 支×36 支,每英寸经纬密度 72×69,克重 400 g/sm,每匹幅宽 1.50 cm,长 42 码。

包装:捆(布),每捆 5 匹。

体积:150 cm(L)×60 cm(W)×40 cm(H)。

毛重:80 kg,净重:77 kg。

模块二 合同的磋商与订立

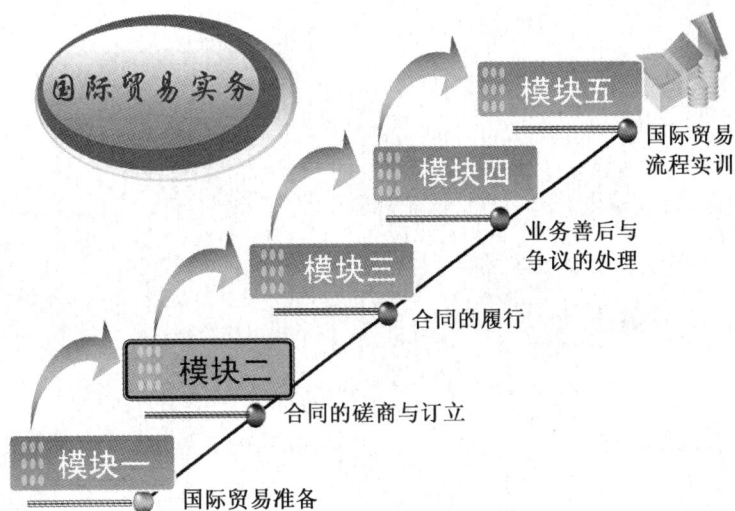

国际贸易实务

模块五
国际贸易
流程实训

模块四
业务善后与
争议的处理

模块三
合同的履行

模块二
合同的磋商与订立

模块一
国际贸易准备

模块分解

项目1　订立合同的品名和品质条款

学习目标	
知识目标	能力目标
◇ 表示商品品质的方法 ◇ 品质机动幅度和品质公差	◇ 选择合适的方法来表示商品质量的能力 ◇ 正确运用品质机动幅度或品质公差来合理制定商品品质的灵活性和合理性 ◇ 正确订立出口合同的品名和品质条款

1.1　项目描述与分析

1. 项目描述

烟台中策外贸有限公司已经和法国 GOLDEN MOUNT TRADING CO.，LTD. 建立了业务关系。法国公司有意购买中国服装与玩具等日用消费品，第一笔订单希望先从服装开始。

王铮已经和法国公司的 Paul 就具体业务磋商了一段时间，并且初步选定一批女式风衣出口法国，现在就具体出口服装的名称和品质展开细致的讨论，准备拟订合同的品名与品质条款。

2. 项目分析

商品的名称和品质是国际货物买卖当事人双方首先需要商定的交易条件，是买卖双方进行交易的物质基础。如果商品的名称和品质不明确，买卖双方也就失去了洽商的依据，无法进行交易。

商品的名称和品质是国际货物买卖合同中的主要条款之一。《联合国国际货物销售合同公约》规定，卖方交付的货物必须与合同所规定的名称、质量、规格相符。如果卖方交货不符合约定的名称规定、品质条件，买方有权要求损害赔偿，也可以要求修理或交付替代物，甚至拒收货物和撤销合同。

在货物买卖合同中，品质条款的内容有繁有简，一般视不同商品和不同表示品质的方法而定，包括商品的品名、规格、等级、品牌、标准以及交付货物的品质依据等。对此，买卖双方必须作出明确、具体、合理的规定。

1.2　相关知识

1.2.1　商品的名称

国际贸易中的各种货物都有具体的名称，即商品的名称（Name of Commodity），简称品名。买卖双方在磋商和签订进出口合同时，一定要明确、具体地列明商品的名称，并尽可能使用国际上通用的名称，避免履约时麻烦。

《小实践》

出口苹果酒一批，国外来证货名为"Apple Wine"，于是我方为单证一致起见，所有单据上均用"Apple Wine"。不料货到国外后遭进口国海关扣留罚款，因该批酒的内外包装上均写的是"Cider"字样。结果外商要求我方赔偿其罚款损失。问：我方对此应负什么责任？

1. 商品的名称与 HS 编码

商品的名称一般按照自然属性（如植物产品、动物产品、矿产品等）和加工深度（原料、半制成品、制成品）命名和分类。为了使国际贸易货物分类体系进一步协调和统一，经过海关合作理事会（现世界海关组织）和联合国统计委员会多年的努力，制订了适合于国际贸易有关各个方面需要的标准国际贸易商品分类体系，即《商品名称编码协调制度》（以下简称《协调制度》，Harmonized System, HS）。这是一个新型的、系统的、多用途的国际贸易商品分类体系。它可用于对运输商品的计费与统计、计算机数据传递、国际贸易单证简化、普遍优惠制的利用、海关税则、贸易统计等方面。

我国目前实施的商品分类，全部采用了《协调制度》目录中对商品的分类原则、结构和全部商品名称，将商品分为 21 类 97 章。因此，在国际贸易对外成交采用商品名称时，应与 HS 规定的品名相适应。

2. 商品名称条款的内容

国际货物买卖合同中的品名条款并无统一的要求和格式，通常由买卖双方协商确定。

合同中的品名条款一般比较简单，多在"商品名"或"品名"的标题下列明交易双方成交商品的名称。有时为了省略起见，也可不加标题，只在合同的开头部分列明交易双方同意买卖某种商品的文句。

品名条款的规定还取决于成交商品的品种和特点。一般商品只要列明商品的名称即可，但有的商品往往具有不同的品种、等级和型号。因此，为了明确起见，也可把有关商品的具体品种、等级和型号的概括性描述包括进去，作为进一步的限制，这实际上是把品名条款和品质条款合并在一起。

规定品名条款时，应注意以下事项：

（1）商品的名称必须做到内容明确具体，避免空泛、笼统的规定。

（2）商品的名称必须实事求是、切实反映商品的实际情况，必须是卖方能够提供而且是买方所需要的商品，凡做不到或不必要的描述性的词句都不应列入。

（3）商品的名称要尽可能使用国际上通行的名称；在采用外文名称时，应做到译名准确，与原名意思保持一致。

（4）商品的名称在《协调制度》中能够准确归类。若使用地方性的名称，交易双方应事先就其含义达成共识。

（5）对新商品的定名应力求准确，符合国际上的习惯称呼。对某些商品还应注意选择合适的品名，以利减低关税，方便进出口和节省运费开支。

例如，我国中远集团对棉手套（Cotton Gloves）、尼龙手套（Nylon Gloves）和劳保手套

（Working Gloves）规定的运费等级就不同。

1.2.2 商品的品质

商品的品质（Quality of Goods）是指商品的内在质量和外观形态的综合,前者包括商品的物理性能、机械性能、化学成分和生物特性等自然属性;后者包括商品的外形、色泽、款式和透明度等。

商品质量的好坏,不仅关系到商品价格的高低,而且还影响商品的销路和生产厂家的信誉。因此,提高商品的品质,保证商品质量的稳定性,已经成为各生产企业增强自身竞争力的重要手段。此外,由于各国贸易摩擦的不断加剧,许多国家把提高商品品质作为主要的贸易保护手段之一。有些国家规定,凡品质不符合其法令法规规定的商品一律不准进口。提高商品品质,使之适应外国政府的法律要求,符合安全卫生标准,是突破其保护壁垒、扩大出口的有效途径之一。

在国际货物买卖中,商品种类纷繁复杂,商品本身的特点、制造加工情况、市场交易习惯等各不相同,规定商品品质的方法也多种多样。归纳起来,主要有以下两大类:

1. 以实物样品表示商品的品质

实物样品通常是从一批商品中抽出来或由生产部门设计、加工出来的,足以反映和代表整批商品品质的少量实物。凡以样品表示商品品质并以此作为交货依据的称为凭样品买卖（Sale by Sample）。

在国际贸易中,按提供者的不同,可分为卖方样品、买方样品和对等样品三种,如表 1-1 所示。

表 1-1 样品的分类

	卖方样品 （Seller's Sample）	买方样品 （Buyer's Sample）	对等样品 （Counter Sample）
定义	由卖方提供的样品	由买方提供的样品	卖方根据买方来样仿制或从现有货物中选择品质相近的样品提交买方确认,这种样品称对等样品
凭样品买卖	凡凭卖方样品作为交货品质依据者,称为凭样品买卖	按买方提供的样品成交,称为凭买方样品买卖。在我国称为"来样交易"或"来样制作"	在实际业务中,谨慎的卖方往往不愿意承接按买方来样交货的业务,以免交货品质与买方样品不符而招致买方索赔甚至退货的危险
合同条款的规定	在买卖合同中应该订明"品质以卖方样品为准"（Quality as per seller's sample）	在买卖合同中应订明"品质以买方样品为准"（Quality as per buyer's sample）	实际上是用卖方样品取代了买方样品,使卖方在交货时取得主动
交货商品的要求	卖方所交整批货物的品质,必须与其提供的样品相同	卖方所交整批货物的品质,必须与买方样品相同	卖方所交整批货物的品质,必须与对等样品相同

凭卖方样品买卖时,卖方提供的样品叫原样（Original Sample）或标准样品（Type Sample）,送交买方时,应留存一份或数份同样的样品,这种样品叫复样（Duplicate Sample）。

复样以备将来组织生产、交货或处理质量纠纷时作核对之用。卖方应在原样和留存的复样上编制相同的号码，注明样品提交买方的具体日期，以便日后联系、洽谈交易时参考。留存的复样应妥善保管，以保证样品品质的稳定。

在确认按买方样品成交之前，卖方必须充分考虑按来样制作特定产品所需的原材料供应、加工技术、设备和生产安排的可行性，以确保日后能正确履约；还需防止侵犯第三者工业产权，应在合同中明确规定。如果发生由买方来样引起侵犯第三者工业产权的事情，概由买方负责，与卖方无关。

《注意》

有时买卖双方为了发展贸易关系和增进彼此对对方商品的了解，往往采用互相寄送样品的做法。这种以介绍商品为目的而寄出的样品，最好标明"仅供参考"(For Reference Only)字样，以免与标准样品混淆。在寄送"参考样品"的情况下，如买卖合同中没有订明交货品质以该项样品为准，而是约定了其他方法来表示品质，这就不是凭样品买卖，这种样品对交易双方均无约束力。

作为样品，一般都反映其所代表的商品的整体品质。但也有一些样品，它们只被用作反映某些商品的一个或几个方面的部分品质，而不反映全部品质。例如，色样(Color Sample)只表示商品的颜色；花样款式样品(Pattern Sample)只表示商品的花样款式。至于该商品的其他品质内容，则采用文字说明来表示。

凭样品买卖时，卖方交货品质必须与样品完全一致；否则，买方有权提出索赔甚至拒收货物。因此，凭样品买卖容易产生品质纠纷，只能酌情采用。凡是能用科学的指标表示商品品质时，不宜采用凭样品买卖。如对品质无绝对把握，应在合同中作出灵活规定，如规定品质与样品近似(Quality is nearly the same as the sample)。

用样品表示商品品质，一般适用于不能用科学方法来表示品质或在色、香、味或造型方面有特殊要求的商品，主要是一部分工艺品、服装、轻工产品和土特产品等。

《注意》

处理样品的要点

首先，要加强对样品的专利、专有技术的保密工作，思考如何保护本公司和外商的样品专利和专有技术。

其次，要做好样品的收集整理工作，对样品妥善保管，编号保存。

另外，要及时向客户提供样品，处理好包括样品费、样品邮寄费在内的费用的处理。

在国际贸易中，有些特殊商品没有品质完全相同的样品可以作为交易的品质依据，并且也无法用具体的文字来概括其品质，如珠宝首饰、古玩字画等，对于这些商品，买卖双方只能看货成交。

看货成交又称凭现货买卖，即根据现有商品的实际品质买卖。其具体做法是：在货物存放地卖方向买方展示货物，买方或其代理人逐一验看，如果满意，即与卖方达成交易。只要卖方交付的货物是验看的商品，买方就不能对品质提出异议。这种做法多见于寄售、拍卖、展卖等贸易业务中。

2. 用文字说明表示商品的品质

在国际货物买卖中,大多数商品采用文字说明来规定其品质。具体有以下六种方式,如表1-2所示。

表 1-2 文字说明表示商品品质的分类

	注意事项	实例	适用商品
凭规格买卖 Sale by Specification	将主要指标订入合同,如成分、含量、纯度、大小、粗细等,不宜罗列过多次要指标。另外,即使是同一商品,也会因用途不同而对规格的要求有差异。如用作榨油的大豆就要求列明含油量,而用于食用时就不一定要求列明含油量,而是把蛋白质含量作为重要指标	中国东北大豆:水分(最高)14%,含油量(最低)18%,杂质(最高)1%,不完善粒(最高)7%	大多数商品
凭等级买卖 Sale by Grade	商品的等级是指同一类商品根据其品质的差异划分为不同的级别和档次,从而产生品质优劣的若干等级。等级一般用重、中、轻;大、中、小;甲、乙、丙;特级、一级、二级、三级;A、B、C等文字、数码表示	Chinese Green Tea Special Chunmed Special Grade Art No. 41022 中国绿茶 特珍眉 特级 货号 41022	有明确等级的商品,如矿产品等
凭标准买卖 Sale by Standard	采用凭标准买卖时,应尽量采用国际通行标准,以扩大出口;在援用标准时,应注明版本年份,以避免引起争议。GB 17323-1988 强制性国家标准,GB/T 17392-1988 推荐性国家标准	Rifampicin B. P. 1993 利福平英国药典 1993 年版	有通用标准的商品
凭商品或品牌买卖 Sale by Trade Mark or Brand Name	如果一种品牌的商品同时有许多不同型号或规格,为了明确起见,就必须在规定品牌的同时,明确规定型号或规格;在采用买方定牌交易情况下,卖方应对涉及的知识产权问题做出规定	SONY Brand Color TV Set Model:KV-2553TC	在国际上久负盛名的名牌产品
凭产地名称买卖 Sale by Name of Origin	产地必须能够反映商品的品质,在国际市场上享有盛誉	SiChuan Preserved Vegetable 四川榨菜	在品质方面具有其他产区商品所不具有的独特风格和特色
凭说明书或图样买卖 Sale by Description and Illustration	买方为了维护自身利益,往往要求在合同中订立卖方品质保证条款和技术服务条款,说明书或图样成为合同的一部分	Quality and technical data to be strictly in conformity with the description submitted by the seller 品质和技术数据必须与卖方所提供的产品说明书严格相符	机器、电器、仪表、大型设备、交通工具等技术密集型商品

凭等级买卖,在列明等级的同时,最好同时规定每一等级的具体规格。例如,我国出口的钨砂主要根据其三氧化钨和含锡量不同,分为特级、一级、二级三种,如表1-3所示。

表1-3　我国出口钨砂的等级规格

等级	三氧化钨(最低)(%)	锡(最高)(%)	砷(最高)(%)	硫(最高)(%)
特级	70	0.2	0.2	0.8
一级	65	0.2	0.2	0.8
二级	65	1.5	0.2	0.8

》小贴士《

FAQ 和 GMQ

在国际贸易中,买卖一些质量容易变化的农副产品,以及品质构成条件复杂的某些工业制成品时,买卖双方常以同业公会、交易所、检验局所选定的标准物来表示商品的品质。以标准物来表示商品品质的方法主要有两种:"良好平均品质"(Fair Average Quality, FAQ)和"良好可销品质"(Good Merchantable Quality, GMQ)。

这两种表示品质的方法非常笼统,实际并不代表固定、具体的品质规格,因此,建议一般情况下不予采用。

1.3　项目实施与心得

1. 项目实施

双方经过一段时间的交流,对彼此的业务产品互相有了了解。法国公司准备先进口一批女式风衣,王铮于2013年8月15日给Paul寄送了样品,样品编号为LJ566。对方收到样品后,对质量进行了仔细检查,认可产品的质量。于是,双方在合同中约定的品质条款如下:

LADIES COAT, woven, with bronze colored buttons, 2 pockets at side, like original sample NO. LJ566 sent on AUG. 15, 2013.

2. 项目实施心得

(1)针对不同的商品,正确选用表示品质的方法

一般来说,凡能用科学指标来说明商品品质的,可适用于凭规格、等级、标准买卖;品质稳定、具有一定特色的名优产品,可适用于凭商标或牌号、产地买卖;某些结构、性能复杂的机械产品,则适用于凭说明书买卖;难以规格化、标准化的商品,则适用于凭样品买卖。

凭样品买卖时,应列明样品的编号、寄送日期、有时还要加列交货品质与样品"大致相符"(be about equal to)等说明。

表示品质的方法应视商品特性而定,凡可用一种方式表示的,就不要采用两种或两种以上的方法,订得过于繁琐只会增加生产和交货的困难。

(2)品质条款要有科学性和合理性

在规定品质条款时,用词要简单、具体、明确,切忌使用"大约"、"左右"、"合理误差"等含糊的字眼,避免引起纠纷。此外,要从生产实际出发,防止把品质条款订得过高或过低,给生产或

交货造成困难或影响销售。

某些商品由于生产过程中存在自然损耗,以及受生产工艺、商品本身特点等诸多方面原因的影响,难以保证交货品质与合同规定的内容完全一样。对于这些商品,如果条款规定过死或把品质指标订得绝对化,必然会给卖方的顺利交货带来困难。为此,订立合同时可在品质条款中规定一些灵活条款,卖方所交商品品质只要在规定的灵活范围内,就可认为交货品质与合同相符,买方无权拒收。对这些商品可以规定品质机动幅度或品质公差。一般而言,品质机动幅度适用于农副产品等初级产品;品质公差适用于工业制成品。

其他商品品质条款举例:

【例1】 茶具品质与5月16日航空邮递的样品 CT78 一致。

Tea Cups Quality Same as Sample No. CT78 Airmailed on May 16.

【例2】 1515A 型多梭箱织机,详细规格如所附文字说明与图样。

Multi-shuttle Box Loom Model 1515A, Detailed Specifications as per Attached Descriptions and Illustrations.

【例3】 9971 中国绿茶 特珍级 货号 9307

9971 China Green Tea Special Chummed Grade 1 Art. NO. 9307

【例4】 盐酸四环素糖衣片 250 毫克,按 1980 年版英国药典规定。

Tetracycline HCL Tablets (sugar coated) 250mg in conformity with B. P. 1980.

【例5】 白籼米

碎粒(最高)25%

杂质(最高)0.25%

水分(最高)15%

White Rice, Long-Shaped

Broken Grains (max) 25%

Admixture (max) 0.25%

Moisture (max) 15%

1.4 知识拓展

常见的表示品质具有一定灵活性的两种方法

1. 品质机动幅度

品质机动幅度(Quality Latitude)是指对特定品质指标可以在一定幅度内机动。具体方法有规定范围、极限和上下差异三种。品质机动幅度主要适用于初级产品以及某些工业制成品的品质指标。

(1)规定范围,即对品质指标的规定允许有一定的差异范围。卖方交货只要在此范围内都算合格。

例如,漂布,宽度 35/36 英寸。

(2)规定极限指对所交货物的品质规格规定上下极限,即最大、最高、最多为多少,最小、最低、最少为多少,卖方交货只要没有超过规定的极限,买方就无权拒收。

例如,籼米的含水率最高为 15%,杂质最高为 1%,碎粒最高为 30% 等。

（3）规定上下差异，允许卖方所交货物的品质指标在一定幅度内有灵活性。

例如，灰鸭毛，含绒量18%，允许上下浮动1%(allowing 1% more or less)。

2. 品质公差

品质公差(Quality Tolerance)指国际上公认的产品品质的误差，即允许卖方的交货品质可高于或低于一定品质规格的误差。这一方法主要适用于工业制成品。

对于国际同行业有公认的品质公差，可以不在合同中明确规定。但如果国际同行业对特殊指标并无公认的品质公差；或者买卖双方对品质公差理解不一致；或者由于生产原因，需要扩大公差范围时，则由买卖双方在合同中具体约定品质公差的内容。

卖方交货品质在品质机动幅度或品质公差允许的范围内，一般按合同的单价计算，不再按品质的高低另作调整。但如果有些商品品质指标的变动，会给商品品质带来实质性的变化，为了体现按质论价，也可在合同中订立品质增减价条款。

例如，中国芝麻水分(最高)8%；杂质(最高)2%；含油量(湿态、乙醚浸出物)52%基础，如实际装运货物的含油量高或低1%，价格相应增减1%，不足整数部分，按比例计算。

China Sesame seed Moisture (max) 8%; Admixture (max) 2%; Oil Content (wet basis ethyl ether extract) 52% basis, Should the oil content of the goods actually shipped be 1% higher or lower, the price will be accordingly increased or decreased by 1%, and any fraction will be proportionally calculated.

1.5　业务技能训练

1.5.1　课堂训练

1. 简述规定商品品质条款应注意的问题。

2. 为什么在某些商品的买卖合同中要规定品质机动幅度条款?

3. 举例说明各种商品表示品质的方法。

4. 讨论商品质量的重要性，哪些因素影响商品的品质高低?

5. 上网搜索欧洲、拉美、中东地区对服装、地板的品质有什么不同的要求。

6. 案例分析：

（1）国内某单位向英国出口一批大豆，合同规定水分最高14%，杂质不超过2.5%。在成交前我方曾向买方寄过样品，订约后我方又电告买方成交货物与样品相似。当货物运到英国后，买方提出货物与样品不符，并出示相应的检验证书证明货物质量比样品低7%，并以此要求我方赔偿15 000英镑的损失。请问：在此情况下，我方是否可以认为该项交易并非凭样品买卖而不予理赔。

（2）我国某出口公司向外商出口一批苹果。合同及对方开来的信用证上均写的是三级品，但卖方交货时才发现三级苹果库存告罄，于是该出口公司改以二级品交货，并在发票上加注："二级苹果仍按三级计价不另收费"。请问：卖方这种做法是否妥当，为什么?

（3）出口合同规定的商品名称为"手工制造书写纸"(Handmade Writing Paper)，买方收到货物后，经检验发现部分制造工序为机械操作，而我方提供的所有单据为手工制造，对方要求我方赔偿，而我方拒赔。主要理由如下：

① 该商品的生产工序基本上是手工操作,而且关键工序完全采用手工。

② 该交易是经买方当面看样品成交的,且实际货物品质又与样品一致,因此应认为所交货物与商品的品质一致。

要求:试分析上述案例,判断责任在哪方,并说明理由。

1.5.2 实训操作

1. 烟台东方外贸有限公司于 2013 年 10 月 5 日寄送两种型号为 MS691、MS862 的男衬衫给加拿大客户 JAMES BROWN & SONS,样品编号为 08091、08092,对方接到样品后,同意按卖方样品成交。请你拟订具体的品名和品质条款。

2. 山东天地木业有限公司寄送 5 个规格的复合地板给美国现代公司,现代公司对 M567、M695 这两个型号的地板比较中意,决定购买这两种型号的地板。具体要求为:M567,胡桃木 1 215 mm×195 mm×8.3 mm,25 g OVERLAYER,WHITE HDF;M695,苹果木 1 230 mm×200 mm×8.8 mm,35 g OVERLAYER。请你拟订具体的品名和品质条款。

3. 每位学生就自己公司和客户洽谈的出口产品,订立合同的品名和品质条款。

项目 2　订立合同的包装条款

学习目标	
知识目标	能力目标
◇ 销售包装的条形码 ◇ 运输标志的组成、指示性标志	◇ 综合各方面的因素，合理确定货物的包装材料和包装内的数量 ◇ 能够正确确定运输标志，订立出口合同的包装条款

2.1　项目描述与分析

1. 项目描述

烟台中策外贸有限公司的服装出口一般采用纸箱包装，主要有均色均码和混色混码两种方式，对于高档时装也有采用挂式集装箱直接出运的。

现在，王铮正在和法国公司的 Paul 就服装的具体包装进行磋商，以便在包装上达成共识，然后签订合同的包装条款。

2. 项目分析

国际贸易中的货物除少数可直接装入运输工具的散装货物（Bulk Cargo 或 Cargo In Bulk）和在形态上自成件数，不必包装或只需略加捆扎即可成件的裸装货物（Nude Cargo）以外，其他绝大多数商品都需要有适当的包装。

包装是构成商品说明的重要组成部分，是保护商品和美化商品的重要手段。包装的好坏不仅关系到商品的使用、销路、售价，在一定程度上反映了一个国家的生产力水平，还关系到履行合同的程度。按照某些国家的法律规定，如果卖方交付的货物未按约定的条件包装，或者货物的包装与行业习惯不符，买方有权拒收货物。

合同中的包装条款主要包括包装材料、包装方式、包装规格、包装标志、包装费用和每件包装中所含物品的数量或重量等内容。包装条款的磋商主要就这些内容达成一致。

2.2　相关知识

2.2.1　商品包装的种类

根据包装在流通过程中的不同作用，可分为运输包装和销售包装两种类型。

1. 运输包装

运输包装是指为满足货物装卸、储存、运输要求而进行的包装，又称大包装、外包装。它具有保障产品安全,方便储运装卸,加速交接、点验等作用。

运输包装可分为单件运输包装和集合运输包装两种。

(1)单件运输包装

货物在运输过程中作为一个计件单位的包装称作单件运输包装。单件运输包装按包装的造型和使用的材料不同又有以下几种形式(见表2-1)。

表2-1 常见单件运输包装

包装种类	适用商品	具体形式
箱 (Case)	适用于不能紧压的货物	木箱(Wooden Case)、板条箱(Crate)、纸箱(Carton)、瓦楞纸箱(Corrugated Carton)、漏孔箱(Skeleton Case)
桶 (Drum,Cask)	适用于液体、半液体以及粉状、粒状货物	木桶(Wooden Drum)、铁桶(Iron Drum)、塑料桶(Plastic Drum)
袋 (Bag)	适用于粉状、颗粒状和块状的农产品及化学原料等	麻袋(Gunny Bag)、布袋(Cloth Bag)、纸袋(Paper Bag)、塑料袋(Plastic Bag)等
包 (Bundle,Bale)	通常适用于羽毛、羊毛、棉花、生丝、布匹等可以紧压打包的商品	包(Bale)、捆(Bundle)

此外,还有筐、捆、坛、罐、缸、瓶等包装。

(2)集合运输包装

集合运输包装是指由若干单件运输包装组合而成的一件大包装,以便使用相应的运输工具及其他设施,大大提高装卸效率,减轻劳动强度,降低运输成本,减少商品损耗,促进商品装运现代化的实现。

常见的集合运输包装有集装箱、集装包(袋)和托盘三种方式。

① 集装箱。集装箱是一种规格化的巨型箱,一般由钢板等材料组合制成,多为长方体,可以反复多次使用。它既是货物的运输包装,又是运输工具的组成部分。

② 集装包(袋)。集装包(袋)是用塑料纤维编织成的抽口式大包或圆形大口袋,每包可装1～4公吨的货物,最高达13公吨。集装包(袋)均可以分为一次性使用和可以回收中转使用两种。

③ 托盘。托盘是用木材、金属或塑料制成的托板,将货物堆放在托板上面,并用箱板、塑料薄膜或金属绳索加以固定组成的一件集合包装。

2. 销售包装

销售包装是以促进销售为主要目的,随商品进入零售市场直接与消费者见面的包装,又称内包装。常见的销售包装有挂式包装、堆叠式包装、携带式包装、易开包装、喷雾包装、配套包装、礼品包装、复用包装等。

(1)销售包装的装潢和文字说明

销售包装的装潢和文字说明是美化商品、宣传商品、吸引消费者了解商品特性和妥善使用商品的必要手段。

包装的装潢通常包括图案和色彩等。包装的装潢应新颖大方、不落俗套、富有艺术性,并突出商品的特性。同时,还应该考虑进口国的风俗习惯和对颜色、图形、数字的爱好和禁忌,对不同的国家采用不同的图案和色彩。

文字说明通常包括商品的名称、商标、品牌、数量、规格、成分、使用说明等内容。文字说明应与图案、色彩相呼应,使之和谐统一;使用外文说明注意词义的正确表达。

使用的文字说明或粘贴、悬挂的商品标签、吊牌等,还应注意有关国家的标签管理条例的规定。例如,日本政府规定,凡销往该国的药品,除必须说明成分和服用方法外,还要说明其功能;否则,就不准进口。此外,有的国家明文规定所有进口商品的文字说明必须使用本国文字或几种文字。例如,加拿大政府规定,销往该国的药品必须同时使用英、法两种文字说明。

《小实践》

某年我国某公司出口到加拿大一批货物,计值人民币 128 万元。合同规定用塑料袋包装,每件要使用英、法两种文字的唛头。但该公司实际交货使用只有英文的唛头,国外商人为了适应当地市场的销售要求,不得不雇人重新更换唛头,后向我方提出索赔,我方理亏只好认赔。

(2)条形码标志

条形码(Product Code)是一种产品代码,由一组粗细间隔不等的平行线条及其相应的数字组成。它可以表示商品的许多信息,通过光电扫描输入电脑,从而判断出某件商品的生产国、制造商、品名规格、价格等一系列产品信息,大大提高了商品管理的效率。

条形码自问世以来,为适应多种需要,产生了众多的编码系统。但目前得到国际公认用于商品包装的主要有两种,即 UPC 条形码和 EAN 条形码。

1) UPC(Universal Product Code)条形码是由美国、加拿大共同组织的统一编码委员会编制的。UPC 作为美国、加拿大产品统一的标识符号。

2) EAN(European Article Numbering)条形码是欧共体的欧洲物品编码协会吸取了UPC 的经验而确立的物品标识符号。该协会于 1977 年改名为国际物品编码协会。迄今为止,使用 EAN 条形码的该协会成员国已有数十个。除欧洲外,亚洲许多国家也使用此码,我国于 1991 年参加该协会,我国分到的国别号为"690"、"691"和"692"。

《注意》

由于国际上存在这两种编码系统,因此,我国产品销往美国、加拿大应使用 UPC 码,而出口到其他国家和地区则须使用 EAN 码。

2.2.2　包装标志

包装标志是指在运输包装上书写、压印、绘制的图形、数字和文字等,其目的是为了在装卸、运输和保管过程中,便于识别货物,防止错发错运,保护商品和人员的安全等。包装标志主要有运输标志、指示性标志和警告性标志三种。此外,通常在包装上还有重量体积标志、原产地标志等。

1. 运输标志

运输标志(Shipping Mark)又称唛头,通常由一个简单的几何图形和一些字母、数字及简单的文字组成。其主要作用为识别货物,防止错发错运。

国家标准化组织(ISO)建议运输标志应包括以下四项内容：

(1) 收货人或买方名称的英文缩写字母或简称,例如,ABCCO。

(2) 参考号,如合同号码、订单号码和发票号码等。例如,SC9750。

(3) 目的地。货物运送的最终目的地或目的港的名称,一般不能用简称或代号,如有重名,还应加列国名;如需转船或转运,则应加列"转运"字样和转运地名称。例如,London Via Hong Kong。

(4) 件数号码。本批每件货物的顺序号和该批货物的总件数。

在货物付运时,货主都要对每件货物按顺序编号,主要用来说明一批货物的总包装件数、本件货物的号码或整批货物与本件货物的关系。如果标志为"Nos. : 1/100",表明整批货物共有 100 件,本件为第 1 件。如果包装件数待定,也可表示为"C/Nos. : 1/Up"。这种表示方法在客户订单或来往函电中常常见到。

下面是一则运输标志：

ABC CO.	收货人名称
SC9750	合同号码
LONDON Via HONG KONG	目的港和中转港
No. 1/100	件号(顺序号和总件数)

有时候,运输标志还要加上一些图形标志。例如,把数字和字母写在三角形(in a triangle)、菱形(in a diamond)、正方形(in a square)中。此时,不仅要把数字和字母刷在包装上,还要在外面按要求刷制三角形、菱形、正方形等图形。

在国际贸易业务中,我国外贸企业应尽量参照上述标准设计和制作运输标志。国际贸易主要采用的是凭单付款的方式,而主要的出口单据,如发票、提单、保险单上,都必须显示出运输标志。商品以集装箱方式运输时,运输标志可被集装箱号码和封号取代。

2. 指示性标志

指示性标志(Indicative Mark)是对某些易碎、易损、易变质的商品,在装卸、运输和保管过程中需要注意的事项,用简单、醒目的图形和文字在包装上标出,以提醒有关人员在操作时注意。常见的有"此端向上"(This Way Up)、"小心轻放"(Handle with Care)、"保持干燥"(Keep Dry)、"禁止翻滚"(No Turning Over)、"勿用手钩"(No Use Hook)等。图 2-1 是一些指示性标志示意图。

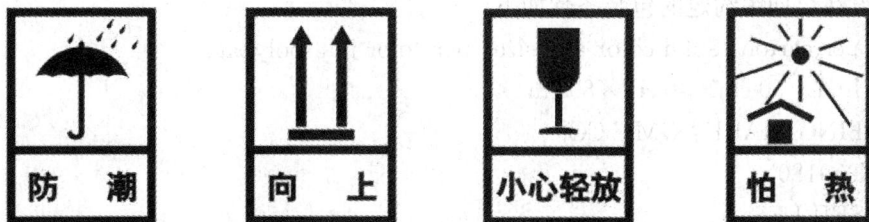

图 2 - 1　指示性标志

3. 警告性标志

警告性标志(Warning Mark)又称危险品标志,是针对易燃、易爆、有毒或具有放射性的货物,在外包装上以醒目的图形和文字标明危险性质以警示有关人员在货物的运输、保管和装卸过程中,采取相应的防护措施,以保护人身安全和运输物资的安全。图2-2是一些警告性标志示意图。

图2-2 警告性标志

除我国颁布的《危险货物包装标志》外,联合国政府间海事协商组织也规定了一套《国际海运危险品标志》。因此,在我国危险货物的运输包装上,要同时标明我国和国际海运所规定的两套危险品标志,以防货到国外港口时不准靠岸卸货而造成不必要的损失。

在运输危险品时一定要按照有关规定在包装上的明显部位刷制警告性标志,要注意颜色必须牢固、醒目,并防止脱落、褪色。

4. 重量体积标志和原产地标志

重量体积标志是指在运输包装上标明包装的毛重、净重和体积,以方便运输、装卸。

另外,一般在内外包装上均注明产地,作为商品说明的一个重要内容。商品产地是海关统计和征税的重要依据。

例:GROSS WEIGHT　108 kg

NET WEIGHT　103 kg

MEASUREMENT　50 cm×45 cm×30 cm

MADE IN CHINA

2.3　项目实施与心得

1. 项目实施

双方经过讨论,决定采用均色均码包装,8件装一只纸箱,第一次发一个20英尺集装箱的货物。双方在合同中约定的包装条款如下:

8 pcs per carton, solid color and size, per color in a polybag.

W×H×L：50 cm×40 cm×80 cm

SHIPPING MARK：GMT CO.

CZCX080180

MARSEILLES

NOS. 1-UP

2. 项目实施心得

(1) 包装材料和包装方式

在包装条款中要具体规定使用的包装材料和包装方式。例如,桶装,每桶净重175 kg (packing：iron drums of 175 kg net each);纸箱装,每箱装20打(packing：in cartons containing 20doz. each)。

如果由买方提供包装或包装物料,应明确规定买方提供包装或包装物料的时间,以及由于包装或包装物料未能及时提供而影响发运时买卖双方所负的责任。

还应明确填充物料及加固条件等。除事先约定外,一般不宜采用"海运包装"(Sea-worthy Packing)和"习惯包装"(Customary Packing)之类的术语,因为此类规定缺乏统一解释,容易引起纠纷与争议。

(2)运输标志

按国际贸易惯例,运输标志一般由卖方决定,并无必要在合同中作具体规定。但如果买方要求指定时,就需要在合同中具体规定运输标志的式样和内容;如果合同规定由买方另行指定,应规定买方通知卖方运输标志的最后期限,过时则卖方可自行决定。

(3)包装费用

包装费用一般包括在货价之中,不另计收。但如果买方要求特殊包装,除非事先明确包装费用包括在货价之内;否则,其超出的包装费用应由买方负担,在合同中要具体规定负担的费用和支付办法。

在进口国外商品时,尤其是包装技术较强的商品,最好在单价条款后注明"包括包装费用"(Packing Charges Included),以免事后发生纠纷。

其他包装条款举例:

【例1】　木箱装,每箱50 kg,净重。

In wooden cases of 50kg Net Weight each.

【例2】　包装:纸箱装,每箱60听,每听1 000 片。

Packing：In cartons containing 60 tins of 1 000 tab. each.

【例3】　每件装1个塑料袋,半打为1盒,10打装1木箱。

Each piece in a polybag, half dozen in a box and 10 dozen in a wooden case.

【例4】　纸箱装,每箱4盒,每盒约9磅,每个水果涂蜡,包纸。

In cartons, each containing 4 boxes about 9 pounds, each fruit waxed and wrapped with paper.

【例5】　每台装1个出口纸箱,810 只纸箱,1只40ft 集装箱运送。

Each set packed in one export carton, 810 cartons transported in one 40ft container.

2.4　知识拓展

1. 包装及包装填充物的法律规范

世界上很多国家都是以立法的形式规定生产者必须使用绿色包装,不仅要求本国的包装行业遵守有关法令,而且要求进口的包装制品及其废弃物也要遵守相同的法令。绿色包装已成为发达国家阻碍发展中国家进入其市场的"绿色壁垒",有些已对我国外贸发展产生了严重影响。

一是对包装物进行严格检验或禁止入境以保护生态环境。进口国为了保护本国的森林资源、农作物和建筑物,防止包装材料中夹带着隐藏病虫害传播蔓延而危害本国的资源,规定对一些包装物禁止入境或进行严格的检验和处理。例如,美国、澳大利亚等国禁止使用稻草捆扎商品或作为包装的填充材料;德国鉴于木板箱不能回收再生,禁止以木板箱作为进口商品的包装。

二是立法规定禁止使用某些包装材料。除了海关依法禁止进口商品采用可能对本国生态环境造成破坏的包装材料之外,许多国家还采取立法的形式,在本国范围内禁止使用某些包装材料。例如,德国、意大利、奥地利等国禁止生产、进口或销售以聚乙烯(PVC)为包装材料的商品。为保护臭氧层,欧盟、美国、日本等国还对不能再生或不能分解的塑料包装材料颁布了有关禁令。

我国作为一个包装生产大国和国际贸易大国,必须解决好包装与环境问题。我国的出口企业必须密切关注相关国家政策措施的变化。

2. 中性包装

中性包装(Neutral Packing)是指在商品上和内外包装上既不标明生产国别、地名和厂商名称,也不标明商标或牌号的包装。

中性包装分为无牌中性包装和定牌中性包装两种。前者指商品或包装上均不使用任何商标或牌号,也不注明生产国别和厂名;后者指商品或包装上使用买方指定的商标或牌号,但不注明生产国别和厂名。

中性包装是国际贸易中的习惯做法。我国在出口业务中,一些出口企业有时也可应客户的要求,采用这些做法。采用中性包装是为了打破某些进口国家或地区的关税壁垒和非关税壁垒,或者为了适应交易的特殊性(如转口贸易等),它是出口厂商加强对外竞争和扩大出口的一种手段。但对于签订有出口配额协定的商品应加强管理,以防进口商将商品转口至有关配额国,产生不利影响。

3. 定牌生产

定牌是指卖方按买方的要求在其出售的商品或包装上标明买方指定的商标或品牌。目的是利用买方的经营能力、商业信誉和名牌声誉,以提高售价和扩大出口。出口企业在接受客户定牌的同时,更应该强化争创自己名牌的意识。

在我国有以下几种具体做法:

(1)在定牌生产的商品和/或包装上,只用外商所指定的商标或牌号,而不标明生产国别和出口厂商名称,这属于采用定牌中性包装的做法。

(2)在定牌生产的商品和/或包装上,标明我国的商品或牌号,同时也加注国外商号名称或表示其商号的标记。

(3)在定牌生产的商品和/或包装上,在采用买方所指定的商标或牌号的同时,在其商标或牌号下标示"中国制造"字样。

【注意】

定牌生产的知识产权问题。在外商订货量较大,而且需求比较稳定时可以接受定牌生产。在合同中对涉及工业产权问题应作出明确规定:如果所采用的商标发生侵权行为,由买方负责。

2.5 业务技能训练

2.5.1 课堂训练

1. 各种商品一般采用什么材料进行包装?

2. 如果包装由买方提供,签订合同包装条款时应该注意什么问题?

3. 简述刷制运输包装标志时应注意的问题。

4. 讨论采用中性包装时应注意的问题,以防将来产生纠纷。

5. 上网搜索欧盟对于进口货物包装限制的具体内容。

6. 案例分析:

(1) 朝鲜一家进出口公司与常州自行车厂洽谈业务,准备从我国进口"金狮"牌自行车6 800辆,但要求我方改用"捷安特"牌商标,在包装上不得注明"Made In China"字样。请问:我方是否可以接受? 在处理此项业务时,应注意什么问题?

(2) 我国某公司对外出口一批罐头,合同规定数量为454 g×24 听纸箱装1 000 箱。我方根据库存情况,实际出口 454 g×48 听纸箱装 500 箱。外商以我方包装不符为由拒收货物。问:外商拒收是否有理,为什么?

2.5.2 实训操作

1. 烟台东方外贸有限公司型号为 MS691、MS862 的男衬衫包装为:一件一个塑料袋,10件一个纸箱,均色均码,纸箱尺寸为80 cm×40 cm×50 cm。请你拟订具体的包装条款,并设计一个唛头。

2. 山东天地木业有限公司型号为 M567、M695 的地板包装为:8 块地板一个纸箱,尺寸为1 220 mm×200 mm×70 mm,毛重为 15 kg,净重为 14.5 kg,请你拟订具体的包装条款,并设计一个唛头。

3. 每位学生就自己公司和客户出口产品的包装材料、数量和运输标志等包装情况进行磋商,订立合同的包装条款。

项目 3　订立合同的数量条款

学习目标	
知识目标	能力目标
◇ 计量单位和度量衡制度 ◇ 溢短装条款的内容 ◇ 常用的计量方法	◇ 综合各方面的因素,合理确定合同的数量 ◇ 能够正确确定溢短装数量,订立出口合同的数量条款

3.1　项目描述与分析

1. 项目描述

烟台中策外贸有限公司通常是以一只 40ft 的集装箱的数量为最低订货数量来进行出口报价的,由于是第一次和中策公司开展业务,法国 GOLDEN MOUNTAIN TRADING CO.，LTD. 的试订单为一只 20ft 的集装箱的服装,如果销售不错,以后再扩大进口量。

现在,王铮就一个 20ft 集装箱能够装多少件衣服,以及各个型号和颜色的具体数量与 Paul 进行沟通,以签订具体的数量条款。

2. 项目分析

数量条款是买卖双方交接货物的依据,也是处理有关数量争议的依据,是合同的主要条款之一。

《联合国国际货物销售合同公约》规定,按约定的数量交付货物是卖方的一项基本义务。如卖方交货数量大于约定的数量,买方可以拒收多交的部分,也可以收取多交部分中的一部分或全部,但应按合同价格付款。如卖方交货数量少于约定的数量,卖方应在规定的交货期届满前补交,但不得使买方遭受不合理的不便和承担不合理的开支,而且买方有保留索赔的权利。

合同中的数量条款主要包括成交商品的具体数量、计量单位。按重量计算商品,还须明确计算重量的方法。对于一些以个数计量的货物,一般还须在数量条款中加订溢短装条款。

通常,货物的报价都有一个最低成交量,这个数量一般为一只集装箱所能装的货物的数量,这样从运输成本上最经济。每个业务员必须非常清楚一只集装箱能够装多少数量的各规格型号的产品。

3.2 相关知识

3.2.1 计量单位和度量衡制度

商品的数量是通过一定的度量衡单位来表示的。国际贸易中,由于商品的种类、特性和各种度量衡制度的不同,所以计量单位和计量方法也多种多样。了解度量衡制度,熟悉各种计量单位的特定含义和计量方法,是国际贸易人员必须具备的技能。

1. 常用的计量单位

在不同的计量方式下,通常采用的计量单位名称及适用的商品如表 3-1 所示。

表 3-1 常用计量单位及适用商品

	常用计量单位	适用商品	具体商品举例
重量 (Weight)	公吨(Metric Ton)、长吨(Long Ton)、短吨(Short Ton)、千克(kg)、磅(Pound)、盎司(Ounce)、克拉(Carat)	农产品、矿产品以及部分工业制成品	羊毛、棉花、谷物、矿产品、油类、药品等
个数 (Numbers)	只(Piece 或 PC.)、件(Package 或 PKG.)、打(dozen 或 DOZ.)、双(Pair)、台、套、架(Set)、辆(Unit)、头(Head);有些商品也可按箱(Case)、包(Bale)、桶(Barrel,Drum)、袋(Bag)	一般日用工业品、轻工业品以及一部分土特产品	文具、玩具、成衣、车辆、活牲畜等
长度 (Length)	米(meter)、英尺(foot)、码(yard)、厘米(centi-meter)	纺织品,绳索,电线、电缆	
面积 (Area)	平方米(square meter)、平方英尺(square foot)、平方码(square yard)、平方厘米(square centi-meter)	皮制商品、塑料制品、地毯、玻璃	塑料地板、皮革、铁丝网等
体积 (Volume)	立方米(cubic meter)、立方英尺(cubic foot)、立方码(cubic yard)、立方英寸(cubic inch)	化学气体、天然气和木材	
容积 (Capacity)	公升(Liter)、加仑(Gallon)、蒲式耳(Bushel)公升、加仑用于酒类、油类商品的计算。美国以蒲式耳作为各种谷物的计量单位	谷物类,以及部门流体、气体产品	小麦、玉米、汽油、酒精、啤酒等

2. 常用度量衡制度

在国际货物买卖中,除了使用的计量单位、计量方法不同以外,各国使用的度量衡制度也不相同。目前,国际贸易中通常使用的度量衡制度有以下四种:

(1) 公制(The Metric System):主要在东欧、拉美、东南亚、非洲等国采用。

(2) 英制(The British System):主要在英国、新西兰、澳大利亚等国采用。

(3) 美制(The U. S. System):主要在北美国家采用。

(4) 国际单位制(International System of Unit, SI):国际标准计量组织制定,在许多国家采用。

在不同的度量衡制度下,同一计量单位表示的实际数量有时会有很大差异。例如,表3-2所示为国际单位制吨在不同的度量衡制度下所代表的实际数量。所以,了解和熟悉不同的度量衡制度,关系到货物的计量单位是否符合进口国的有关计量单位使用习惯和法律规定等问题。

表3-2 公吨、长吨、短吨含量表

	千克	磅
公制——公吨	1 000	2 204.60
英制——长吨	1 016	2 240
美制——短吨	907.20	2 000

【注意】

我国进出口商品采用的计量单位是以国际单位制为基础的法定计量单位。在外贸业务中,出口商品也可根据对方需要采用公制、美制或英制计量单位,但一般不进口非法定计量单位的仪器设备。如有特殊需要,须经有关标准计量单位管理机构批准。

3.2.2 重量的计算方法

在国际货物买卖中,多数商品是按重量计量的。此时,计算重量的方法主要有以下几种:

1. 毛重

毛重(Gross Weight,Gr. Wt. 或 G. W.)是指商品本身的重量加皮重(Tare),即商品连同包装的重量。这种计量方法一般适用于低值产品。

2. 净重

净重(Net Weight,Nt. Wt. 或 N. W.)指商品本身的重量,即从毛重中减去皮重。在国际货物买卖中,按重量计算的商品大多采用以净重计算。

有些单位价值不高的农产品或其他商品有时采用"以毛作净"(Gross for Net)的办法计重。例如,大米、大豆等农产品用麻袋包装以毛作净,即以毛重作为计算价格和交付货物的计量基础。

由于这种计重方法直接关系到价格的计算,因此,在销售上述产品时,不仅在规定数量时需表明"以毛作净",在规定价格时也应该加注此条款。例如,核桃100公吨,每公吨300美元,单层麻袋包装,以毛作净。

在国际贸易中计算皮重的方法有四种:实际皮重、平均皮重、习惯皮重、约定皮重。依据交易商品的特点,以及商业习惯的不同,由买卖双方事先商定在买卖合同中作出具体规定。

3. 其他计算重量的方法

除了按毛重和净重计算以外,还有按公量、理论重量、法定重量和实物净重计算等方法。

公量(Conditioned Weight)是用科学方法除去商品的实际水分,再加上标准水分所得的重量,适用于吸湿性较强的商品,如羊毛、生丝、棉花等。公量的计算方法是:

$$公量＝干净重＋标准含水量$$

＝实际重量×(1＋公定回潮率)÷(1＋实际回潮率)

理论重量(Theoretical Weight)指从商品的件数推算出商品的重量,适用于按固定规格生产或买卖的商品,其每件重量也大致相同,如马口铁、钢板、铝锭等。

法定重量(Legal Weight)是纯商品的重量加上直接接触商品的包装材料,如内包装的重量。而除去包装重量所表示出来的纯商品的重量,则是实物净重(Net Net Weight),又称净净重。这两种重量是海关征收货物从量税的基础。

在国际货物买卖合同中,如果货物按重量计量和计价,而没有具体规定采用何种方法计算重量和价格时,根据国际惯例应按净重计量和计价。

〘案例分析〙

案例:我国某外贸公司以 FOB 条件与大洋洲某客商达成一笔进口 1 000 公吨大豆的交易。合同规定:新麻袋(NEW GUNNY BAG),每袋 25 kg,每公吨 200 美元 FOB 悉尼,T/T 付款。货到后我方验货发现,所交货物每袋毛重 25 kg,净重 24 kg,马上去电澳商提出问题,要求扣除短量部分的货款,并向澳商寄送有关部门出具的检验证明。请问:我方的要求是否合理?为什么?

分析:我方的要求是合理的。卖方交货的数量应严格按照信用证的规定执行,由于未注明以毛作净,按照惯例,卖方应按照商品的净重交货。本案例澳商用新麻袋包装货物,每袋25 kg,但货物扣除皮重后每袋只有 24 kg,说明澳商每袋短量 1 kg,我方有权要求扣除短量部分的货款。

3.3　项目实施与心得

1. 项目实施

一个 20ft 的集装箱的体积大概是 25 m³,每个纸箱尺寸 50 cm×40 cm×80 cm,体积为 0.16 m³。25 m³÷0.16 m³＝156 箱,每箱装 8 件,因此服装总数量为 1 248 件。为避免实际装箱时有误差,因此订立溢短装 5% 的幅度可以接受。

王铮就服装的数量和 Paul 达成了一致,在合同中签订数量条款如下。

QUANTITY:1 248pcs,5% more or less at seller's option.

2. 项目实施心得

(1) 明确度量衡制度,避免误解

在数量条款中,对计量单位应该明确采用的度量衡制度,如以"吨"计量时,要订明是长吨、短吨还是公吨。对一些机械产品的螺纹还要明确是英制还是公制。力求避免使用含糊不清和笼统的字句,以免引起争议。

(2) 合理确定成交商品的数量

对于出口商品,应考虑国外市场的供求情况、国内货源情况、国际市场的价格动态、国外客户的资信状况和经营能力等具体情况,确定适当的成交数量,以保证我国出口商品既能在国际市场上卖得好价钱,又不给生产企业和履行合同带来困难。

根据装载工具确定每次成交的具体数量,节省运输成本。如果采用集装箱运输,成交的商品数量一般应该正好满足集装箱整箱装运的需要,最大限度地利用装载空间。如果数量太多或太少,采用拼箱装运,运费就昂贵了许多。这些在对外报价以及确定成交数量时都应该加以考虑。

(3) 溢短装条款

散装粮食、矿砂、水果、钢材等大宗商品,受本身特性、生产、运输或包装条件以及计量工具的限制,数量在交货时不易精确计算,往往难以完全符合合同规定的某一具体数量。因此,最好在合同中约定溢短装条款。

溢短装条款(More or Less Clause)是指买卖双方在数量条款中约定一个机动幅度,允许卖方交货数量可以在一定范围内灵活掌握。只要卖方交货数量在该机动幅度之内,就属于按合同规定交货,买方就不能以交货数量不符为由拒收或提出索赔。

溢短装条款主要包括数量机动幅度、机动幅度的选择权以及溢短装部分的作价方法。数量机动幅度大小要适当,一般为3%~5%。机动幅度选择权一般为负责租船订舱的一方。在数量机动范围内多装或少装的货物,有两种计算方法:一种是按合同规定的价格计算;另一种是对溢装或短装部分按装运时的市场价格计算。对此,合同应明确规定。

其他数量条款举例:

【例1】 东北红小豆,100公吨,单层新麻袋,每袋约100 kg,以毛作净。

Northeast Small Red Beans, 100 metric tons packed in single new gunny bags of about 100 kg, gross for net.

【例2】 500公吨,上下5%,由卖方决定。

500m/t, with 5% more or less at seller's option.

【例3】 数量1 000公吨,为适应船舱容量需要,卖方有权多装或少装5%,超过或不足部分按合同价格计算。

Quantity:1 000M/T, the sellers have the potion to load 5% more or less than the quantity contracted if it is necessary, such excess or deficiency to be settled of contracted price.

【例4】 试订购1 000打烟火,500箱蚊香。

Place a trial order for 1 000 dozen of fireworks and 500 cartons of mosquito coil incense.

3.4 知识拓展

1. UCP600有关数量的增减幅度规定

UCP600第30条对数量作出了相关规定:

(1)凡"约"、"大概"或类似的词语,用于信用证金额、数量和单价时,应解释为有关金额、数量或单价不超过10%的增减幅度。

(2)在信用证未以包装单位件数或货物自身件数的方式规定货物数量时,货物数量允许有5%的增减幅度,只要总支取金额不超过信用证金额。

2. 精确计算集装箱内装货数量

一批出口商品,产品所用包装纸箱都使用尺寸为长800 mm×宽600 mm×高200 mm,每箱毛重为7.5 kg,用40ft钢质集装箱,箱内尺寸为长12 050 mm×宽2 343 mm×高2 386 mm,

内容积为 67.4 m³，最大载重为 27 380 kg。一般性计算该集装箱最多可装多少个纸箱？

集装箱规格为长 12 050 mm×宽 2 343 mm×高 2 386 mm 时，按体积计算。

放置方法一：

长宽高方向上分别可以放 12 050/800≈15，2 343/600≈3.9，2 386/200≈11.9 取整，得长 15，宽 3，高 11。

所以，最多可以放 15×3×11＝495(箱)

放置方法二：

长宽高方向上分别可以放 12 050/600≈20.08，2 343/800≈2.9，2 386/200＝11.93 取整，得长 20，宽 2，高 11。

所以，最多可以放 20×2×11＝440(箱)

放置方法三：

长宽高方向上分别可以放长 12 050/200＝60.25，宽 2 343/800≈2.9，高 2 386/600≈3.98 取整，得长 60，宽 2，高 3。

所以，最多可以放 60×2×3＝360(箱)

因此，根据放置方法一，最多可以放 495 个纸箱。

按重量计算：最多可以放 27 380/7.5＝3 650 箱＞495 个纸箱

所以，这个集装箱最多能够装 495 箱货物。

3.5　业务技能训练

3.5.1　课堂训练

1. 如卖方按每箱 5 000 美元的价格出售某商品 200 箱，合同规定"数量允许有 5％上下，由卖方决定"。试问：这是一个什么条款？最多可装多少箱？最少可装多少箱？如实际装运 204 箱，买方应付款多少？

2. 为什么在某些商品的买卖合同中要规定溢短装条款？

3. 买卖合同中的数量条款的内容有哪些？对于"约量"应如何掌握？

4. 讨论如何确定商品的数量，合同数量除了考虑集装箱的容积外，还受哪些因素的影响？

5. 如果短装后，卖方可以补交短少的数量吗？讨论在什么条件下，卖方补交短少的数量就不算违反合同约定。

6. 案例分析：

(1) 国内某粮油进出口公司从国外进口小麦，合同数量 500 万公吨，允许溢短装 10％，而外商装船时共装了 600 万公吨，对多装的 50 万公吨，我方应如何处理？

(2) 一合同，国外开来信用证规定：数量 1 000 公吨，散装货，不准分批装运，单价为 250 美元/公吨 CIF 悉尼，卖方装货时多装了 15 公吨，问买方是否会以单证不符而拒付？

(3) 国内某公司出口至俄罗斯黄豆一批，合同的数量条款规定：每袋净重 100 kg，共 1 000 袋，合计 100 公吨。货抵俄罗斯后，经检验，黄豆每袋净重 96 kg，1 000 袋合计 96 公吨。适值黄豆价格下跌，俄罗斯客户以单货不符为由提出降价 5％的要求，否则拒收。请问：买方的要求是否合理，为什么？

3.5.2　实训操作

1. 烟台东方外贸有限公司与加拿大客户 JAMES BROWN & SONS,商定 MS691、MS862 两个型号的男衬衫—共出一个 40ft 集装箱的货物,两种型号的衬衫数量相等,假设 40ft 集装箱能够装 58CBM 货物。请你拟订具体的数量条款。

2. 山东天地木业有限公司与现代公司商定 M567、M695 这两个型号的地板分别出一个 20ft 集装箱的货物,假设 20ft 集装箱能够装 58CBM、21MT 的货物。请你拟订具体的数量条款。

3. 每位学生就自己公司和客户洽谈的出口产品,准备出口 1 个 40ft 集装箱的货物,请订立合同的数量条款。

项目 4 订立合同的价格条款

学习目标	
知识目标	能力目标
◇ 贸易术语的概念、作用和相关国际贸易惯例 ◇ 主要贸易术语中买卖双方的权利和义务	◇ 正确选用恰当的贸易术语,明确买卖双方的权利和义务 ◇ 掌握出口货物的成本核算并对外报价,进行不同贸易术语之间的价格转换 ◇ 掌握商品的定价方法,制订出口合同的价格条款

4.1 项目描述与分析

1. 项目描述

王铮向附近几个合作多次的供应商询价,该批出口的女风衣采购成本为每件 160 元左右,包含 17%的增值税,出口退税率为 11%,公司的定额费率为 5%,预期利润率为 10%。

王铮现在准备和对方沟通价格的相关事项,订立合同的价格条款,此时该商品的面料价格不断上涨,美元对人民币汇率不断走低。

2. 项目分析

价格是国际贸易的核心。在交易磋商中,价格往往是买卖双方争议的焦点,直接关系到买卖双方的经济利益。价格的高低还与其他交易条件密切相关,不同的价格往往意味着不同的质量、数量、包装等。

国际贸易的商品价格包括总价(Total Amount)和单价(Unit Price)两项基本内容。单价除了计量单位、单位价格金额外,还应明确计价货币、贸易术语、佣金和折扣等。在对外贸易中,我国外贸企业在与国外客户磋商和订约时,应考虑各种影响因素,除了按照国际市场价格水平,结合经营意图和国别地区政策确定价格外,还应正确选择计价货币,适当地选用贸易术语,列明作价方法,必要时,还须规定价格调整条款。同时,对佣金和折扣应视交易的具体情况,正确地加以运用和规定。

4.2 相关知识

4.2.1 贸易术语概述

1. 贸易术语的含义与作用

贸易术语(Trade Terms)又称价格术语、贸易条件,是进出口商品价格的一个重要组成部分。它是指用一个简短的概念或三个英文字母的缩写来表明商品的价格构成,说明买卖双方货物交接过程中有关手续、费用和风险的责任划分等问题的专门用语。例如,装运港船上交货(FOB)、成本加运费(CFR)、货交承运人(FCA),就具有特定的责任、费用和风险的划分要求。

《小贴士》

贸易术语是在国际贸易的长期实践中,为适应国际贸易的需要而逐步形成的。贸易术语在国际贸易中的使用有利于买卖双方核算价格和成本、洽商交易与订立合同,也有利于其他有关机构,如船公司、保险公司和银行等开展业务活动。

在报价中使用贸易术语,明确了双方在货物交接方面各自应承担的责任、费用和风险,说明了商品的价格构成,从而简化了交易磋商的手续,缩短了成交时间。贸易术语的作用主要有两个方面:

一是确定交货条件,即说明买卖双方在交接货物方面彼此所承担的责任、费用和风险的划分。"责任"是指因交货地点不同而产生的租船订舱、装货、卸货、投保、申请进出口许可、报关等项事宜;"费用"是指因货物的移动而产生的运杂费、保险费、仓储费、码头捐税等;"风险"是指由于各种原因导致货物被盗、串味、锈蚀、水渍、灭失等危险。例如,按装运港船上交货条件(FOB)成交与按目的地或目的港的集散站交货条件(DAT)成交,由于交货条件不同,买卖双方各自承担的责任、费用和风险就有很大区别。

二是说明商品的价格构成,是否包括商品成本以外的主要从属费用,即运费和保险费。

不同的贸易术语表明买卖双方各自承担不同的责任、费用和风险,而这些又影响成交商品的价格。一般来说,凡使用出口国国内交货的各种贸易术语,如工厂交货(EXW)和装运港船边交货(FAS)等术语,卖方承担的责任、费用和风险都比较小,所以商品的售价就低;反之,凡使用进口国交货的各种贸易术语,如目的地交货(DAP)和完税后交货(DDP)等术语,卖方承担的责任、费用和风险则比较大,所以商品的价格自然就高,有时甚至高出很多。

《注意》

价格需要伴随价格术语。在签订的合同中,在合同履行过程的单据制作中,只要涉及价格,一定要伴随相应的贸易术语。

2. 有关贸易术语的国际贸易惯例

在国际贸易实践中,因各国法律制度、贸易惯例和习惯做法不同,国际上对各种贸易术语的理解有差异,容易引起贸易纠纷。为避免各国在对贸易术语解释上出现分歧和引起争议,一些国际组织和商业团体分别就某些贸易术语做出统一的解释与规定。这些规则在国际上被广泛采用,因而成为一般的国际贸易惯例。有关贸易术语的国际贸易惯例有以下三个:

(1)《1932 年华沙—牛津规则》(Warsaw-Oxford Rules 1932)

该规则是国际法协会专门为解释 CIF 合同而制定的。1928 年在华沙制定,后几经修改,1932 年最后在牛津作了修订后使用至今,故称《1932 年华沙—牛津规则》。该规则共有 21 条,专门对 CIF 的性质、买卖双方所承担的风险、责任和费用的划分以及所有权转移的方式等问题作了比较详细的解释。

(2)《1941 年美国对外贸易定义修订本》(Revised American Foreign Trade Definition 1941)

该规则是由美国九个商业团体制定的。它最早于 1919 年在纽约制定,后于 1941 年对该条例作了修订,命名为《1941 年美国对外贸易定义修订本》,它在美洲国家有较大影响。该惯例共包括 6 种贸易术语,它们是:EX(Point of Origin,产地交货);FOB(Free on Board,在运输工具上交货);FAS(Free Along Side,在运输工具旁交货);C&F(Cost and Freight,成本加运费);CIF(Cost Insurance and Freight,成本加保险费、运费);EX Dock(Named Port of Importation,目的港码头交货)。

(3)《国际贸易术语解释通则》(International Rules for the Interpretation of Trade Terms)

《国际贸易术语解释通则》(以下简称《通则》)是目前国际贸易中使用最为广泛和普遍的贸易术语惯例。它是国际商会(International Chamber of Commerce,ICC)于 1936 年制定的。为了满足国际贸易发展的需要,国际商会于 1953 年、1967 年、1976 年、1980 年、1990 年和 2000 年对该通则做了 6 次修订和补充。最新一次修订于 2010 年 9 月完成,《国际贸易术语解释通则 2010》(INCOTERMS 2010),并于 2011 年 1 月 1 日起生效。

①《INCOTERMS 2010》的适用范围

《INCOTERMS 2010》只限于销售合同当事人的权利、义务中与交货有关的事项。其货物是指"有形的"货物,不包括无形货物,如电脑软件等。《INCOTERMS 2010》只涉及与交货有关的事项,如货物的进出口清关、货物的包装、买方受领货物的义务以及提供履行各项义务的凭证等,不涉及货物所有权和其他产权的转移、违约、违约行为的后果以及某些情况的免责等。有关违约的后果或免责事项,可通过买卖合同中其他条款和适用的法律来解决。

②《INCOTERMS 2010》的结构

《INCOTERMS 2010》包括 11 种贸易术语,并将这 11 种贸易术语按照适用范围分为两类,一类为适用于任何单一运输方式或多种运输方式的术语,包括 EXW、FCA、CPT、CIP、DAT、DAP 和 DDP 7 种;另一类为适用于海洋运输或内河水运的术语,包括 FAS、FOB、CFR 和 CIF 4 种。详见表 4-1。

表 4-1 《INCOTERMS 2010》

组别	术语缩写	术语英文名称	术语中文名称
任何单一运输 或 多种运输方式	EXW	Ex Works	工厂交货
	FCA	Free Carrier	货交承运人
	CPT	Carriage Paid to	运费付至
	CIP	Carriage Insurance Paid to	运费、保险费付至
	DAT	Delivered at Terminal	目的地或目的港集散站交货
	DAP	Delivered at Place	目的地交货
	DDP	Delivered Duty Paid	完税后交货

组别	术语缩写	术语英文名称	术语中文名称
海洋运输 或 内河水运	FAS	Free Alongside Ship	装运港船边交货
	FOB	Free On Board	装运港船上交货
	CFR	Cost and Freight	成本加运费
	CIF	Cost Insurance Freight	成本加保险费、运费

③ 使用《INCOTERMS 2010》应注意的问题

《INCOTERMS 2010》是我国外贸实践中处理有关贸易术语争议的主要依据。在具体使用有关贸易术语时应注意以下问题：

a. 本身不是法律，不具有强制性。有关贸易术语的国际贸易惯例是建立在当事人"意思自治"的基础上，故当事人选用何种贸易术语及其所采用的术语受何种惯例管辖，完全根据自愿的原则来确定。如果合同的当事人在签订销售合同时，希望引用《INCOTERMS 2010》，为避免引起不必要的纠纷，应在合同中规定：按《INCOTERMS 2010》的规定办理。例如，"CIF New York INCOTERMS 2010"或在合同中注明"This contract is governed by INCOTERMS 2010"。

想一想

我国某服装公司对日本出口一批服装，双方约定以 FOB 条件成交，但在合同中附列一条款规定我方公司负责租船订舱并承担运费。两个月后，我方公司在交货时，以 FOB 条件下通常由买方支付运费为由，要求对方支付运费。我方公司的这种行为合理吗？

b. 积极推广使用 FCA、CPT、CIP 术语。在既能使用 FOB、CFR、CIF，又能使用 FCA、CPT、CIP 术语的出口交易中，使用后三种术语，对卖方比较有利。具体表现在风险转移时间的提前和从承运人处取得运输单据时间的提前，从而有利于及时收汇。在实际业务中，除少数农矿产品外，即使在单一海运的交易中，卖方通常也在货物装船以前，有时甚至在船舶抵达装运港之前，就把货物交给了承运人。在此情况下，采用 FCA、CPT、CIP 术语来代替 FOB、CFR、CIF 是一种较好的选择。

c. 规范使用贸易术语。为便于电子信息处理，《INCOTERMS 2010》已将一些贸易术语的名称作了改变。例如，把在实际业务中已经用了多年的 C&F 改为 CFR；FOB 由于内容有了较大变化，也已增加了 FCA。虽然实施新名称已经多年，但迄今为止，在实际业务中还常见到早已被废弃的传统表述。故从业人员应当重视贸易术语的规范化使用。

d. 注意提单和电子商务问题。《INCOTERMS 2010》中规定涉及卖方提供交货凭证义务的条款在当事方同意使用电子方式通信时，允许用电子数据交换信息替代纸面单据。这些电子信息可以直接或经由提供增值服务的第三人传送至有关当事方。可见，随着电子商务的发展，电子通信方式存在着取代提单的可能，而且这一趋势随着电子商务的迅猛发展而变得越发明显。

4.2.2 装运港交货的三种常用贸易术语

1. FOB

Free On Board(… named port of shipment),即装运港船上交货(……指定装运港),是指卖方负责在合同规定的装运期内,在指定的装运港将货物装上买方指定的船上,并负担将货物装上船之前的一切费用和风险。

该术语仅适用于海洋运输或内河水运。根据《INCOTERMS 2010》的解释,现将 FOB 术语下,买卖双方各自应承担的责任、费用和风险用表 4-2 表示。

表 4-2 FOB 术语下买卖双方各自应承担的责任、费用和风险

当事人／义务	卖方	买方
责任、费用、风险	取得出口报关所需的各种证件,并负责办理出口报关手续,承担出口报关费用和出口应交纳的一切税捐; 在合同规定的时间或期限内,在指定装运港按照习惯方式将与合同规定相符的货物装上买方指定的船只,并及时通知买方; 提交商业发票和证明货物已交至船上的运输单据,或具有同等效力的电子单证; 承担货物在指定装运港将货物装上船之前的一切费用和风险	取得进口报关所需的各种证件,并负责办理进口报关手续以及必要时经另一国过境的海关手续,承担进口报关费用、进口关税及需经另一国过境时所应交纳的一切税捐; 负责租船订舱,将船名及装船日期及时通知卖方,在合同规定的时间到达装运港接运货物,以及自办货物运输保险; 接受与合同规定相符的货物和单据,并按照合同规定支付货款; 承担货物在指定装运港将货物装上船之后的一切费用和风险,包括运费、保险费等

按 FOB 术语订立合同,并按各自承担的义务履行合同时,还须注意以下问题:

(1) 船货衔接问题

在 FOB 合同中,买方负责租船订舱,并将船名、装船地点和装船时间通知卖方,而卖方负责在合同规定的期限在装运港将货物装上买方指定的船只,这样就存在船货衔接的问题。根据有关法律和惯例,如果船只按时到达装运港,而卖方未能备妥货物,延误了装船时间,则卖方应承担由此造成的空舱费(Dead Freight)或滞期费(Demurrage)等损失,买方甚至可以要求解除合同。反之,如果买方延迟派船或未经卖方同意提前派船到装运港,卖方都有权拒绝交货,买方应赔偿卖方由此而引起的仓储等费用支出的增加,以及因迟收货款而造成的利息损失等,甚至解除合同。因此,在 FOB 合同中,买卖双方对船货衔接事项,除了应在合同中作出明确规定外,在订约后尚需加强联系,密切配合,防止船货脱节。

《注意》

卖方在合同中订明,买方在派船前应电告卖方船只、船籍、所属船公司等详细情况,以卖方确认为准,并在合同中说明由于买方或船方的原因延误了装船,由买方承担违约责任,赔偿卖方因此的损失,直至解除合同。

(2) 美国等美洲国家对 FOB 的特殊解释

《1941年美国对外贸易定义修订本》将FOB分为六种,其中只有第五种"装运港船上交货"(FOB Vessel named port of shipment)与《2010年通则》解释的FOB相近,但该术语的出口报关的责任在买方而不在卖方。因此,我国在与美国、加拿大等美洲国家洽谈进口贸易使用FOB方式成交时,一定要注意在FOB和装运港名称之间加上"Vessel"(船)字样,还应明确由对方(卖方)负责办理出口报关手续。

《想一想》

我国某公司按每公吨242美元FOB Vessel NEW YORK进口200公吨钢材。我公司如期开出48 400美元的信用证,但美商来电要求增加信用证金额至50 000美元,不然有关出口税捐及签证费用应由我方另行电汇。这是为什么?

2. CFR

Cost and Freight(... named port of destination),即成本加运费(……指定目的港),是指在装运港将货物装上船卖方即完成交货,卖方必须支付将货物运至指定的目的港所需的费用和运费。但交货后货物灭失或损坏的风险,以及由于各种事件造成的任何额外费用,由卖方转移到买方。

该术语仅适用于海洋运输或内河水运。根据《INCOTERMS 2010》的解释,现将CFR术语下,买卖双方各自应承担的责任、费用和风险用表4-3表示。

表4-3　CFR术语下买卖双方各自应承担的责任、费用和风险

义务 \ 当事人	卖方	买方
责任、费用、风险	取得出口报关所需的各种证件,并负责办理出口报关手续,承担出口报关费用和出口应交纳的一切税捐; 按通常条件订立运输合同,在合同规定的时间,在装运港将与合同规定相符的货物装上船只,并及时通知买方,承担货物运至指定目的港的正常运费; 提交商业发票和证明货物已交至船上的运输单据,或具有同等效力的电子单证; 承担货物在指定装运港将货物装上船之前的一切费用和风险	取得进口报关所需的各种证件,并负责办理进口报关手续以及必要时经另一国过境的海关手续,承担进口报关费用、进口关税及需经另一国过境时所应交纳的一切税捐; 办理货物运至指定目的港的运输保险; 接受与合同规定相符的货物和单据,并按照合同规定支付货款; 承担货物在指定装运港将货物装上船之后的一切费用和风险,包括保险费等

按CFR术语成交,需要特别注意的是装船通知问题。在CFR合同中,由卖方安排运输,买方办理货运保险,如果卖方不及时发出装船通知,则买方就无法及时办理货运保险,甚至有可能出现漏保货运险的情况。因此,卖方装船后务必及时向买方发出装船通知;否则,卖方应承担货物在途中的风险和损失。

《想一想》

我国某公司从泰国A公司进口一批大米,签订"CFR上海"合同,货轮在台湾海峡附近沉没。A 公司未及时向我方发出装船通知,我方未办理投保,无法向保险公司索赔。故我方要求对方承担责任,但泰国 A 公司以货物离港,风险已转移给我方为由拒绝承担责任。问:泰国 A 公司的行为是否合理,究竟由谁承担责任?为什么?

在进口业务中,按 CFR 条件成交时,鉴于由外商安排装运,由我方负责保险,故应选择资信好的客户成交,并对船舶提出适当要求,以防外商与船方勾结,出具假提单,租用不适航的船舶,或伪造品质证书与产地证明。若出现这类情况,会使我方蒙受不应有的损失。

《小实践》

我国某外贸企业由国外一新客户进口一批初级产品,按 CFR 中国某港口即期信用证付款条件达成交易,合同规定由卖方以程租船方式将货物运交我方。我开证银行也凭国外议付行提交的符合信用证规定的单据付了款。但装运船只一直未到达目的港,后经多方查询,发现承运人原是一家小公司,而且在船舶启航后不久已宣告倒闭,承运船舶是一条旧船,船、货均告失踪,此案卖方与船方互相勾结进行诈骗,导致我方蒙受重大损失。因而,在进口业务中,采用 CFR 术语时,应慎用程租船方式,注意风险防范。

3. CIF

Cost, Insurance and Freight(… named port of destination),即成本加保险费、运费(……指定目的港),是指卖方负责租船或订舱,在合同规定的期限内将货物装上船只,办理货物运输保险,负责支付将货物运到指定目的港所需的运费和保险费,并承担将货物装上船以前的一切费用和风险。这里的运费,仅指按照惯常航线航行的正常运费,不包括运输途中发生的任何额外费用。

该术语只适用于海运或内河运输。根据《INCOTERMS 2010》的解释,按照 CIF 术语达成的合同,买卖双方各自应承担的责任、费用和风险如表 4 - 4 所示。

表 4 - 4　CIF 术语下买卖双方各自应承担的责任、费用和风险

当事人 义务	卖方	买方
责任、费用、风险	取得出口报关所需的各种证件,并负责办理出口报关手续,承担出口报关费用和出口应交纳的一切税捐; 按通常条件订立运输合同,在合同规定的时间,在装运港将与合同规定相符的货物装上船只,并及时通知买方,按 CIF 金额的 110% 办理货物运输保险,承担货物运至指定目的港的正常运费及保险费; 提交商业发票和证明货物已交至船上的运输单据以及保险单,或具有同等效力的电子单证; 承担货物在指定装运港将货物装上船之前的一切费用和风险	取得进口报关所需的各种证件,并负责办理进口报关手续以及必要时经另一国过境的海关手续,承担进口报关费用、进口关税及需经另一国过境时所应交纳的一切税捐; 接受与合同规定相符的货物和单据,并按照合同规定支付货款; 承担货物在指定装运港将货物装上船之后的一切费用(从装运港到目的港的运费和保险费除外)和风险

采用 CIF 术语成交时,应注意以下问题:

(1) CIF 合同属于"装运合同"

由于 CIF 术语后所注明的是目的港,而且我国曾将 CIF 术语译作"到岸价",所以 CIF 合同的法律性质常被误解为"到货合同"。为此,必须明确指出,CIF 及其他 C 组术语(CFR、CPT、CIP)与 F 组术语(FCA、FAS、FOB)一样,卖方在装运地完成交货义务,采用这些术语订立的买卖合同均属"装运合同"性质。卖方按合同规定在装运地将货物交付装运后,对货物可能发生的任何风险不再承担责任。

《想一想》

某公司按 CIF ROTERDAM 向荷兰出口一批季节性较强的货物,双方在合同中规定:双方须于 9 月底前将信用证开到,卖方保证运货船只不得迟于 12 月 1 日抵达目的港,如货轮迟于 12 月 1 日抵达目的港,买方有权取消合同。如货款已收,卖方须将货款退还买方。问这一条款是否合理,为什么?

(2) 保险险别与保险金额问题

在 CIF 术语下,卖方负责办理投保,支付保险费,但货物在指定装运港越过船舷后的一切风险就转移给了买方。因此,卖方对运输途中的货物已不拥有可保权益,实际上卖方是为了买方的利益投保。所以,投保什么险别和如何确定保险金额,与买卖双方利益都有关,应事先在合同中约定,以免事后因投保险别不当或保险金额不足,货物在遭受损失时得不到应有的保险赔偿,从而引起纠纷。

如果合同没有确定险别,《INCOTERMS 2010》规定卖方只需投保最低的险别,但在买方要求时,并由买方承担费用的情况下,可加保战争险、罢工险、暴乱和民变险,保险金额则最少应为合同金额的 110%,同时须以合同货币投保。

(3) 租船订舱和装船通知问题

采用 CIF 术语成交,卖方的基本义务之一是租船订舱,办理从装运港到目的港的运输事项,虽然各种惯例对运输问题的解释不尽相同,但其基本点是相同的,即如果没有相反的约定,卖方只需负责按通常的条件和惯常的航线,租船或订舱将货物运至目的港。因此,除非双方另有约定,对于买方事后提出的关于限制装运船舶的国籍、船型、船龄、船级以及指定装载某班轮公司的船只等要求,卖方均有权拒绝接受。

在实际出口业务中,如国外买方提出上述要求,在能够办到又不增加额外费用的情况下,卖方可以考虑接受。CIF 合同的卖方也必须给予买方关于货物已装上船的充分通知。尽管卖方于货物装船前已办妥货物运输保险,买方仍需要通过装运通知了解货运情况,及早做好到货前准备工作,以及必要时对装运货物增加保险金额等。

(4) 象征性交货问题

从交货方式看,CIF 是一种典型的象征性交货(Symbolic Delivery)。所谓象征性交货,是针对实际交货(Physical Delivery)而言的。前者是指卖方只要按期在约定地点完成装运,并向买方提交合同规定的包括物权凭证在内的有关单证,就算完成了交货义务,而无需保证到货。后者则是指卖方要在规定的时间和地点将符合合同规定的货物交给买方或其指定人,而不能以交单代替交货。

在象征性交货方式下,卖方是凭单交货,买方是凭单付款,只要卖方如期向买方提交了合同规定的全套合格单据,即使货物在运输途中损坏或灭失,买方也必须履行付款义务。反之,如果卖方提交的单据不符合要求,即使货物完好无损地运达目的地,买方仍有权拒付货款,拒绝受领货物。由此可见,CIF 交易实际上是一种单据的买卖,装运单据在 CIF 交易中有着特别重要的意义。

小实践

国内某公司按 CIF 条件向欧洲某国客户出口一批草编制品。合同采用信用证支付方式。我出口公司在规定的期限,向中国人民保险公司投保了一切险,在指定的我国某港口装船完毕,船公司签发了提单,然后在中国银行议付了款项。第二天,出口公司接到客户来电:装货的海轮在海上失火,草编制品全部烧毁,客户要求我公司出面向中国人民保险公司提出索赔,否则要求我公司退回全部货款。

我方果断拒赔,并提出了解决的办法,因为合同属 CIF 性质,按国际商会制定的《INCOTERMS 2010》的规定,双方有关货物风险的划分是以货物在约定的装运港将货物装上船的时间为界限的,凡是货物在装船后发生的风险应当由买方负责。既然货物是在运输途中损失,该风险应由买方承担,并由买方持卖方转让给他的保险单证向保险公司提出索赔。

注意

按照 CIF 价格成交的合同是一种特定类型的合同,它的特点是"凭单据履行交货义务,并凭单据付款"。只要卖方按照合同的规定将货物装船并提交齐全、正确的单据,即使货物已在运输途中遭受丢失,买方也不能拒收单据或向卖方索要支付的货款。

但是必须指出,按 CIF 术语成交,卖方履行其交单义务,只是得到买方付款的前提条件,除此之外,他还必须履行交货义务,如果卖方提交的货物不符合合同规定,买方即使已经付款,仍有依合同提出索赔或拒收货物的权利。

FOB、CFR 和 CIF 三种贸易术语,买卖双方在货物交接方式、交货地点和风险划分的界限方面是完全相同的,它们的区别主要是买卖双方承担的运输、保险责任和费用方面有所不同,具体如表 4-5 所示。

表 4-5 FOB、CFR、CIF 术语的异同点

相同点	适用的运输方式:水上运输 风险划分的界限:装运港船上 卖方承担的风险:FOB=CFR=CIF 交货地点:出口国装运港 交货形式:都是象征性交货,都叫"单据买卖" 办理进出口手续的责任人:出口手续卖方办理,进口手续买方办理
不同点	卖方承担的责任和费用:CIF>CFR>FOB 以装运港船舷为界,FOB 还需扶一把(以获得清洁提单)、CFR 还需送一程(租船订舱支付通常运费)、CIF 还需保一段(按最低责任保险险别投保)

4. 贸易术语的变形

班轮运输的装卸费用包含在班轮运费中。程租船运输,由于船方一般不负担装卸船费用,为了避免在此问题上引起纠纷,买卖双方须事先明确装、卸货费用由谁负担,便产生了术语的几种变形。

(1) 装船费用的负担及 FOB 术语变形

FOB 术语下,由于世界各国的港口惯例或习惯做法也不一致,买卖双方往往会对有关装船费用由谁负担的问题发生争议。

为了明确程租船运输时装船费用由哪方负担,买卖双方往往在 FOB 术语后加列附加条件,从而形成 FOB 术语的变形。它们主要有以下几种:

① FOB Liner Terms(FOB 班轮条件),装船费用按照班轮条件办理,由支付运费的一方承担,卖方不承担装船的有关费用。

② FOB Under Tackle(FOB 吊钩下交货),卖方负责将货物交至买方指定的船只吊钩所及之处,吊装费用由买方负担。

③ FOB Stowed,简称 FOBS(FOB 包括理舱费),卖方负担将货物装入船舱并承担包括理舱费在内的装船费用。

④ FOB Trimmed,简称 FOBT(FOB 包括平舱费),卖方负担将货物装入船舱并承担包括平舱费在内的装船费用。

⑤ FOB Stowed and Trimmed,简称 FOBST(FOB 包括理舱费和平舱费),卖方负担将货物装入船舱并承担包括理舱费、平舱费在内的装船费用。

(2) 卸货费用负担以及 CIF 术语变形问题

CIF、CFR 术语,在装运港的装船费应由卖方负担,依靠 CIF、CFR 术语的变形,来明确卸货费用由谁来负担。CIF、CFR 术语的变形相同。

① CIF Liner Terms(CIF 班轮条件),卸货费由支付运费的一方(卖方)承担。

② CIF Landed(CIF 卸到岸上),卖方承担将货物卸到目的港岸上的费用,包括驳船费和码头费。

③ CIF Ex Tackle(CIF 吊钩交货),卖方负责将货物从船舱吊起,卸离吊钩。如果船舶靠不上码头,那么,应由买方自费租用驳船,卖方只负责将货卸到驳船上。

④ CIF Ex Ship's Hold(CIF 舱底交货),买方承担将货物从舱底吊卸到码头的费用。

想一想

使用贸易术语变形仅为了明确和改变买卖双方关于装、卸货费用和手续的划分,并不改变交货地点和风险划分的界限。按 CIF Landed Singapore 成交,卖方要承担货物在新加坡港的卸货费及进口报关费吗?

4.2.3 向承运人交货的三种贸易术语

向承运人交货的贸易术语有三种,它们是 FCA、CPT 和 CIP 术语。这三种贸易术语适用于包括多式联运在内的任何运输方式。它们都属于象征性交货,都以"货交承运人"作为风险划分的界限。

在《INCOTERMS 2010》中,对"承运人"作出了具体规定。"承运人"是指在运输合同中,通过铁路、公路、空运、海运、内河运输或上述运输的联合运输方式承担履行运输或承担办理运输业务的任何人。

1. FCA

Free Carrier(… named place),即货交承运人(……指定地点),是指买方必须自负费用订立从指定地点装运货物的运输合同并及时通知卖方有关承运人的名称和交货的时间。卖方必须在合同规定的期限内,在指定的地点将货物交给买方指定的承运人,并及时给予买方关于货物已交承运人监管的通知,负责办理出口手续,并承担货交承运人之前的一切风险和费用。

根据《INCOTERMS 2010》的解释,按照 FCA 术语达成的合同,买卖双方各自应承担的责任、费用和风险如表 4-6 所示。

表 4-6　FCA 术语下买卖双方各自应承担的责任、费用和风险

当事人 义务	卖方	买方
责任、费用、风险	取得出口报关所需的各种证件,并负责办理出口报关手续,承担出口报关费用和出口应交纳的一切税捐; 在合同规定的时间或期限内,按约定方式或当地习惯方式,在指定地点将与合同规定相符的货物交由买方指定的承运人监管,并及时通知买方; 提交有关货运单证,或具有同等效力的电子单证; 承担货物在指定地点交由承运人监管以前的一切费用和风险	取得进口报关所需的各种证件,并负责办理进口报关手续以及必要时经另一国过境的海关手续,承担进口报关费用、进口关税及需经另一国过境时所应交纳的一切税捐; 指定承运人,订立从指定地点承运货物的运输合同,并通知卖方,以及自办货物运输保险; 承担货物在指定地点交由承运人监管以后的一切费用和风险

采用 FCA 术语时,应注意以下几点:

(1)货物交付和风险转移问题

《INCOTERMS 2010》对在 FCA 术语下装货和卸货的义务,作了明确的规定:如在卖方所在地交货,卖方负责将货物装上由买方指定承运人的收货运输工具上;如在其他指定地点交货,卖方不负责将货物从其送货运输工具上卸下。

卖方完成了交货义务,将货物置于承运人处置之下时,货物灭失或损坏的风险即转移至买方。

(2)卖方代办运输问题

FCA 合同的买方必须自负费用订立自指定地点装运货物的运输合同。但是,如果买方提出请求,或如果按照商业惯例,在与承运人订立运输合同时(如在铁路或航空运输的情况下)需要卖方提供协助的话,卖方可代为安排运输,但有关费用和风险由买方承担。如卖方不愿按买方的请求或按商业惯例协助买方订立运输合同的话,则必须及时通知买方,以便买方另作安排。

(3)货物集合化的费用承担问题

与 FOB 术语一样,FCA 卖方在完成交货义务之前发生的一切费用都须由卖方承担。而在采用 FCA 术语的实际业务中,货物大都作了集合化或成组化(Cargo Unitization),例如,装入集装箱或装上托盘,因此,卖方应考虑将货物集合化所需的费用也计算在价格之内。

2. CPT

Carriage Paid to(... named place of destination)，即运费付至(……指定目的地)，是指卖方自负费用订立将货物运至指定目的地的运输合同，在约定地点、规定日期或期限内，将货物交给第一承运人监管，负责办理出口手续，并承担货物交给第一承运人以前的一切费用和风险。

根据《INCOTERMS 2010》的解释，按照 CPT 术语达成的合同，买卖双方各自应承担的责任、费用和风险如表 4-7 所示。

表 4-7 CPT 术语下买卖双方各自应承担的责任、费用和风险

义务 \ 当事人	卖方	买方
责任、费用、风险	取得出口报关所需的各种证件，并负责办理出口报关手续，承担出口报关费用和出口应交纳的一切税捐； 按通常条件订立运输合同，在合同规定的时间或期限内，在指定地点将与合同规定相符的货物交给第一承运人监管，并及时通知买方，承担货物运至指定目的地的正常运费； 提交有关货运单证，或具有同等效力的电子单证； 承担货物在指定地点交由承运人监管以前的一切费用和风险	取得进口报关所需的各种证件，并负责办理进口报关手续以及必要时经另一国过境的海关手续，承担进口报关费用、进口关税及需经另一国过境时所应交纳的一切税捐； 办理货物运至指定目的地的运输保险； 承担货物在指定地点交由承运人监管以后的一切费用和风险

3. CIP

Carriage and Insurance Paid to(... named place of destination)，即运费、保险费付至(……指定目的地)，是指卖方自负费用订立将货物运至指定目的地的运输合同，自负费用办理货物运输保险，在约定地点、规定日期或期限内，将货物交给第一承运人监管，负责办理出口手续，并承担货物交第一承运人以前的一切费用和风险。

根据《INCOTERMS 2010》的解释，按照 CIP 术语达成的合同，买卖双方各自应承担的责任、费用和风险如表 4-8 所示。

表 4-8 CIP 术语下买卖双方各自应承担的责任、费用和风险

义务 \ 当事人	卖方	买方
责任、费用、风险	取得出口报关所需的各种证件，并负责办理出口报关手续，承担出口报关费用和出口应交纳的一切税捐； 按通常条件订立运输合同，在合同规定的时间或期限内，在指定地点将与合同规定相符的货物交给第一承运人监管，并及时通知买方，按 CIP 金额的 110% 及办理货物运输保险，承担货物运至指定目的地的正常运费及保险费； 提交商业发票和证明货物已交至船上的运输单据以及保险单，或具有同等效力的电子单证； 承担货物在指定地点交由承运人监管以前的一切费用和风险	取得进口报关所需的各种证件，并负责办理进口报关手续以及必要时经另一国过境的海关手续，承担进口报关费用、进口关税及需经另一国过境时所应交纳的一切税捐； 接受与合同规定相符的货物和单据，并按照合同规定支付货款； 承担货物在指定地点交由承运人监管以后的一切费用和风险

CIP 术语与 CIF 术语的基本模式相似,它们的价格构成中都包括了通常的运费和约定的保险费,而且按这两种术语成交的合同都属于"装运合同",都是卖方凭单交货,买方凭单付款。

综上所述,FCA、CPT 和 CIP 三种术语都适用于包括多式联运在内的任何运输方式,卖方的交货地点和风险划分界限也是完全相同的,而且以这三种术语达成的合同也都属于装运合同。它们之间的区别主要在于买卖双方在办理运输、保险责任和支付运费、保险费方面。

4. FCA、CPT、CIP 与 FOB、CFR、CIF 的比较

FCA、CPT 和 CIP 三种术语是分别从 FOB、CFR、CIF 三种传统术语发展起来的,这两类术语之间有以下三个共同点:

(1) 都是象征性交货,相应的买卖合同为装运合同。

(2) 均由出口方负责出口报关,进口方负责进口报关。

(3) 买卖双方所承担的运输、保险责任互相对应。即 FCA 和 FOB 一样,由买方办理运输;CPT 和 CFR 一样,由卖方办理运输;而 CIP 和 CIF 一样,由卖方承担办理运输和保险的责任。由此而产生的操作注意事项,也相类似。

这两类贸易术语的主要不同点在于以下四个方面:

(1) 适用的运输方式不同。FCA、CPT、CIP 适用于各种运输方式,包括多式联运,其承运人可以是船公司、铁路局、航空公司,也可以是安排多式联运的联合运输经营人;而 FOB、CFR、CIF 只适用于海运和内河运输,其承运人一般只限于船公司。

(2) 风险点不同。FCA、CPT、CIP 方式中,买卖双方风险的责任划分以"货交承运人"为界,而传统的贸易术语则以"装运港船上"为界。因此,前者的交货时间就是装运时间,而后者的交货时间则不能与装运时间等同看待。

(3) 装卸费用负担不同。FCA、CPT、CIP 均由承运人负责装卸,因而不存在需要使用贸易术语变形的问题,而 FOB、CFR、CIF 这三种术语通过贸易术语变形来规定装卸费用。

(4) 运输单据不同。在 FOB、CFR、CIF 术语下,卖方一般应向买方提交已装船清洁提单。而在 FCA、CPT、CIP 术语下,卖方提交的运输单据则视不同的运输方式而定。如在海运和内河运输方式下,卖方应提供可转让的提单,有时也可提供不可转让的海运单和内河运单;如在铁路、公路、航空运输或多式联运方式下,则应分别提供铁路运单、公路运单、航空运单或多式联运单据。

所以,除了风险点不同之外,可以把 FCA、CPT、CIP 看成是 FOB、CFR、CIF 方式从海运向各种运输方式的延伸。

《小实践》

CIF 或 CIP?——从一则案例看产品出口中贸易术语的选择

2012 年 5 月,美国某贸易公司(以下简称进口方)与我国江西某出口公司(以下简称出口方)签订合同购买一批日用瓷具,价格条件为 CIF LOS ANGELES,支付条件为不可撤销的跟单信用证,出口方需要提供已装船提单等有效单证。出口方随后与宁波某运输公司(以下简称承运人)签订运输合同。8 月初出口方将货物备妥,装上承运人派来的货车。途中发生了车祸,耽误了时间,错过了信用证规定的装船日期。得到发生车祸的通知后,出口方即刻与进口方洽商,要求将信用证的有效期和装船期延展半个月,并本着诚信原则告知进口方两箱瓷具可

能受损。进口方回电称同意延期,但要求货价应降5%。出口方回电据理力争,同意受震荡的两箱瓷具降价1%,但认为其余货物并未损坏,不能降价。但进口方坚持要求全部降价。最终出口方还是作出让步,受震荡的两箱降价2.5%,其余降价1.5%,为此受到货价、利息等有关损失共计达15万美元。

事后出口方作为托运人又向承运人就有关损失提出索赔。对此,承运人同意承担有关仓储费用和两箱震荡货物的损失,利息损失只赔50%;但对于货价损失不予赔偿,认为这是由于出口方单方面与进口方的协定所致,与己无关。出口方却认为货物降价及利息损失的根本原因都在于承运人的过失,坚持要求其全部赔偿。三个月后经多方协商,承运人最终赔偿各方面损失共计5.5万美元。出口方实际损失9.5万美元。

上述案例中出口方如采用CIP价格术语,那么风险在交承运人处理时即可转移,并能及时取得运输单据,比CIF价格条件下更能提前交单结汇,后续的损失就不会发生了。

4.2.4 其他五种贸易术语

《INCOTERMS 2010》包括的11种贸易术语,除前述的6种常用贸易术语外,还有其他5种术语。

1. EXW

Ex Works(... named place),即工厂交货(……指定地点),是指卖方在其所在地(工场、工厂或仓库等)将备妥的货物交付买方,以履行其交货义务。按此贸易术语成交,卖方既不承担将货物装上买方备妥的运输工具,也不负责办理货物出口清关手续。除另有约定外,买方应承担自卖方的所在地受领货物时起的全部费用和风险。因此,EXW术语是卖方承担责任、费用和风险最小的一种贸易术语。该术语适用于各种运输方式。

使用EXW术语时,如买方要求卖方在起运时负责装载货物并承担装载货物的全部费用和风险,则应在合同中订明。

如买方不能直接或间接地办理出口手续,则不应使用该术语,而应使用FCA术语。

2. FAS

Free Alongside Ship(... named port of shipment),即装运港船边交货(……指定装运港),是指卖方把货物运到指定的装运港船边,即履行其交货义务。买卖双方负担的风险和费用均以船边为界。该术语仅适用于海运或内河运输。

应由卖方自负费用和风险,取得出口许可或其他官方证件,在需要办理海关手续时,办理货物出口的一切海关手续,并交纳出口关税及其他费用。

3. 目的地交货的贸易术语

目的地交货的贸易术语共有三种,即《INCOTERMS 2010》中的 DAT、DAP 和 DDP。DAT 是在目的地或目的港的集散站交货;DAP 是在目的地交货;DDP 是完税后交货。因此,按照这三个贸易术语成交的合同称到达合同(Arrival Contract),这是这三个术语与前面各组术语的最大区别。

注意

按目的地交货的术语成交时,卖方要负责将货物安全及时地运达指定地点,包括边境地点、目的港口以及进口国内地,实际交给买方处置,才算完成交货。卖方要承担货物运至该地点之前的一切费用和风险。可见,目的地交货的术语条件下,卖方所承担的风险要大于前面各组。

（1）DAT

Delivered at Terminal(... named port or place of destination),即目的地或目的港的集散站交货(……指定目的港或目的地),是指卖方在指定的目的地或目的港的集散站卸货后将货物交给买方处置即完成交货。卖方应承担将货物运至指定的目的地或目的港集散站的一切风险和费用(但无义务办理进口清关手续及承担相应费用)。

（2）DAP

Delivered at Place(... named place of destination),即目的地交货(……指定目的地),是指卖方在指定的目的地交货,只需做好卸货准备无需卸货即完成交货。卖方应承担将货物运至指定的目的地的一切风险和费用(但无需办理进口清关手续及承担相应费用)。

（3）DDP

Delivered Duty Paid(... named place of destination),即完税后交货(……指定目的地),是指卖方在指定的目的地,办理进口清关手续,将在运输工具上尚未卸下的货物交给买方,即完成交货。卖方须承担将货物运至目的地的一切费用和风险,办理进口清关手续,交纳进口税费。所以,DDP 术语是卖方承担责任、费用和风险最大的一种术语。该术语适用于所有运输方式。

如果卖方不能直接或间接地取得进口许可证,则不能使用本术语。

《INCOTERMS 2010》中,11 种贸易术语各自的特点如表 4－9 所示。

表 4－9 《INCOTERMS 2010》中 11 种贸易术语对照表

贸易术语	交货地点	责任		费用		风险划分界限	出口报关责任与费用	进口报关责任与费用	适用的运输方式
		订立运输合同	办理保险	支付运费	支付保险费				
EXW	商品产地	买方	买方	买方	买方	买方受领货物起	买方	买方	任何运输方式
FCA	出口国内地、港口	买方	买方	买方	买方	货交承运人处置时起	卖方	买方	任何运输方式
CPT	出口国内地、港口	卖方	买方	卖方	买方	货交承运人处置时起	卖方	买方	任何运输方式
CIP	出口国内地、港口	卖方	卖方	卖方	卖方	货物交买方处置时起	卖方	买方	任何运输方式
DAT	目的地或目的港的集散站	卖方	卖方	卖方	卖方	货物交买方处置时起	卖方	买方	任何运输方式
DAP	进口国指定目的地	卖方	卖方	卖方	卖方	货物交买方处置时起	卖方	买方	任何运输方式

（续表）

贸易术语	交货地点	责任		费用		风险划分界限	出口报关责任与费用	进口报关责任与费用	适用的运输方式
		订立运输合同	办理保险	支付运费	支付保险费				
DDP	进口国指定目的地	卖方	卖方	卖方	卖方	货物交买方处置时起	卖方	卖方	任何运输方式
FAS	装运港（出口国）	买方	买方	买方	买方	货交船边后	卖方	买方	海运和内河运输
FOB	装运港（出口国）	买方	买方	买方	买方	货物越过装运港船舷	卖方	买方	海运和内河运输
CFR	装运港（出口国）	卖方	买方	卖方	买方	货物越过装运港船舷	卖方	买方	海运和内河运输
CIF	装运港（出口国）	卖方	卖方	卖方	卖方	货物越过装运港船舷	卖方	买方	海运和内河运输

4.2.5 商品的价格核算

1. 价格核算

商品的价格构成可以分为成本、费用、利润三个部分。其中，商品成本是在采购成本中扣除出口退税后的成本，即实际采购成本；费用可分为"国内费用"（包装费用、存储及处理费用、国内运费、检验及证明书费用、装货费用、出口捐税、邮电费及银行手续费、预计损失、垫款利息、业务费用等）和"国外费用"（视贸易术语不同，可能是海运或陆运、空运费和运输保险费。除此之外，还有可能是支付给中间商的佣金等）；利润是出口公司的预期利润。

三种贸易术语价格构成的计算公式如下：

FOB 价＝进货成本价＋国内费用＋净利润

CFR 价＝进货成本价＋国内费用＋国外运费＋净利润

CIF 价＝进货成本价＋国内费用＋国外运费＋国外保险费＋净利润

FCA、CPT 和 CIP 三种贸易术语的价格构成与 FOB、CFR 和 CIF 相类似。

【例 4－1】 新扬公司将出口一个 20ft 货柜的钢丝绳切割器（货号 BY350）到科伦坡。已知 BY350 的包装方式为 4 台装 1 箱，纸箱毛重 34.5 kg，净重 32 kg，尺码为 42 cm×42 cm×20 cm。每台购货成本为 80 元，包含 17% 的增值税。出口退税率为 6%。这批货国内运杂费共计 600 元；仓储费为每天 10 元，预计存储 30 天；出口商检费 200 元；报关费 150 元；港区港杂费 800 元；其他业务费用 2 000 元。上海到科伦坡的 20ftFCL 运费换算为人民币是 15 000元。公司如按客户要求加一成投保一切险，费率为 0.8%。如果新扬公司的预期利润率为 7%，且该商品不需缴纳出口关税，请报出 FOB SHANGHAI、CFR COLOMBO、CIF COLOMBO 的人民币价格。

解：实际成本：80－80÷（1＋17%）×6%＝75.897 4（元）

20ft 货柜的货量：

25÷（0.42×0.42×0.2）＝708（箱）

17.5÷0.034 5＝507(箱)

4×507＝2 028(台)

国内费用：(600＋10×30＋200＋150＋800＋2 000)÷2 028＝1.997 0(元)

国外运费：15 000÷2 028＝7.396 4(元)

国外保险费：CIF×110％×0.8％

FOB 报价：

FOB＝75.897 4＋1.997 0＋FOB×7％

FOB＝(75.897 4＋1.997 0)÷(1－7％)

$\quad$＝83.16≈84(元/台)

CFR 报价：

CFR＝75.897 4＋1.997 0＋7.396 4＋CFR×7％

CFR＝(75.897 4＋1.997 0＋7.396 4)÷(1－7％)

$\qquad$＝91.71≈92(元/台)

CIF 报价：

CIF＝75.897 4＋1.997 0＋7.396 4＋CIF×110％×0.8％＋CIF×7％

CIF＝(75.897 4＋1.997 0＋7.396 4)÷(1－7％－110％×0.8％)

$\qquad$＝92.59≈93(元/台)

2. 价格换算

FOB 价换算为其他价：

CFR 价＝FOB 价＋国外运费

CIF 价＝(FOB 价＋国外运费)/[1－(1＋投保加成率)×保险费率]

CFR 价换算为其他价：

FOB 价＝CFR 价－国外运费

CIF 价＝CFR 价/[1－(1＋投保加成率)×保险费率]

CIF 价换算为其他价：

FOB 价＝CIF 价×[1－(1＋投保加成率)×保险费率]－国外运费

CFR 价＝CIF 价×[1－(1＋投保加成率)×保险费率]

【例 4-2】　我方对外报价为每公吨 1 000 美元 CIF 新加坡,而外商还盘为 902 美元 FOB 中国口岸。经查该货物由中国港口运至新加坡每公吨运费为 88 美元,保险费率合计为 0.95％。试问单纯从价格角度上讲,我方可否接受该项还盘?

解:将我方报价 CIF 新加坡换算成 FOB 中国口岸价格,其结果是:

FOB 中国岸价＝1 000－88－1 000×110％×0.95％＝901.55(美元)

而外商报价为 FOB 中国口岸 902 美元,二者相差无几,可以接受外商还盘。

【例 4-3】　某商品的出口价为每公吨 CFR 香港 700 美元,买方提出改报 CIF 价,并要求 按 CIF 价的 110％投保水渍险和战争险,总保险费率为 1.2％,求 CIF 报价。

解:CIF＝CFR/[1－(1＋投保加成率)×保险费率]

$\qquad$＝700/[1－(1＋10％)×1.2％]

$\qquad$＝709.36(美元)

3. 佣金和折扣的计算

佣金和折扣是国际贸易中普遍采用的习惯做法。在买卖双方磋商价格和估算价格构成的各种因素时,应把佣金和折扣考虑在内,灵活加以运用,可以调动外商的积极性,增强市场竞争力,达到扩大出口的目的。

(1) 佣金(Commission)

在国际贸易中,有些交易是通过中间代理商进行的。因中间商介绍生意或代买代卖而需收取一定的酬金,此项酬金叫佣金。包含佣金的价格称为含佣价,不含佣金价则为净价(Net Price)。凡在合同价格条款中,明确规定佣金的百分比,叫做明佣。如果中间商为了从买卖双方获取双头佣金或为了逃税,有时要求在合同中不规定佣金,而另按双方暗中达成的协议支付,这种暗中约定佣金的做法叫做暗佣。货价中是否包括佣金以及佣金比例的大小,都会影响到商品的价格。

在商品价格中包括佣金时,通常应以文字来说明。例如,"每公吨 20 美元 CIF 旧金山,包括 2％佣金"(USD200per M/T CIF San Francisco including 2％ commission)。也可在贸易术语上加注佣金的缩写英文字母 C 和佣金的百分比来表示。例如,"每公吨 200 美元 CIFC2％旧金山"(USD200 per M/T CIFC2％ San Francisco)。商品价格中所包含的佣金还可以用绝对数来表示。例如,"每公吨付佣金 25 美元"(USD 25 of commission per metric ton)。

佣金的规定应合理,其比率一般掌握在 1％至 5％之间,不宜过高。

在国际贸易中,计算佣金的方法不一,有的按成交金额约定的百分比计算,也有的按成交商品的数量来计算。在按成交金额计算时,有的以发票总金额作为计算佣金的基数,有的则以 FOB 总值为基数来计算佣金。

常见的佣金计算公式如下:

佣金额＝含佣价×佣金率

净价＝含佣价－单位货物佣金额

上述公式也可写成:

净价＝含佣价×(1－佣金率)

含佣价＝净价÷(1－佣金率)

【例 4-4】 一批出口商品的成交金额按 FOB 条件含佣价为 200 000 美元,佣金率为 3％,则佣金为多少? 扣除佣金后的净价为多少?

解:佣金＝200 000 美元×3％＝6 000 美元

净价＝200 000 美元－6 000 美元＝194 000 美元

佣金的支付一般有两种做法:一种是由中间代理商直接从货价中扣除佣金;另一种是在委托人收清货款之后,再按事先约定的期限和佣金比率,另行付给中间代理商。后一种情况对委托人比较有利。通常,佣金可以在合同履行后逐笔支付,也可按月、按季、按半年,甚至一年汇总支付。

(2) 折扣(Discount,Allowance)

折扣是指卖方按原价给予买方一定百分比的减让,即在价格上给予适当的优惠。国际贸易中使用的折扣,名目很多,除一般折扣外,还有为扩大销售而使用的数量折扣(Quantity Discount),为实现某种特殊目的而给予的特别折扣(Special Discount)以及年终回扣(Turnover Bonus)等。凡在价格条款中明确规定折扣率的,叫做明扣;凡交易双方就折扣问题已达成协议,而在价格条款中不明示折扣率的,叫做暗扣。货价中是否包括折扣和折扣率的大小,都会影响到商品价格,折扣率越高,则价格越低。

在国际贸易中,折扣通常在合同价格条款中用文字明确表示出来。例如,"CIF 伦敦每公吨 200 美元,折扣 3%"(USD200 per Metric ton CIF London including 3% discount)。此例也可表示为:"CIF 伦敦每公吨 200 美元,减 3%折扣"(USD200 per metric ton CIF London Less 3% discount)。此外,折扣也可以用绝对数来表示。例如,"每公吨折扣 6 美元"(Less USD 6.00 per Metric ton)。

在实际业务中,也用 CIFD 或 CIFR 来表示 CIF 价格中包含折扣。这里的 D 和 R 是 Discount 和 Rebate 的缩写。鉴于在贸易往来中加注的 D 或 R 含义不清,可能引起误解,故最好不使用此缩写语。

折扣通常是以成交额或发票金额为基础计算出来的。其计算方法如下:

单位货物折扣额=原价(或含折扣价)×折扣率

卖方实际净收入=原价-单位货物折扣额

【例 4-5】 我某公司以每公吨 520 美元 CIF 香港,含折扣 2%的价格对外出口一批货物,那么我方每公吨扣除折扣的净收入为多少?

解:我方单位商品净收入=520 美元×(1-2%)=509.6 美元

折扣一般是在买方支付货款时预先予以扣除。也有的折扣金额不直接从货价中扣除,而按暗中达成的协议另行支付给买方,这种做法通常在给"暗扣"或"回扣"时采用。

4. 出口商品的经济效益核算

在对外报价、制定价格条款前,要注意加强成本核算,以提高经济效益,防止出现不计成本单纯追求成交量的倾向。进行成本预算的指标主要有以下三种:

(1)出口商品换汇成本(换汇率)

该指标反映出口商品每取得一美元外汇净收入所耗费的人民币成本。换汇成本越低,出口的经济效益越好。出口商品换汇成本如高于结汇时银行的外汇牌价,则出口为亏损;反之,则说明出口有盈利。其计算公式为:

出口商品换汇成本=出口总成本(人民币元)/出口外汇净收入(美元)

这里的出口总成本是指出口商品的进货成本加上国内费用(出口前的一切费用和税金)。

出口外汇净收入指的是扣除运费和保险费后的 FOB 外汇净收入。

【例 4-6】 某商品国内进价为人民币 5 070 元,加工费 800 元,流通费 700 元,税金 30 元,出口销售外汇净收入为 1 100 美元,则:

出口总成本=5 070+800+700+30=6 600(人民币元)

出口商品换汇成本=6 600 元人民币元/1 100 美元=6 人民币元/美元

(2)出口商品盈亏率

该指标说明出口商品盈亏额在出口总成本中所占的百分比,正值为盈,负值为亏。

出口商品盈亏率=(出口人民币净收入-出口总成本)/出口总成本×100%

其中,出口人民币净收入是指出口商品的 FOB 价按当时外汇牌价折算成人民币的数额。

【例 4-7】 某公司向加拿大出口某商品,外销价为每公吨 500 美元 CIF 温哥华,支付运费为 70 美元,保险费 6.5 美元。如果该公司收购该商品的收购价为每公吨 1 800 元人民币,且国内直接和间接费用加 17%,试计算该商品的出口总成本、出口销售外汇净收入和出口换汇成本。假若当期银行外汇牌价为 1 美元合 6.8 元人民币,试计算该笔出口的盈亏率。

解:出口总成本＝1 800×(1＋17％)＝2 106(元人民币)

出口外汇净收入＝500－(70＋6.5)＝423.5(美元)

出口换汇成本＝2 106 人民币/423.5 美元≈4.973 元人民币/美元

出口人民币净收入＝423.5×6.8＝2 879.80(元人民币)

出口盈亏率＝(2 879.80－2 106)/2 106×100％≈36.7％

(3) 出口创汇率

出口创汇率是指加工后成品出口的外汇净收入与原料外汇成本的比率。如原料为国产品,其外汇成本可按原料的 FOB 出口价计算;如原料是进口的,则按该原料的 CIF 进口价计算。通过出口的外汇净收入和原料外汇成本的对比,可看出成品出口的创汇情况,从而确定出口成品是否有利,特别是在进料加工的情况下,核算该指标更具有现实意义。出口创汇率越高,说明出口成品越有利。其计算公式为:

出口创汇率＝(成品出口外汇净收入－进口原料外汇成本)/进口原料外汇成本×100％

4.3 项目实施与心得

1. 项目实施

(1) 选择合适的贸易术语

业务员王铮考虑到,虽然运费由于原油价格的变动不断变化,但由我方办理运输和保险较能控制货物的出运,故选择使用"CIF MARSEILLES"的贸易术语。

(2) 进行商品的价格核算与报价

业务员王铮对商品价格进行核算,采购成本为每件 160 元,包含 17％的增值税,出口退税率为 11％,定额费率为 5％,青岛到马赛港的 20ft FCL 运费人民币是 9 380 元,公司如按客户要求加一成投保一切险和战争险,费率为 0.8％和 0.02％,公司的预期利润率为 10％,CIF 术语下的人民币报价如下:

CIF ＝实际成本＋定额费用＋运费十保险费＋利润

＝160－160÷(1＋17％)×11％＋160×5％＋9 380÷1 248＋CIF×110％×0.82％＋CIF×10％

CIF＝180.11 元/件

以美元和人民币汇率为 6.47 计算:

CIF＝180.11/6.47＝27.84(美元/件)

在磋商过程中,进口商要求 3％的佣金,业务员王铮以 CIF 马赛港每件 27.84 美元的净价,核算含佣价:

含佣价＝净价/(1－佣金率)＝27.84/(1－3％)＝28.70(美元)

(3) 制订价格条款

现在烟台中策外贸有限公司的王铮经过价格核算,考虑到交货期较近,虽然存在美元贬值和原材料价格上涨因素,但并未制订价格调整条款和外汇保值条款,只是适当抬高价格,并和对方磋商,签订以下价格条款:

单价:每件 28.70 美元 CIF 马赛港含 3％佣金

总值：35 817.60 美元

Unit Price：USD28.70 PER PIECE CIF MARSEILLES including 3％ Commission

Total Value：USD35 817.60(Say U. S. Dollars Thirty Five Thousand Eight Hundred and Seventeen and Cents Sixty Only)

其他价格条款参考示例：

(1) 净价条款

单价：每公吨 120 美元 CIF 曼谷

总值：13 000 美元

Unit Price：USD120 per M/T CIF Bangkok

Total Value：USD13 000(Say U. S. Dollars Thirteen Thousand Only)

(2) 含佣价条款

单价：每箱 15 英镑 FOB 广州含 2％佣金

总值：14 350 英镑

Unit Price：GBP15 per box FOB Guangzhou including 2％ Commission

Total Value：GBP14 350(Say Pounds Sterlings Fourteen Thousand Three Hundred And Fifty Only)

(3) 含折扣单价条款

单价：每码 100 美元 FOB 上海减 2％折扣

Unit Price：USD100 per yard FOB Shanghai including 2％ discount

(4) 固定价格条款

单价：每公吨 235 美元 CIF 纽约包含佣金 2％。合同成立后，不得调整价格。

Price：USD 235 Per CIFC2％ New York. No price adjustment shall be allowed after conclusion of this contract.

2. 项目实施心得

订立合同价格条款的难点在于事先进行准确的价格核算，并多方考虑各种价格影响因素。为了使价格条款的规定明确合理，必须注意下列事项：

(1) 根据经营意图和实际情况，选用适当的贸易术语

目前在国际贸易中，较多使用象征性交货的术语，即以装运港或装运地交货的方式成交。在出口贸易中，争取按 CIF 或 CIP 方式成交；进口贸易中，争取使用 FOB 或 FCA 术语。由我方自行租船、投保，以避免卖方与船方勾结，利用租船提单，骗取货款。采用货到付款或托收等商业信用的收款方式时，尽量避免采用 FOB 或 CFR 术语。

(2) 正确书写单价中涉及的计量单位、装卸地名称

注意价格条款与合同中其他条款的相关内容一致，如计量单位、装卸地名称等。

关于计量单位，一般情况下，计量单位应该与合同数量条款中使用的计量单位一致。如数量用"公吨"表示，则单价中也应以"公吨"表示，而不应用"长吨"或"短吨"。

对于贸易术语，要注意术语中所涉及地点与贸易术语相适应。例如，F 组术语所涉及地点为装运地；C 组术语所涉及地点为卸货地；FOB、CFR、CIF 术语所涉及地点为港口；FCA、CPT、CIP 术语所涉及地点可以是港口，也可以是机场等。

(3) 考虑各种影响价格的因素，合理确定商品的单价，防止作价偏高或偏低

　　确定进出口商品价格时,应注意国际市场价格走势和商品供求变化,并应考虑下列因素:商品的质量和档次、运输距离、交货地点和交货条件、市场需求、季节性需求变化、成交数量、支付条件和汇率变动的风险、自由贸易区或自由贸易协定的影响、客户类别(进口商、零售商、超市、新老客户等)和产品类别(新老产品)等。

　　如交货品质和数量约定有一定的机动幅度,则对机动部分的作价也应一并规定;如包装材料和包装费另行计价时,对其计价办法也应一并规定;对港口拥挤费、选择费等特殊费用,如果由对方负担的,也须在价格条款中订明。

4.4　知识拓展

1. 选择合适的作价办法

　　我国进出口合同,绝大部分是明确规定具体价格,这便于合同双方在执行合同过程中,减少对价格的争议。但是,由于国际市场商品价格行情多变,价格时涨时落,固定价格这种作价办法在价格变化时,会给某一方造成损失,从而使履约发生困难。因此,为了减少风险,促成交易,也可采取一些较灵活的作价办法。主要有以下三种灵活的表示方法:

　　(1) 暂不固定价格。这是指合同中货物的价格暂不固定,但约定未来确定价格的时间和方法。例如,在合同中规定:"以装船日××交易所的收盘价作为正式价格"。

　　(2) 暂定价格。这是指买卖双方在合同中规定一个临时价格,作为开立信用证和初步付款的依据,待日后交货期前的一定时间,双方再确定正式价格。这种做法由于没有规定明确的作价标准,双方可能在最后定价时产生分歧而导致不良后果,一般不宜采用。

　　(3) 滑动价格。这是指买卖双方在合同中先规定一个基础价格,同时订立价格调整条款,约定价格调整的百分比,交货时或交货前一定时间按工资、原材料价格的变动情况对原定价格进行调整,计算出最终的成交价格。这主要适用于加工周期长的大型机器设备的交易和市场价格变动大的大宗交易,如农产品、矿产品等。

　　除上述几种做法外,有时也可采用一部分固定价格、另一部分不固定价格的做法。如在大宗交易分期交货的情况下,对近期交货的部分采用固定价格方法,远期交货部分选用后三种作价方法。

2. 选择合适的计价货币,规避汇率风险

　　在当前国际金融市场汇率变动频繁且幅度较大的背景下,须考虑货币汇率升降的风险。具体可以从以下几个方面,采取一定的方法来防止风险。

　　(1) 在出口业务中,一般应尽可能争取多使用汇率稳定且有升值趋势的货币,即所谓"硬币"。在进口业务中,一般应尽可能争取多使用汇率有下降趋势的"软币"。此外,还可采用其他的方式,如压低进口价格或提高出口价格,软硬币结合使用,订立外汇保值条款等。

　　(2) 利用外汇与借贷投资业务。采取即期合同法、远期合同法、货币期货合同法、期权合同法、择期合同法、掉期合同法、借贷法及投资法等来防止风险。

　　(3) 进出口业务中,常用的计价货币有:美元(US $ 或 USD)、英镑(£ 或 GBP)、欧元(EUD)、加拿大元(CAN $ 或 CAD)、港元(HK $ 或 HKD)、日元(J¥ 或 JPY)和瑞士法郎(SF 或 CHF)等,上述计价货币的第一种表示方法为货币简写符号,第二种表示方法为国际标准化组织制定的货币符号,在报价中均可使用。

4.5 业务技能训练

4.5.1 课堂训练

1. 国际贸易惯例与合同的性质有什么关系？

2. 简述 FOB、CIF、CFR 的主要异同（风险划分点、费用问题和运保费）。

3. 简述 CIF 贸易术语买卖双方的主要义务。

4. 计算题：

（1）我方对外出口某商品，CFRC3％价为 1 500 美元，现在外商要求改报 CFRC5％价。在保持我方净收入不变的前提下，应如何报价？

（2）设我方出口某商品，FOB 价为 10 000 美元，该批货物的运费为 2 000 美元，投保一切险和战争险，两者保险费率合计为 1.5％，加成 20％投保。请计算 CIF 价格。

5. 填写下表。

国际贸易术语买卖双方责任和费用一览表

组别	术语	交货地点	风险划分	责任			费用		
				订立运输合同	投保	运费	保费	出口税	进口税
任何运输方式	EXW								
	FCA								
	CPT								
	CIP								
	DAT								
	DAP								
	DDP								
海运或内河运输	FAS								
	FOB								
	CFR								
	CIF								

6. 分析下列我方出口单价的写法是否正确？

每码 3.50 元 CIF HONGKONG   每件 580 日元 FOB SHANGHAI

每打 5.80 元 CIFC NEW YORK   每吨 100 美元 FOB TOKYO

每箱 100 FOB TOKYO   每公吨 200 美元 FOB 新港

每打 30 英镑 CFR 英国   每箱 CIF 伦敦 50.50 元

每辆 40 美元 CFR 新加坡   每吨 1 000 美元 FOB LONDON

7. 讨论影响进出口商品价格的具体因素主要有哪些？出口商品价格制定过高或过低会

带来什么不利影响?

8. 案例分析:

(1) 我方从泰国 A 公司进口一批大米,签订"CFR 上海"合同,货轮在台湾海峡附近沉没。A 公司未及时向我方发出装船通知,我方未办理投保,无法向保险公司索赔。故我方要求对方承担责任,但泰国 A 公司以货物离港,风险已经转移给我方为由拒绝承担责任。问:泰国 A 公司的行为是否合理,究竟由谁承担责任? 为什么?

(2) 某公司以 CIF 鹿特丹与外商成交一批货物,按发票金额 110%投保一切险及战争险。买卖合同中的支付条款规定为"Payment by L/C"。国外来证条款中有如下文句"Payment under this credit will be made by us only after arrival of goods at Rotterdam."(该证项下的款项在货到鹿特丹后由我行支付)。受益人在审证时未发现,因此,未请对方修改。我外贸公司在交单结汇时,议付行也未提出异议。不幸 60%货物在途中被大火烧毁,船到目的港后开证行拒付全部货款。问:① 开证行拒付是否合理? 为什么? ② 本案有何教训可以吸取?

4.5.2　实训操作

1. 烟台东方外贸有限公司与加拿大客户 JAMES BROWN & SONS,商定 MS691、MS862 的男衬衫一共出一个 40ft 集装箱的货物。请你拟订具体的价格条款。

货号	含税采购成本(每件)
MS691(男衬衫)	120 人民币
MS862(男衬衫)	100 人民币

每个 40ftFCL 出口运费为 4 400 美元。

除此以外其他信息如下:

出口退税率:15%;增值税税率:17%。

国内费用:出口包装费 15 元/纸箱,仓储费 5 元/纸箱。

一个 40ft 集装箱的其他国内费用为:国内运杂费 400 元,商检费 550 元,报关费 50 元,港口费 600 元,其他费用 1 400 元。

保险:按发票金额加成 10%投保一切险和战争险,费率分别为 0.6%和 0.3%。

预期利润:报价的 10%,付款方式是即期信用证。

2. 山东天地木业有限公司对 M567,M695 地板进行报价。

货号	含税采购成本
M567	40 人民币/m²
M695	52 人民币/m²

每个 40ft FCL 出口运费为 4 400 美元。

除此以外其他信息如下:

出口退税率:13%;增值税税率:17%

公司费用为采购净成本的 5%,利润为报价的 8%。

3. 每位学生就出口产品,询问供应商的进货价格,查找该产品的出口退税率,假设公司利润率为 5%,费用率为 10%,请进行成本核算,对外报价,并订立合同的价格条款。

项目 5　订立合同的运输条款

学习目标	
知识目标	能力目标
◇ 各种运输方式的优缺点 ◇ 班轮运费的计算 ◇ 装运港、目的港；分批、转运；装运通知	◇ 能够根据具体情况，选用合适的运输方式 ◇ 能够准确计算班轮运费 ◇ 能够订立出口合同的装运条款

5.1　项目描述与分析

1. 项目描述

烟台中策外贸有限公司和法国某公司商定出口一个 20ft 集装箱的服装，王铮正和 Paul 商量如何拟定合同中的装运条款，考虑采用何种运输方式。

2. 项目分析

国际货物运输不同于国内运输，它具有线长面广，中间环节多，情况复杂多变和风险大等特点，需要经过买卖双方的配合和合理安排才能实现。

装运条款包括装运时间、装运港和目的港、分批装运和转船以及装运通知和装运单据等内容。为了顺利完成国际货物运输项目，必须选择合适的运输方式，订好进出口合同中的装运条款，才能够在履行合同时不出差错，减少运输方面的纠纷。

5.2　相关知识

5.2.1　国际货物运输方式

在国际货物运输中涉及的运输方式很多，主要有海洋运输、铁路运输、航空运输、邮政运输、国际多式联运、集装箱运输等。表 5-1 为各种运输方式的比较。

表 5-1　各种运输方式比较及适用范围

运输方式	优点	缺点	适用范围
海洋运输	运量大，运费低，不受道路和轨道的限制	速度较慢，易受自然条件影响	班轮运输一般适用于小批量货物；租船运输主要适用于大批量初级产品
铁路运输	运量大，速度快，不受气候条件影响，运输准时	受铁轨限制	

（续表）

运输方式	优点	缺点	适用范围
航空运输	运送迅速,货运质量高,不受地面条件的限制等	运费一般较高	一般适用于急需物资、精密仪器、鲜活商品、季节性强和贵重商品
邮政运输	手续简便,费用不高		一般适用于运输量轻(不超过 20 kg)和体积小(长度不超过 1 m)的物品
国际多式联运	手续简化,速度快,货运质量高		

下面主要介绍海洋运输和集装箱运输。

1. 海洋运输

海洋运输(Ocean Transportation)简称海运,是利用货船在国内外港口之间通过一定的航线和航区进行货物运输的一种运输方式。目前,其运量在国际货物运输总量中占80%以上。根据船舶经营方式不同,海洋运输方式可以分为班轮运输和租船运输。

（1）班轮运输

班轮运输(Liner Transport)指按固定的航线和事先公布的时间表航行,沿途停靠若干固定的港口,并按事先公布的费率收取运费的运输方式。

班轮运输具有以下特点：

①"四固定"。班轮公司根据固定的航行时间表(Sailing Schedule),在固定的航线上航行,在固定的挂靠港口停靠,并以相对固定的费率向托运人收取运费。这是班轮运输区别于租船运输的最显著的标志之一。

②"一负责"。承运人负责配载和装卸货物,并承担相应的费用。因此,班轮运输不计算装卸时间、滞期费和速遣费。装卸费用包括在运费内,实际上由支付运费的一方承担。

班轮公司有着严格的管理制度,班轮运输负责中途转运,为货主提供了极大的方便,也有利于收货人掌握船舶到港时间,做好接货准备。因此,班轮运输成为国际海运中的主要运输方式,深受货主欢迎。

班轮运费包括基本运费(Basic Freight)和附加费(Additional or Surcharge)两部分,即班轮运费＝基本运费＋附加运费。

① 基本运费

基本运费是指从装运港到目的港之间的运费,也是全程运费的主要部分。

基本运费按班轮运价表规定的标准计收。在班轮运价表中,根据不同的商品,班轮运费的计算标准实际工作中以按重量(W)、体积(M)、重量体积从高计收(W/M)三种方式居多,如表5－2所示。

表 5-2 班轮基本运费的计算标准

计算标准	计算单位	运价表内的表示方式	说明
重量法	按货物的毛重计收,即重量吨(Weight Ton)	W	1 重量吨一般为 1 公吨 运费＝实际重量吨×单位运费
体积法	按货物的体积计收,即尺码吨(Measurement Ton)	M	1 尺码吨一般为 1 立方米 运费＝实际体积吨×单位运费
从价法	一般以商品的 FOB 价按一定的百分率计收运费	AV 或 Ad Val	适用于体积、重量不大的贵金属、精密仪器、工艺品等货物
选择法	按货物的毛重或体积从高计收	W/M	重量吨和尺码吨统称运费吨(Freight Ton) 运费＝Max(实际运费吨)×单位运费
	根据货物重量、体积或价值三者中较高者	W/M or AV	
	选择货物的重量、体积从高计收,然后再收取一定比例的从价运费。	W/M Plus AV	
按件法	货物的个数(辆、头……)	Per …	适用于车辆、活牲畜等
议定法	船、货双方临时议定运价	Open Rate	适用于大宗低值货物,如粮食、豆类、煤炭等。议价运费通常比较低廉

② 附加费

附加费一般是在基本运费的基础上加收一定百分比(附加运费率)的费用或根据运费吨收取固定数值的费用,即实际附加费＝实际基本运费×附加费率,或实际运费吨×固定数值(/运费吨)。

附加费则视情况不同可以收取或不收。常见附加费大致有以下几种:

a. 商品特点不同而增收的附加费,如超重附加费(Heavy Lift Additional)、超长附加费(Long Length Additional)、超大附加费(Surcharge of Bulky Cargo)等。

b. 因港口的不同情况而增收的附加费,如直航附加费(Direct Additional)、绕航附加费(Deviation Surcharge)、转船附加费(Transshipment Surcharge)、港口附加费(Port Surcharge)、港口拥挤附加费(Port Congestion Surcharge)、选择港附加费(Optional Fees)、变更卸货港附加费(Alternation of Destination Charge)等。

c. 因其他原因而临时增加的附加费,如燃油附加费(Bunker Adjustment Factor,BAF)、货币贬值附加费(Currency Adjustment Factor,CAF)等。

③ 班轮运费的计算

班轮运费是按照班轮运价表(Liner's Freight Tariff)的规定计算的。不同的班轮公司或班轮会有不同的班轮运价表。班轮运价表的结构一般为:说明及有关规定、港口规定及条款、货物的分类和分级表、航线费率表、附加费率表、冷藏货及活牲畜费率表等。班轮运费的计算分三步:

第一步,查货物等级表。根据商品的英文名称查出该商品所属等级及其计费标准。

货物分级表是班轮运价表的组成部分,它有"货名"、"等级"和"计算标准"三个项目,如表 5-3 所示。

表 5-3 货物等级表

货名	COMMODITIES	CLASS	BASIS
…	…	…	…
棉布及棉纱	COTTON GOODS & PIECE GOODS	10	M
文具及办公用品	SATATIONARY & OFFICE APPLIANCE	10	W/M
茶叶	TEA	8	M
童车	TRICYCLES, CHILDREN VEHICLES	9	M
瓷砖	TILES, PROCELAIN	7	W
…	…	…	…

第二步,查等级费率表。根据商品的等级和计费标准,查该商品某具体航线的基本费率。表 5-4 是中国—澳大利亚航线等级费率表。

表 5-4 中国—澳大利亚航线等级费率表

等级(Class)	费率(Rates)/元	等级(Class)	费率(Rates)/元
1	240.00	6	310.00
2	250.00	7	340.00
3	260.00	8	360.00
4	280.00	9	404.00
5	290.00	10	443.00

注:基本港口为 BRISBANE, MELBOURN, SYDNEY, FREMANTLE

第三步:查附加费率。根据该商品本身所经航线和港口,查出有关附加费率。

【例 5-1】 某出口商品对外报价每打 3.40 美元 FOB 上海,每 25 打一纸箱,每纸箱毛重 38.5 kg,体积为 50 cm×40 cm×20 cm。现国外客商要求改报 CFR 西非某港口价。已知,该货按 W/M 10 级计算运费,上海至西非航线的基本运费率为 119 美元,并征收有关附加费 25%。问:每打 CFR 西非某港口价是多少?

解:计算每打重量:$W=38.5÷1\,000÷25=0.001\,54$(公吨)

计算每打体积:$M=0.5×0.4×0.2÷25=0.004$(立方米)

由于 $M=0.004$(运费吨)$>W=0.001\,54$(运费吨),因此以 M 为计收标准。

计算每打实际基本运费为:$119×0.004=0.190\,4$(USD)

计算实际附加运费为:$0.190\,4×25\%=0.047\,6$(USD)

计算每打实际运费为:$0.190\,4+0.047\,6=0.238$(USD)

因为 CFR=FOB+F,

所以每打 CFR 西非某港口价=$3.40+0.238=3.638$(USD)$≈3.64$(USD)

【例 5-2】 某公司出口箱装激光打印机一批,报价为每箱 125 美元,CFR 悉尼,澳大利亚商人要求改报 FOB 价。已知：该批货物体积每箱长 45 cm，宽 40 cm，高 25 cm，每箱毛重 35 kg；并加收燃油附加费 20%，港口拥挤附加费 10%，货币贬值附加费 10%。问：我方应报价多少(1 美元等于 6.80 元人民币)？

解：查货物等级表，找运费等级及计算基础(10,W/M)

查等级费率表，找基本运费(443 元人民币)

计算重量：W=0.035(公吨)

计算体积：M=0.45×0.40×0.25=0.045(立方米)

由于 M=0.045(运费吨)>W=0.035(运费吨)，因此以 M 为计收标准。

计算运费 F=443×0.045×(1+20%+10%)×(1+10%)

$\quad\quad\quad\quad$ =28.51(元人民币)

$\quad\quad\quad\quad$ =4.19(美元)

计算 FOB 价：FOB=CFR−F=125−4.19=120.81(美元)

根据以上两个案例可以归纳出，在以 W/M 为计算基础且附加运费以运费率为基础时，实际运费=基本运费×Max(实际运费吨)×(1+∑附加费率)×(1+货币贬值附加费率)。其中，Max(实际运费吨)是指实际体积吨和实际重量吨中较大的数值。货币贬值附加费率不能够加在∑附加费率里。∑附加费率是指除货币贬值附加费率以外的所有其他附加费率。

(2) 租船运输

租船运输(Charter Transport)是指租船人向船东租赁船舶用于运输货物的业务。在国际海运业务中，根据船舶的经营方式不同，租船运输主要可以分为定程租船和定期租船。这两种方式的对比如表 5-5 所示。

表 5-5　定程租船和定期租船的对比

	定程租船(Voyage Charter)	定期租船(Time Charter)
概念	船舶出租人向承租人提供船舶或者船舶的部分舱位，装运约定的货物，从一港运至另一港，由承租人支付约定运费的合同	船舶出租人向承租人提供约定的由出租人配备船员的船舶，由承租人在约定的期间内按照约定的用途使用，并支付租金的合同
运费情况	规定装卸期限或装卸率，并计算滞期费、速遣费	无需规定装卸率和滞期费、速遣费
租船合同举例	某公司委托船公司从南京将一批 10 000 公吨的货物从南京港运至巴黎港，合同规定每天装 500 公吨，延期一天罚款 600 元，提前一天奖 300 元	某公司租用船公司的一条轮船将一批 10 000 公吨的货物从南京港运至巴黎港，租期为 6 月 1 日～7 月 30 日

在定程租船合同中，运费按所承运的货物数量计算，与航程所用的时间无关。出租人承担了时间风险，为促使承租人尽快完成装卸作业，以便出租人尽早完成约定的航程，以便投入下一航次，赚取更多的运费，出租人在租船合同中约定了滞期费和速遣费。出租人对在规定的时间内提前完成装卸作业的承租人给予的奖金，称为速遣费(Dispatch Money)；出租人对未能在规定的时间内完成装卸作业的承租人给予的罚款，称为滞期费(Demurrage)。速遣费一般是滞期费的一半。

《小贴士》

租船运输中的定程租船必须明确规定船方(Ship Owner)和租船方(Charter)的装卸责任。通常的做法有船方管装管卸(Gross Terms or Liner Terms)、船方管装不管卸(Free Out, F. O.)、船方管卸不管装(Free In, F. I.)、船方不管装不管卸(Free In and Out, F. I. O.)、船方不管装不管卸且不平舱不理舱(Free In, Out, Stow and Trim, F. I. O. S. T.)。

2. 集装箱运输

集装箱运输(Container Transport)是以集装箱作为运输单位进行货物运输的一种现代化运输方式。它适用于海洋运输、铁路运输、公路运输、内河运输和国际多式联运等。目前,集装箱海运已成为国际主要班轮航线上占有支配地位的运输方式。

集装箱是一种容器,具有一定的强度和刚度,且可以反复使用。由于它的外形像一只箱子,又可以将货物集中装入箱内,因而称为集装箱,又称"货柜"或"货箱"。集装箱的外观如图 5-1 所示。

国际上主要使用的是 20 英尺(Twenty-foot Equivalent Unit, TEU)和 40 英尺(Forty-foot Equivalent Unit, FEU)的集装箱。

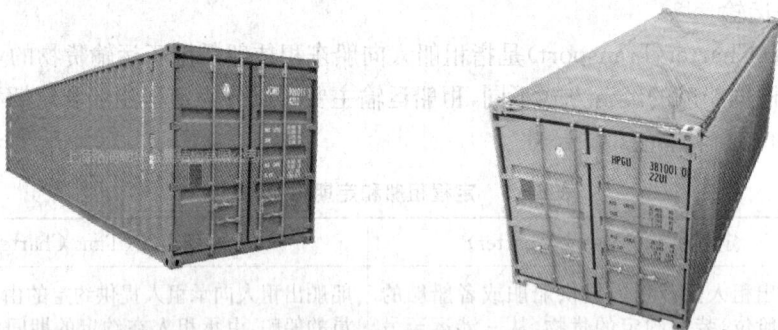

图 5-1　40 英尺(左)与 20 英尺(右)集装箱

表 5-6 为常用集装箱装货的主要数据。实际装箱时,视货物包装箱的尺寸不同,与实际装的体积有一定误差。

表 5-6　常用集装箱主要数据

	外尺寸	内容积	配货毛重	装货体积
20 尺柜(20'GP)	20ft×8ft×8ft 6in	5.69 m×2.13 m×2.18 m	一般为 17.5 公吨	24~26 m³
40 尺柜(40'GP)	40ft×8ft×8ft 6in	11.8 m×2.13 m×2.18 m	一般为 22 公吨	54 m³ 左右
40 尺高柜(40'HC)	40ft×8ft×9ft 6in	11.8 m×2.13 m×2.72 m	一般为 22 公吨	68 m³ 左右

集装箱运输有整箱货(Full Container Load, FCL)和拼箱货(Less Container Load, LCL)之分。整箱货由发货人在工厂或仓库进行装箱,货物装箱后直接交集装箱堆场(Container Yard, CY)等待装运,到达目的地后,收货人可直接从目的地的集装箱堆场提走货柜。拼箱货是指货量不足一整箱,需由承运人在集装箱货运站(Container Freight Station, CFS)负责将不

同发货人的货物拼装在一个集装箱内,货到目的地后,由承运人拆箱后分拨给各收货人。

集装箱的交接方式应在运输单据上予以说明。通用的集装箱交接方式如表 5-7 所示。

表 5-7　集装箱的交接方式

货物交接方式	装箱人	拆箱人	交接地点	表达方式
整箱交整箱接(FCL/FCL)	货方	货方	门到门、场到场、门到场、场到门	Door to Door, CY to CY, Door to CY, CY to Door
拆箱交拆箱接(LCL/LCL)	承运人	承运人	站到站	CFS to CFS
整箱交拆箱接(FCL/LCL)	货方	承运人	门到站、场到站	Door to CFS, CY to CFS
拆箱交整箱接(LCL/FCL)	承运人	货方	站到门、站到场	CFS to Door, CFS to CY

3. 其他运输方式

（1）铁路运输

铁路运输(Rail Transport)与其他运输方式相比,具有运量大、速度快、不受气候条件的影响,运输准时,使用方便等特点,还具有占地少,能耗低,事故少,污染少等优势。我国国际货物铁路运输包括国际铁路货物联运和对香港特别行政区铁路货物运输两部分。

国际铁路联运,发货人由始发站托运,使用一份铁路运单,铁路方面根据运单将货物运往终点站交给收货人。在由一国铁路向另一国铁路移交货物时,不需收、发货人参加,亚欧各国按国际条约承担国际铁路联运的义务。

（2）航空运输

航空运输(Air Transport)是一种现代化的运输方式,具有运送迅速,节省包装和储存费用,不受地面条件限制等优点。但航空运费一般较高,通常只有急需物资、精密仪器、鲜活商品、季节性强和贵重商品适合采用航空运输方式。

航空运输有班机运输、包机运输、集中托运、航空快递业务四种。其中航空快递业务是一种最为快捷的运输方式,特别适合于各种急需物品和文件资料的运输。

航空快递业务(Air Express Service)是由快递公司与航空公司合作,向货主提供的快递服务,其业务包括:由快递公司派专人从发货人处提取货物后以最快航班将货物出运,飞抵目的地后,由专人接机提货,办妥进关手续后直接送达收货人,称为"桌到桌运输"(Desk to Desk Service)。

《网站链接》

世界著名快递运输公司的网址

FedEx：http://www.fedex.com/cn

DHL：http://www.cn.dhl.com/

UPS：http://www.ups.com/asia/cn/chsindex.html

TNT：http://www.tnt.com/country/zh-cn.html

EMS：http://www.ems.com.cn/

（3）邮政运输

邮政运输(Parcel Post Transport)是一种较简便的运输方式。邮政运输具有手续简便、费用不高的优点，一般适用于运输量轻(不超过 20kg)和体积小(长度不得超过 1m)的样品、药品、机器零件和零星贵重物品的运输。国际邮件可分为函件和包裹两大类。国际邮包运输具有国际多式联运和"门到门"运输的性质。托运人只需按邮局章程办理一次托运、一次付清足额邮资，取得邮政包裹收据，交货手续即告完成。邮件在国际间传递由各国的邮政部门负责办理。邮件到达目的地后，收件人可凭邮局到件通知去邮局提取。

（4）国际多式联运

国际多式联运（International Multimodal Transport 或 International Combined Transport)是在集装箱运输的基础上产生和发展起来的一种综合性的连贯运输方式。它一般是以集装箱为媒介，把海、陆、空各种单一运输方式有机地结合起来，组成一种国际间的连贯运输。

《联合国国际货物多式联运公约》对国际多式联运所下的定义是：国际多式联运是指按照多式联运合同，以至少两种不同的运输方式，由多式联运经营人把货物从一国境内接运货物的地点运至另一国境内指定交货物的地点。根据此项定义，可知国际多式联运具有如下特点：

① 多种方式，即必须有国际间两种或两种以上不同运输方式的连贯运输。

② 一份合同，即一个多式联运合同，合同中明确规定多式联运经营人和托运人之间的权利、义务、责任和豁免。

③ 一份单据，即全程仅使用一份包括全程的多式联运单据。

④ 一个费率，即全程只有一个运费率，其中包括全程各段运费的总和、经营管理费用和合理利润。

⑤ 一人负责，即多式联运经营人对全程运输负总的责任。

国际多式联运简化了手续，减少了中间环节，加快了货运速度，降低了运输成本，提高了货运质量，是实现"门到门"运输的有效途径。采用多式联运方式，货物在内地只要装上第一程运输工具，发货人就可取得多式运输经营人或其代理人出具的包括全程运输的多式运输单据，凭以向银行办理收汇手续。

5.2.2 装运时间

在国际贸易合同中，有交货时间(Time of Delivery)和装运时间(Time of Shipment)两种不同的提法，但在 FOB、CIF、CFR 贸易术语下，一般卖方在装运港完成交货义务，因此，装运时间和交货时间大体一致。

装运时间是买卖合同中的主要交易条件，延迟装运属根本性违约，买方有权解除合同，并提出索赔；提前装运也属违约，买方可以收取货物，也可以拒绝，但不能解除合同。因此，必须合理地规定装运时间。

常见装运时间的规定方法，通常有以下几种：

（1）明确规定具体装运时间。可以规定某月或某几个月装运，也可以限定最迟装运时间。

例如，"3 月份装运"(Shipment during March)，"6 月 30 日前装运"(Shipment before June 30)，"不迟于 6 月 30 日装运"(Shipment not later than June 30，or Shipment on or before June 30)，"2/3 月装运"(Shipment during February/March)。

（2）规定在收到信用证后若干天内装运。为了防止买方拖延或拒绝开证，卖方还应该进一步规定信用证开抵卖方的最后期限，以保护自己的利益。

例如，"收到信用证后 30 天内装运，买方信用证须在 3 月 1 日前抵达卖方"（Shipment within 30 days after receipt of L/C, subject to buyers' L/C reaching the sellers before March 1）。

（3）规定在收到货款后若干天内装运。这种方法表明买方需要预付货款（pre-payment）。因此，这种方式对卖方最有利。

5.2.3　装运港和目的港

装运港（Port of Shipment）是指货物起始装运的港口，目的港（Port of Destination）是指最终卸货的港口。通常装运港由卖方提出，经买方同意后确定，目的港由买方提出，经卖方同意后确定。

确定装运港和目的港应考虑货物的合理流向并贯彻就近装卸的原则，还应考虑港口的设施、装卸条件等实际情况。

〖注意〗

国外港口重名问题。为防止发生差错，凡重名的港口，应明确标明所在国家和方位。世界上重名的港口主要有维多利亚（Victoria）、的黎波里（Tripoli）、波兰特（Portland）、波士顿（Boston）等。建议养成在港口后加上所在国家或地区名称的习惯。

装运港和目的港的规定方法通常有以下几种：

（1）在一般情况下，装运港和目的港都规定为一个。例如，装运港：青岛；目的港：伦敦（Port of Shipment：Qingdao；Port of Destination：London）。

（2）有时按实际业务的需要，也可分别规定两个或两个以上。例如，装运港：青岛、大连、上海；目的港：伦敦、利物浦（Port of Shipment：Qingdao, Dalian and Shanghai；Port of Destination：London and Liverpool）。

（3）在磋商交易时，如明确规定装运港或目的港有困难，可以采用选择港（Optional Ports）办法或仅作笼统规定。例如，装运港：青岛/大连/上海；目的港：伦敦/利物浦（Port of Shipment：Qingdao/Dalian/Shanghai；Port of Destination：London/Liverpool）。

后面两种规定方法的区别在于：第（2）种方法是要在多个港口都要装卸货物，选择港则仅仅在最终选定的某个港口卸货即可。

〖注意〗

正确使用选择港。合同规定选择港的数目一般不超过三个；备选港口必须在同一班轮航线上，而且是班轮公司的船舶都停靠的港口；在核定价格和计算运费时，应选择备选港口中最高的费率加上选港附加费计算。此外，一般要求买方在开来信用证时宣布最终的港口。

5.2.4　分批装运和转船

分批装运和转运直接关系到买卖双方的权益，对卖方而言，允许分批装运和转运比较有利,但对买方而言,除非市场销售需要,一般都不希望分批装运和转运。如果合同中没有明文规定允许分批装运,按照某些国家的合同法,不等于允许分批装运;但《跟单信用证统一惯例》规定,除非信用证另有规定,分批或转运均被允许。有鉴于此,为防止误解,在我国的外贸业务中,应该在合同中对分批装运和转运作出明确具体的规定。

1. 分批装运

分批装运(Partial Shipments)是指一笔成交的货物,分若干批装运。在大宗货物交易中,买卖双方根据交货数量、运输条件和市场售价等因素,可在合同中规定分批装运条款。

在买卖合同中规定分批装运的方法主要有三种:

(1) 只原则规定允许分批装运,对于分批的具体时间、批次和数量均不作规定。这种做法对卖方比较有利,卖方完全可以根据货源和运输条件,在合同规定的装运期内灵活掌握,可以全数出运不分批,也可以分批出运,每批数量不限,如"允许分批装运"(Partial Shipments allowed)。

(2) 规定分若干批装运,而不规定每批装运的数量。

(3) 在规定分批装运条款时,具体订明每批的时间、批次和数量。这种做法往往是根据买方对货物的使用或销售的需要确定的,对卖方的限制较严。例如,3~6月分四批,每月平均装运(Shipment during March/June in four equal monthly lots)。

《小贴士》

《UCP600》对分批装运的相关规定

分批装运中一批未按期发运的后果,《UCP600》第32条规定:"如果信用证规定在指定的时间段内分期支付或分期发运,任何一期未按信用证规定期限支付或发运时,信用证对该期及以后各期均告失效。"因此,在出口业务中接受此类条款时,应予以慎重对待,以免造成被动。但从买方角度看,这种做法有利于合理安排使用或销售,有利于资金和仓储周转。

不视为分批装运的情形("四同"情形,即同一运输工具,同次提交运输单据,同次航程,同一目的地)。《UCP600》第31条b款规定:表明使用同一运输工具并经由同次航程运输的数套运输单据在同一次提交时,只要显示相同的目的地,将不视为部分发运,即使运输单据上标明的发运日期不同或装卸港、接管地或发运地点不同。如果交单由数套运输单据构成,其中最晚的一个发运日期将被视为发运日。含有一套或数套运输单据的交单,如果表明在同一种运输方式下经由数件运输工具运输,即使运输工具在同一天出发,运往同一目的地,仍将被视为部分发运。符合"四同"情形的货物同时到达目的港,在收货人看来与同一批装运没有显著差异,对收货人也不会造成明显的不利影响,故不视为分批装运。

《想一想》

我国某公司对南非出口一批化工产品2 000公吨,采用信用证支付方式。国外来证规定:"禁止分批装运,允许转运"。该证注明:按《UCP600》办理。现已知:装运期临近,已订妥一艘驶往南非的"黄石"号货轮,该船先停靠新港,后停靠青岛。但此时,该批化工产品在新港和青岛各有1 000公吨尚未集中在一起,如你是这笔业务的经办人,最好选择哪种处理方法? 为什么?

2. 转船

转船(Transshipment)又称转运,是指货物从装运港到目的港的运输过程中,允许在中途港口换装其他船舶转运至目的港。《UCP600》第 20 条 b 款规定:"就本条款而言,转运意指在信用证规定的装货港到卸货港之间的海运过程中,将货物由一艘船卸下再装上另一艘船的运输。"转运不仅延误时间、增加费用,并可能造成货损货差,因此买方一般不愿转运。但如果没有直达船或班轮不停靠目的港,卖方必须力争在合同中订立"允许转船"(Transshipment to be allowed)条款。

《UCP600》取消了《UCP500》"除非信用证有相反的规定,可准许转运"的规定。根据《UCP600》的相关条文可知,只要同一运输单据(包括海运提单、非转让海运单、空运单、公路、铁路或内陆水运单据)包括运输全程,则该运输单据可以注明货物将被转运或可被转运。即只要同一运输单据包括运输全程,即允许转运。为了明确责任和便于安排转运,买卖双方应在买卖合同中对是否允许转运、转运办法、转运费的承担等问题作出具体规定。

想一想

SWIFT 信用证,允许转运(Transshipment Allowed),要求提供海运提单,有关条款显示 Loading on board/Dispatch/Taking in charge at/from Penang;For Transportation to Surabaya. 结汇时受益人交来的提单上注明:Place of Receipt:Penang;Port of loading:Port Klang;Port of discharge:Surabaya;Place of delivery:Surabaya。偿付行认为单证相符。但该提单遭到开证行拒付,理由是起运港 Port Klang 与信用证不符。而偿付行和受益人坚持单证相符,因信用证允许转运,可以认为从转运港 Port Klang 起运。请问:开证行拒付有理吗?

5.3　项目实施与心得

1. 项目实施

(1) 选择运输方式

结合实际情况选择采用集装箱的班轮运输,如果不能够及时将货物出运,须采用空运,以跟上货物的销售旺季。

(2) 确定装运时间、装运港口等

在锦程物流网上查询得知,没有从烟台直达马赛的船只,一般可从青岛港出发,且中途极有可能发生中转,因此,在订立运输条款时,应争取把装运港订为中国港口,同时要求允许转运。考虑到青岛到马赛的海运时间为 1 个月左右,所以装运时间定为 9 月下旬。

(3) 拟订合同中的装运条款

Shipment:from Qingdao China to Marseilles France by sea between 20 Sept.,2013 and 30 Sept.,2013;otherwise to transport from Qingdao China to Marseilles France between 1 Oct.,2013 and 15 Oct.,2013 on sellers' account by air. Transshipment is allowed. Partial Shipment is not allowed.

合同中的装运条款,一般包括装运时间、装运港和目的港,以及分批和转运等内容,有时还规定卖方应予交付的单据和有关装运通知的条款。以下是若干合同装运条款实例:

【例1】 5月底或以前装船,由上海至惠灵顿,允许分批和转船,卖方在装船后两天内发出装运通知。

Shipment:on or before May 31 from Shanghai to Wellington, partial shipments and transshipment are allowed. The sellers should fax the shipment details to the buyers within two days after shipment.

【例2】 5月份装船,由伦敦至上海,允许分批,不允许转船,卖方在装运月份前45天将货物可供装船的时间通知买方。

Shipment during May from London to Shanghai, partial shipments is allowed and transshipment is not allowed. The sellers should advise the buyers the goods will be ready for shipment 45 days before the month of shipment.

【例3】 3/4月份分两批每月平均装运,由香港转运,1/3正本提单和一套非议付单证在装船后3天内通过敦豪快运送交买方。

During March/April in two equal monthly shipments, to be transshipped at Hong Kong,1/3 original B/L and one set of non-negotiable to be sent to the buyers within 3 days after shipment by DHL.

【例4】 卖方应以电报通知买方,指明装运数量、发票金额、装运船名、装货港、预定开航日期等,以便买方办理保险。

Shipment advice shall be cabled by the sellers with indication of quantity shipped, invoice value, carrying vessel, ETD(expected time of departure), port of loading, etc. , to enable the buyers to cover proper insurance accordingly.

【例5】 目的港:下列港口之一由买方选择并负担选港附加费,买方应于船舶预期抵达第一个选卸港5天前向承运人宣布肯定的目的港。

Destination port:One port at buyers' option. The buyers must declare the definite port of destination to the carrier five days before the vessel's expected time of arrival (ETA) at the first port of discharge and bear the optional fees thus incurred.

2. 项目实施心得

王铮已经完成了合同的运输条款,从中的感悟如下:

(1) 规定装运时间要具体,并留有余地

规定装运时间应考虑货源和船只的实际情况,对装运期的规定要明确,不要使用诸如迅速装运(Prompt Shipment)、立即装运(Immediate Shipment)、尽快装运(Shipment as soon as possible)等模糊不清的词语,还要考虑装运期限是否适度、开证日期是否明确合理等。

在出口业务中,有时国外客户对销售季节性强的商品,不仅要求在合同中规定装运时间,还要求规定保证货物到达的时间,这种做法会改变合同的性质。在实际业务中,我们一般不能接受。

(2) 规定装运港和目的港力求具体明确

对国外装运港或目的港的规定,应力求具体明确,一般都应该是基本港。我国出口合同的目的港或进口合同的装运港一般不使用"欧洲主要港口"(European Main Ports)或"美国主要港口"(U. S. Main Ports)之类笼统的规定方法。但出口合同装运港或进口合同目的港规定为中国港口(China Port),有利于我方在租船订舱时具有较大的选择权。

不能接受内陆城市为装运港或目的港,避免冬季选用季节性港口,防止因冰冻原因船不能够进港。如果没有直达班轮,在合同中应该规定允许转运的条款。避免把正处于战争或有政治动乱的地方作为装运港或目的港。

小实践

2013 年江苏某出口公司对加拿大魁北克 A 进口商出口 500M/T 核桃仁,合同规定:价格为 4 800 加元/公吨 CIF 魁北克,装运期不得晚于 10 月 31 日,不得分批和转运,并规定货物应于 11 月 30 日前到达目的地,否则买方有权拒收,支付方式为 90 天远期信用证。加方于 9 月 25 日开来信用证。我方于 10 月 5 日装船完毕,但船到加拿大东岸时已是 11 月 25 日,此时魁北克已经开始结冰,承运人担心船舶驶进魁北克后出不来,便根据自由转船条款指示船长将运往魁北克港的货物全部卸在哈利法克斯,然后从哈利法克斯港改装火车运往魁北克,待这批核桃仁运到魁北克时已是 12 月 2 日。于是进口商便以货物晚到为由拒绝提货,除非我方降价 20% 以弥补其经济损失。几经交涉,最终以我方降价 15% 了结此案,我方公司在这笔业务上损失 36 万加元。请问:我方在本案中失误在哪儿?

5.4　知识拓展

常见的船公司及相关网址、图标

图 5-2 是一些船公司的图标,表 5-8 是世界上著名船公司的名称和网址,外贸业务人员应该对此比较熟悉。

中国外运(集团)总公司
-SINOTRANS(中国)

阿拉伯联合国家轮船公司-UASC(科威特)

高丽海运株式会社-KMTC
(韩国)

马士基航运

达飞轮船

美国总统轮船

图 5-2　一些船公司的图标

表 5-8　常见船公司一览表

英文简称	中文简称	网址
ANL	澳航	www.anl.com.au
APL	美国总统轮船	www.apl.com

英文简称	中文简称	网址
CMA	达飞轮船	www. cma-cgm. com
COSCO	中远	www. cosco. com
CP	加拿大航运	www. cpships. com
CSAV	南美船务	www. csav. com
CSCL	中海	www. cnshipping. com
DSR	德国胜利	www. senatorlines. com
EK	阿联酋航运	www. emiratesline. com
EMC	长荣	www. evergreen-marine. com
GSL	金星航运	www. gslltd. com. hk
HAMBURGSUD	汉堡南美	www. hamburgsud. com
HEUNG-A	兴亚	www. heung-a. co. kr
HJ	韩进海运	www. hanjin. com
HMM	现代商船	www. hmm21. com
HPL	赫伯罗特	www. hlcl. com
K-LINE	川崎	www. kline. co. jp
KMTC	高丽海运	www. kmtc. co. kr
MAERSK	马士基	www. maerskline. com
MARUBA	阿根廷马鲁巴航运	www. maruba. com. ar
MISC	马来西亚船务	www. misc-bhd. com
MOL	商船三井	www. molcn. com. cn
MSC	地中海	www. mscgva. ch
NCL	北欧亚	www. norasia. com
NYK	日本邮船	www. nykline. com
OOCL	东方海外	www. oocl. com
PIL	太平国际船务	www. pilship. com
RCL	宏海箱运	www. rclgroup. com
SITC	新海丰航运	www. sitc. com. cn
TSL	德翔航运	www. tslines. com
UASC	阿联酋轮船	www. uasc. net
WHL	万海	www. wanhai. com. hk
YML	阳明	www. yml. com. hk
ZIM	以星	www. zim. co. il

《网站链接》

运价查询参考网址：

锦程物流网 http://www.jctrans.com/

中华航运网(仅限上海、宁波始发)

http://www.chineseshipping.com.cn/filing/openprice.asp

运价搜(航运在线)http://freight.sol.com.cn/

5.5　业务技能训练

5.5.1　课堂训练

1. 进出口合同中的装运期有哪些规定办法？合同中的装运港和目的港有哪些规定办法？

2. 为什么买方一般不愿意接受备运提单、不清洁提单和过期提单？为什么信用证规定卖方必须提交已装船提单？

3. 什么叫分批装运？《跟单信用证统一惯例》对此有何规定？分批装运中一批未按期发运的后果是什么？

4. 讨论有哪些情形不视为分批装运？

5. 如何辨别信用证下是否可以分批装运？

6. 计算题：

(1) 大连某纺织品进出口公司出口到日本一批纺织品，共 9.6 m³，运费计算标准为 M，按《中远表》5 号版本 10 级货类计算。从大连至日本横滨 10 级货基本运费为 36 元人民币，燃油附加费每运费吨 18 元人民币，港口拥挤费 25%。试计算其运费为多少？

(2) 某公司向西欧推销箱装货，原报价每箱 50 美元 FOB 上海，现客户要求改报 CFRC3 Hamburg。问在不减少收汇的条件下，应报多少？(该商品每箱毛重 40 kg，体积 0.05 m³。在运费表中的计费标准为 W/M，每运费吨基本运费率为 20.0 美元，另加收燃油附加费 10%)

(3) 某企业出口柴油机一批(该货物为 10 级，计算标准为 W/M)，共 15 箱，总毛重为 5.65 公吨，总体积为 10.676 m³。由青岛装船，经香港转船至苏丹港。已知 10 级货从青岛运至香港费率为 22 美元，中转费 13 美元/运费吨；从香港到苏丹港费率为 95 美元，苏丹港要收港口拥挤附加费，费率为基本运费的 10%。试计算该企业应付船公司运费多少？

7. 案例分析：

(1) 中国粮油进出口总公司天津分公司向新加坡出口 5 000 公吨大豆，国外开来信用证规定：不允许分批装运。结果我方在规定的期限内分别在大连港、天津新港各装 2 500 公吨于同一航次的同一艘船上，提单也注明了不同的装运地和不同的装船日期。请问这是否违约？银行能否议付？

(2) 我国对印度尼西亚按 CFR 合同出口一批化肥，合同规定 1～3 月份装运，国外来证也如此，别无其他字样。但我方在租船订舱时发生困难，因出口量大，一时租不到足够的舱位，须分三次装运。问在这种情况下，是否需要国外修改信用证的装运条款？

（3）我国向俄罗斯出口茶叶 9 000 箱,合同和信用证均规定"从 7 月份开始,连续每月 3 000 箱"。问:我方于 7 月份装 3 000 箱,8 月份没装,9 月份装 3 000 箱,10 月份装 3 000 箱,是否可以?

5.5.2　实训操作

1. 烟台东方外贸有限公司与加拿大客户 JAMES BROWN & SONS 通过磋商,决定货物从烟台运到加拿大的温哥华,不允许分批,允许转运,时间为 2009 年 1 月。请你拟订具体的运输条款。

2. 山东天地木业有限公司与现代公司商定,决定货物从烟台港运到美国的旧金山,允许分批,不允许转运,最迟时间为 2013 年 12 月底。请你拟订具体的运输条款。

3. 每位学生就自己公司和客户洽谈的商品出口产品,订立合同的运输条款。

项目6 订立合同的保险条款

学习目标	
知识目标	能力目标
◇ 国际货物运输保险的种类和特点 ◇ 实际全损、推定全损、共同海损和单独海损	◇ 根据具体情况,选择恰当的海运货物保险险别 ◇ 掌握海运货物保险条款的基本内容,能够订立出口合同的保险条款

6.1 项目描述与分析

1. 项目描述

已经和法国 GOLDEN MOUNTAIN TRADING CO.，LTD. 就运输条款达成一致。由于采用的是 CIF 术语,应该由卖方办理保险手续,王铮下面开始和 Paul 讨论货物运输保险的相关事项,订立合同的保险条款。

2. 项目分析

在国际贸易的货物运输等诸多环节中可能遇到各种风险,造成货物的各种损失,产生一定的费用。为了转嫁货物在运输途中的风险,通常要投保货物运输险。

在国际货物买卖合同中,保险条款是买卖合同中的一项重要组成部分,关系到买卖双方的经济利益。合同中的保险条款主要是约定投保的险别,确定保险金额等。对此,买卖双方必须作出明确、具体、合理的规定。

国际货物运输以海洋运输为主,国际货物运输保险也以海洋运输险为主。在此,我们首先明确不同的投保险别所承保的范围。保险公司是按照不同险别所规定的风险、损失和费用条款来承担赔偿责任的。

6.2 相关知识

6.2.1 海上货物运输保险承保范围

在海运途中,船只和货物可能遭受暴风、巨浪、雷电、海啸、洪水等自然灾害(Natural Calamities),也会遭遇由于船舶或驳运工具搁浅、触礁、沉没、碰撞、失火、爆炸等意外事故(Fortuitous Accidents),此外还有偷窃、渗漏、短量、雨淋、提货不着、串味、受热受潮等一般外来风险和由于军事、政治、国家政策法令以及行政措施等特殊外来原因造成的风险。特殊外来风险主要包括战争、罢工、交货不到,以及货物被有关当局拒绝进口或没收等。海上货物运输风险如表6-1所示。

表 6-1　海上货物运输风险

风险	海上风险	自然灾害
		意外事故
	外来风险	一般外来风险
		特殊外来风险

被保险货物在海洋运输中由于以上风险所造成的损坏或灭失,称为海损。按货物损失的程度,海损可分为全部损失和部分损失;按货物损失的性质,海损又可分为共同海损和单独海损,如表 6-2 所示。共同海损和单独海损均属于部分损失的范畴。

表 6-2　保险人承保的损失

海损	全部损失	实际全损
		推定全损
	部分损失	共同海损
		单独海损

1. 全部损失

全部损失(Total Loss)简称全损,是指运输中的整批货物或不可分割的一批货物的全部损失。全部损失又可分为实际全损和推定全损两种。

(1) 实际全损(Actual Total Loss)

实际全损是指被保险货物(保险标的物)全部灭失;或货物毁损后不能复原;或完全丧失原有用途;或不能再归被保险人所有等。如货物沉没海底无法打捞,水泥被水浸泡后变质而完全丧失原有用途,货物全部被海盗劫走等。

(2) 推定全损(Constructive Total Loss)

推定全损是指被保险货物受损后完全灭失已不可避免,或修复受损货物的费用将超过货物本身价值,或被保险货物遭受严重损失后,继续运抵目的地的运费将超过残损货物的价值。

在发生推定全损的情况下,被保险人既可要求按部分损失赔偿,也可以要求按全部损失赔偿。如要求按全部损失赔偿,被保险人必须向保险人发出委付通知,经保险人同意,才能按推定全损赔付。所谓委付是指被保险货物发生推定全损时,被保险人自愿将货物的一切权利转移给保险人,要求保险人按全损给予赔偿。

《案例分析》

案例:我国 A 公司与美国某公司以 CIF 旧金山成交一批布料。货轮在海上运输途中,因触礁某船舱底出现裂口,舱内存放的 A 公司的布料全部严重受浸。因舱内进水,船长不得不将船就近驶入避风港修补裂口。如果将受水浸的布料漂洗后,再运至原定的目的港旧金山,所花费的费用超过该批布料的本身价值。请问:该批布料的损失属于什么性质的损失?

分析:该批布料的损失应属于推定全损。当损失发生时,为挽回损失对保险货物采取措施的支出超过全部损失的情况下,可要求保险公司按全部损失给予赔偿。

2. 部分损失

部分损失(Partial Loss)是指被保险货物的损失没有达到全部损失的程度。按照造成损失的原因,它又可分为共同海损和单独海损两种。

(1) 共同海损

共同海损(General Average,GA)是指载货船舶在航行途中遭遇灾害、事故,威胁到船、货共同的安全,为解除这种威胁,维护船货的共同安全,或者使航程得以继续完成,由船方有意识地、合理地采取措施而造成的特殊损失或支出的额外费用。

共同海损是海洋运输过程中经常遇到的损失,但并不是海上发生的灾害事故都构成共同海损。共同海损成立必须具备以下条件:

① 必须确实遭遇危难。共同海损的危险是真实存在不可避免的,而不是主观臆测的。

② 必须是为船、货共同安全而采取的措施。如果只是为了船舶或货物单方面的利益而造成的损失,不能作为共同海损。

③ 所支付的费用是额外的,损失是非常性质的。例如,船舶搁浅之后,为使船舶脱浅,非正常地使用船上轮机,因而导致主机损坏,船舶无法航行,被其他船只拖至安全处,由此支付救助的费用就属于额外费用。

④ 必须是自动地、有意识地采取的合理措施。例如,船只在海上遭遇风暴,船只剧烈倾斜,如不减轻重量,会导致船身整个倾入海中而沉没。为此,将偏重部分货舱中的货物抛入大海以保证船身平衡。有意识地采取这种合理措施造成的损失属于共同海损。

《小贴士》

共同海损所引起的牺牲和费用均为使船舶、货物和运费方免于遭受损失而支出的,因而,应该由船方、货主和运费收入方按最后获救价值共同按比例分摊,这种分摊称为共同海损的分摊(GA Contribution)。

(2) 单独海损

单独海损(Particular Average,PA)是指除共同海损以外的部分损失,即由于遭受承保范围内的风险所造成的损失。

共同海损和单独海损均属部分损失,但二者的性质、起因和补偿方法有较大的区别。

① 造成海损的原因不同。单独海损是承保风险所直接导致的损失;共同海损则不是承保风险所直接导致的损失,而是为解除船、货共同危险而有意采取合理措施而造成的损失。

② 损失的承担责任不同。单独海损由受损方自行承担;共同海损要由受益方按照受益大小的比例共同分摊。

《案例分析》

案例:某货轮从天津新港驶往新加坡,在航行的途中船舶货舱起火,大火蔓延到机舱,船长为了船、货的共同安全,决定采取紧急措施,往舱中灌水灭火。火虽被扑灭,但由于主机受损,无法继续航行,于是船长决定雇用拖轮将货船拖回新港修理,检修后重新驶往新加坡。事后调查,这次事件造成的损失有:A. 1 000 箱货物被火烧毁;B. 600 箱由于灌水灭火而受到损失;

C. 主机和部分甲板被烧坏;D. 拖轮费用;E. 额外增加的燃料和船长、船员的工资。上述各项损失属于共同海损还是单独海损?

分析:根据共同海损和单独海损的概念,判断的依据主要在于发生损失的原因是主观还是客观,如果是人为的就是共同海损,反之则是单独海损。B、D、E属于共同海损,A、C是单独海损。

3. 费用

遭遇海上货物运输风险,除货物本身受到损毁导致经济损失外,还可能会产生费用方面的损失。保险人对上述费用都负责赔偿,但以总和不超过保险金额为限。

保险公司负责赔偿的海上费用包括施救费用和救助费用。

施救费用(Sue and Labour Expenses)是指被保险货物遭受保险责任范围内的灾害事故时,被保险人或其代理人、雇佣人员等为防止损失扩大而采取抢救措施所支付的费用。

救助费用(Salvage Charges)是指保险标的遭遇保险责任范围内的灾害事故时,依靠本身的力量无法摆脱困境,由保险人和被保险人以外的第三方采取救助措施,为此支付给第三方的费用。

6.2.2 我国海洋货物运输保险的险别

保险险别是保险人对风险和损失的承保责任范围,它是保险人与被保险人履行权利与义务的基础,也是保险人承保责任大小和被保险人缴付保险费多少的依据。

《小贴士》

在我国,进出口运输保险最常用的保险条款是"中国保险条款"(China Insurance Clause, C. I. C.)。该条款是由中国人民保险公司制定,按照不同的运输方式,分为海洋、陆上、航空和邮包保险条款等。

我国的货物运输保险险别按照能否单独投保,可分为基本险和附加险两类。基本险可以单独投保,而附加险不能单独投保,只有在投保某一种基本险的基础上才能加保附加险。

1. 我国海洋运输货物保险的基本险

按照我国现行的《海洋货物运输保险条款》的规定,海洋货物运输保险的基本险别分为平安险、水渍险和一切险三种。投保人可以根据货物的特点、运输路线等情况选择平安险、水渍险和一切险三种险别中的任一种投保。

(1)平安险

平安险(Free from Particular Average,FPA)是我国保险业的习惯称法,其英文原意是指单独海损不负责赔偿,原来的承保范围仅限于货物发生的全部损失和共同海损,不包括货物所遭受的单独海损。但是随着国际贸易的发展,其承保范围已经突破了原先的严格限制,现在保险公司对某些单独海损也负责赔偿。目前平安险的责任范围如下:

① 在运输过程中,由于自然灾害,造成被保险货物的实际全损或推定全损。

② 由于运输工具遭遇搁浅、触礁、沉没、互撞、与流冰或其他物体碰撞,以及失火、爆炸等意外事故造成被保险货物的全部或部分损失。

③ 在运输工具已经发生搁浅、触礁、沉没、焚毁等意外事故的情况下,货物在此前后又在

海上遭遇恶劣气候、雷电、海啸等自然灾害所造成的部分损失。

④ 在装卸或转运过程中,一件或数件、整件货物落海所造成的全部损失或部分损失。

⑤ 被保险人对遭受承保责任内危险的货物采取抢救,防止或减少货损的措施而支付的合理费用,但以不超过该批被救货物的保险金额为限。

⑥ 运输工具遭遇海难后,在避难港由于卸货所引起的损失,以及在中途港或避难港由于卸货、存仓以及运送货物所产生的特别费用。

⑦ 共同海损所引起的牺牲、分摊费和救助费用。

⑧ 运输契约订有"船舶互撞条约",按该条款规定应由货方偿还船方的损失。

（2）水渍险

水渍险(With Particular Average,简写为 WPA 或 WA)的责任范围,除包括上述平安险的各项责任外,还负责被保险货物由于恶劣气候、雷电、海啸、地震、洪水等自然灾害所造成的部分损失。

因此,水渍险比平安险的责任范围大,保险费率也比平安险高。

（3）一切险

一切险(All Risks)的责任范围除包括平安险和水渍险的所有责任外,还包括货物在运输过程中,因一般外来原因所造成的被保险货物的全部损失或部分损失。如货物被盗窃、钩损、碰损、受潮、受热、淡水雨淋、短量、包装破裂和提货不当等。

从三种基本险别的责任范围来看,平安险范围最小,它对自然灾害造成的全部损失和意外事故造成的全部和部分损失负赔偿责任。水渍险的范围责任比平安险的责任范围大,凡因自然灾害和意外事故所造成的全部和部分损失,保险公司均负责赔偿。一切险的责任范围是三种基本险别中最大的一种。一切险是平安险、水渍险和一般附加险的总和。

《案例分析》

案例:南京一外贸公司向坦桑尼亚出口一批坯布 300 包,CIF 达累斯萨拉姆。我公司按合同规定保险金额加一成投保了水渍险。货轮在航运途中,舱内一食用水管渗漏,致使该坯布中的 50 包水渍。请问:该损失可否向保险公司索赔? 为什么? 如果投保了一切险,结果会怎么样?

分析:该损失不能从保险公司获得赔偿。我公司投保的是水渍险,船舱内的食用水管渗漏致使货物受损,是淡水所造成的损失,属于一般外来风险损失,不属于水渍险的赔偿责任范围。因此,保险公司不予赔偿。本案中,被保险人不能向保险公司索赔,但可凭清洁提单向船公司交涉。

如果我公司投保的是一切险,一切险的责任范围包括所有一切外来原因造成的损失。本案中,船舱内食用水管渗漏致使货物受损,是淡水所造成损失,属于一般外来风险损失。因此,保险公司应予赔偿。

对上述基本险,保险公司还规定有下列除外责任(Exclusions):被保险人的故意行为或过失所造成的损失;属于发货人责任引起的损失;在保险责任开始前,被保险货物已存在的品质不良或数量短差所造成的损失;被保险货物的自然损耗、本质缺陷、特性以及市价跌落、运输延迟所造成的损失和费用;属于海洋运输货物战争险条款和货物运输罢工险条款规定的责任范围和除外责任。

2. 我国海洋运输货物保险的附加险

附加险是对基本险的补充和扩大。在海运保险业中,投保人除了投保货物的上述基本险别外,还可根据货物的特点和实际需要,酌情再选择加保一种或数种附加险。目前,我国海洋运输货物保险条款的附加险有一般附加险和特殊附加险两类。

(1) 一般附加险

一般附加险所承保的是由于一般外来风险所造成的全部或部分损失。其险别共有下列11种:偷窃提货不着险(Theft,Pilferage and Non-delivery,T. P. N. D.),淡水雨淋险(Fresh Water &/or Rain Damage,F. W. R. D.),短量险(Risk of Shortage),混杂、玷污险(Risk of Intermixture & Contamination),渗漏险(Risk of Leakage),碰损、破碎险(Risk of Clash & Breakage),串昧险(Taint of Odour),受热、受潮险(Damage Caused by Heating & Sweating),钩损险(Hook Damage),包装破裂险(Loss or Damage caused by Breakage of packing),锈损险(Risk of Rust)。

> **注意**
>
> 一般附加险不能作为一个单独的项目投保,只能在投保平安险或水渍险的基础上,根据货物的特性和需要加保一种或若干种一般附加险。但如已投保了一切险,就不需要再加保一般附加险,因为保险公司对于承保一般附加险的责任已包含在一切险的责任范围内。

(2) 特殊附加险

特殊附加险是指承保由于军事、政治、国家政策法令以及行政措施等特殊外来原因所引起的风险与损失的险别。中国人民保险公司承保的特殊附加险主要有8种:战争险(War Risk)、罢工险(Strikes Risk)、交货不到险(Failure to Deliver Risk)、进口关税险(Import Duty Risk)、舱面险(On Deck Risk)、拒收险(Rejection Risk)、黄曲霉素险(Aflatoxin Risk)、货物出口到香港(包括九龙)或澳门存仓火险责任扩展条款(Fire Risk Extension Clause for Storage of Cargo at Destination Hong Kong, including Kowloon, or Macao)。

下面介绍两种常用的特殊附加险:

① 战争险。它是承保战争或类似战争行为等引起保险货物的直接损失,不能单独投保。

战争险的承保责任范围包括:直接由于战争、类似战争行为和敌对行为、武装行为或海盗行为所致的损失;以及由此所引起的捕获、拘留、扣留、禁止、扣押所造成的损失;或由于各种常规武器(包括水雷、鱼雷、炸弹)所致的损失,以及由上述责任范围而引起的共同海损的牺牲、分摊和救助费用。但对原子弹、氢弹等核武器造成的损失,保险公司不负责赔偿。

② 罢工险。它对被保险货物由于罢工、工人被迫停工或参加工潮、暴动等人员的行动或任何人的恶意行为所造成的直接损失,和上述行动或行为所引起的共同海损的牺牲、分摊和救助费用负责赔偿。但对在罢工期间由于劳动力短缺或不能使用劳动力所造成的被保险货物的损失,包括因罢工而引起的动力或燃料缺乏使冷藏机停止工作所致的冷藏货物的损失以及无劳动力搬运货物,使货物堆积在码头淋湿受损不负赔偿责任。

注意

按国际保险业惯例,已投保战争险后另加保罢工险,不另增收保险费,如仅要求加保罢工险,则按战争险费率收费。

风险、损失和险别的关系如表6-3所示。

表6-3 风险、损失和险别的关系

风险和险别		损失	海损		其他损失	
			全部损失	部分损失	一般其他损失	特殊其他损失
				共同海损	单独海损	
风险	海上风险		√	√	√		
	外来风险	一般外来风险				√	
		特殊外来风险					√
险别	基本险别	平安险	√	√	*		
		水渍险	√	√	√		
		一切险	√	√	√		
	附加险	一般附加险				√	
		特殊附加险					√

注意:"*"表示平安险负责赔偿部分单独海损。

3. 保险公司的保险责任的起讫

我国的海洋运输货物保险条款中除了战争险以外的所有险别的保险责任的起讫,均采用国际保险业惯用的"仓至仓条款"(Warehouse to Warehouse,W/W),即保险公司的保险责任是从被保险货物运离保险单所载明的起运港(地)发货人仓库开始,一直到货物到达保险单所载明的目的港(地)收货人的仓库时为止。当货物一进入收货人仓库,保险责任即告终止。但是,当货物从目的港卸离海轮后满60天,不论保险货物有没有进入收货人的仓库,保险责任均告终止。

海洋运输货物战争险的保险责任起讫不采用仓至仓条款,而是仅限于水上危险或运输工具上的危险,即自货物在起运港装上海轮或驳船时开始,直到目的港卸离海轮或驳船时为止。如果货物不卸离海轮或驳船,则从海轮到达目的港的当日午夜起算满15天,保险责任自行终止。如在中途港转船,不论货物是否在当地卸货,保险责任以海轮到达该港或卸货地点的当日午夜起算满15天为止,待再装上续运海轮时恢复有效,保险人仍继续负责。

案例分析

案例:我国一进出口公司以CIF价格向非洲某国出口小麦一批,由于当地存在部族冲突等不安定因素,故进口商要求卖方投保一切险加保战争险。该批货物顺利抵运对方港口后,卸船后暂时存储在码头上,拟于第二天转运至买方仓库。卸货当晚,发生当地部族之间的武装冲突,致使该批货物部分被毁。买方向保险公司提出赔偿要求,遭到保险公司拒绝,保险公司为什么拒绝赔偿?

分析:因为海洋货物运输战争险属于特殊附加险,其责任范围包括直接由于战争行为和敌对行为、武装冲突或海盗抢劫等所造成运输货物的各项损失,其保险责任起讫不是"仓至仓"而是以"水上危险"为限,亦即以货物上保险单所载明起运港装上海轮或驳船时开始,直到目的港卸离海轮或驳船时为止。在该案例中,被保险货物已经在目的港由海轮卸至码头,海运货物战争险的保险责任已经终止,在此之后发生的由于敌对行为而造成的货损,保险公司不承担责任。

我国的海洋运输货物保险的索赔时效自被保险货物在最后卸离海轮后起算,最多不超过两年。

6.2.3 其他货物运输保险

在国际贸易中,不仅海洋运输的货物需要办理保险,陆上运输、航空运输、邮包运输的货物也都需要办理保险。保险公司对不同运输方式的货物都订有相应的专门条款。现简要介绍中国人民保险公司对其他各种运输方式的货运保险知识。

1. 其他运输货物保险的种类

陆上运输货物保险的基本险别分为陆运险(Overland Transportation Risks)和陆运一切险(Overland Transportation ALL Risks)两种,航空运输货物保险的基本险别有航空运输险(Air Transportation Risks)和航空运输一切险(Air Transportation All Risks)两种,邮包运输保险的基本险别包括邮包险和邮包一切险两种。

陆运险、航空运输险和邮包险的承保责任范围与海洋运输货物保险条款中的"水渍险"大致相同。保险公司负责赔偿被保险货物在运输途中遭受暴风、雷电、地震、洪水等自然灾害,或由于运输工具(主要是指火车、汽车、飞机)遭受碰撞、倾覆、出轨,或在驳运过程中因驳运工具搁浅、触礁、沉没、碰撞,或由于遭受隧道坍塌、崖崩或火灾、爆炸等意外事故所造成的全部损失或部分损失。

陆运一切险、航空运输一切险和邮包一切险的承保责任范围与海洋运输货物保险条款中的"一切险"相似。保险公司除承担上述陆运险、航空运输险和邮包险的赔偿责任外,还负责被保险货物在运输途中由于一般外来原因造成的短少、短量、偷窃、渗漏、碰损、破碎、钩损、雨淋、生锈、受潮、受热、发霉、串味、玷污等全部或部分损失。

此外,还有陆上运输冷藏货物险的专门险,以及陆上(火车)运输货物战争险、航空运输货物战争险、邮包运输货物战争险等附加险。邮包运输可能通过海、陆、空三种运输方式,因此,保险责任兼顾了海、陆、空三种运输工具的特征。

§注意§

在附加险方面,除战争险外,海洋运输货物保险中的一般附加险和特殊附加险险别和条款均可适用于陆、空、邮运输货物保险。

2. 保险公司对运输货物险的保险责任的责任起讫

陆上运输货物险的责任起讫也采用"仓至仓"责任条款。保险人负责被保险货物运离保险单所载明的启运地发货人的仓库或储存处所开始运输时生效,包括正常陆运和有关水上驳运在内,直到该项货物运达保险单所载明的目的地收货人仓库或储存处所,或被保险人用作分配、分派的其他储存处所为止。但如未运抵上述仓库或储存处所,则以被保险货物到达最后卸载的车站满 60 天为止。航空运输货物保险的责任起讫同样适用于"仓至仓"条款。如未进仓,以被保货物在最后卸载地卸离飞机后满 30 天为止。

陆运货物战争险的责任起讫与海运战争险相似,以货物置于运输工具为限。即自货物装上保险单所载起运地火车时开始,至卸离保险单所载目的地火车时为止;如不卸离火车,以火车到达目的地的当日午夜起满 48 小时为止。航空运输货物战争险,其责任起讫自被保货物装上飞机时开始至目的地卸离飞机为止;如不卸离飞机,以飞机到达目的地的当日午夜满 15 天为止。

各种货物运输保险责任起讫如表 6-4 所示。

表 6-4 各种货物运输保险责任起讫对照表

运输保险险别		责任起讫	最长保险责任期限
海运险		起运地发货人仓库至目的地的收货人仓库	从目的地港卸离海轮满 60 天
陆运险		起运地发货人仓库至目的地收货人仓库	运抵最后卸货车站满 60 天
空运险		起运地发货人仓库至目的地收货人仓库	从目的地卸离飞机满 30 天
邮包险		从起运地邮局前的寄件人所至所载明的目的地邮局	邮局发出通知书给收货人的当日午夜起满 15 天
战争险	海运	装上运输工具至卸离运输工具(海运、空运在转船期间的 15 天内可以转存在港口辖区,一旦续运,保险责任又重新开始)	到达目的港满 15 天
	陆运		火车到目的地站午夜满 48 小时,到中途站午夜满 10 天
	空运		到达目的地港起满 15 天
	邮包	开始运送起至送交收货人止	

6.3 项目实施与心得

1. 项目实施

由于合同中的保险条款与贸易术语有着必然的联系,因此,采用不同的贸易术语,办理保险手续的责任人也就不一样。

按 FOB、FCA、CFR、CPT 贸易条件签订买卖合同,由买方办理保险手续,并支付保险费。在此情况下,合同中的保险条款比较简单,只需明确保险由买方负责办理(Insurance:To be covered by the buyer)。

现在是按 CIF 贸易条件签订买卖合同,则由卖方负责办理保险手续并缴纳保险费。此时,涉及买卖双方利益的保险条款应具体包括保险责任、保险金额、投保险别和适用条款等具体内容。

（1）约定保险险别

目前，我国通常采用中国人民保险公司 1981 年 1 月 1 日生效的货物运输保险条款，买卖双方约定的险别通常为平安险、水渍险、一切险三种基本险别中的一种，但有时也可根据货物特性和实际情况加保一种或若干种附加险。

现在根据货物的具体情况，双方约定投保一切险和战争险。

（2）保险金额

保险金额是指保险人承担赔偿或者给付保险责任的最高限额，也是保险人计算保险费的基础。投保人在投保货物运输保险时应向保险人申报保险金额。保险金额一般由买卖双方协商确定。

在国际货物买卖中，保险金额通常在 CIF 或 CIP 发票金额的基础上增加一定的百分率。即"投保加成"，一般为 10%。这增加的 10% 作为买方进行这笔交易所支付的费用和预期利润。

保险金额的计算公式是：

保险金额＝CIF（或 CIP）价×（1＋投保加成率）

由于保险金额一般是 CIF 或 CIP 价为基础确定的，因此，在仅有货价与运费（即已确定 CFR 或 CPT 价）的情况下，CIF 或 CIP 价可按下列公式计算：

CIF（或 CIP）价＝CFR（或 CPT）价÷［1－（1＋投保加成率）×保险费率］

（3）签订保险条款

现在烟台中策外贸有限公司的王铮经过和对方磋商，签订以下保险条款。

保险由卖方按发票金额的 110% 投保一切险和战争险，以中国人民保险公司 1981 年 1 月 1 日有关海洋运输货物保险条款为准。

Insurance：To be covered by the sellers for 110% of total invoice value against All Risks and War Risk，as per and subject to the relevant ocean marine cargo clause of the People's Insurance Company of China，dated January 1st，1981.

2. 项目实施心得

订立合同保险条款在国际贸易业务中属于比较简单的项目，经过几次训练就可以掌握这个技能。但需要注意以下事项：

（1）明确依据何种保险条款进行投保。通常采用中国人民保险公司 1981 年 1 月 1 日生效的货物运输保险条款。如果国外客户要求按照英国伦敦保险业协会货物保险条款（ICC Clause）为准，我方也可以接受，根据货物特性和实际需要约定该条款的具体险别。

（2）明确投保险别。即根据货物的性质和特点，选择平安险、水渍险或一切险，如需加保一种或几种附加险也应同时写明。在双方未约定险别的情况下，按惯例，卖方可按最低的险别投保，即中国保险条款里的平安险或协会货物保险条款 ICC（C）。但在实际业务中，最好投保一切险并加保战争险、罢工险等，以免投保险别过低，货物发生损失后得不到赔偿。

（3）规定投保加成率。保险金额一般为发票金额的 110%。如果买方要求按较高金额投保，而保险公司也同意承保，卖方也可接受，但因此而增加的保险费原则上应由买方承担。如果合同对此未作规定，按《2010 年通则》和《跟单信用证统一惯例》规定，卖方有义务按 CIF 或 CIP 价格的总值另加 10% 作为保险金额。

（4）明确保险单据形式。合同中明确注明投保人应提交保险单据的名称、保险单或保险凭证等。

（5）保险单所采用的币种通常与发票币种一致。

《小实践》

保险由买方委托卖方按发票金额的 110% 代为投保水渍险和串味险,保险费由买方承担。以中国人民保险公司 1981 年 1 月 1 日的有关海洋运输货物保险条款为准。

Insurance：To be effected by the sellers on behalf of the buyers for 110% of total invoice value against W. A. and Taint of Odour, insurance expense borne by the buyer, as per the People's Insurance Company of China, dated January 1st, 1981.

《小实践》

保险由卖方按发票金额的 120% 投保协会货物条款 A 险,以伦敦保险业协会 1982 年 1 月 1 日货物保险条款为准。

Insurance：To be covered by the sellers for 120% of total invoice against ICC(A), as per Institute Cargo Clause dated January 1st, 1982.

6.4   知识拓展

1. 保险利益

保险人所承保的标的,是保险所要保障的对象。但被保险人(投保人)投保的并不是保险标的本身,而是被保险人对保险标的所具有的利益,这个利益即保险利益。投保人对保险标的不具有保险利益的,保险合同无效。

国际货运保险同其他保险一样,被保险人必须对保险标的具有保险利益。在国际货运中,体现在对保险标的所有权和所承担的风险责任上。

以 FOB、CFR 方式达成的交易,货物在越过船舷后风险由买方承担。一旦货物发生损失,买方的利益受到损失,所以买方具有保险利益。因此由买方作为被保险人向保险公司投保,保险合同只在货物越过船舷后才生效。货物越过船舷以前,买方不具有保险利益,因此不属于保险人对买方所投保险的承保范围。

以 CIF 方式达成的交易,投保是卖方的合同义务,卖方拥有货物所有权,当然具有保险利益。卖方向保险公司投保,保险合同在货物启运地启运后即生效。

2. 伦敦保险业协会海运货物保险

在国际保险市场上,各国保险组织都制定有自己的保险条款。但最为普遍采用的是英国伦敦保险业协会所制订的"协会货物条款"(Institute Cargo Clause,ICC)。我国企业按 CIF 或 CIP 条件出口时,一般按"中国保险条款"投保,但如果国外客户要求按"协会货物条款"投保,一般可予接受。

现行的伦敦保险业协会的海运货物保险条款共有六种险别：① 协会货物 A 险条款(ICC (A));② 协会货物 B 险条款(ICC(B))、③ 协会货物 C 险条款(ICC(C));④ 协会战争险条款

（货物）(Institute War Clauses Cargo)；⑤ 协会罢工险条款（货物）(Institute Strikes Clauses Cargo)；⑥ 恶意损害险条款(Malicious Damage Clauses)。

以上六种险别中，ICC(A)险相当于中国保险条款中的一切险，其责任范围更为广泛，故采用承保"除外责任"之外的一切风险的方式表明其承保范围。ICC(B)险大体上相当于水渍险。ICC(C)险相当于平安险，但承保范围较小些。ICC(B)险和 ICC(C)险都采用列明风险的方式表示其承保范围。

注意

伦敦保险协会海运货物保险条款中，前三者是主险，可单独投保，后三者是附加险，一般不能单独投保。在需要时，战争险、罢工险可独立投保。六种险别条款中，除恶意损害险之外，其他都按条文性质统一划分为八个部分，即承保范围、除外责任、保险期限、索赔期限、保险利益、减少损失、防止延迟和法律惯例。

ICC(A)、ICC(B)和 ICC(C)险别的承保范围可用表 6-5 说明。

表 6-5 ICC(A)、ICC(B)和 ICC(C)的承保范围

承保范围	ICC(A)	ICC(B)	ICC(C)
火灾或爆炸	√	√	√
船舶或驳船搁浅、触礁、沉没或倾覆	√	√	√
陆上运输工具的倾覆或出轨	√	√	√
在避难港装卸货	√	√	√
抛货	√	√	√
共同海损的牺牲	√	√	√
船舶、驳船或其他运输工具同除水以外的任何外界物体碰撞和接触	√	√	√
地震、火山爆发或雷电	√	√	√
浪击落海	√	√	√
海水、湖水或河水进入船舶、驳船、运输工具、集装箱、大型海运箱或存储处所	√	√	
货物在装卸时落海或跌落造成任何整件的全损	√	√	
被保险人以外的其他人的故意行为导致被保险货物灭失的损失	√		
海盗行为	√		
一般外来原因造成的损失	√		

注："√"表示承保责任，空格表示免责或除外责任。

6.5 业务技能训练

6.5.1 课堂训练

1. 简述构成共同海损的条件。

2. 我国海洋货运保险有哪三种基本险别?（写出中文名称及英文简称）

3. 仓至仓条款的主要内容是什么?

4. 讨论在 FOB、CIF 术语下订立出口合同中的保险条款应注意哪些问题?

5. 辨析什么叫共同海损? 什么叫单独海损? 二者有何区别?

6. 案例分析:

(1) 有一份 FOB 合同,货物在装船后,卖方向买方发出装船通知,买方向保险公司投保了"仓至仓条款一切险"(All Risks with Warehouse to Warehouse Clause),但货物在从卖方仓库运往码头的途中,被暴风雨淋湿了 10% 的货物。事后卖方以保险单含有仓至仓条款为由,要求保险公司赔偿此项损失,但遭到保险公司拒绝。后来卖方又请求买方以投保人名义凭保险单向保险公司索赔,也遭到保险公司拒绝。试问在上述情况下,保险公司能否拒赔? 为什么?

(2) 海轮的舱面上装有 1 000 台拖拉机,航行中遇大风浪袭击,450 台拖拉机被卷入海中,海轮严重倾斜,如不立即采取措施,则有翻船的危险,船长下令将余下的 550 台拖拉机全部抛入海中,请问:这 1 000 台拖拉机的损失属于何种性质?

6.5.2 实训操作

1. 烟台东方外贸有限公司与加拿大客户 JAMES BROWN & SONS 磋商决定,以发票金额的 120% 投保 ICC(A) 险和战争险。请你拟订具体的保险条款。

2. 山东天地木业有限公司与美国现代公司商定,采用 CFR 术语,买方委托卖方按发票金额的 110% 代为投保水渍险和串味险,保险费由买方负担。以中国人民保险公司 1981 年 1月 1 日的有关海洋运输货物保险条款为准。请你拟订具体的保险条款。

3. 根据自己公司和外商所磋商的结果,订立合同的保险条款。

项目7 订立合同的商品检验条款

学习目标	
知识目标	能力目标
◇ 出口商品的检验检疫机构 ◇ 出口商品检验的时间与地点	◇ 掌握出口合同中检验条款的主要内容和规定方法 ◇ 能够订立出口合同的商品检验条款

7.1 项目描述与分析

1. 项目描述

买卖双方经常会对交货商品的数量、品质等产生纠纷。因此,商品的检验很重要,各方都尽力争取在合同中规定对自己有利的检验方法。

烟台中策外贸有限公司和法国 GOLDEN MOUNTAIN TRADING CO.,LTD. 就其他条款已经达成一致,王铮现在准备和对方谈商检的相关事项,订立合同的商品检验检疫条款。

2. 项目分析

出口商品能否顺利地交货履约,以及发生问题时能否对外索赔挽回损失,都与商品的检验密切相关,这涉及合同的货物检验条款。

出口合同中的货物检验条款一般包括检验的时间和地点、检验机构、检验证书、复验的相关事项等。检验条款涉及合同双方的切身利益,因此,合同双方对此都十分关注,需要在合同中加以明确规定。

在拟订检验条款时应注意该条款的内容与商品品质等其他条款相衔接,不能产生矛盾。

7.2 相关知识

进出口商品检验检疫(Commodity Inspection and Quarantine)是指在国际贸易过程中对买卖双方按合同规定成交的商品由商品检验检疫机构对商品的质量、数量、重量、包装、安全、卫生以及装运条件等进行检验,并对涉及人、动物、植物的传染病、病虫害、疫情等进行检疫的工作。

7.2.1 商品检验机构

在国际贸易活动中,进出口商品检验、检疫被简称为商检。商检机构的选择关系到由谁对商品实施检验并出具有关证书,涉及合同双方的切身利益,需要在合同中加以明确规定。

在国际贸易中,商品的检验工作一般都由专业的检验机构负责办理。在国外,检验机构从组织的性质来分有官方的,有同业公会、协会或民间私人经营的,也有半官方的。检验机构的名称也多种多样,如检验公司、公证行、鉴定公司、实验室或宣誓衡量人等。

根据《中华人民共和国商品检验法》(以下简称《商检法》)的规定,在我国从事进出口商品检验的机构,是国家质量监督检验检疫总局(http://www.aqsiq.gov.cn)以及所属各地的分支机构。国家质量监督检验检疫总局是主管我国出入境卫生、动植物检疫、商品检验、鉴定、认证和监督管理的行政执法机构。

中国进出口商品检验总公司及其设在各地的分公司根据商检局的指定,也以第三方的地位,办理进出口商品的检验和鉴定业务。

《小贴士》

国家质检总局结构图

1998 年以前,我国的出入境检验检疫工作由我国国家进出口商品检验局、农业部动植物检疫局、卫生部卫生检疫局三个部门分工负责。1998 年 3 月,全国人大通过的国务院机构改革方案决定将上述三个部门合并组建中华人民共和国出入境检验检疫局,即通常所说的"三检合一"。

2001 年 4 月 10 日,国务院决定将国家质量技术监督局与国家出入境检验检疫局合并,成立了中华人民共和国质量监督检验检疫总局,简称国家质检总局,是国务院的正部级行政管理机构。中华人民共和国质量监督检验检疫总局机构组成如图 7-1 所示。

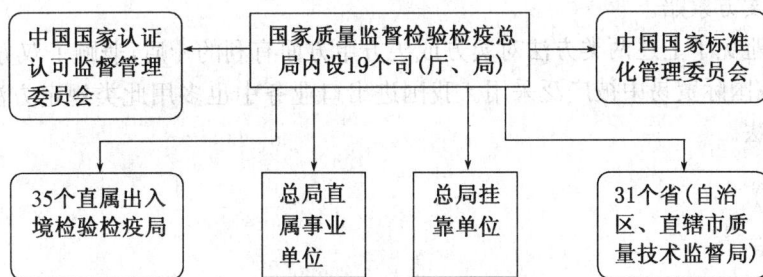

图 7-1　中华人民共和国质量监督检验检疫总局机构组成

7.2.2　商品检验的时间、地点

在国际贸易中,买方在接受商品前有权检验商品,但对在何时何地进行检验,各国的法律并无统一规定。确定商品检验的时间和地点,实际上就是确定买卖双方中哪一方行使对货物的检验权的问题。由于直接关系到交易双方的经济利益,买卖双方必须在合同中对进出口商品检验的时间、地点予以明确地规定。

关于合同中检验时间与地点的规定,国际上的常用做法基本有以下几种:

1. 出口国检验

在出口国检验又可以分为产地检验、装运前或装运时检验。

(1)产地检验

即在货物离开生产地点(如工厂、农场或矿山)之前,由卖方或其委托的检验机构人员对货物进行检验或验收。卖方承担货物离开产地之前的责任，货物进行检验或验收后，在运输途中出现的品质、数量等方面的风险由买方负责。我国进口重要货物和大型成套设备时，一般都由出口国发货前在工厂进行检验或安装、测试。

（2）装运前或装运时检验

这种做法又称为"离岸品质、离岸重量"（Shipping Quality and Shipping Weight）。货物在装运港装运前或装运时，以双方约定的商检机构对货物进行检验后出具的商检证明作为决定商品品质和数量的最后依据。货物运抵目的港后，买方如再对货物进行检验，即使发现问题，也无权再向卖方表示拒收或提出异议和索赔。

出口国检验的方法对卖方有利，对买方不利，所以很少采用。

2. 进口国检验

在进口国检验是指货物运抵目的港或目的地卸货后，由双方约定的目的地检验机构验货并出具检验证明作为最后依据，这叫做"到岸品质、到岸数量"（Landed Quality and Landed Weight）。对于技术密集型商品或卸货后不宜拆开包装的商品，也可在买方营业地或最终用户的所在地进行检验。

进口国检验的方法对买方有利，对卖方不利，所以也很少采用。

3. 出口国检验，进口国复验

货物在出口国装船前必须进行必要的检验鉴定，但此时出具的装运港检验证明不能作为卖方交货质量和重量的最后依据，只是作为卖方向银行议付货款的一种单据。货物到达目的港后，在双方约定的时间内，买方有权对货物进行复验，复验后若发现货物与合同不符，可根据复验的结果向卖方索赔。

这种做法避免了上述两类方法对卖方或买方单方面有利的矛盾，兼顾了双方权益，比较公平合理，因而在国际贸易中被广泛采用。我国进出口业务中也多用此类规定方法来约定检验时间和检验方法。

《小贴士》

中国出入境检验检疫标志

我国出入境检验检疫机构名称的文字标志为"中国检验检疫"，英文缩写标志为 CIQ。

机构名称英文缩写标志图案由英文 CIQ 字母和环绕的双箭头组成。CIQ 是 CHINA INSPECTION AND QUARANTINE 的缩写，环绕的双箭头表示出入境检验检疫事业将在改革开放的基本国策指引下，生生不息，持续发展。

CIQ 标志的使用范围如下：① 在国内外以出入境检验检疫局名义签发的各种证书、证单上的标示；② 在出入境检验检疫封识材料上标示；③ 在有关出入境检验检疫设备、工具及办公用品、纪念品、礼品上标示；④ 在各级出入境检验检疫机构的机动交通工具上标示；⑤ 用在其他需要显示出入境检验检疫机构名称的地方。

7.3　项目实施与心得

1. 项目实施

目前,在我国出口贸易中一般采用在出口国检验、进口国复验的办法,因此王铮经过和对方磋商,确定在我国装运港由中国出入境检验检疫机构对货物进行检验,在目的港由卖方同意的公证机构进行复验,复验费由买方承担。法国公司要求检验检疫机构出具质量检验证书。

双方签订以下检验条款:

买卖双方同意以装运港中国出入境检验检疫机构签发的质量检验证书作为信用证项下议付所需单据之一,买方有权对货物的质量进行复验,复验费由买方承担。如发现质量与合同规定不符,买方有权向卖方索赔,并提交经卖方同意的公证机构出具的检验报告。索赔期限为货到目的港(地)180天内。

It is mutually agreed that the certificate of quality issued by the China Exit and Entry Inspection and Quarantine Bureau at the port of shipment shall be part of the documents to be presented for negotiation under the relevant L/C. The buyers shall have the right to reinspect the quality of the cargo. The reinspection fee shall be borne by the buyers. Should the quality be found not in conformity with that of the contract, the buyers are entitled to lodge with the sellers a claim, which should be supported by survey reports issued by a recognized surveyor approved by the sellers. The claim, if any, shall be lodged within 180 days after arrival of the goods at the port of destination.

2. 项目实施心得

检验条款中的索赔有效期限和复验时间不宜过长,通常视商品性质而言,为货到目的港后30~180天不等。其他主要注意事项如下:

(1)合同的品质条款和包装条款应该明确、具体,否则的话,商品检验便无法进行。

(2)明确双方对进出口商品进行检验检疫的机构,以确立其合法性。确定出具的检验检疫证书的名称和份数,以满足不同部门的要求。

(3)可以根据业务需要规定检验标准、抽样方法和检验方法。检验标准是指检验机构从事检验工作所遵循的尺度和准则,是评定检验对象是否符合规定要求的准则。一般应按我国的有关标准和抽样方法进行。

(4)出口食品和动物产品的卫生检验检疫一般均按我国标准和有关法令规定办理。如外商提出特殊要求或按国外法规有关标准检验检疫,应要求对方提出有关资料,经出入境检验检疫机构和有关部门研究后,才能接受。

7.4　知识拓展

1. 国际上比较著名的商检机构

国际贸易中的商品检验主要由民间机构承担,民间商检机构具有公证机构的法律地位。比较著名的有:瑞士日内瓦通用鉴定公司(SGS)、日本海外货物检验株式会社(OMIC)、美国保险人实验室(UL)、英国劳合氏公证行(Lloyd's Surveyor)、法国船级社(B.V)以及中国香港天祥公证化验行等。

《小贴士》

瑞士日内瓦通用鉴定公司成立于 1878 年,总部设在瑞士日内瓦,是世界上最大的从事检验、测试和质量认证服务的公司,在该领域一直是全球的领导者和创新者。SGS 在全球有 1 000 个分支机构和办事处,340 个国际实验室,40 000 多名雇员,分布在 140 多个国家,构成全球的服务网络。

在中国,SGS 与中国标准技术开发公司于 1991 年合资成立通标标准技术服务有限公司(http://www.cn.sgs.com/zh/home_cn_v2),逐步建立了 16 个分公司、8 个办事处和 22 个国际实验室。

2. 进出口商品检验标准

我国的《进出口商品检验法实施条例》规定,我国出入境检验检疫机构按下列标准对进出口商品实施检验。

(1)法律、行政法规规定有强制性检验标准或者其他必须执行的检验标准的,按照法律、行政法规规定检验标准进行检验。

(2)法律、行政法规未规定有强制性检验标准或者其他必须执行的检验标准的,按照对外贸易合同规定的检验标准检验;凭样成交的,并应按照样品检验。

(3)法律、行政法规规定强制性检验标准或者其他必须执行的检验标准,低于对外贸易合同规定的检验标准的,按照对外贸易合同规定的检验标准进行检验;凭样成交的,并应当按照样品检验。

(4)法律、行政法规未规定有强制性检验标准或者其他必须执行的检验标准的,对外贸易合同又未规定检验标准或者检验标准不明确的,按照生产国标准、有关国际标准或者国家商检部门制定的检验标准进行检验。

7.5 业务技能训练

7.5.1 课堂训练

1. 在出口贸易中,一般采用什么方法检验商品?

2. 简述签订商品检验条款时应注意的问题。

3. 讨论下面检验条款的利弊:装运前买方检验商品质量,以决定商品质量是否符合合同要求,凭买方签发的质量合格证装运。

4. 上网搜索一些世界著名的商品检验机构的网址和专业领域。

5. 案例分析:

(1)上海某公司对日本出口青菜 100 公吨。合同规定货到目的港后,由日本海事鉴定会进行复验。由于货船航行途中气候的变化,约有 30 箱青菜的颜色变黄。对此,日商由总公司出具检验报告,并通知我方给予赔偿。请以有关原理试析我方该如何做?

(2)在一份国外银行开来的信用证中关于商检证书的条款如下:

Inspection certificate in duplicate issued and signed by authorized person of applicant whose signature must comply with that held in our bank's record.

请问：如果你作为出口公司的业务员，这样的条款能接受吗？

7.5.2 实训操作

1. 烟台东方外贸有限公司与加拿大客户 JAMES BROWN & SONS，就男衬衫的检验达成一致：买卖双方同意以装运港中国出入境检验检疫机构签发的质量检验证书作为信用证项下议付所需单据之一，买方有权对货物的质量进行复验，复验费由买方承担。如发现质量与合同规定不符，买方有权向卖方索赔，并提交经卖方同意的公证机构出具的检验报告。请你拟订具体的检验检疫英文条款。

2. 请你为山东天地木业有限公司和美国现代公司就该地板出口合同，拟订具体的检验条款（中英文）。

3. 业务操作：根据自己公司和外商所磋商的结果，订立合同的商品检验检疫条款。

项目8 订立合同的支付条款

<table>
<tr><td colspan="2" align="center">学习目标</td></tr>
<tr><td align="center">知识目标</td><td align="center">能力目标</td></tr>
<tr><td>
◇ 汇票、本票和支票的内容
◇ 汇付和托收的种类、流程、特点
◇ 信用证的特点、流程、种类
</td><td>
◇ 正确选择各支付方式和支付工具
◇ 掌握合同支付条款的基本内容，并能订立出口合同的支付条款
</td></tr>
</table>

8.1 项目描述与分析

1. 项目描述

烟台中策外贸有限公司和法国 GOLDEN MOUNTAIN TRADING CO.，LTD. 是第一次合作，彼此对对方的资信都不太放心，因此王铮和 Paul 在商量货款交付方式和确定订立合同的支付条款方面都颇为重视。

2. 项目分析

在国际贸易中，货款的收付是买卖双方的基本权利和义务。货款的收付直接影响双方的资金周转和融通，以及各种金融风险和费用的承担，这是关系到买卖双方利益的问题。因此，买卖双方在磋商交易时，都力争规定对自己有利的支付条件。

结算方式是支付条款的主要内容，主要有信用证、汇付、托收等方式。订好合同中的支付条款，要选好结算方式，确定好支付时间和地点。在影响不同结算方式利弊优劣的诸因素中，安全是第一要素，其次是占用资金时间的长短，至于办理手续的繁简，银行费用的多少也应给予适当的注意。

8.2 相关知识

8.2.1 结算工具

随着国际贸易和现代银行信用的发展，买卖双方在贸易实践中普遍采用信用工具来代替现金作为流通手段和支付手段。票据是国际通行的结算工具。国际贸易中使用的票据主要有汇票、本票和支票，其中以使用汇票为主。

1. 汇票的定义和内容

汇票（Bill of Exchange，Draft）是由一方向另一方签发的无条件的书面支付命令，要求对方立即或在将来的固定时间或可以确定的时间，支付一定金额给特定的人或其指定的人或其持票人。

2. 汇票的种类

汇票的种类很多,根据汇票的当事人、付款期限等方面的不同特征,可以从不同角度对汇票进行分类。汇票的分类如图 8-1 所示。

汇票
- 按是否附有单据
  - 跟单汇票(Documentary Bill):附有装运单据
  - 光票(Clean Bill):不附有装运单据
- 按付款期限不同
  - 即期汇票(Sight Bill):出口商立即收回货款
  - 远期汇票(Time Bill):出口商到期收回货款
- 按出票人不同
  - 银行汇票(Banker's Bill):出票人和付款人都是银行
  - 商业汇票(Commercial Bill):商人或商号为出票人
- 按承兑人不同
  - 银行承兑汇票(Banker's Acceptance Bill):易贴现
  - 商业承兑汇票(Commercial Acceptance Bill):不易贴现

图 8-1 汇票的分类

远期汇票的付款时间,有以下几种规定办法:见票后若干天付款(At ... days after sight);出票后若干天付款(At ... days after date);提单签发日后若干天付款(At ... days after date of B/L);指定日期付款(At a fixed date in future)。

国际贸易中经常使用跟单汇票,发货人发货后出具汇票,收取货款;光票经常用于收取货款尾数、佣金或代垫费用,使用较少。银行汇票用于银行汇款;商业汇票用于收款,常见于信用证和托收业务。

需要说明的是,一张汇票往往可以同时具备几种性质。例如,一张商业汇票可以同时是即期的跟单汇票;一张远期的商业跟单汇票,同时又可以是由银行承兑的汇票。

3. 汇票的当事人

商业汇票的当事人主要有受款人、付款人和出票人,如表 8-1 所示。除了三个主要当事人之外,还有背书人(Endorser)、承兑人(Acceptor)、持票人(Holder)和善意持票人(Bona Fide Holder)等。

表 8-1 商业汇票主要当事人

项目	内容	要点提示
1. 受款人(Payee)	记名式:×× CO. 不记名式:空白 指示式:Pay to order of ××	实际业务中通常作成指示性抬头,方便背书转让,常作成"付款给出口商或出口地银行所指示的人"
2. 付款人(Drawee, Payer)	也称受票人,包括付款人名称和地址	要按照信用证的要求,如 Drawee 为某银行,付款人即为某银行;托收方式下为进口人
3. 出票人(Drawer)	即签发汇票的人	信用证受益人或托收方式下的委托人

4. 汇票的使用程序

即期汇票的使用程序为出票、提示和付款,如图 8-2 所示。远期汇票的使用程序为出票、提示、承兑和付款,如图 8-3 所示。如需转让,还要经过背书手续。汇票遭到拒付时,还要涉及制作拒绝证书和行使追索权等法律问题。

```
出票 ──→ 提示 ──→ 付款
```

图 8-2　即期汇票使用程序图

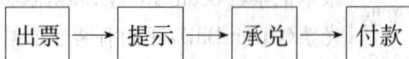

```
出票 ──→ 提示 ──→ 承兑 ──→ 付款
```

图 8-3　远期汇票使用程序图

(1) 出票(Issue)

出票是指出票人在汇票上填写付款人、付款金额、付款日期和地点以及受款人等项目。汇票经签字后,交付给受款人。出票包括两个动作,一个是写成汇票并在汇票上签字,另一个是将汇票交付给受款人。

出票时汇票上受款人的抬头有以下三种写法:

① 限制式抬头。如"Pay A Co. only"或"Pay A Co. Not negotiable",这种汇票不能转让,只能由抬头人收取货款。

② 指示式抬头。如"Pay A Co. or the order"或"Pay to the order of A Co.",这种汇票经背书后可进行转让。

③ 持票或来人抬头。如"Pay bearer",这种汇票无需背书即可转让。

(2) 提示(Presentation)

提示是指汇票持有人将汇票提交付款人要求承兑或付款的行为。提示可以分为以下两种:

① 提示付款(Presentation for Payment)。即期汇票或已到期的远期汇票的持票人向付款人出示汇票要求付款人付款的行为。

② 提示承兑(Presentation for Acceptance)。远期汇票的持票人向付款人出示汇票要求付款人承兑的行为。

(3) 承兑(Acceptance)

承兑是指付款人对远期汇票表示承担到期付款责任的行为。其手续是由付款人在汇票正面写上"承兑"字样,注明承兑日期并由付款人签名交还持有人,有时还加注汇票到期日。付款人对汇票作出承兑,即成为承兑人,承兑人有在远期汇票到期时付款的责任。承兑同样是包括两个动作:一是汇票上写明承兑,二是把承兑的汇票交给持有人,或者把承兑通知书交给持有人。

(4) 付款(Payment)

对即期汇票,在持有人提示时,付款人应立即付款;对远期汇票,付款人经过承兑后,在汇票到期日付款。收款人或持有人在收取票款时,应交出汇票,该汇票即成为付款人取得的收据。付款人一般应以汇票载明的货币支付。

(5) 背书(Endorsement)

背书是转让汇票的一种手续,就是由汇票抬头人在汇票背面签上自己的名字,或再加上受让人(被背书人的名字),并把汇票交给受让人的行为。经背书后,汇票的收款权利便转移给受让人。汇票可以经过背书不断地转让下去。对于受让人来说,所有以前的背书人及原出票人都是他的"前手",而对于出让人来说,所有在他让与以后的受让人都是他的"后手"。前手对后手负有担保汇票必然会被承兑或付款的责任。背书包括两个动作:一是在汇票背面背书,二是交付给被背书人。

背书方式有以下几种:

① 限定性背书。即背书人在汇票背面签字,写明"仅付……(被背书人名称)"或"付给……(被背书人名称)不得转让"。

② 特别背书。即背书人在汇票背面签字,写明"付给……(被背书人的名称)的指定人"。汇票背书后,经过交付,由背书人(转让人)转让给被背书人(受让人),被背书人再作背书转让给他人,这样就有了第二背书人和第二被背书人。背书的汇票可以经过连续背书多次转让。

③ 空白背书。又称不记名背书,即背书人在汇票背面只有签字,不写付给某人,即没有被背书人。空白背书的汇票凭交付而转让,与来人汇票相同。在国际市场上,远期汇票持有人如想在付款人付款之前取得票款,可以经过背书将汇票转让给银行,银行扣除一定的利息后将票款付给持有人,这叫做贴现(Discount)。银行贴现汇票后,就成为汇票的持有人,该汇票还可以在市场上继续转让,也可以在到期日直接向付款人索取票款。

（6）拒付（Dishonour）

拒付是指当汇票在提示时,遭到付款人拒绝付款或拒绝承兑,或者由于付款人破产、死亡等原因,使付款或承兑实际上成为不可能。

如果汇票经过转让,一旦被拒付,最后的持有人有权向所有的"前手"追索,一直追索到出票人。

持有人为了行使追索权,应及时做成拒付证书(Protest)。拒付证书是由付款地的法定公证人或其他依法有权做这种证书的机构(法院、银行公会等)所做出的付款人拒付的正式文件,凭此可以向其"前手"进行追索的法律依据。如拒付的汇票已经承兑,出票人也是凭拒付证书向法院起诉,要求承兑汇票的付款人付款。此外,汇票的出票人或背书人为了避免承担被追索的责任,可以在背书出票时加注"不受追索"(Without Recourse)的字样。凡列有这种批注的汇票,在市场上一般很难转让流通。

5. 本票

本票(Promissory Note)是出票人签发的,保证于见票时或定期或在可以确定的将来的时间,对某人或其指定人或持票人支付一定金额的无条件的书面承诺。简而言之,本票是出票人对受款人承诺无条件支付一定金额的票据。

本票可分为商业本票和银行本票。由工商企业或个人签发的本票称为商业本票,也称为一般本票。由银行签发的本票称为银行本票。商业本票又可分为即期和远期两种。银行本票则大都是即期的。我国《票据法》第79条规定,我国只允许开立自出票日起,付款期限不超过2个月的银行本票。

在国际贸易结算中使用的本票大都是银行本票。本票只有两个当事人,本票不需要承兑。

6. 支票

支票(Cheque,Check)是出票人签发的,委托银行或其他金融机构于见票时支付一定金额给特定人或持票人的票据。

出票人签发支票,应在付款银行存有不低于票面金额的存款。如存款不足,支票持有人在向付款银行提示支票要求付款时,就会遭到拒付,这种支票叫做空头支票。开出空头支票的出票人要负法律上的责任。

支票都是即期的,不需要承兑,本质上是一种无条件的支付命令。支票有三个当事人,付款人一定是银行或其他金融机构。

支票、汇票、本票的区别如表8-2所示。

表8-2 主要结算票据比较

	支票	本票	汇票
当事人	出票人、付款人、收款人	出票人(付款人即出票人)、收款人	出票人、付款人、收款人(可与出票人同)
性质	委托支付证券	自付证券	委托支付证券
到期日	见票即付	见票即付和定日付款、出票和见票后定期付款	见票即付和定日付款、出票和见票后定期付款
票据行为	无需承兑	出票、背书、付款、追索	出票、背书、付款、追索、承兑、拒绝证书
份数	一份	一份	一式两份

8.2.2 支付方式之一:汇付

支付方式的种类很多,按资金和支付工具流向的关系可将其分为顺汇与逆汇两大类。顺汇是指付款人主动委托银行使用某种支付工具,将款项支付给收款人,这实际上就是银行的汇款业务。逆汇是指收款人出具某些票据作为支付工具,委托银行向付款人收取款项,此时支付工具与资金流向恰恰相反,常见的托收与信用证方式都属于此类。

汇付(Remittance)又称汇款,是指付款人主动通过银行或其他途径将款项汇交收款人的一种支付方式,它属于顺汇法。

1. 汇付方式的当事人

在汇付业务中,通常有以下四个当事人:

(1) 汇款人(Remitter)。汇出款项的人,在进出口交易中通常是进口人。

(2) 收款人(Payee or Beneficiary)。收取款项的人在进出口交易中通常是出口人。

(3) 汇出行(Remitting Bank)。受汇款人的委托,汇出款项的银行通常是进口地的银行。

(4) 汇入行(Paying Bank)。汇入行又称解付行,是受汇出行委托解付汇款的银行,通常是出口地的银行。汇入行通常是汇出行在出口商所在地的代理行。

汇款人在委托汇出行办理汇款时,要出具汇款申请书。一旦汇出行接受其汇款申请,就要按申请书中的指示通知汇入行向收款人付款。

2. 汇付方式的种类

根据汇出行向汇入行发出汇款委托的方式,汇付有电汇、信汇、票汇三种形式。

(1) 电汇(T/T)

电汇是汇款人将款项交与汇出行,同时委托汇出行以电报或电传方式指示国外的汇入行将款项解付给收款人。电汇因其交款迅速,在三种汇付方式中使用最广。但因银行利用在途资金的时间短,所以电汇的费用较高。

《小实践》

电汇支付来得快去得也快。某省公司一位业务员与国外客户商定,货款结算使用美元电汇支付。货物发出后十余天,该公司业务员收到客户电汇付款的银行收据传真件,当即书面指示船公司将货物电放(凭提单正本影印件提货)给提单上的通知人,客户将货提走,货款却未到账。经查客户在银行办理了电汇付款手续后,取得银行收据,马上传真给卖方,并要求立即电放货物,在拿到卖方给船公司的电放指示附件后,即去银行撤销了这笔电汇付款,造成了该公司8万美金的损失。

(2) 信汇(M/T)

信汇和电汇的区别,在于汇出行向汇入行通过信件方式寄送付款委托书,所以汇款速度比电汇慢。因信汇方式人工手续较多,目前大多数银行已不再办理信汇业务。

(3) 票汇(D/D)

票汇是以银行即期汇票为支付工具的一种汇付方式。由汇出行应汇款人的申请,开立以其代理行或分行为付款人,并列明汇款人所指定的收款人名称的银行即期汇票,交由汇款人自行寄给收款人。由收款人凭票向汇票上的付款人(银行)取款。

在票汇方式下,收款人主动凭票取款,而不像电汇、信汇方式一样,需要汇入行向其发出汇款到达通知;另外,由于汇票往往可以在市场上流通转让,所以票汇方式涉及的当事人一般也比电汇、信汇方式多一些。表8-3为三种汇款方式的比较。

表8-3 三种汇款方式的比较

方式	利	弊	成本	速度
T/T	较安全,款通过银行付给指定的收款人;汇款人可充分利用资金;减少利息损失	银行不能占用资金,汇款人要多付电讯费和手续费	高	最快
M/T	银行可占用客户的资金	速度较慢,可能在邮寄中延误或丢失	较低	比T/T慢
D/D	汇入行不必通知取款;背书后可流通转让;汇出行可占用客户资金	可能丢失、被窃	最低	最慢

3. 汇付方式在国际贸易中的应用

汇付方式具有手续简便、费用低廉等优点,但汇付属于商业信用,在进出口双方互不信任的情况下,具有风险大、资金负担不平衡的缺点。

《小贴士》

当前国际结算中常有"前T/T"、"后T/T"的说法。所谓"前T/T"是指进口人付款在前,出口人发货在后,对进口人风险较大;"后T/T"则是出口人发货在前,进口人付款在后,对出口人风险较大。在办理货款结算时,"前T/T"和"后T/T"常结合使用,如货款的30%以"前T/T"预付,其余货款等发货后支付,即"后T/T"。

因此，汇付方式在国际贸易中多用于贸易从属费用的支付，如运费、保险费、佣金、赔款、定金、利息、货款尾数等。

在实际业务中，汇付可用于预付货款（Payment in Advance，常用前 T/T）、随订单付现（Cash with Order）、货到付现（Cash on Delivery，常用后 T/T）、凭单付现（Cash Against Documents）、赊账交易（Open Account Trade，简称 O/A，又称挂账）等做法，进出口商应根据进出口贸易的不同情况做好风险防范工作。

案例分析

案例：某出口合同规定支付条款为装运月前 15 天电汇付款，买方延至装运月中从邮局寄来银行汇票一张，为保证按期交货，出口企业于收到该汇票次日即将货物托运，同时委托银行代收票款。一个月后，接银行通知，因该汇票系伪造，已被退票。此时，货物已抵达目的港，并已被买方凭出口企业自行寄去的单据提走。事后追偿，对方早已人去楼空。此案例给我们哪些启发？

分析：在本例中，支付方式本属于采用电汇预付货款性质，但买方故意拖延，并改为票汇方式，而出口企业在没有识别该项汇票真伪的情况下，匆忙发货，致使货款两空。由此可见，汇付属于风险较大的商业信用，在国际贸易中使用汇付方式应慎重，应在对进口人资信状况较为了解时，才能适当采用。

当前国际贸易中电汇方式的通常操作程序是：出口商把单证传真给客户，证明货物确已付运，客户即通过银行将货款直接电汇至出口商银行帐户内。

小贴士

国际贸易中的小额汇款

银行对于 T/T 汇款会收取手续费的，如果是小额汇款，比如 1 000 美金以内的，正规的银行汇款就不划算了，手续费都会扣掉几十美金。小额的货款或样品费等款项，可以采用信用卡 Moneybookers、Paypal 等网上支付形式。Moneybookers 和 Paypal 是目前通过网络电子信箱进行小额外汇支付的常用工具。通过注册一个 Moneybookers 或 Paypal 账户，并输入客户的电子信箱和收费金额，把钱转入你的 Moneybookers、Paypal 账户中，你可以直接在国内 ATM 机上支取 Moneybookers 的款项，也可以把钱留在 Paypal 账户里用于其他的收支，还可以转账到你其他的银行账户里。

关于 Moneybookers 的操作，可以访问网站 http://www.moneybookers.com/

关于 Paypal 的情况，可以访问它的网站 http://www.paypal.com.cn/

8.2.3 支付方式之二：托收

托收是指出口人出具汇票，委托银行向进口人收取货款的一种支付方式，它属于逆汇法。托收属于商业信用。

1. 托收方式的当事人

(1) 委托人(Principal)。委托银行办理托收业务的人，通常是出口人。

（2）托收行（Remitting Bank）。接受出口人委托办理托收业务的银行，通常是出口人所在地银行。

（3）代收行（Collecting Bank）。接受托收银行的委托向付款人收款的进口地银行，一般是托收银行的国外分行或代理行。

（4）付款人（Payer）。即汇票的受票人，是应该支付货款的进口人。

除了这四个基本当事人，托收业务中还可能遇到提示行（Presenting Bank）和需要时的代理（Principal's Representative In case-of-need）。提示行是向付款人提示单据要求付款的银行，通常由代收行兼任。若代收行与付款人之间没有直接往来，它就要委托一家与付款人有往来账户的银行作为提示行。需要时的代理是委托人在付款人所在地指定的代理人，负责在付款人拒付货款时，代委托人办理货物的存仓、保险、转售、运回等事宜，以最大限度地减少委托人的损失。

2. 托收方式的种类

托收可以分为光票托收与跟单托收两大类，如图8-4所示。

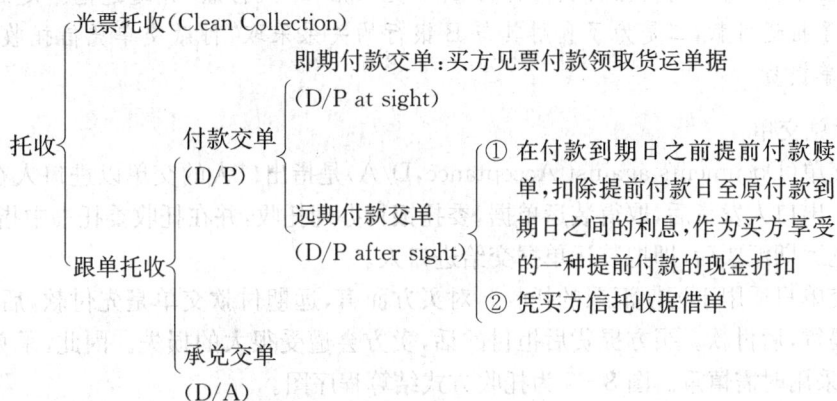

图8-4 托收的种类

光票托收国际贸易中使用不多，主要用来收取货款尾数、样品费、佣金及其他贸易从属费用；跟单托收是国际贸易中较常见的一种支付方式，卖方开立汇票，连同代表货物所有权的全套货运单据一起交托收行，再转托国外的代收行收货款，只有在进口人付清货款或承兑汇票后，才能把装运单据交给进口人。

跟单托收进一步分为付款交单和承兑交单两种。

（1）付款交单

付款交单（Documents against Payment，D/P）是指出口人的交单以进口人的付款为条件。出口人发货后，取得装运单据，委托银行办理托收，并在托收委托书中指示银行，只有在进口人付清货款后，才能把装运单据交给进口人。

按照付款时间的不同，付款交单可以分为即期付款交单和远期付款交单。

① 即期付款交单是指银行提示即期汇票和单据，进口人见票时即应付款，并在付清货款后取得单据。

② 远期付款交单方式在托收委托书中一定要指示银行，只有进口人于汇票到期日付清货款后才能领取货运单据。在采用此方式时，为了鼓励进口方尽快付款，出口方往往要求在托收

委托书中加列利息条款。

另外,在远期付款交单条件下,进口方可在付款前凭信托收据(Trust Receipt,T/R)向代收行借单提货,在汇票到期前将票款偿还代收行,换回信托收据。在进口方借单后、付款前,货物所有权属于银行,若进口商在汇票到期时不能付款,除非代收行是按出口商的指示借单,一切责任要由代收行承担。这种做法通常即"付款交单凭信托收据借单(D/P. T/R)",可以帮助进口商及时提货出售,解决其资金周转困难。由于代收行要承担一定的风险,所以它一般只对少数资信可靠的进口商提供这种便利。

《案例分析》

案例:我国某公司向日本某商人推销某商品,付款条件为 D/P 见票即付,对方答复:我方如接受 D/P 见票后 60 天付款,并通过他指定的 B 银行代收则可接受,请分析日商提出此项要求的出发点。

分析:在本例中,日商提出付款条件为 D/P 见票后 60 天付款,并通过他指定的 B 银行代收,一是为了推迟付款,二是为了利用其与 B 银行的关系采取"付款交单凭信托收据借单"方式,提前借单提货。

(2)承兑交单

承兑交单(Documents against Acceptance,D/A)是指出口人的交单以进口人在汇票上承兑为条件。出口人发货后,取得装运单据,委托银行办理托收,并在托收委托书中指示银行,在进口人承兑远期汇票后,即把装运单据交给进口人。

承兑交单只适用于远期汇票的托收。对买方而言,远期付款交单是先付款,后交单;承兑交单是先提货,后付款。买方提货后拒付的话,卖方会遭受很大的损失。因此,承兑交单风险很大,卖方采用时需慎重。图 8-5 为托收方式结算程序图。

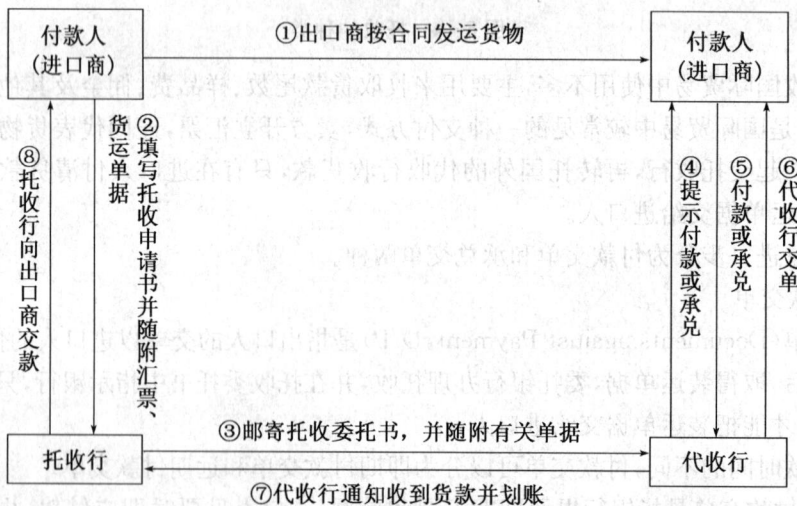

图 8-5 托收方式结算程序图

3. 托收方式的特点和应用

托收属于商业信用,银行办理托收业务时,只是按委托的指示办事,没有检查单据的义务,也无承担付款人必然付款的义务。如进口人破产或丧失清偿债务的能力,出口人则可能收不回或晚收到货款。在进口人拒不付款赎单后,除非事先约定,银行没有义务代为保管货物。如货物已到达,还要发生在进口地办理提货、缴纳进口关税、存仓、保险、转售以致被低价拍卖或被运回国内的损失。一般而言,托收有利于进口人而不利于出口人。

出口业务中采用托收方式时,应注意下列问题:

(1) 调查进口商的资信状况和经营作风,正确掌握成交金额。

(2) 了解进口国家的贸易管制和外汇管制条例,以免进口国不准进口或不准付汇而造成损失。了解进口国托收的商业惯例和习惯做法。

(3) 出口合同争取以 CIF 条件成交,由出口商办理货运保险或投保出口信用险;如不能采取 CIF 条件成交时,应投保卖方利益险。

(4) 对托收方式的交易,要建立健全管理制度定期检查,及时催收清理,发现问题应迅速采取措施,以避免或减少可能发生的损失。

《小实践》

我国 A 公司出口一批货物,付款方式为 D/P 90 天。汇票及货运单据通过托收银行寄抵国外代收行后,买方进行了承兑。但货物到达目的地后,恰逢行市上涨,于是买方出具信托收据(T/R)向银行借出单证。货物出售后,买方由于其他原因倒闭。但此时距离汇票到期日还有 30 天。试分析 A 公司于汇票到期时收回货款的可能性及处理措施。

在国际贸易中,各国银行在办理托收业务时,往往由于当事人对权利、义务和责任的解释不同,各个银行的具体业务做法也有差异,因而导致误会、争议和纠纷。国际商会为调和各有关当事人的矛盾,以利于商业和金融活动的开展,于 1958 年制定了《商业单据托收统一规则》,后来不断修改,1995 年颁布了最新的修订本《托收统一规则》(Uniform Rules for Collection,简写为 URC522),于 1996 年 1 月 1 日起正式实施。目前该规则是国际上银行间办理托收业务的最重要的国际惯例。

8.2.4 支付方式之三:信用证

信用证是国际贸易中使用最为广泛的一种结算方式。使用信用证进行交易,由银行提供付款保证,解决了进出口商互不信任的矛盾,同时还为进出口双方提供了资金融通的便利,而银行只处于买卖双方之间,并不参与货物的买卖。

1. 信用证的定义

根据国际商会《跟单信用证统一惯例》的解释,信用证是指由银行(开证行)依照客户(申请人)的要求和指示或自己主动,在符合信用证条款的条件下,凭规定单据向第三者(受益人)或其指定的人进行付款,或承兑和(或)支付受益人开立的汇票,或授权另一银行进行该项付款,或承兑和支付汇票,或授权另一银行议付。

2. 信用证方式的特点

(1) 信用证方式属于银行信用

在信用证方式下,开证行承担第一性的付款责任。只要出口人提交了符合信用证条款规定的单据,则无论汇票上的付款人是进口人还是开证行,也无论进口人能否履行其付款责任,开证行都必须对受益人或其指定银行付款。

《小实践》

某企业破产,但该企业在破产前由于购买设备而向银行申请开立信用证。后卖方发运设备后,依然获得了开证行信用证下的货款。

（2）信用证是一项自足文件,不依附于贸易合同而独立存在

信用证的开立以交易双方间的买卖合同为依据,其各项条款也应与合同条款的规定相一致,但信用证一经开出就成为一项独立的文件。所有的当事人,特别是有关银行,只受信用证条款的约束,而不受合同条款的约束,即开证行不得以任何借口拒绝对符合信用证规定的单据付款或履行其他义务。

（3）信用证业务处理的是单据而不是货物

信用证方式下实行的是凭单付款的原则,只要出口人提交了表面上符合信用证条款规定的单据,就可以得到银行的付款,银行对单据的"形式、完整性、准确性、真实性、伪造或法律效力,以及对单据上所载的或附加的一般及/或特殊条件概不负责"。同样,即使货物与合同相符,若单据与信用证规定不符,银行也有权拒绝付款。因此,出口人若要安全、迅速收汇,就必须做到单证一致,单单一致,即"严格相符原则"。

《案例分析》

案例:我方某公司进口一批货物,按信用证方式结算货款。受益人在信用证有效期内向国外议付行交单议付。议付行经审查合格后即向受益人议付货款。我方收到货物后发现货物品质与合同规定不符,请问我方是否可以要求开证行拒绝向议付行付款?为什么?

分析:我方不可以要求开证行拒付,因为信用证业务处理的是单据而不是货物,开证行只审核单据,只要单证一致、单单一致,开证行就要履行银行信用,向议付行偿付,而不受合同条款的约束。至于我方发现货物品质与合同规定不符,只能依据合同自行向出口人索赔。

3. 信用证方式的当事人

信用证涉及的当事人较多,表8-4列出了信用证的主要当事人。

表8-4　信用证主要当事人

当事人	英文名	适用方	职责
开证申请人	Applicant, Opener	一般为进口商	向银行申请开立信用证
开证行	Issuing/Opening Bank	进口商所在地银行	开出信用证、承诺付款
通知行	Advising/Notifying Bank	开证行在出口商所在地的分行或代理行	审核信用证真伪,将信用证转交给受益人

（续表）

当事人	英文名	适用方	职责
受益人	Beneficiary	一般为出口商	据信用证要求行事,并使用信用证,获得信用证项下款项
议付行	Negotiating Bank	常由通知行兼任	议付货款
付款行	Paying/Drawee Bank	开证行或开证行指定银行	履行付款义务

除上述当事人外,有时还会有下述几方:

偿付行(Reimbursing Bank)是指受开证行的指示或者授权,对有关议付行的索偿予以照付的银行。它可以是开证行的分行,也可以是第三方银行。如偿付行不偿付,则开证行必须自行偿付,在这种情况下,开证行将对付款行或承兑行或议付行由于偿付行不偿付而造成的利息损失负责。

保兑行(Confirming Bank)是指根据开证行的请求在信用证上加具保兑的银行。信用证一经保兑,保兑行和开证行就承担同样的付款责任,保兑行通常由通知行兼任。表 8-5 是2013 年 10 大银行的一些信息。

表 8-5　2013 年《银行家》全球大银行一级资本前 10 名

排名	银行	国家	一级资本(百万美元)
1	中国工商银行	中国	160 646
2	摩根大通	美国	160 002
3	美国银行	美国	155 461
4	汇丰集团	英国	151 048
5	中国建设银行	中国	137 600
6	花旗集团	美国	136 532
7	三菱 UFJ 金融集团	日本	129 576
8	富国银行	美国	126 607
9	中国银行	中国	121 504
10	中国农业银行	中国	111 493

受让人(Transferee),又称第二受益人(Second Beneficiary),是指接受第一受益人转让有权使用信用证的人,一般为提供货物的生产者或供应商。在可转让信用证条件下,受益人有权要求将该证的全部或一部分转让给第三者,该第三者即为信用证的受让人。

4. 信用证的一般业务程序

以议付信用证为例,信用证的一般业务程序如 8-6 所示。

① 进出口商在合同中规定采用信用证支付方式。

② 开证申请,进口商按买卖合同规定向当地银行提出申请,并交纳一定的押金(或称保证金),要求银行(开证行)开立信用证。

③ 开证。开证行根据申请书的要求开出以出口商为受益人的信用证,并将其寄交出口商

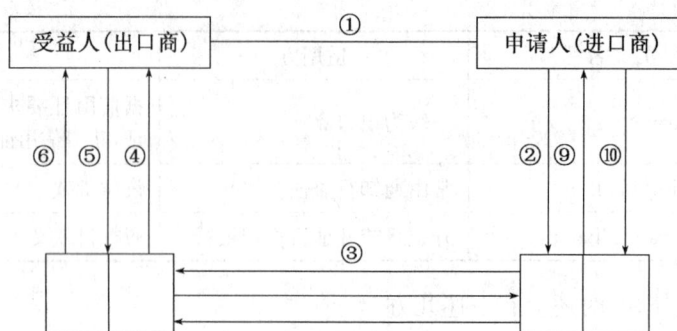

图8-6 议付信用证方式结算程序图

所在地的分行或代理行(通知行),请他们将信用证通知或转交受益人。

④ 通知。通知行收到信用证后,立即对之进行审核,鉴定信用证表面真实性,核对无误后留存一份副本并将正本信用证交给受益人。

⑤ 受益人审核、修改信用证并交单议付。受益人收到信用证后立即进行审核,如发现有不能接受的内容,应要求对方修改,若对开证行资信有疑虑,可要求申请人通知开证行将其信用证通过另一银行进行保兑。受益人经审核无误或收到信用证修改书后,按规定条件发货,缮制或取得信用证规定的单据,连同信用证正本及修改书一起,在信用证规定的有效期和交单期内,向出口地银行或指定的银行(议付行)办理交单议付。

⑥ 议付行买入单据和/或汇票。议付行审核单据无误后,扣除利息及手续费,有追索权地买入单据和/或汇票。

⑦ 索偿。议付行将单据和/或汇票寄交开证行(或保兑行或开证行指定的银行)索偿。

⑧ 开证行付款。开证行经审核单据无误后,付款给议付行。

⑨ 开证行通知开证申请人付款赎单。

⑩ 开证申请人付款赎单。开证申请人审核单据无误后付款,取得单据,凭此向船公司提货。

5. 信用证的开立形式

信用证的开立主要有以下几种形式:

(1) 信开本信用证

开证行将印就的信函格式的信用证,通过信件传递方式邮寄给通知行,这种方式开立的信用证就是信开本信用证。信开本信用证因传递速度较慢且要使用印鉴,极易被国际诈骗团伙伪造,目前多数发达国家的银行都已经不使用此种方式来开立信用证,我国的中国银行也已经不再使用。

(2) 电开本信用证

开证行使用电报、电传或全球银行金融电讯协会(SWIFT)等电讯方式,将信用证内容传递给通知行,使用这种方式开立的信用证,称为电开本信用证。

电开本信用证又有简电本、全电本和 SWIFT 之分。简电本只包括信用证的主要内容,在法律上是无效的,不足以作为交单议付的依据,还须有简电证实书。随着银行系统电讯传输和计算机网络的迅速发展,现在大多数银行都接受 SWIFT 开立的信用证。

6. 信用证的种类

（1）根据信用证项下的单据是否附有货运单据划分

① 跟单信用证（Documentary Credit）是开证行凭跟单汇票或仅凭单据付款的信用证。外贸业务中使用的信用证绝大部分都是跟单信用证。

② 光票信用证（Clean Credit）是指开证行仅凭不附单据的汇票付款的信用证。这种信用证一般用于预付货款。

（2）根据信用证是否可撤销划分

① 可撤销信用证（Revocable L/C）是指开证行可以不经过受益人同意，在付款前可以随时修改或撤销的信用证。该信用证项下，开证行对受益人的义务处于不稳定状态，因而也是不充分的。但可撤销信用证的开证费用便宜，且受益人一旦将单据提交给了银行，该可撤销信用证就不可以撤销，故对卖方来说，它比托收方式要好一些。

② 不可撤销信用证（Irrevocable L/C）是指信用证一经开出，在有效期内，未经有关当事人的同意，开证行不得片面撤销或修改信用证，只要受益人提交了符合信用证要求的单据，开证行就必须履行其付款义务。我国出口业务中，银行只接受不可撤销信用证。

《UCP500》规定，凡是没有注明可否撤销字样的信用证，一律视作不可撤销信用证。《UCP600》规定，所有的信用证均为不可撤销信用证。

（3）根据信用证是否被保兑划分

① 保兑信用证（Confirmed L/C）是指由开证行以外的另一家银行保兑的信用证。经过保兑后，开证行和保兑行共同承担对信用证受益人的付款义务。保兑信用证一定要注明"保兑"字样。

《想一想》

中方某公司收到国外开来的不可撤销信用证，由设在我国境内的某外资银行通知并加以保兑，中方在货物装运后，正拟将有关单据交银行议付时，忽接到该外资银行通知：由于开证行已宣布破产，该行不承担对该信用证的议付或付款责任，但可接受我出口公司委托向买方直接收取货款的业务。对此，你认为中方应该如何处理为好？

② 不保兑信用证（Unconfirmed L/C）是指没有经过开证行以外的其他银行保兑的信用证。一般信誉较高的银行所开立的信用证都不需进行保兑。只有在收到信用证后，经审核认为没有保障时再要求加保，以免买方付出额外的保兑费。

（4）根据付款时间的不同划分

① 即期信用证（Sight L/C）是指受益人一旦向信用证指定的付款行提交符合信用证条款的单据，开证行或付款行就立即履行付款义务的信用证。

② 远期信用证（Usance Or Time L/C）是指开证行或付款行收到符合信用证条款的单据后，并不立即付款，而是等到汇票到期时才履行付款义务的信用证。远期信用证一般都要由汇票付款人办理承兑手续。承兑信用证、延期付款信用证和要求远期汇票的议付信用证都属于远期信用证。

③ 假远期信用证：有时，开证人出于某种需要，开立的信用证要求受益人开具远期汇票，由指定的付款行负责贴现汇票，同时表示愿意承担贴现利息和有关费用，这种信用证称为假远

期信用证或买方远期信用证。

例如,受益人开立见票后120天付款的远期汇票,付款是在即期基础上以面值支付,贴现利息、费用和远期利息由开证申请人承担。

THE BENEFICIARY'S DRAFTS DRAWN AT 120 DAYS AFTER SIGHT ARE TO BE PAID IN FACE AMOUNT AS DRAWN AT SIGHT BASIS, DISCOUNTING CHARGES, ACCOUNTANCE COMMISSIONS AND USANCE INTEREST ARE FOR BUYER'S ACCOUNT.

(5) 根据付款方式的不同划分

① 即期付款信用证(Sight Payment L/C)信用证规定受益人开立即期汇票、或不需即期汇票仅凭单据即可向指定银行提示请求付款的信用证。若以后不能向开证行收回款项时,不能向受益人追索,此时银行将承担所有风险,故银行一般不愿使用此种信用证。

② 延期付款信用证(Deferred Payment L/C)在该信用证下,受益人不需要开立汇票,只要提供符合信用证条款的单据,付款行就在信用证规定的到期日付款。这种信用证不要求开立汇票,故无法进行贴现。如果受益人急需资金而向银行贷款,银行贷款利率比贴现率高,可见不利于企业对资金的利用。一般在大型设备的交易中,买方为防止卖方将汇票贴现从而逃避对货物的责任,常使用此种信用证。

③ 承兑信用证(Acceptance L/C)是指银行将受益人提交的汇票和/或单据审核无误后,承兑汇票并发承兑电,到期后再付款。汇票可以进行贴现。

在业务处理上,延期付款信用证与承兑信用证类似,所不同的是受益人不需要出具汇票,只需将符合信用证规定的单据交到指定银行;指定银行在验单无误后收入单据,待信用证到期再行付款。

④ 议付信用证(Negotiation L/C)是国际贸易中最常见的一种,是指允许受益人向某一指定银行或任何银行交单议付的信用证。一般在单据相符的条件下,议付银行扣除利息和手续费后买入汇票和/或单据,若以后不能向开证行收回款项时,议付行可向受益人追索款项。议付信用证又分为限制议付信用证(规定了议付行)和公开议付信用证(可在任何银行进行议付)两种。

《小贴士》

承付(Honour)的概念

《UCP600》中建立了承付(Honour)的概念,承付是指对于即期付款信用证即期付款;对于延期付款信用证发出延期付款承诺并到期付款;对于承兑信用证承兑由受益人出具的汇票并到期付款。《UCP600》则定义议付为"指定银行在相符交单下,在其应获偿付的银行工作日当天或之前向受益人预付或者同意预付款项,从而购买汇票(其付款人为指定银行以外的其他银行)及/或单据的行为"。

(6) 根据信用证可否转让划分

① 可转让信用证(Transferable L/C)是指受益人有权将信用证全部或部分金额转让给第三人使用的信用证。可转让信用证一定要注明"可转让"字样,如信用证规定:THIS LETTER OF CREDIT IS TRANSFERABLE BY THE ADVISING BANK ONLY.

② 不可转让信用证(Nontransferable Credit)：按《UCP500》的规定，凡是未注明可转让字样的信用证，都是不可转让信用证。

除了上述分类外，信用证还有很多种类，如循环信用证(又可分为自动循环信用证、半自动循环信用证、非自动循环信用证)；背对背信用证(以中间商作为开证申请人，以国外开证行开来的以其为受益人的信用证为支持或抵押，要求原通知行或指定银行向第二受益人开立条款受约于原信用证条款的信用证)；对开信用证(双方进行易货或补偿贸易时，双方通过各自的银行向对方互开信用证，第一张信用证的申请人和受益人分别是第二张信用证的受益人和申请人)；预支信用证等。

7. 跟单信用证统一惯例

《跟单信用证统一惯例》是全世界公认的非政府商业机构制订的最为成功的国际惯例，目前世界上 100 多个国家和地区近万家银行在信用证上声明适用该惯例。该惯例的实施使得国际上对跟单信用证有关当事人的权利、责任、信用证所用条款和术语的定义有了统一的解释和公认的准则，减少了各当事人由于解释或操作不同而引起的争端。

《跟单信用证统一惯例(2007 年修订本)》(UCP600)于 2007 年 7 月 1 日正式实施。

8.2.5　支付方式的综合使用

选择信用证、汇付、托收等结算方式，应在确保外汇资金安全、有利于扩大贸易和资金周转的前提下，结合费用负担、汇率风险等因素进行综合考虑。

一般而言，信用证结算方式为银行信用，较为安全，但存在费用高、时间长的缺点，同时对业务人员素质要求较高。业务人员只有熟练掌握信用证的审核和信用证下制单，才能安全结汇。汇付和托收均是商业信用。汇付方式较为简便，但在具体应用中要注意资金负担的平衡，通过预付款、单到付款、货到付款等方式的结合，避免风险。托收方式下出口人风险较大，应慎重使用。

由于国际贸易金额日益增大，交易条件日趋复杂，交易双方有时将各种支付方式结合在一起，采用综合支付方式，主要有以下几种：

第一，汇付与托收相结合。以汇付方式支付订金，以付款交单的托收支付大部分货款。

例如，Shipment to be made subject to an advanced payment amounting USD10 000 to be remitted in favor of sellers by telegraphic transfer with indication of S/C No. 12345 and the remaining part on collection bases, documents will be released against payment at sight.

第二，汇付与信用证相结合。以信用证支付大部分货款，货到目的地经检验计算出确切的货款总额后，以汇付方式支付货款余额。这常见丁粮食、矿砂等散装货物的交易。又如，预付订金的买卖，订金部分用汇付支付，其余货款用信用证支付。

例如，30% of the total contract value as advance payment shall be remitted by the buyers to the sellers through telegraphic transfer within one month after signing this contract, while the remaining 70% of the invoice value against the draft on L/C basis.

第三，汇付与银行保函或备用信用证相结合。常见于大型机械、成套设备的交易。进口方以汇付方式支付订金及每期货款与利息，同时以银行保函或备用信用证对出口方的收款提供保证。

例如，30% of the total contract value as advance payment shall be remitted by the buyers to the sellers through telegraphic transfer within one month after signing this contract, while the remaining 70% of the contract available by D/P at sight with a standby L/C in favor of the sellers for the amount of USD1 000 000 as undertaking. The standby L/C should bear the clause: In case the drawee of the documentary collection under S/C No. 123 fails to honor the payment upon due date, the beneficiary has the right to draw under this standby L/C by their draft with a statement stating the payment on S/C No. 123 dishonored.

第四,托收与信用证相结合。部分货款以信用证方式收取,部分货款通过托收收取。应注意的是,出口方的全套货运单据随附在托收项下的汇票下,而信用证部分则往往凭出口方开出的光票付款。

例如,Payment by irrevocable Letter of Credit to reach the sellers 45 days before the month of shipment stipulating that 50% of the invoice value available against clean draft, while the remaining 50% against the draft at sight on collection basis. The full sets of shipping documents shall accompany the collection draft and shall only be released after full payment of the invoice value. If the buyers fail to pay the full invoice value, the shipping documents shall be held by the issuing bank at the sellers' disposal.

第五,托收与银行保函或备用信用证结合。货款以托收方式收取,同时进口方要开出银行保函或备用信用证,为出口方的收款提供保证。

8.3　项目实施与心得

1. 项目实施

在国际贸易中,进出口人应选择恰当的支付工具和支付方式,订立合适的合同支付条款,处理货款的交付。

王铮经过和对方磋商,决定采用即期信用证方式结算货款,签订以下支付条款:

The buyers shall open through BANQUE NATIONAL DE PARIS an irrevocable sight Letter of Credit to reach the sellers 45 days before the month of shipment, valid for negotiation in China until the 10th day after the month of shipment, but within the validity of the L/C.

其他支付条款举例:

(1) 汇付条款

汇付方式通常用于预付款和赊账交易。为明确责任,防止拖延收付款时间,影响及时发运货物和企业资金周转,对于使用汇付方式结算货款的交易,在合同中应明确规定汇付时间、具体的汇付方法和金额等。

① 预付货款。

买方应不迟于10月15日将100%的货款经由票汇(信汇/电汇)预付给卖方。

The buyers shall pay 100% the sales proceeds in advance by Demand Draft (M/T or T/T) to reach the sellers not later than Oct. 15.

② 预付货款和货到付款结合。

买方同意在本合同签字之日起1个月内将合同金额的30%的预付款,以电汇方式汇交卖方。其余 70%的货款，买方在收到合同所列单据的传真后，于 2 天内电汇付款。

30% of the total contract value as advance payment shall be remitted by the buyers to the sellers through telegraphic transfer within one month after signing this contract. The remaining 70% of the contract value shall be remitted by the buyers to the sellers through telegraphic transfer not later than 2 days after receipt of the fax documents listed in the contract.

（2）托收条款

以跟单托收方式结算货款的交易，在合同的支付条款中，须明确规定交单条件和付款、承兑责任以及付款期限等内容。其具体的规定方法，一般可先列明由卖方负责在装运货物后开立汇票连同货运单据办理托收。

① 即期付款交单条款。

买方应凭卖方开具的即期跟单汇票，于见票时立即付款，付款后交单。

Upon first presentation the buyers shall pay against documentary draft drawn by the sellers at sight. The shipping documents are to be delivered against payment only.

② 远期付款交单条款。

买方对卖方开具的见票后 60 天付款的跟单汇票，于提示时应立即承兑，并应于汇票到期日付款，付款后交单。

The buyers shall duly accept the documentary draft drawn by the sellers at 60 days sight upon first presentation and make payment on its maturity. The shipping documents are to be delivered against payment only.

③ 承兑交单条款。

买方对卖方开具的见票后 60 天付款的跟单汇票，于提示时应立即承兑，并应于汇票到期日付款，承兑后交单。

The buyers shall duly accept the documentary draft drawn by the sellers at 60 days sight upon first presentation and make payment on its maturity. The shipping documents are to be delivered against acceptance.

（3）信用证条款

采用信用证方式结算，应在合同支付条款中，明确规定开证时间、开证银行、信用证的受益人、种类、金额、装运期、到期日等。

买方应通过卖方可接受的银行于装运月份前 45 天开立并送达卖方不可撤销即期信用证，有效期至装运月份后第 15 天在中国议付。否则，因此不能按规定装运，卖方不负责任，而且有权撤销合同并向买方提出索赔。

The buyers shall open through a bank acceptable to the sellers an irrevocable sight Letter of Credit to reach the sellers 45 days before the month of shipment，valid for negotiation in China 15 days after the month shipment，failing which the sellers shall not be responsible for shipment as stipulated and shall have the right to rescind this contract and claim for damages against the buyers.

买方应通过卖方可接受的银行于装运月份前 45 天开立并送达卖方不可撤销见票后 30 天付款的信用证，有效期至装运月份后第 15 天在中国议付。买方应在信用证内规定：在装运时，如有港口拥挤附加费,由开证人负担,可凭受益人开具的发票和船公司表明实际已付附加费的正本收据,在信用证金额外支付给受益人。

The buyers shall open through a bank acceptable to the sellers an irrevocable Letter of Credit at 30 day's sight to reach the sellers 45 days before the month of shipment, valid for negotiation in China until the 15th day after the month of shipment. The buyers shall stipulate in the L/C: Port congestion surcharges, if any, at the time of shipment is for opener's account and shall be paid to the beneficiary in excess of the credit amount against their invoices and shipping company's original receipt showing actual surcharges paid.

2. 项目实施心得

(1) 选择结算方式时需要考虑的问题

① 客户信用。

对于信用不是很好或尚未充分了解的客户,交易时应选择风险较小的方式,如在出口业务中,一般可采用跟单信用证方式,如有可能也可争取以预付货款方式支付(如前 T/T)。若客户信用很好,可选择手续比较简单、费用较少的方式,如在出口业务中可采用付款交单(D/P)的托收方式。至于承兑交单(D/A)或赊账交易(如后 T/T),应仅限于本企业的分支机构或者确有把握的个别对象,对一般客户应从严掌握,原则上不能采用。

② 经营意图。

选用支付方式,应结合企业的经营意图。在货物畅销时,卖方不仅可以提高售价,还可选择对己有利的结算方式,包括在资金占用方面最有利的方式;而在货物滞销或商品竞争激烈时,不仅售价可能要降低,而且在结算方式上也需作必要让步,否则可能难以达成交易。

③ 贸易术语。

在实际业务中,不是每一种交货方式和运输方式都能适用于任何一种结算方式。在使用 CIF、CFR、CIP、CPT 等属于象征性交货或称推定交货术语的交易中,采用的是凭单交货、凭单付款的方式,卖方交货与买方收货不再同时发生,转移货物所有权是以单据为媒介,就可选择跟单信用证方式。在买方信用较好时,也可采用跟单托收(如 D/P)方式收取货款。但在使用 EXW、DES 等属于实际交货方式术语的交易中,由于是卖方或通过承运人向买方直接交货,卖方无法通过单据控制物权,因此一般不能使用托收。即使是以 FOB、FCA 条件达成的买卖合同,虽然在实际业务中也可凭运输单据交货与付款,但这种合同的运输由买方安排,由卖方将货物装上买方指定的运输工具,或交给买方指定的承运人,卖方接受委托的银行很难控制货物,所以也不宜采用托收方式。

④ 运输单据。

如货物通过海上运输或多式联合运输,出口人装运货物后得到的运输单据一般为可转让的海运提单或可转让的多式联运单据。因这些单据是货物所有权凭证,出口人可通过这些单据控制物权,故可适用于信用证或托收方式结算货款。

如货物通过航空、铁路或邮政运输时,出口人装运货物后得到的运输单据为航空运单、铁路运单或邮包收据,这些都不是货物所有权凭证(海运中的海运单同样如此),进口人提货时无需提交这种单据。因此,这些情况都不适宜做托收。即使采用信用证,大多也规定必须以开证行作为运输单据的收货人,以便银行控制货物。

（2）选择合适的结算票据,防范票据风险

一般在信用证和托收方式下,使用商业汇票。在票汇中,常使用银行汇票和银行本票。运用这些票据办理结算时,一定要注意以下方面:增强自我保护意识,对大额款项的支付或有疑问的票据,要立即请求银行查询;选择资金雄厚、信誉较好的贸易伙伴;认真履行合同,做好制单工作,避免给对方留有不付款的借口;特别要注意掌握住货物的所有权,不收妥货款不放货。

常见的票据欺诈主要有以下方式:

① 伪造票据:不法分子利用现代化的工具和手段,伪造票据及签章以骗取款项或货物。这种方式多用于支票、汇票。

② 变造票据:以变更票据金额的方式最为常见,多是采用将票据金额在末尾加零和改写金额的方法,以支票和银行汇票为多。

③ "克隆"票据:先签发真的汇票,然后在转让过程中,根据真汇票内容伪造完全相同的假汇票用于诈骗。

8.4　知识拓展

8.4.1　国际保理

国际保理（International Factoring）又称承购应收账款业务,是指在使用托收、赊销等非信用证方式结算货款时,保理商向出口商提供的一项集买方资信调查、应收款管理和追账、贸易融资及信用管理于一体的综合性现代金融服务。

1. 国际保理业务的当事人和业务程序

国际保理业务的当事人主要有出口商、进口商、出口保理商和进口保理商。国际保理的一般业务程序如下:

（1）出口商在决定以托收、赊销等方式成交前,把合同内容和进口商名称通知出口保理商。

（2）出口保理商将有关资料通知进口保理商,由其对进口商进行资信调查,并及时将调查结果通知出口保理商。

（3）出口保理商对可以认可的交易与出口商签订保理协议,协议内明确规定信用额度。

（4）出口商在保理协议规定的额度内与进口商签订买卖合同。

（5）出口商按合同规定发货,取得运输单据和其他商业单据,并在单据上注明应收账款转让给出口保理商,即可取得70%～80%的发票金额融资。

（6）出口保理商收到全套单据后,将单据转交给进口保理商。由进口保理商负责向进口商收款,并将款项拨交给出口保理商。

（7）出口保理商将收到的货款扣除已预支货款、利息及手续费后的余额交付给出口商。

2. 国际保理业务的作用

国际保理业务对买卖双方都有好处。对出口商来说,国际保理能够为出口商融通资金,保理公司在向进口商收回货款之前,可以为出口商提供资金融通服务;由于保理商向出口商提供了承兑交单、赊销这样的付款条件,因此出口商很容易获得贸易机会。对进口商来说,可采取承兑交单、赊销这样有利的付款条件进口货物,不需垫付保证金或办理担保及抵押手续,有利于资金周转,同时节省了结算费用和购货时间。

《注意》

保理商仅承担出口商的财务风险。如果进口商并非因财务方面的原因而拒付,而是因为货物品质、数量等不符合合同规定而拒付,保理商将不予担保。对超过信用额度的部分也不予担保。

8.4.2 银行保函

银行保函(Banker's Letter of Guarantee)是指银行、保险公司、担保公司或个人(保证人)应申请人的请求,向受益人开立的一种书面担保凭证,保证在申请人未能按双方协议履行其责任或义务时,承担赔偿责任。

1. 银行保函的种类

银行保函按索偿条件可分为见索即付保函(无条件保函,担保人的责任是第一性的、直接的付款责任)和有条件保函(担保人的责任是第二性的、附属的付款责任)。国际贸易使用的银行保函多数是见索即付保函。

见索即付保函是一种与基础合同相脱离的独立性担保文件,受益人的权利与担保人的义务完全以保函所载的内容为准,不受基础合同的约束,即使保函中包含有对基础合同的援引;担保人也与该合同无关,受益人只要提交了符合保函要求的单据,担保人就必须付款。

银行保函按照用途可以分为投标保函、履约保函和还款保函等。

2. 银行保函的应用

银行保函的当事人主要有委托人、受益人、担保人和通知行等。

银行保函不仅适用于国际货物的买卖,而且广泛适用于其他国际经济合作领域,如国际工程承包、招标与投标、借贷等。

8.4.3 备用信用证

备用信用证(Standby Letter of Credit)又称担保信用证,是指开证行根据申请人的请求,向受益人开立的承诺某义务的凭证。

备用信用证属于银行信用,开证行对受益人保证,在开证申请人未履行其义务时,即由开证行付款。对受益人来说,是备用于开证申请人发生毁约情况时取得补偿的一种方式。

备用信用证使用范围广,广泛适用于国际货物买卖、借贷、工程投标、履约等业务中。开证申请人按期履行合同的义务,受益人就无需要求开证行支付货款或赔款,备用信用证则自动失效,这是所以称作"备用"的由来。例如,兹开立不可撤销备用信用证号××以××为受益人,总金额不超过××。当开立以我们为付款人的即期汇票,并随附受益人的签字声明并证实开证申请人未能履行合同时,信用证有效。

WE HEREBY OPEN OUR IRREVOCABLRE STANDBY LETTER OF CREDIT NO ... IN FAVOUR OF ... FOR ACCOUNT OF ... FOR A SUM OR SUMS NOT EXCEEDING A TOTAL AMOUNT OF ... (SAY ...)AVAILABLE BY DRAFTS AT SIGHT DRAWN ON US FOR FULL STATEMENT VALUE AND ACCOMPANIED BY BENEFICIARY'S SIGNED STATEMENT CERTIFYING THAT THE AMOUNT REPRESENTS AND COVERS THE CLAIM FOR

NONFULFILMENT OF CONTRACT ON THE PART OF APPLICANT.

8.5　业务技能训练

8.5.1　课堂训练

1. 简述信用证与买卖合同的关系。

2. 采用托收时应注意哪些问题？

3. 汇票的一般使用程序包括哪些？汇票的三个当事人一般是谁？

4. 进出口合同中的结算方式有哪些规定办法？这些办法中哪个对出口商最有利？哪个最不利？

5. 根据下列业务背景写出货款收付流程。

出口商：北京东方贸易公司　　往来银行：中国银行北京分行

进口商：日本 JUOLA 公司　　往来银行：东京三菱银行

支付方式：全部交易金额以银行汇票付款

6. 讨论如果双方信用很高的情况下，采用何种付款方式较好？如果对信用没有把握，又该如何？

7. 案例分析：

(1) 我国某公司向国外 A 商出口货物一批。A 商按时开来不可撤销即期议付信用证，该证由设在我国境内的外资 B 银行通知并加保兑。我公司在货物装运后，将全套合格单据送交 B 银行议付，收妥货款。但 B 银行向开证行索偿时，得到开证行因经营不善已宣布破产。于是，B 银行要求我公司将议付的货款退还，并建议我方可委托其向 A 商直接索取货款。对此你认为我公司应如何处理？为什么？

(2) 我国某出口商向日本一进口商发盘，其中付款条件为：D/P at sight，对方答复可接受，但付款条件要改为：D/P at 90 days after sight，按一般情况，货物从我国运至日本时间很短。请分析日商为何提出此项条件？

(3) 我国某外贸公司与某国 A 商达成一项出口合同，付款条件为 D/P 45 天付款。当汇票及所附单据通过托收行寄抵进口地代收行后，A 商及时在汇票上履行了承兑手续。货抵目的港时，由于用货心切，A 商出具信托收据向代收行借得单据先行提货转售。汇票到期时，A 商因经营不善失去偿付能力。代收行以汇票付款人拒付为由通知托收行，并建议由我外贸公司直接向 A 商索取货款。对此你应如何处理？

8.5.2　实训操作

1. 因烟台东方外贸有限公司与加拿大客户 JAMES BROWN & SONS 已有多次合作关系，经过简单磋商，双方确定采用发运前 50% 预付款，50% 装运后付款的支付方式，请你拟订具体的支付条款。

2. 山东天地木业有限公司通过与现代公司磋商，双方确定采用 50% 即期付款交单，50% 即期信用证，请你拟订具体的支付条款。

3. 每位学生就自己公司和客户洽谈情况，选择结算方式，订立合同的支付条款。

项目9 签订国际贸易合同

学习目标	
知识目标	能力目标
◇ 国际贸易合同的形式和内容 ◇《联合国国际货物销售合同公约》的内容	◇ 能够签订进出口贸易书面合同

9.1　项目描述与分析

1. 项目描述

烟台中策外贸有限公司一般情况下都是采用本公司的销售合同范本,与买方磋商达成一致后,由双方签字盖章后生效。

2013 年 7 月 20 日,经过艰苦的谈判,王铮与 Paul 终于就商品的各项条款达成了一致,现在他准备起草一份合同,让老总签字后,传真给对方,让 Paul 会签后回传。

2. 项目分析

经过一轮一轮磋商,买卖双方就货物买卖合同的各项条款达成一致,合同就成立了。然而根据我国贸易实践的习惯,买卖双方通过口头或往来函电磋商达成协议后,还必须签订一定格式的正式书面国际贸易合同,将双方的权利、义务明文规定下来,以便于执行。

国际贸易合同是整个国际贸易关系中最为重要的具有法律约束力的文件,是各种进出口业务得以执行的基础和依据。因此要把合同条款订得严密,不要模糊,以防止履行合同时出现纠纷。

前面双方已经就具体的各项条款达成一致,现在只需要把它们落实在一个书面合同中,由法人代表或其授权的人签字就可以了。

9.2　相关知识

9.2.1　进出口合同的形式和作用

在国际贸易实践中,订立合同的形式主要有三种:一种是书面形式,另一种是口头形式,还有一种是以行为表示的。书面合同的形式也不是唯一的,在实践中,多为合同、确认书、协议书和订单等形式。其中,销售合同(Sales Contract)、购货合同(Purchase Contract)和销售确认书(Sales Confirmation)、购货确认书(Purchase Confirmation)、订单(Order)和委托订单(Indent)是最多见的。

书面合同的作用一般可归纳为以下三个方面:

（1）作为合同成立的证据。在我国现行法律体系中，对口头合同的规定较为模糊，实践过程中，一般都会在口头谈判达成协议后签订书面合同，以避免口说无凭。

（2）作为履行合同的依据。双方磋商达成的一致意见，签订书面合同后，双方就依照合同享有权利，履行各自的义务。

（3）作为合同生效的条件。如果交易双方在发盘或接受时，声明以订立书面合同为准，则只有签订正式的书面合同时，合同才能成立。

9.2.2　进出口合同的内容

目前，进出口合同主要是指书面合同，其内容一般可分为约首、本文和约尾三部分。

（1）约首，即合同的首部，一般包括合同名称、编号、签订日期、地点和签约双方的名称、地址等，有的合同还用序言形式说明定约意图并放在约首。

（2）本文，即合同的主体部分，一般以条款的形式具体列明交易的各项条件，规定双方当事人的权利和义务。通常有品名、品质、数量、包装、价格、支付、运输、保险及争议处理等条款。

（3）约尾，即合同的尾部，一般包括合同的份数、附件及其效力、使用的文字、合同生效的时间、地点及双方当事人（法人代表或其授权人）的签字等。

9.2.3　《联合国国际贸易销售合同公约》

《联合国国际贸易销售合同公约》（以下简称《公约》）是由联合国国际贸易法委员会于1980 年通过的国际货物买卖统一法，于 1988 年 1 月 1 日起正式生效。

1.《公约》的基本结构

除序文外，《公约》分为四个部分，共 101 条。第一部分是适用范围和规则；第二部分是合同的订立；第三部分是货物的销售，包括总则、卖方的权利义务、买方的权利义务和风险转移等制度；第四部分为最后条款，规定了对《公约》的批准、接受、核准和加入、对《公约》的保留及《公约》的生效等内容。

2.《公约》的适用范围

《公约》的适用范围指《公约》在什么样的情况下适用，主要包括主体和客体范围。《公约》的第一部分对适用范围做出了较明确的界定。

（1）《公约》适用的主体范围

《公约》第一条第一款规定："本公约适用于营业地在不同国家的当事人之间所订立的货物买卖合同，（A）如果这些国家是缔约国，或（B）如果国际司法规则导致适用某一缔约国的法律。"由此可以看出，《公约》对买卖"国际性"的判定是以营业地在不同国家为准的。如果甲方营业地处于 A 国，乙方营业地处于 B 国，只有 A 和 B 均为《公约》的缔约国时才能适用公约。但是，如果甲方营业地处于 A 国，乙方营业地处于 B 国，A 或 B 两国或其中一个为非缔约国，而根据国际私法规则，适用于 C 国法律，C 国是缔约国，这种情况下，《公约》也是适用的。

（2）《公约》适用的客体范围

《公约》也从积极的方面明确规定，其只适用于销售合同的订立和买卖双方的权利义务问题，对供应待制造或生产的货物的合同也视为销售合同。《公约》以列举的方法规定了下列不在其调整范围内的货物买卖和其他事项：供私人、家人或家庭使用的货物的销售，除非卖方在订立合同前或订立合同时不知道而且没有理由知道这些货物是供任何该种使用方式的；拍卖品的出售；据法律执行令状或其他令状的销售；公债、股票、投资证券、流通证券或货币的销售；船舶、船只、气垫船或飞机的销售；电力的销售。

《注意》

《公约》不适用于供应货物一方的绝大部分义务在于供应劳动力或其他服务的合同，如咨询服务合同；也不适用于货物对任何人所造成的死亡或伤害的责任，如产品质量纠纷。

我国在 1986 年 12 月 11 日核准该《公约》时提出了两项保留。一是针对《公约》的第一条第一款 B 项的规定，我国对此作了保留。这就意味着，对于我国来说，《公约》只适用于营业地处于不同缔约国之间的当事人所订立的货物销售合同。二是针对《公约》第十一条作了保留，导致营业地处于中国的缔约方在缔结国际货物销售合同时必须采用书面形式。

9.3 项目实施与心得

1. 项目实施

双方签订销售合同如下：

售货合同
SALES CONTRACT

买方：　　　　　　　　　　　　　　　　　合同编号：
The Buyers：GOLDEN MOUNTAIN TRADING CO. LTD.　　Contract NO.：CZCX080180
　　　　　ROOM 1618 BUILDING G　　　　　签订地点：
　　　　　NO. 36 THE FIRST LYON STREET,　　Signed at：YANTAI，CHINA
　　　　　PARIS，FRANCE　　　　　　签订日期：
　　　　　TEL：019 - 33 - 44 - 55　　　　Date：JULY 20，2013

卖方：
The Sellers：YANTAI ZHONGCE IMPORT & EXPORT CORP.
　　　　　NO. 25 MINGXIN RD，YANTAI，SHANDONG，CHINA
　　　　　TEL：0535 - 6633817

双方同意按下列条款由卖方售出下列商品：

The Buyers agree to buy and the Sellers agree to sell the following goods on terms and conditions as set forth below：

(1) 商品名称、规格及包装 Name of Commodity，Specifications and Packing	(2) 数量 Quantity	(3) 单价 Unit Price	(4) 总值 Total Value
LADIES COAT，woven，with bronze-colored buttons，2 pockets at side，like original sample NO. LJ566 sent on AUG. 15，2013 100% COTTON	1 248 pcs	USD28.70	CIFC3% MARSEILLES USD35 817.60
The Amount：SAY U. S. DOLLARS THIRTY FIVE THOUSAND EIGHT HUNDRED AND SEVENTEEN AND CENTS SIXTY ONLY			

(Shipment Quantity 5% more or less allowed) S，416 pcs，M，416 pcs，L，416 pcs

Packing：8pcs per carton, solid color and size, per color in polybag．W×H×L：50 cm ×40 cm×80 cm.

SHIPPING MARK：GMT CO.

　　　　　　　　CZCX080180

　　　　　　　　MARSEILLES

　　　　　　　　NO．1-UP

（5）装运期限：

Time of Shipment：20 Sept．，2013～30 Sept．，2013 by sea；otherwise 1 Oct．，2013～ 15 Oct．，2013 on Seller's account by air.

（6）装运口岸：

Port of Loading：QINGDAO，CHINA

（7）目的口岸：

Port of Destination：MARSEILLES，FRANCE

（8）保险：由_____方负责，按本合同总值 110%投保_____险。

Insurance：To be covered by the Sellers for 110% of the invoice value against All Risks, War Risk as per and subject to the relevant ocean marine cargo clause of the People's Insurance Company of China dated January 1st，1981.

（9）付款：

Terms of Payment：The Buyers shall open through BANQUE NATIONAL DE PARIS an irrevocable sight Letter of Credit to reach the Sellers 45 days before the month of shipment，valid for negotiation in China until the 10th day after the month of shipment，but within the validity of the L/C.

（10）商品检验：买卖双方同意以装运港中国出入境检验检疫机构签发的质量检验证书作为信用证项下议付所需单据之一，买方有权对货物的质量进行复验，复验费由买方承担。如发现质量与合同规定不符，买方有权向卖方索赔，并提交经卖方同意的公证机构出具的检验报告。索赔期限为货到目的港（地）180 天内。

It is mutually agreed that the certificate of quality issued by the China Exit and Entry Inspection and Quarantine Bureau at the port of shipment shall be part of the documents to be presented for negotiation under the relevant L/C. The Buyers shall have the right to reinspect the quality of the cargo. The reinspection fee shall be borne by the Buyers. Should the quality be found not in conformity with that of the contract, the Buyers are entitled to lodge with the Sellers a claim, which should be supported by survey reports issued by a recognized surveyor approved by the Sellers. The claim, if any, shall be lodged within 180 days after arrival of the goods at the port of destination.

其他条款：

Other Terms：

信用证内容须严格符合本售货合约的规定，否则修改信用证的费用由买方负担，卖方并不负担因修改信用证而延误装运的责任，并保留因此而发生的一切损失的索赔权。

The contents of the covering Letter of Credit shall be in strict conformity with the stipulations of the Sales Contract. In case of any variation there of necessitating amendment of the L/C, the Buyers shall bear the expenses for effecting the amendment. The Sellers shall not be held responsible for possible delay of shipment resulting from awaiting the amendment of the L/C and reserve the right to claim from the Buyers for the losses resulting there from.

卖方(Sellers)：   买方(Buyers)：

　　　　陈哲   Paul

2. 项目实施心得

出口贸易合同的双方处于不同国家或地区,因此,在签订出口贸易合同时不仅要熟悉我国的法律,也要了解对方当事人国家或地区的有关法律以及有关国际惯例等。

在谈判中,我们应重视合同文本的起草,尽量争取起草合同文本,如果做不到这一点,也要与对方共同起草合同文本,然后让对方会签。如果是买方提供的采购合同,我们在签订时必须仔细认真,避免对方加进一些对我方不利的条款或遗漏一些对方必须承担义务的条款,以免给履行合同带来不必要的麻烦,乃至造成一定的经济损失。

在双方就比较重要的谈判达成协议后,举行的合同缔约或签字仪式,要尽量争取在我方举行。因为根据国际法的一般原则,如果合同中对出现纠纷采用哪国法律未作具体规定,一旦发生争执,法院或仲裁庭就可以根据合同缔结地国家的法律来做出判决或仲裁。

9.4　知识拓展

电子合同的广泛运用

近年迅速发展的电子合同,具有与纸质合同相同的法律效力,是纸质合同的替代者。电子合同具有纸质合同无法匹敌的优势,能够在电脑中原样归档、检索,提供有用的数据,方便企业查找信息。电子合同还可以导入企业的 ERP 系统,企业在对账、结算、资金控制方面可以获得极大的便利。随着 2004 年我国《电子签名法》的生效,规定电子签名具有与手写签字或者盖章同等的法律效力,同时承认电子文件与书面文书具有同等效力,从而使现行的民商事法律同样适用于电子文件。国际贸易活动中,电子合同的应用将越来越广泛。

9.5　业务技能训练

9.5.1　课堂训练

1. 简述书面合同的作用。

2. 请交流在订立国际贸易书面合同时应注意哪些问题?

3. 案例分析:

(1) 我国某公司与外商洽商进口某商品一批,经往来电传洽谈,已谈妥合同的主要交易条件,但我方在传真中表明交易于签订确认书时生效。事后对方将草拟的合同条款交我方确认,但因有关条款的措辞尚需研究,故我方未及时给对方答复。不久该商品的市场价格下跌,对方电催我方开立信用证,而我方以合同未成立为由拒绝开证。问:我方的做法是否有理? 为什么?

(2) 我国某进口企业与外商磋商进口机电设备。经往来函电协商,已经就合同的基本条款初步达成协议,但在我方最后所发的表示接受的电传中注明"以签署确认书为准"。事后,外商拟好合同书,要求我方确认,但我方认为其中个别条款需要修改。此时,恰遇市场价格下跌,故我方未对外方及时回复,外商多次来电催证,我方均答复拒绝开证。试分析这一拒绝是否合理。

9.5.2　实训操作

1. 烟台东方外贸有限公司拟订了一份合同,并传真给 J. B. S 公司要求其会签。请你完成具体合同的拟订工作。合同签订时间为 2013 年 10 月 30 日。

2. 山东天地木业有限公司与现代公司已经就地板交易的各项内容达成一致。请你拟订一份书面合同。

3. 每位学生就自己公司和客户洽谈的各项合同条款,订立完整的书面合同。

综合训练二

1. 业务背景

接综合训练一,新加坡客户接到烟台永盛进出口公司去函以及寄送的样品后,确认了样品,于 9 月 10 日来函,要求烟台永盛公司报价。经谈判,与新客户达成初笔牛仔布买卖交易。

2. 训练项目

(1) 接到客户 9 月 10 日 E-mail。

SAMPLES CONFIRMED. PLEASE OFFER FIRM IT. NO. 0866 4,200 YARDS.

根据以下公司报价要求,2013 年 9 月 12 日向客户发盘(报价)

报价数量:4 200 码;报价价格:CIF 新加坡每码 2.70 美元;装运期:2013 年 11 月;支付方式:不可撤销即期信用证;保险:一切险加战争险、罢工险。

(2) 9 月 14 日客户回复。

YOURS 12TH 8 400 YARDS SHIPMENT NOVEMBER US DOLLARS 2. 30 CIFC3 D/P SIGHT PLEASE REPLY SIXTEENTH.

请对此进行回复,日期:2013 年 9 月 16 日。

(3) 客户 9 月 17 日再次还盘。

YOURS 16TH QUOTING BEST US DOLLARS 2. 40 4,200 YARDS CREDIT 60 DAYS SIGHT.

考虑到目前市场竞争特别激烈,又是初次交易,同意将每码价格降低到 2.50 美元、见票30 天信用证付款,限 19 日前复。

(4) 客户 9 月 20 日同意烟台永盛进出口公司条件,请根据双方往来函电缮制出口销售合同。

(5) 寄送合同,要求客户会签和准时开证。

模块三　合同的履行

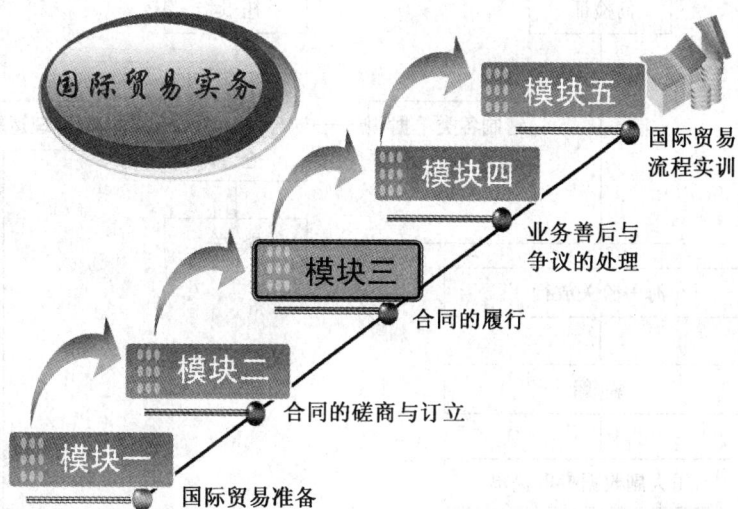

国际贸易实务

模块五　国际贸易流程实训

模块四　业务善后与争议的处理

模块三　合同的履行

模块二　合同的磋商与订立

模块一　国际贸易准备

出口业务流程如下图：

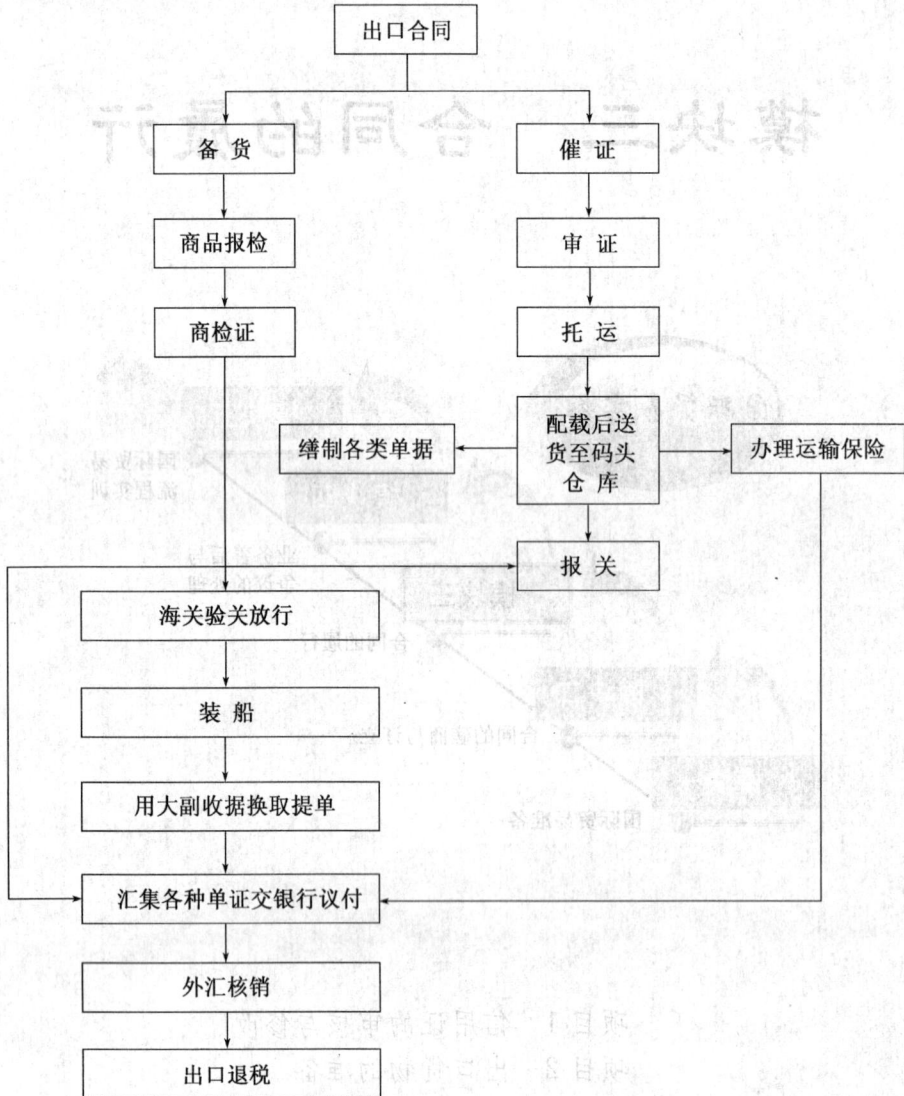

```
                    ┌──────────┐
                    │ 出口合同 │
                    └─────┬────┘
              ┌───────────┴───────────┐
         ┌────┴────┐             ┌────┴────┐
         │  备 货  │             │  催 证  │
         └────┬────┘             └────┬────┘
         ┌────┴────┐             ┌────┴────┐
         │ 商品报检 │             │  审 证  │
         └────┬────┘             └────┬────┘
         ┌────┴────┐             ┌────┴────┐
         │ 商检证  │             │  托 运  │
         └────┬────┘             └────┬────┘
              │                 ┌─────┴──────┐
              │                 │配载后送    │
   ┌──────────┴──┐        ┌─────┤货至码头    ├─────┐  ┌────────────┐
   │ 缮制各类单据 │◄───────┤  仓 库     ├─────────►│ 办理运输保险 │
   └─────────────┘        └─────┬──────┘           └────────────┘
                           ┌────┴────┐
              ┌────────────┤  报 关  │◄──────────────────┐
              │            └─────────┘                    │
         ┌────┴────────┐                                  │
         │ 海关验关放行 │                                  │
         └────┬────────┘                                  │
         ┌────┴────┐                                      │
         │  装 船  │                                      │
         └────┬────┘                                      │
         ┌────┴──────────┐                                │
         │ 用大副收据换取提单 │                            │
         └────┬──────────┘                                │
         ┌────┴──────────────┐                            │
         │ 汇集各种单证交银行议付 │◄──────────────────────┘
         └────┬──────────────┘
         ┌────┴────┐
         │ 外汇核销 │
         └────┬────┘
         ┌────┴────┐
         │ 出口退税 │
         └─────────┘
```

项目1 信用证的审核与修改

学习目标	
知识目标	能力目标
◇ 信用证的主要内容 ◇ 信用证审核的注意事项以及信用证的修改程序 ◇《UCP600》的相关内容	◇ 能读懂信用证,正确分析信用证条款 ◇ 能根据《UCP600》和合同审核信用证并进行信用证的修改

1.1 项目描述与分析

1. 项目描述

2013年7月20日合同签订,直到8月10日还没有接到对方开来的信用证,王铮就发 E-mail 询问,请 Paul 早日去银行开出信用证,8月15日中国银行烟台分行通知烟台中策外贸有限公司收到信用证,现业务员王铮正在进行审核,以确认信用证的各项条款是否正确,履行合同时有无问题。

2. 项目分析

信用证是银行做出的有条件的付款承诺,银行在规定的期限内凭规定的单据承诺付款。同时,信用证遵循"严格相符原则",所有单据在表面上必须做到与信用证条款的规定一致,同时各种单据之间也要一致。如果做不到,便不能够安全收汇。做到严格相符的前提是信用证本身正确无误,同时出口方能够做到信用证的各项规定。

因此,出口商作为信用证的受益人必须对信用证的各项条件进行审核,如果信用证与合同或交易要求不符,或者尽管信用证正确,但出口商履行合同时存在困难,无法满足信用证的要求,都应及时提出,让开证人去银行修改信用证。

1.2 相关知识

1.2.1 信用证的内容

信用证的内容就是构成信用证基本条款、文句和事项的书面文字,主要有以下几个方面的内容:

(1) 信用证的当事人。

(2) 关于信用证本身的说明:包括信用证的号码、开证日期、地点、有效期及到期地点、信用证金额及货币、信用证性质和种类等内容。

（3）汇票条款：包括出票人、付款人、汇票期限、金额、出票日期等。

（4）单据条款：包括受益人应提交的单据种类及份数要求等。

（5）货物条款：包括货物品名、品质、规格、数量、包装、价格及价格条件、运输唛头等的要求。

（6）运输条款：包括装运港（地）、目的港（地）、装运期限、分批和转运的规定等。

（7）费用条款：包括信用证所发生的银行费用由谁承担。

（8）其他文句：包括开证行负责文句、开证行对议付行的指示文句、特殊条款、附加文句以及遵守跟单信用证统一惯例规定的文句等。

【例1-1】 信用证文本

FROM：INDUSTRIAL BANK OF JAPAN，TOKYO

TO：BANK OF CHINA，SHANGHAI

SQUENCE OF TOTAL：27：1/1

FORM OF DOC. CREDIT：40A：IRREVOCABLE

DOCU. CREDIT NO.：20：ILC136107800

DATE OF ISSUE：31C：071015

DATE AND PLACE OF EXP.：31D：071215 IN THE COUNTRY OF BENEFICIARY

APPLICANT：50：ABC COMPANY，1~3 MACHI KU STREET，OSAKA，JAPAN

BENEFICIARY：59：SHANGHAI DA SHENG CO.，LTD.

UNIT C 2/F JINGMAO TOWER，SHANGHAI，CHINA.

CURRENCY CODE，AMOUNT：32B：USD21,240.00

AVAILABLE WITH/BY ... 41D：ANY BANK BY NEGOTIATION

DRAFTS AT：42C：SIGHT FOR 100PCT INVOICE VALUE

DRAWEE：42A：THE INDUSTRIAL BANK OF JAPAN，HEAD OFFICE

PARTIAL SHIPMENTS：43P：ALLOWED

TRANSSHIPMENT：43T：NOT ALLOWED

LOAD/DISPATCH/FROM：44A：CHINESE PORTS

TRANSPORTATION TO：44B：OSAKA/TOKYO

LATEST DATE OF SHIPMENT：44C：071130

DESCRIP. GOODS/SERVICE：45A：4,000 PCS "DIAMOND" BRAND CLOCK ART NO. 791 AT USD5.31 PER PIECE CIF OSAKA/TOKYO PACKED IN NEW CARTONS

DOCUMENTS REQUIRED：46A：IN 3 FOLD UNLESS OTHERWISE STIPULATED：

1. SIGNED COMMERCIAL INVOICE

2. SIGNED PACKING LIST

3. CERTIFICATE OF CHINESE ORIGIN

4. BENEFICIARY'S CERTIFICATE STATING THAT ONE SET OF ORIGINAL SHIPPING DOCUMENTS INCLUDING ORIGINAL FORM A HAS BEEN SENT DIRECTLY TO THE APPLICANT.

5. COPY OF TELEX FROM APPLICANT TO SUPPLIERS APPROVING THE

SHIPPING SAMPLE.

6. INSURANCE POLICY OR CERTIFICATE ENDORSED IN BLANK FOR 110 PCT OF CIF VALUE, COVERING W. P. A. RISK AND WAR RISK.

7. 2/3 PLUS ONE COPY OF CLEAN ON BOARD OCEAN BILLS OF LADING MADE OUT TO ORDER AND BLANK ENDORSED MARKED FREIGHT PREPAID AND NOTIFY APPLICANT.

ADDITIONAL CONDITION：47A：ALL DRAFTS DRAWN HEREUNDER MUST BE MARKED "DRAWN UNDER INDUSTRIAL BANK OF JAPAN, LTD., HEAD OFFICE, CREDIT NO. ILC136107800 DATED OCT. 15, 2007" AND THE AMOUNT OF SUCH DRAFTS MUST BE ENDORSED ON THE REVERSE OF THIS CREDIT.

DETAILS OF CHARGES：71 B：ALL BANKING CHARGES OUTSIDE JANPAN ARE FOR BENEFICIARY'S ACCOUNT.

PRESENTAION PERIOD48：DOCUMENTS MUST BE PRESENTED WITHIN 10 DAYS AFTER THE DATE OF ISSUANCE OF THE SHIPPING DOCUMENTS BUT WITHIN THE VALIDITY OF THE CREDIT.

CONFIRMATION：49：WITHOUT

SPECIAL INSTRUCTION TO THE ADVISING BANK：ALL DOCUMENTS INCLUDING BENEFICIARY'S DRAFTS MUST BE SENT BY COURIER SERVICE DIRECTLY TO OUR HEAD OFFICE. MARUNOUCHI, CHIYODA-U, TOKYO, JAPAN 100，ATTN. INTERNATIONAL BUSINESS DEPT. IMPORT SECTION, IN ONE LOT. UPON OUR RECEIPT OF THE DRAFTS AND DOCUMENTS, WE SHALL MAKE PAYMENT AS INSTRUCTED BY YOU.

1.2.2 信用证的审核

信用证是独立于买卖合同之外的一个新契约。采用信用证支付时,出口商对信用证的内容应仔细审核。认真细致地对国外开来的信用证进行审核是关系到出口商是否能够安全及时收取货款的关键。应明确信用证的内容,确保信用证的要求与合同一致,否则,很容易引起后续合同不能履行,或不能顺利收汇。

出口商审核信用证时的主要依据是国内的有关政策和规定、交易双方成交的合同、国际商会的《跟单信用证统一惯例》以及实际业务操作中出现的具体情况。审核信用证通常遵循的原则:信用证条款规定比合同条款严格时,应当作为信用证中存在的问题提出修改(当然,在实际业务中主要是以是否影响出口商安全收汇和顺利履行合同义务为前提);而当信用证的规定比合同条款宽松时,往往可不要求修改。

1. 信用证审核中常见的问题

(1)信用证的性质

信用证未生效或有限制性生效的条款;信用证为可撤销的;信用证中没有保证付款的责任文句;信用证内漏列适用国际商会 UCP 规则条款;信用证未按合同要求加具保兑;信用证密押不符。

按贸易惯例,信用证在送达受益人时即生效,但是有些信用证中有不合理的限制性或保留条款,如"This credit is operative only after the buyer obtains the import license"(买方获得进口许可证后信用证生效),这些需要在审证时注意。

(2)信用证有关期限

信用证中没有到期日(有效期);到期地点在国外;信用证的到期日和装运期有矛盾;装运期、到期日或交单期规定与合同不符;装运期或有效期的规定与交单期矛盾;交单期过短。

(3)信用证当事人

开证申请人公司名称或地址与合同不符;受益人公司名称或地址与合同不符。

(4)金额货币

信用证金额应与合同金额一致,如合同订有溢短装条款,信用证金额也应包括溢短装部分的金额;信用证金额中单价与总值要填写正确;来证所采用的货币应与合同规定一致。

在审核金额时要注意不同价格条件下所产生的费用如运费、保险费由谁负担以及相应的单据是否合理。如采用的是 FOB 价格条件,但信用证中要求卖方投保和交付保险单据,或者是要求运费预付等都是不合理的。

想—想

2013 年 10 月 15 日由英国一家银行开给国内 ABC 公司 L/C。L/C 有关数量条款规定如下:总金额约 USD500 000,数量约 1 000 公吨,圆粒白大米,每公吨 USD500CIF 利物浦。ABC 公司接到 L/C 后即备货。于 10 月 25 日全部货物装运完毕,持整套单据向银行交单议付。议付行经审单后不同意议付,其理由为议付金额 USD500 500,超出 L/C 规定的 USD500 000。请分析银行这样处理合适吗?为什么?

(5)汇票

审核汇票条款时要特别注意汇票的付款人应该是开证行或其指定的付款行,付款期限应与合同规定或实际业务要求相符。

(6)运输

要注意审核信用证中规定的装运港与目的港、装运期、分批装运和转运等是否与合同相符,如果信用证与合同不符时,要确定能否在信用证规定的装运期内备妥货物并按期出运;如国外来证晚,无法按期装运,应及时电请国外买方延展装运期限;如信用证规定了分批装运的时间和数量,应注意能否办到;如果信用证对船龄、船籍、船公司或港口等有限制条款,则要考虑能否办到。

小贴士

《UCP600》第三条规定,"on or about ××"表示在所述日期前后各五天内发生,起讫日均包括在内;"to/until/till/from/between ××"用于确定装运期限时,包括所述日期;"before/after ××"不包括所述日期;"from/after ××"用于确定到期日时不包括所述日期。

(7)货物

货物品名规格不符;货物数量不符;货物包装有误;贸易术语错误;使用术语与条款有矛盾;货物单价数量与总金额不吻合;证中援引的合同号码与日期错误;漏列溢短装规定。

（8）审核单据条款

这是出口审证的重点与难点之一,对于来证中要求提供的单据种类、份数、填制方法和签发人等,要进行仔细审核,如发现有不正常规定特别是软条款,应慎重对待。

① 要注意单据的种类是否与交易条件相符,如空运方式下要求提供海运提单、FOB 价格条件下要求提供保险单等。

② 审核信用证规定的交单期。交单期是装运后必须向银行交单要求付款或承兑或议付的日期。通常交单期应在装运日后 10 天左右,如信用证未规定交单期,则理解为装运日后 21天内,当然一定要在信用证有效期内。

《UCP600》第 14 条规定:正本运输单据,必须由受益人或其代表按照相关条款在不迟于装运日后的 21 个公历日内提交,但无论如何不得迟于信用证的到期日。

③ 审核单据填制或交付中对受益人较为困难的方面。如果信用证要求提供一些需要特别机构认证的单据或是由一些机构或部门出具的有关文件如许可证、运费收据、检验证明等,要考虑能否提供或按时提供。

对来证所需的各种单据应审核有关文字,查看有无特殊要求,我方能否办理。

（9）信用证"软条款"的审核

在信用证操作中,有些条款表面看起来无伤大雅,实则暗藏杀机,需要格外警惕,这就是所谓的"软条款"。"软条款"是外贸行业的俗称,是指在不可撤销信用证中出现的某些可能令受益人在无过错情况下蒙受损失的条款。"软条款"本身并不违背《UCP600》原则,其风险是潜在的,表现形式也多种多样。

小贴士

信用证典型"软条款"举例

"软条款"1:3 份正本提单中,有一份直接寄给开证申请人。我们知道,凭借一份正本提单,就可以提货了。这个条款一经执行,就意味着客户可以在银行议付单证以前就径直去提货。假如客户蓄意欺诈,或对货物不满意,此时就有可能有意挑刺拒绝赎单,信用证受益人面临财货两空的危险。

"软条款"2:货物须经开证人检验,出具检验认可报告方可议付,检验报告作为议付单证之一。

这个条款的风险在于,假如交货前因市场变化,客户有意毁约,则故意拖延检验,不出具检验报告,导致无法装运并提交单证议付。

"软条款"的共同特点就是让信用证在不同程度丧失执行的独立性和不可撤销性。有了"软条款"的信用证,客户可以通过各种手段使其在实际执行过程中可以单方面废止。因此,外贸业务员应该练就火眼金睛,学会识别"软条款"。诀窍就是牢记两个原则:不能让客户有可能在付款赎单前自行提货;开证以后,所有单证出口商可以单方收集办理,不要依赖客户。

当然,信用证条款是否是"软条款"还要视客户的意图。例如,一份正本提单径寄开证申请人条款,常见于日韩及东南亚地区的客户交易。因为这些地区离中国很近,几日内船只可抵目的港。如果正常通过银行议付操作单证,那么等到单证到客户手中时,货物已经堆放在目的港码头多日,将造成高额费用。

《注意》

"软条款"的处理

在提高警惕慎重处理的前提下，对有的"软条款"可酌情考虑接受，或附加其他条款来加以制约，争取既满足客户的需要，又最大限度降低风险。

比如，进口方是信誉良好的老牌商号，开证行也知名可靠，可以考虑接受"正本提单径交开证人"的条款，在接受的同时，限定提单的收货人为"凭开证行指示"。这样即使客户得到正本提单，也须有银行背书（在提单背面签字盖章，表明执此提单者已经获得银行许可），避免了客户绕开银行私自提货的风险；或修改为"副本提单径交开证申请人"，这样客户可以在提供担保的情况下凭副本提单提货，而所提供的担保也同时保障了受益人出口商的权益。

（10）审核信用证的到期日和到期地点

信用证规定的有效期和到期地点是信用证审核中的重点。信用证中必须有到期日，没有规定到期日的信用证为无效信用证。信用证的到期地点一般应在出口人所在地。

（11）对其他条款的审核

如对费用条款的审核、索偿途径的审核等，这些条款均应是合理方便的。

2. 信用证三期之间的关系

信用证中的三期为信用证的有效期、货物的装运期、信用证的交单期。一般情况下信用证的交单期为装运单据签发后10～15天，以便在装运货物后有足够的时间办理制单结汇，具体视信用证的规定（PRESENTATION PERIOD 48）。

一封完美的信用证，其有效期一般应该在最后装运期时间往后推一个交单期的时间。

《想一想》

国外开来的信用证，证中规定最迟装运期为2013年12月31日，议付有效期为2009年1月15日。我方按证中规定的装运期完成，提单日为2013年12月10日，并备齐议付单据于2009年1月4日向银行议付交单，银行拒付，银行的做法有理由吗？为什么？

1.2.3 信用证的修改

1. 受益人通知开证申请人要求修改信用证

改证函电是受益人致信给开证申请人要求其通过开证银行对信用证进行修改的信函，主要表述三个方面的内容：首先是感谢对方及时开来了信用证；之后是逐项列明信用证中的不符点，并告知对方如何修改；最后是希望能早日收到信用证修改书，以便能按时发货。

【例1-2】 改证函文句如下：

We are pleased to have received your L/C No. ×× against S/C No. ×× for tablecloth.

However, we find that the L/C stipulates for the invoice to be certified by your consul, which is unacceptable to us as there is no consul of your country here.

It is our usual practice to have our invoice certified by the China Council for the

Promotion of International Trade and this has universally been accepted by our clients abroad. We hope you will agree to it as well.

You are, therefore, requested to contact your bank to delete this clause immediately upon receipt of this letter, or you may replace it by inserting the clause to read, "Invoice in triplicate to be certified by the China Council for the Promotion of International Trade".

If your amendment could reach us by the end of this month, we would effect shipment in the first half of next month.

We thank you in advance for your cooperation.

2. 开证申请人向银行提出修改申请

从要求修改者的角度划分,信用证修改通常有以下几种情况发生:

(1) 出口方(受益人)要求修改信用证

由于信用证内容与合同不符,或信用证中某些条款受益人无法办到。例如,来证规定货物不允许转运,但实际并无直航船只抵达目的地,也可能是货源或船期等出现问题,要求展期。

(2) 进口方(开证申请人)要求展期

一种情况是由于市场或销售情况发生变化。例如,需要提前或推后发货,增加或减少货物,或者是数量或品种,改变信用证单价、金额等。

另一种情况是进口国某些情况发生变化或国际政治、经济形势变化,使信用证必须修改,才能进口有关货物。如进口国政策改变,规定进口某些货物必须取得某特定单据等;当战争爆发时,进口商要求增保战争险或改变航运路线等。

(3) 开证行工作疏漏

开证行在打字或传递上造成的错误使信用证必须更正。

《注意》

在提出修改申请时应做到:凡是需要修改的内容,应做到一次性提出,避免多次修改信用证的情况,因为那样不仅增加双方的费用,而且延误装运期。

3. 原开证行发出信用证修改书并经原通知行传递给受益人

受益人收到信用证修改书后,应注意以下几点:

(1) 对于不可撤销信用证中任何条款的修改,都必须取得当事人的同意后才能生效。对信用证修改内容的接受或拒绝有两种表示形式:受益人作出接受或拒绝该信用证修改的通知;受益人以行动按照信用证的内容办事。

(2) 收到信用证修改后,应及时检查修改内容是否符合要求,并分情况表示接受或重新提出修改。

(3) 对于修改内容要么全部接受,要么全部拒绝。部分接受修改中的内容是无效的。

(4) 有关信用证修改必须通过原信用证通知行才真实、有效,通过客人直接寄送的修改申请书或修改书复印件不是有效的修改。

(5) 明确修改费用由谁承担。一般按照责任归属来确定修改费用由谁承担。

《 想一想 》

我国某公司与非洲 A 商成交出口货物一批,规定 9 月份装运。客户按期开来信用证,但计价货币与合同规定不同,加上我方货未备妥,直到 11 月对方来电催装时,才向对方提出按合同货币改证并要求延展装运期。次日 A 商复电:证已改妥。我方据此发运货物,但信用证修改书始终未到。单到开证行时被以"证已过期"为由拒付。我方为收回货款,避免在目的港仓储费用的支出,接受了按进口人提出的 D/P. T/R 提货要求。终因进口人未能如约付款而使我方遭受重大损失。请分析此案中我方有何失误?

1.3　项目实施与心得

1. 项目实施

(1) 催证

为保证出口合同能顺利履行,王铮于 8 月 10 日发 E-Mail 给 Paul,请他早日去银行开出信用证。

催证函电一般包括以下内容:陈述合同规定的开证时间;备货与装运所需时间以及目前的进度;陈述责任,如对方不开证,将视为违约。

Thecovering letter of credit is expected to reach here before 15 AUG. , since the stipulated month of shipment is 20 Sept. ～30 Sept. , considering to prepare of the shipment timely, we are looking forward to your immediate covering letter of credit.

(2) 审证

法国客户按合同要求,由 BANQUE NATIONAL DE PARIS 银行在 2013 年 8 月 12 日开出了信用证。8 月 15 日中国银行烟台分行通知烟台中策外贸有限公司收到信用证。

MTS700		ISSUE OF A DOCUMENTARY CREDIT
SEQUENCE OF TOTAL	＊27：	1/1
DOC. CREDIT NUMBER	＊20：	LCH066/08
DATE OF ISSUE	31C：	080812
EXPIRY	＊31C：	DATE 081031 PLACE CHINA
APPLICANT BANK	51A：	BANQUE NATIONAL DE PARIS PARIS, FRANCE
APPLICANT	＊50：	GOLDEN MOUNTAIN TRADING CO. , LTD. ROOM 1618 BUILDINGG NO. 36 THE FIRST LYON STREET, PARIS, FRANCE　TEL. : 019－33－44－55
BENEFICIARY	＊59：	YANTAI ZHONGCE IMPORT & EXPORT CORP. NO. 25 MINGXIN RD, YANTAI, SHANDONG, CHINA

TEL：0535 - 6633817

AMOUNT	*32B：	CURRENCY USD AMOUNT USD35 817.60
AVAILABLE WITH/BY	*41D：	ANY BANK BY NEGOTIATION
DRAFTS AT	42C：	SIGHT FOR 100PCT INVOICE VALUE
DRAWEE	42A：	BANQUE NATIONAL DE PARIS, PARIS, FRANCE
PARTIAL SHIPMENTS	43P：	NOT ALLOWED
TRANSSHIPMENT	43T：	ALLOWED
LOADING IN CHARGE	44A：	QINGDAO, CHINA
FOR TRANSPORT TO	44B：	MARSEILLES PORT, FRANCE
LATEST DATE OF SHIPMENT	44C：	20Sept., 2013～30 Sept.,2013 BY SEA; OTHERWISE1 Oct., 2013 ～ 15 Oct., 2013 ON SELLER'S ACCOUNT BY AIR
DESCRIPTION OF GOODS	45A：	TERMS OF DELIVERY CIFC3% MARSEILLES LADIES COAT @ USD28.70 PER PIECE

TOTALQUANTITY：1 248PCS

TOTAL AMOUNT：USD35 817.60

DOCUMENTS REQUIRED   46A：

+SIGNED ORIGINAL COMMERCIAL INVOICE IN 6 COPIES INDICATING L/C NO. AND CONTRACT NO. CZCX080180.

+3/3SET OF ORIGINAL CLEAN ON BOARD OCEAN BILLS OF LADING MADE OUT TO ORDER WITH 4 NON-NEGOTIABLE COPIES AND BLANK ENDORSED MARKED FREIGHT PREPAID NOTIFYING APPLICANT INDICATING FREIGHT CHARGES.

+SIGNED ORIGINAL PACKING LIST/WEIGHT MEMO IN 5 COPIES ISSUED BY BENEFICIARY SHOWING QUANTITY/GROSS AND NET WEIGHT.

+SIGNED ORIGINAL CERTIFICATE OF QUALITY IN 5 COPIES ISSUED BY MANUFACTURER.

+ 2/2 SET OF ORIGINAL INSURANCE POLICY OR CERTIFICATE, ENDORSED IN BLANK WITH 2 COPIES COVERING OCEAN MARINE TRANSPORTATION ALL RISKS AND WAR RISK FOR 110 PCT INVOICE VALUE SHOWING CLAIMS PAYABLE IN FRANCE IN CURRENCY OF THE DRAFT.

+SIGNED ORIGINAL CERTIFICATE OF ORIGIN IN 5 COPIES.

+SIGNED ORIGINAL CERTIFICATE OF QUANTITY/WEIGHT IN 5 COPIES ISSUED BY MANUFACTURER INDICATING THE ACTUAL SURVEYED QUANTITY/WEIGHT OF SHIPPED GOODS AS WELL AS THE PACKING CONDITION.

+SIGNED ORIGINAL QUARANTINE CERTIFICATE FOR WOODEN CASE ISSUED BY AUTHORISED GOVERNMENTAL ORGANIZATION OR DECLARATION OF NO-WOOD PACKAGE STATEMENT ISSUED BY MANUFACTURER.

+ONE SET OF EXTRA PHOTOCOPY OF ORIGINAL B/L AND ORIGINAL INVOICE.

ADDITIONAL COND.　　　　47A：

+FOR EACH DOCUMENTARY DISCREPANCY(IES)UNDER THIS CREDIT, A FEE OF USD60.00 WILL BE DEDUCTED FROM THE WHOLE PROCEEDS.

DETAILS OF CHARGES 71B：ALL BANKING CHARGES OUTSIDE THE ISSUING BANK INCLUDING THOSE OF REIMBURSEMENT BANK ARE FOR ACCOUNT OF BENEFICIARY.

PRESENTATION PERIOD 48：DOCUMENTS TO BE PRESENTED WITHIN 10 DAYS AFTER THE ISSUANCE OF THE SHIPPING DOCUMENTS BUT WITHIN THE VALIDITY OF THE CREDIT.

CONFIRMATION　　　　　　49：　WITHOUT

INSTRUCTIONS　　　　　　78：

+ALL DOCUMENTS TO BE FORWARDED TO BANQUE NATIONAL DE PARIS, PARIS, FRANCE IN ONE COVER BY COURIER SERVICE UNLESS OTHERWISE STATED ABOVE.

+WE HEREBY UNDERTAKE THAT UPON RECEIPT OF THE ORIGINAL DOCUMENTS IN COMPLIANCE WITH THE TERMS OF THIS CREDIT. THE DRAFTS DRAWN UNDER WILL BE DULY HONORED.

+THIS CREDIT IS SUBJECT TO U. C. P. FOR DOCUMENTARY CREDIT, 2007 REVISION ICC NO. 600.

王铮根据合同仔细审核信用证,填写表 1-1 信用证分析单。

表 1-1　信用证分析单

证号	LCH066/08	合约号	CZCX080180	受益人	YANTAI ZHONGCE IMPORT & EXPORT CORP.
开证银行	BANQUE NATIONAL DE PARIS, PARIS, FRANCE	进口商	GOLDEN MOUNTAIN TRADING CO., LTD.	L/C 性质	IRREVOCABLE
开证日期	AUG. 12, 2013	索汇方式		起运口岸	QINGDAO, CHINA	目的地	MARSEILLES PORT, FRANCE
金额	USD35 817.60	可否转运	ALLOWED	可否分批	NOT ALLOWED

续表

汇票付款人	BANQUE NATIONAL DE PARIS, PARIS, FRANCE	汇票期限	见票＊＊＊＊天期	装运期限	20 Sept, 2013 ~ 30 Sept, 2013 by sea; otherwise 1 Oct. 2013~15 Oct., 2013 on seller's account by air.
提单后10天议付		信用证有效期	NOT LATER THAN OCT. 31, 2013	唛头：	
		到期地点			CHINA

单证名称	提单	副本提单	商业发票	形式发票	海关发票	装箱单	重量单	尺码单	保险单	产地证	GSP证	贸促会证	许可证	装船通知	投保通知	寄单证明	寄样证明	质量证书	数量/重量证	木箱检疫证书	非木质包装声明
银行	3	4	6			5	5		2正2副	5									5正	5	正本	正本
客户																						

提单	抬头	TO ORDER	保险	险别：ALL RISKS AND WAR RISK	
	通知	APPLICANT			
运费：FREIGHT PREPAID			保险另加10%	赔款地点	FRANCE
背书：BLANK ENDORSED					

现在王铮对信用证审核无误后,准备安排货物装运。

2. 项目实施心得

催证、审证、改证是信用证操作中的重要环节,需要注意以下事项:

(1) 在信用证方式下事先应在合同中规定来证时间,合同订立后要注意催证。如果不收到信用证就订货,万一对方不开来信用证,就会造成库存积压损失。如果一直等下去,时间晚了给装运带来麻烦,甚至会来不及出运,超过信用证的装运期。

(2) 信用证审核是信用证操作的关键环节,包括信用证本身的审核和专项审核。

信用证本身的审核有:信用证的种类是否与合同规定一致;信用证是否申明所适用的国际惯例规则;信用证的有效性;信用证当事人和开证行的资信;信用证到期日和到期地点是否合理等。

专项审核有:信用证金额、币种、付款期限规定是否与合同一致;商品品名、货号、规格、数量规定是否与合同一致;信用证中的装运条款(包括装运期限、装运港、卸货港、分批转运)规定是否与合同一致;信用证项下要求受益人提交议付的单据的规定是否与合同条款一致,前后是否矛盾,对单据是否有特殊的要求等。

(3) 改证要注意一定是致函开证申请人,然后由开证申请人请求开证行开来修改证书,出口人审核修改书正确无误后,才能办理装运。

1.4 知识拓展

SWIFT 信用证

SWIFT 是环球银行金融电讯协会（Society for Worldwide Interbank Financial Telecommunication）的简称。该组织是一个国际银行同业间非盈利性的国际合作组织，于 1973 年 5 月在比利时成立，专门从事传递各国之间非公开性的国际间的金融电讯业务，其中包括：外汇买卖、证券交易、开立信用证、办理信用证项下的汇票业务和托收等，同时还兼理国际间的账务清算和银行间的资金调拨。SWIFT 具有安全可靠、高速度、低费用、自动加核密押等特点。

凡依据国际商会所制定的电讯信用证格式设计，利用 SWIFT 网络系统设计的特殊格式，通过 SWIFT 开立或通知的信用证称为 SWIFT 信用证，也称为"环银电协信用证"。

采用 SWIFT 信用证，必须遵守 SWIFT 使用手册的规定，使用 SWIFT 手册规定的代号，而且信用证必须按国际商会制定的《跟单信用证统一惯例》的规定，在信用证中可以省去银行的承诺条款，但不能免去银行所应承担的义务。

SWIFT 信用证具有标准化、固定化和统一格式的特性，且传递速度快、成本也较低，因此银行多在开立信用证时采用。表 1-2 为 SWIFT MT700 格式跟单信用证的主要构成。

表 1-2　MT700 格式跟单信用证

M/O	Tag	Field Name	项目名称
M	27	Sequence of Total	报文页次
M	40A	Form of Documentary Credit	跟单信用证格式
M	20	Documentary Credit Number	信用证号码
O	23	Reference to Pre-Advice	预先通知编号
O	31C	Date of Issue	开证日期
M	31D	Date and Place of Expiry	到期日及到期地点
O	51a	Applicant Bank	开证申请人的银行
M	50	Applicant	开证申请人
M	59	Beneficiary	受益人
M	32B	Currency Code, Amount	信用证的货币及金额
O	39A	Percentage Credit Amount Tolerance	信用证金额浮动允许范围
O	39B	Maximum Credit Amount	信用证金额的最高限额
O	39C	Additional Amounts Covered	附加金额
M	41a	Available with … by …	指定的有关银行及信用证的兑付方式
O	42C	Drafts at …	汇票付款期限
O	42A	Drawee	汇票的付款人

（续表）

M/O	Tag	Field Name	项目名称
O	42M	Mixed Payment Details	混合付款条款
O	42P	Deferred Payment Details	迟期付款条款
O	43P	Partial Shipments	分批装运条款
O	43T	Transshipment	转运条款
O	44A	Loading on Board/Dispatch/ Taking in Charge at/from	装船、发运和接受监管的地点
O	44B	For Transportation to ...	货物发送的最终目的地
O	44C	Latest Date of Shipment	最迟装运日期
O	44D	Shipment Period	装运期
O	45A	Description of Goods and/or Services	货物/劳务描述
O	46A	Documents Required	单据要求
O	47A	Additional Conditions	附加条款
O	71B	Charges	费用负担
O	48	Period for Presentation	交单期限
M	49	Confirmation Instructions	保兑指示

1.5　业务技能训练

1.5.1　课堂训练

1. 信用证专项审核的内容有哪些?

2. 对于信用证中出现的与合同不一致的内容,如果规定比合同的宽松,我们应该如何处理?

3. 根据例 1-1 的信用证内容填写下列信用证分析单,并回答问题。

信用证分析单

证号		合约号			受益人	
开证银行		进口商			L/C性质	
开证日期		索汇方式		起运口岸		目的地
金额		可否转运			可否分批	
汇票付款人		汇票期限	见票___天期		货运期限	
提单日后___天议付		信用证有效期			唛头:	
		到期地点				

续表

单证名称	提单	副本信息	商业发票	形式发票	海关发票	装箱单	重量单	尺码单	保险单	产地证	GSP证	贸促会证	许可证	装船通知	投保通知	寄单证明	寄样证明			
银行																				
客户																				

提单	抬头		保险	险别:	
	通知				
运费:			保额另加　％	赔款地点	
背书:					

问题：如果已装船提单的签发日为 11 月 15 日，则受益人最迟应在几月几日向银行交单？

4. 讨论如何应对信用证中的正本提单寄交开证申请人的问题。

1.5.2　实训操作

1. 烟台东方外贸有限公司收到加拿大客户 JAMES BROWN & SONS 开来的 L/C，请你根据有关条件审核信用证并改证。

有关合同重要条款：

合同号：010CT9944

卖方：烟台东方外贸有限公司

买方：JAMES BROWN & SONS

商品（每件）	规格	数量（件）	CFR 纽约
男衬衫	MS691	2 000 PCS	USD24.00/PC
MS862	1 500 PCS	USD28.00/PC	

总额：90 000.00 美元

装运：2009 年 1 月由中国港口运往美国纽约，允许分批

支付方式：不可撤销即期信用证

GREAT EASER BANK, NY 11355 USA

IRREVOCABLE DOCUMENTARY CREDIT

DATE AND PLACE OF EXPIRY：FEB. 1, 2009 AT OUR COUNTRY

APPLICANT：JAMES BROWN & SONS.

　　　　　♯304 - 310 JaJa Street, Toronto, Canada

BENEFICIARY：YANTAIDONGFANG IMPORT& EXPORT CORP.

　　　　　Room 2601, Yantai International Trade Center 801 YanLing Road
　　　　　(w), Yantai, Shandong 264000

CURRENCY CODE, AMOUNT：USD89 000,00(SAY US DOLLARS EIGHTY NINE THOUSAND ONLY)

DRAFTS: AT 30 DAYS' SIGHT

DRAWEE: JAMES BROWN & SONS

FOR TRANSPORTATION: TO NEW YORK, USA FROM CHINA PORT

LATEST DATE OF SHIPMENT: JAN. 31, 2009

GOODS: GARMENTS

| MS691 | 2 000 | USD24.00 |
| MS692 | 1 500 | USD28.00 |

CFR NEW YORK

DOCUMENTS REQUIRED:

+SIGNED COMMERCIAL INVOICE IN TRIPLICATE INDICATING CONTRACT NO. 01OCT9944.

+FULL SET OF CLEAN SHIPPED ON BOARD OCEAN BILL OF LADING MADE OUT TO ORDER AND BLANK ENDORSED, MARKED FREIGHT PREPAID.

+FULL SET OF INSURANCE POLICY/CERTIFICATE.

ADDITIONAL CONDITIONS:

+THE TOTAL AMOUNT OF THE INVOICE MUST BE MENTIONED ON THE CERTIFICATE OF ORIGIN.

+PARTIAL SHIPMENTS PERMITTED BUT TO BE EFFECTED NOT BEFORE JAN. 31, 2009.

THIS IS THE OPERATIVE INSTRUMENT NO MAIL CONFIRMATION WILL FOLLOW.

2. 请给你的进口商写一封催证的函电。

项目2 出口货物的准备

学习目标	
知识目标	能力目标
◇ 国内采购合同的格式与具体条款内容 ◇ 出口货物准备的各项要求	◇ 按照出口合同和供应商谈判,签订购货合同 ◇ 按照出口合同的要求准备货物并完成货物的包装和唛头的刷制

2.1 项目描述与分析

1. 项目描述

在收到外商询盘后,王铮在国内对多家生产女装的厂家进行了联系和询价,在对女风衣的进货成本有充分了解的基础上,给法国 GOLDEN MOUNTAIN TRADING CO. , LTD. 进行了报价。

烟台中策外贸有限公司与 GOLDEN MOUNTAIN TRADING CO. , LTD. 的出口合同签订后,王铮就该批女装与两家供应商进行磋商,准备选择一家下订单,生产该批出口服装。

2013 年 8 月 15 日王铮对法国 GOLDEN MOUNTAIN TRADING CO. , LTD. 的信用证审核完毕,没有发现信用证有差错。王铮就立即与烟台兴隆服装有限公司签订购货合同,落实货源,准备出口货物。

2. 项目分析

合同的双方当事人必须严格履行合同中所规定的各项义务。对于卖方来说,主要是交付与合同规定相符的货物和相关的单据。按照外销合同的要求交货是第一义务。

除了生产企业自营出口的货物以外,外贸公司出口的货物大多需要在国内采购。这就需要外贸公司的业务员在外销订单落实后,在国内寻找生产厂家,进行询价比较,贸易洽谈,签订采购合同。生产厂家生产货物的数量、质量以及包装等,直接涉及外贸公司对外履行合同的状况。

烟台中策外贸有限公司作为一家外贸公司,自身没有生产基地,现在要出口货物,需要找服装厂生产服装出口。王铮已经做了许多前期工作,现在进入货物准备阶段。

2.2 相关知识

2.2.1 采购合同的签订

为了保证按时按质按量交付约定的货物,在订立出口合同之后,外贸公司必须及时落实货源,与出口货物的生产厂家签订采购合同。采购合同的各项条款必须能够保证出口合同能够顺利地履行。

采购合同的品质、包装条款必须和出口合同的品质、包装条款一致;数量可以比出口合同的数量略多一些,确保出口合同的数量不少;交货时间应该比出口合同的装运时间早一些,以安排装运。

交货地点如果在生产的工厂,就需要外贸公司负责把货物运输到装运港或安排集装箱在工厂进行装柜。此时,该内陆运费就由外贸公司承担。交货地点如果在装运港的仓库,外贸公司就不承担从生产厂到装运港的运费。

采购合同的价格一般应该充分考虑各种因素,确保出口合同履行后的利润。采购合同的支付条款一般也应该考虑到出口合同的支付条款,这样可以少占用外贸公司的资金。当然,公司的资金充裕或工厂的价格优惠等情况另当别论。

外贸公司或生产厂家在合同签订后,需要将合同转化为生产通知单,下发到具体车间。在转化时,需要将外商联系资料以及价格等机密隐去,产品规格、型号、数量、包装、出货时间等具体要求应该明确,不能够模糊,并且要落实分解,逐一与生产部门衔接好。

2.2.2 出口货物准备的内容

备货工作的内容,主要包括按合同和信用证的规定督促货物生产加工或仓储部门组织货源,核实货物的加工、整理、包装和刷唛情况,对应交的货物进行验收和清点,在备货工作中,应做好下列工作:

首先,确保发运货物的时间。为了保证按时交货,应根据合同和信用证对装运期的规定,并结合船期安排,做好供货工作,使船货衔接好,以防止出现"船等货"或"货等船"的情况。

其次,核对货物的品质和规格。交付货物的品质和规格,必须符合约定的要求,如果不符,应进行筛选、加工和整理,直至达到要求为准。

再次,货物的数量要留有余地。必须按约定数量备货,而且应留有余地,以备必要时作为调换之用,如约定可以溢短装一定数量时,则应考虑满足溢装部分的需要。

第四,货物的包装质量以及包装数量不能够有错。按约定的条件包装,核实包装是否适应长途运输和保护商品的要求,如发现包装不良或有破损,应及时修整或调换。

最后,核对唛头及标志。在包装的明显部位,应按约定的唛头式样刷制唛头,对包装上的其他各种标志是否符合要求,也应注意。

2.3 项目实施与心得

1. 项目实施

(1) 寻找供应商

胶东半岛聚集了很多的服装生产企业,他们技术先进、产量大,能够按照客户的要求完成各种服装的生产。烟台是中国纺织服装名城之一,有大量的服装厂,他们生产的服装出口欧美、韩国、日本等国家。王铮这次还是选择了烟台兴隆服装有限公司作为生产商。因为该厂一直和烟台中策外贸有限公司合作良好,这次在价格上也给予了一定的优惠。

(2) 签订购销合同

烟台中策外贸有限公司与烟台兴隆服装有限公司签订了购销合同如下：

购销合同书

供方：烟台兴隆服装有限公司

合同编号：CZCX2013096005

需方：烟台中策外贸有限公司

签订地点：烟台

签订时间：2013 年 08 月 18 日

经供、需双方平等协商，达成产品买卖合同如下，以兹共同遵守。

第一条　产品名称、规格、数量、单价和总价。

产品名称	规格型号	数量	单价(元)	总金额(元)
女风衣	棕色和灰色	小号、中号、大号各416件	160 元/件	199 680.00 元

总金额：人民币计壹拾玖万玖仟陆佰捌拾元整。

第二条　付款方式：合同签订后乙方支付甲方合同定金：玖万元整。余款在交货后 30 天内付清。

第三条　交货期限及地点：甲方在 2013 年 9 月 20 日前，把货物直接送到烟台需方指定的仓库。

第四条　验收方法、标准和期限：乙方在接受到货物后即对货物进行检验，若货物质量、重量与合同约定不符的，应在收到货物后七日内以书面形式告知甲方，在约定期限内没有提出质量、重量异议的，视为质量、重量符合要求。

第五条　包装标准、包装物：另附。

第六条　合同的执行：甲、乙双方不得随意变更或解除合同，任何一方解除合同导致对方损失，应当承担损失赔偿责任，包括对方预期利益损失。本合同在履行过程中发生的争议，由双方当事人协商解决；也可由当地工商行政管理部门调解；协商或调解不成的，提交仲裁委员会。

第七条　本合同一式二份，双方各执一份。本合同自签字盖章之日起生效。此合同涂改无效，传真件有效。

供　　　方	需　　　方
甲方(章)：烟台兴隆服装有限公司	乙方(章)：烟台中策外贸有限公司
住址：莱山区观海路 217 号	住址：
法定代表人：	法定代表人：陈哲
委托代理人：郑书鸣	委托代理人：王铮
电话：0535 - 6901759	电话：0535 - 6638171
传真：0535 - 6901758	传真：0535 - 6638176
开户银行：中行烟台支行	开户银行：中行烟台分行
帐号：	帐号：

（3）检查货物的质量、数量、包装

根据合同的交货时间，王铮几乎每天和烟台兴隆服装有限公司保持联系，跟进生产进度，如果生产进度出现问题，及时采取合理措施，保证产品的正常交货。

对产品的质量加以控制,确保产品质量和寄送的样品质量一致,检查产品包装的唛头是否正确。

按照合同要求均色均码进行商品的包装。

2. 项目实施心得

选择合作良好的供应商至关重要,因为只有得到供应商的通力协作,才能够完成该笔货物的出口,也只有这样,将来与国外客户的业务才能越做越大。

把外销合同转化为与供应商的购销合同,合同条款要吻合,注意在合同的数量、交货时间方面适当留有一些余地。注意要求供应商提供增值税发票,否则不能够得到出口退税。

购销合同签订后的工作中心是与供应商及时沟通,进行跟单管理,尤其是对质量和生产进度的跟踪尤为重要。这是因为许多时候,供应商会出现不能够按时交货的情况,产品质量也常常不能够达到外商的要求。

2.4　知识拓展

1. 生产进度落后时的对策

在出口合同的履行过程中,经常会遇到生产厂家不能够按时交货的问题。生产厂家会由于种种原因造成生产进度落后,外贸公司的跟单员应该及时掌握工厂的生产进度,一旦发现工厂有生产进度落后的情况,应该及时与工厂分析原因,采取切实可行的措施,以保证按时完成出口货物的生产。

如果时间允许的话,增加人员和机器设备。如果来不及增加机器设备,可延长工作时间,增加临时工,将单班制改成双班制或三班制,或延长员工的工作时间;妥善处理生产异常事务,确保机器正常运转;改进生产管理方法,以提高效率;将一些合适的订单给其他车间生产,或者进行外发加工;调整生产计划,将其他生产向后推,腾出人力和机器来生产该批货物。

如果采用了一切方法,还不能够按时完成对外出货,应该由业务员及时与外商协调,明确告知生产进度延误,协商适当延迟交货期。

2. 供应商的选择和管理

供应商选择的基本准则是"Q. C. D. S"原则,即质量、成本、交付与服务并重的原则。

(1)质量:质量因素是最重要的,首先要确认供应商是否建有一套稳定有效的质量保证体系,然后确认供应商是否具有生产所需特定产品的设备和工艺能力。

(2)成本与价格:要对所涉及的产品进行成本分析,并通过双赢的价格谈判实现成本节约。过低的价格只能取得低劣的产品。

(3)交付:要确定供应商是否拥有足够的生产能力,人力资源是否充足,有没有扩大产能的潜力。

(4)服务:供应商的售前、售后服务的纪录,这也非常重要。有业务员坦陈:"就现在而言,还从来没有碰到交货品质比样品质量好的。交货不符时,很多工厂都会给自己各式各样的理由;或者到最后一甩手,'我们的货物就是这样了,你们看着办吧,要就要,不要拉倒'。"

供应商的管理可建立相关供应商评定标准,具体可参见表 2-1 和表 2-2。

表 2-1　供应商评定标准参考表

项目	分项总分	相关指标	评分标准	实际得分
质量	45	交货合格率	45×交货合格率	
价格	10	价格公平合理,报价快捷	10	
		价格合理,但报价缓慢滞后	8	
		价格稍高,但是报价滞后	3	
		报价不合理,或报价很滞后	0	
交货	20	交货完成率	20×交货完成率	
服务	10	有问题积极配合并承担损失	10	
		有问题不想配合或辩解	5	
		有问题抱怨或视而不见	0	
其他	15	＊＊＊	＊＊＊	
合计	100			

注:交货合格率=检验合格批数/月总交验批数

交货完成率=到期应交货数量/当月订单数量。

＊＊＊部分:可根据本公司情况加以完善

表 2-2　供应商分类处理参考表

类别	最终得分	措施
A 类	90～100	增加订单数量和金额 在付款和检验上给予优惠奖励
B 类	80～90	发建议书,建议就其不足进行改善 供应商认识到不足并改善,可纳入良好供应商名单,逐步密切合作
C 类	70～80	在品质、采购、人员等方面对有潜能的供应商给予必要的帮助 淘汰不配合的供应商

2.5　业务技能训练

2.5.1　课堂训练

1. 购销合同和外销合同的关系是什么? 如何处理两个合同中货物的数量、价格、交货时间等问题?

2. 订立购销合同应该注意什么问题?

3. 寻找供应商的途径有哪些? 如何处理好和供应商的关系?

4. 讨论在出口货物的生产过程中,会出现哪些问题,应该如何解决?

2.5.2　实训操作

1. 烟台东方外贸有限公司在签订完合同后,由出口部业务员与工厂进行联系,并于当日传真购货合同到生产工厂——烟台兴隆服装有限公司。请你拟订具体的购货合同。

2. 山东天地木业有限公司与现代公司签订完合同后,给车间下了生产通知单。请你拟订具体的生产通知单。

3. 每位学生就自己公司和外商洽谈签订的合同,在国内寻找供应商,磋商订立购货合同。

项目3　出口货物的报检

学习目标	
知识目标	能力目标
◇ 出口报检程序 ◇ 出境货物报检单、检验证书的填制规范	◇ 办理具体的出口商品报验手续 ◇ 填制出境货物报检单,审核检验证书的内容是否正确

3.1　项目描述与分析

1. 项目描述

2013 年 9 月 10 日,烟台中策外贸有限公司向烟台兴隆服装有限公司采购的女风衣已经生产完成 80%。因为风衣属于法定检验商品,现在王铮要向商检局办理相应的报检手续。

信用证中要求中策公司提供质量检验证书和产地证,王铮去商检局时一并办理。为了保障买卖双方的利益,避免争议的发生,以及争议发生后便于分清责任和进行处理,由专业的检验机构负责对卖方交付的货物进行检验,以此作为交货是否合格的依据。

2. 项目分析

出口商品的检验检疫是国际贸易业务流程中的重要环节。根据我国进出口商品检验检疫的有关规定,凡被列入国家法定检验检疫范围的商品最迟应于报关或出境装运前 7 天,向货物所在地检验检疫机构申请报检;由内地运往口岸分批、并批的货物在产地办理预检,合格后方可运往口岸办理出境货物的查验换证手续,只有取得检验检疫局出具的货物通关放行单,海关才能放行。

在实际业务中,买卖双方往往根据成交货物的种类、性质、有关国家的法律和行政法规、政府的涉外经济贸易政策和贸易习惯等确定卖方应向买方提供所需要的检验证书。

凡合同、信用证订明必须由出口方提供商品检验检疫证书的,必须由商品检验检疫机构按合同、信用证中的具体要求出具检验证书。如果需要出口商提供各类产地证,应该明确该产地证是由检验检疫机构还是国际贸易促进委员会出具;如果是由检验检疫机构签发产地证,应该到检验检疫机构一并办理。

〖网站链接〗

HS 法定检验检疫查询 http//www. shciq. gov. cn/jsp/ciq_hsfdjyjyQy. jsp

3.2　相关知识

出口单位在报检时需要填制出境货物报检单,报检单的格式由出入境检验检疫局统一制定,申报单位按要求填制。商品检验合格后,检验检疫局按合同或信用证的具体要求在检验证书上作相应的表述,以符合单证一致的要求。

3.2.1　出境货物报检单的填制

出境报检单必须按照所申报的货物内容填写,填写内容必须与所附单据相符,必须完整、准确、真实,不得涂改。

申请人在填单时应按要求详实填写,所列项目应填写完整、准确、清晰,不得涂改。个别项目确实填不上,经允许可填"＊＊＊"。出境货物报检单的具体填制规范如表 3-1 所示。

表 3-1　出境货物报检单的填制规范

栏目	填制范围
1. 报检单位(加盖公章)	在检验检疫机构登记注册的单位全称及代码,可用"报检专用章"。
2. 编号	由出入境检验检疫机构人员填写
3. 报检单位登记号	报检单位在检验检疫机构的登记号或注册号(指代理报检单位)
4. 联系人	报检员或代理报检员
5. 电话	报检员或代理报检员电话
6. 报检日期	检验检疫机构实际受理报检的日期
7. 发货人	预报检时可填写生产单位名称;出口报检时,可填外贸合同中的卖方或信用证受益人。如需要出具英文证书的,填写中英文。
8. 收货人	预报检时,可填出口公司名称;出口报检时可填外贸合同中的买方。如需要出具英文证书的,填写中英文。
9. 货物名称	按外贸合同、信用证填写
10. H.S. 编码	按海关商品分类目录填写 8 位或 10 位数字
11. 产地	货物的真实生产地
12. 数/重量	按实际数/重量填写。重量一般按净重填写,如填写毛重,或以毛重做净重则需注明。
13. 货物总值	按本批合同或发票上所列总值填写(以美元计),如同一报检单报检多批货物,需列明每批货物的总值。(注:如申报货物总值与国内国际市场价格有较大差异,检验检疫机构保留核价权力)
14. 包装种类及数量	按实际包装类别和数量填写。指本批货物运输包装的件数及种类,应注明材质,如 500 纸箱。
15. 运输工具名称号码	预报检时可不填,出口报检时应填船名、车号、航班号码。报检时,未能确定运输工具编号的,可只填写运输工具类别。

（续表）

栏目	填制范围
16. 贸易方式	填写货物实际贸易方式：如一般贸易、三来一补、边境贸易、进料加工、其他贸易。
17. 货物存放地点	指本批货物存放的地点位置
18. 合同号	预报检时，可填国内合同购销号，出口报检时，填外贸合同号。
19. 信用证号	预报检时，可不填。出口报检时以信用证结汇的，填信用证号；不是信用证方式结汇的，须注明结汇方式。
20. 用途	按照货物的实际用途填写。指本批货物出境用途，如种用、食用、奶用、观赏或演艺、伴侣、实验、药用、饲用和加工等。
21. 发货日期	指出口装运日期，预报检时可不填。
22. 输往国家（地区）	按外贸合同填写。指贸易合同中买方（进口方）所在国家或地区，或合同注明的最终输往国家。
23. 许可证审批号	对国家出入境检验检疫局已实施《出口商品质量许可证制度目录》内的出口货物和其他已实行许可制度、审批制度管理的货物，报检时填写安全质量许可证编号或审批单编号。
24. 启运地	出口装货口岸。装运本批货物离境的交通工具的启运口岸/城市地区名称。
25. 到达口岸	国外到达口岸。指装运本批货物的交通工具最终抵达目的地停靠的口岸名称。
26. 集装箱规格、数量和号码	按实际填写。指装载本批货物的集装箱规格（如40英尺、20英尺等）以及分别对应的数量和集装箱号码全称。若集装箱太多，可用附单形式填报。
27. 合同、信用证订立的检验检疫条款或特殊要求	按合同/信用证要求填写。指贸易合同或信用证中贸易双方对本批货物特别约定而订立的质量、卫生等条款和报检单位对本批出境货物的检验检疫的其他特别要求。
28. 标记及号码	按出境货物的实际标记及号码（唛头）填写，如没有标记，填写N/M，标记填写不下时可用附页填报。
29. 随附单据	按实际提供单据，在对应的窗口打"√"。
30. 需要证单名称	按需要检验检疫机构出具的证单，在对应的窗口打"√"，并应注明所需证单的正副本的数量。
31. 检验检疫费	必须由检验检疫机构人员填写
32. 报检人郑重声明	必须由报检员或代理报检员手签
33. 领取证单	由领证人填写实际领证日期并签名

3.2.2 检验证书

1. 检验证书的种类

检验检疫机构对进出口商品进行检验检疫或鉴定后,根据不同的检验结果或鉴定项目签发的各种证书,统称为检验证书(Inspection Certificate)。

目前,我国检验检疫机构签发的检验证书主要有以下几种:

(1) 品质检验证书(Inspection Certificate of Quality),是证明进出口商品的质量、规格、等级等实际情况的证明文件。

(2) 重量或数量检验证书(Inspection Certificate of Weight or Quantity),是证明进出口商品数量或重量的证件。其内容为货物经何种计重方法或计量单位得出的实际重量或数量,以证明有关商品的重量或数量是否符合买卖合同的规定。

(3) 熏蒸检验证书(Inspection Certificate of Fumigation),是证明出口粮谷、油籽、豆类、皮张等商品,以及包装用木材与植物性填充物等已经经过熏蒸灭虫的证件,主要证明使用的药物、熏蒸的时间等情况。如国外不需要单独出证,可将其内容列入品质检验证书中。

(4) 价值检验证书(Certificate of Value),主要用于证明发票所列商品的价格真实正确。

此外,还有兽医检验证书(Veterinary Inspection Certificate)、卫生检验证书(Sanitary Inspection Certificate)、消毒检验证书(Inspection Certificate of Disinfection)、温度检验证书(Inspection Certificate of Temperature)、残损检验证书(Inspection Certificate on Damaged Cargo)、船舱检验证书(Inspection Certificate on Tank/Hold)、货载衡量检验证书(Inspection Certificate on Cargo Weight & Measurement)等。

2. 检验证书的作用

一般来说,在国际贸易中,商品检验证书有如下作用:

(1) 作为证明卖方所交货物的品质、重量、包装以及卫生条件等是否符合合同规定的依据。

(2) 作为买方对商品提出异议、拒收货物、要求索赔、解决争议的凭证。

(3) 作为卖方向银行议付货款的单据之一。

(4) 作为海关通关验放的有效证件。

(5) 作为证明货物的装卸、运输中的实际情况,明确责任归属的依据。

3. 检验证书的期限

商检机构对检验合格的商品签发检验证书,出具出入境货物通关单并在其上加盖放行章。检验证书的有效期一般货物为60天,新鲜果蔬类为2~3个星期,货物务必在有效期内进出境,如超过期限,应重新报检。

3.2.3 原产地证书的填制

一般原产地证书(Certificate of Origin)简称原产地证,是出口商应进口商要求而提供的由公证机构、政府或出口商出具的证明货物原产地的一种证明文件。原产地证是进口商进口报关、征收关税的有效凭证,它还是出口国享受配额待遇、进口国对不同出口国实行不同贸易政策的凭证。原产地证的填写规范如表3-2所示。

表 3-2 原产地证的填制规范

栏　目	填制规范
1. 编号	应在证书右上角填上证书编号。此栏不得留空,否则此证书无效。
2. 出口方	填出口方名称、详细地址及国家(地区)。若经其他国家或地区需填写转口名称时,可在出口商后面加填英文 VIA,然后再填写转口商名称、地址和国家(地区)。
3. 最终收货方的名称、详址及国家、地区	通常是合同的买方或信用证规定的提单通知人。如果来证要求所有单证收货人留空,此栏应加注"To Whom It May Concern"或"To order",不得留空。若需填写转口商名称,可在收货人后面加填英文 VIA,然后加填转口商名称、地址、国家和地区。
4. 运输方式及路线	海运、陆运填写装货港(地)、到货港(地)及运输路线,如经转运,还应注明转运地。
5. 目的地国家(地区)	国家名或单独关税地区名。
6. 签证机构专用栏	此栏为签证机构在签发后发证书、补发证书或加注其他声明时使用。一般情况下,此栏为空白。
7. 运输标志	按发票填制
8. 商品名称、包装数量及种类	包装数量要有大小写,本栏的末行要打上表示结束的符号,即"－－－－－－－－－"或"＊＊＊＊＊＊＊＊＊＊＊"。
9. 商品编码	此栏要求填写 H. S. 编码。
10. 数量/重量	填写出口货物的量值并与商品计量单位联用。
11. 发票号码及日期	其中月份用英文表达,例如,OCT. 10, 2013。
12. 出口声明	该栏由申请单位已在签证机构注册的人员签字并加盖有中英文的盖章,并填写申领地点和日期。
13. 签证机构证明	由签证机构签字(手签)、盖章。注意签字、盖章不得重合,并填写签订日期、地点。此日期不得早于发票日期和申请日期(一般与发票日期相同)。

3.3　项目实施与心得

1. 项目实施

出境货物检验检疫主要包括报检、检验检疫、检验检疫处理、签证放行等主要步骤,如图 3-1 所示。

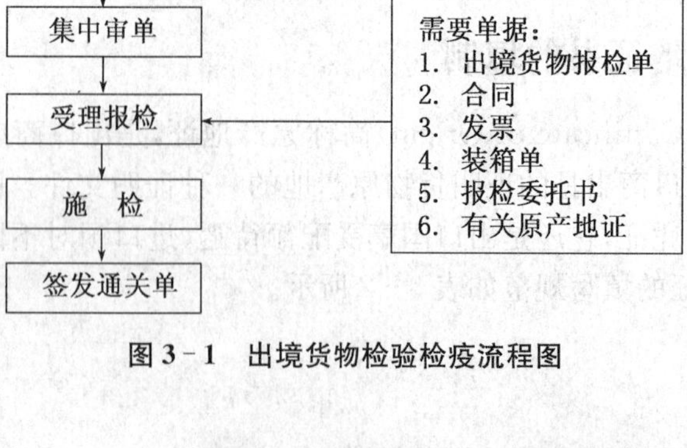

```
报检预录入
    │
集中审单
    │
受理报检  ◄──── 需要单据:
    │           1. 出境货物报检单
  施　检          2. 合同
    │           3. 发票
签发通关单        4. 装箱单
                5. 报检委托书
                6. 有关原产地证
```

图 3-1　出境货物检验检疫流程图

（1）出境货物的报检准备

根据备案登记制及报检员资格证制，报检单位首次报检时须先办理备案登记手续，取得报检单位代码。报检人员须有报检员证，凭证报检，报检员在报检时应该出示报检员证。无报检员证而需办理报检业务的，应委托代理报检单位及其代理报检员办理。代理报检的，须向检验检疫机构提供报检委托书。委托书由委托人按检验检疫机构规定的格式填写。

《小贴士》

出境货物报检范围

（1）列入《种类表》内的出境货物。

（2）其他法律、行政法规规定需经检验检疫机构检验出证的货物。

（3）对外贸易合同约定由检验检疫机构检验的货物。

（4）有关国际条约规定须经检验检疫机构检验、检疫的货物。

（5）装运出境易腐易变食品、冷冻品的船舱、集装箱等运载工具的适载检验。

（6）出境危险货物包装容器的性能检验和使用鉴定。

（7）装载动植物、动植物产品和其他检疫物的装载容器、包装物的检疫。

（2）报检

2013年9月10日烟台中策外贸有限公司的王铮填写报检单，并随附合同、信用证、烟台兴隆服装有限公司的产检合格单、包装性能合格单、发票、装箱单等资料，向烟台出入境检验检疫机关报检。

中华人民共和国出入境检验检疫
出境货物报检单

报检单位（加盖公章）：烟台中策外贸有限公司　　　　*编号_____

报检单位登记号：08212　联系人：王铮　电话：0535-6638171　报检日期：2013年9月10日

发货人	（中文）烟台中策进出口有限公司					
	（外文）YANTAI ZHONGCE IMPORT & EXPORT CORP.					
收货人	（中文）金山贸易有限公司（法国）					
	（外文）GOLDEN MOUNTAIN TRADING CO.，LTD.					
货物名称（中/外文）	H.S.编码	产地	数/重量	货物总值		包装种类及数量
女式风衣 LADIES COAT	6202.1290	中国	1 248 件	35 817.60 美元		36 个纸箱
运输工具名称号码	TRIUMPH V991A		贸易方式	一般贸易	货物存放地点	山东烟台
合同号	CZCX080180		信用证号	LCH066/08	用途	
发货日期	2013.09.25		输往国家（地区）	法国	许可证/审批号	
启运地	QINGDAO，CHINA		到达口岸	MARSEILLES PORT	生产单位注册号	JS-CZS1122
集装箱规格、数量及号码			＊＊＊＊＊＊＊			
合同订立的检验检疫条款或特殊要求		标记及号码		随附单据（划"√"或补填）		

续表

FTC CZCX080180 MARSEILLES NO. 1-36		✓合同 ✓信用证 ✓发票 ✓装箱单	□换证凭单 ✓厂检单 ✓包装性能结果单 □许可/审批文件
需要证单名称（划"✓"或补填）		* 检验检疫费	
✓品质证书　2正__副 □重量证书　__正__副 □数量证书　__正__副 □兽医卫生证书　__正__副 □健康证书　__正__副 □卫生证书　__正__副	□动物卫生证书 □植物检疫证书　__正__副 □熏蒸/消毒证书　__正__副 ✓出境货物换证凭单 □出境货物通关单	总金额 （人民币元）	
		计费人	
		收费人	
报检人郑重声明： 　1. 本人被授权报检。 　2. 上列填写内容正确属实，货物无伪造或冒用他人的厂名、标志、认证标志，并承担货物质量责任。 　　　　　　　　　　　　　　签名：王铮		领取证单	
		日期	
		签名	

注：有"*"号栏由出入境检验检疫机关填写。

（3）领取通关单和检验证书、产地证

烟台出入境检验检疫局对报检的 1248 件女式风衣通过检验，确认是合格的商品，也证实该批产品是中国生产的。王铮向烟台出入境检验检疫局领取出境货物换证凭单以及品质检验证书、产地证，凭出境货物换证凭单到青岛检验检疫机构换取出境货物通关单。

出入境检验检疫局签发《出境货物通关单》（两联），加盖检验检疫专用章。正本由报检人持有，供海关通关用。

《小贴士》

对产地和报关地相一致的出境货物，经检验检疫合格的，出具《出境货物通关单》；对产地和报关地不一致的出境货物，产地检验检疫机构出具《出境货物换证凭单》，由报关地检验检疫机构换发《出境货物通关单》。

品质检验证书、产地证是出口商品结汇的重要单证。王铮在烟台出入境检验检疫局领取品质检验证书、产地证后，认真审核是否符合信用证的要求。

中华人民共和国出入境检验检疫
出境货物通关单

编号：442301104065547

1. 发货人 烟台中策外贸有限公司 ＊＊＊＊＊＊		5. 标记及号码 FTC CZCX080180 MARSEILLES NO. 1-36
2. 收货人 GOLDEN MOUNTAIN TRADING CO. , LTD. ＊＊＊＊＊＊		
3. 合同/信用证号 CZCX080180/LCH066/08	4. 输往国家或地区 法国	

续表

6. 运输工具名称及号码 船舶 TRIUMPH V991A		7. 发货日期 2013.09.25	8. 集装箱规格及数量 ＊＊＊＊＊＊
9. 货物名称及规格 女式风衣 100％ COTTON LADIES COAT Woven, with bronze-coloured buttons，2 pockets at side.	10. H. S. 编码 6202.1290 ＊＊＊＊＊＊ （以下空白）	11. 申报总值 ＊35 817.60 美元 ＊＊＊＊＊＊ （以下空白）	12. 数/重量、包装数量及种类 ＊1 248 件 ＊3 900 千克 ＊36 纸箱 （以下空白）

13. 证明

上述货物已经检验检疫，请海关予以放行。

本通关单有效期至　2013 年 11 月 18 日

签字：×××　　　　　　　　　　　　　　　日期:2013 年 9 月 20 日

14. 备注

中华人民共和国出入境检验检疫
ENTRY-EXIT INSPECTION AND QUQRANTINE
OF THE PEOPLE'S REPUBLIC OF CHINA
品质检验证书
QUALITY CERTIFICATE

编号 No.

发货人：

Consignor 烟台中策进出口有限公司 YANTAI ZHONGCE IMPORT ＆ EXPORT CORP.

收货人：

ConsigneeGOLDEN MOUNTAIN TRADING CO.，LTD.

品名：

Description of Goods 女式风衣 LADIES COAT

报验数量/重量：　　　　　　　　　　　　标记及号码

Quantity/Weight Declared 1 248 件(P)　　　Mark ＆ No.：FTC

包装种类及数量：　　　　　　　　　　　　CZCX080180

Number and Type of Packages 36 纸箱（CARTONS）　　MARSEILLES

运输工具：　　　　　　　　　　　　　　　NO. 1～36

Means of ConveyanceTRIUMPH V991A

检验结果：

Results of Inspection 经检验，上述货物符合 CZCX080180 号合同之规定

印章

Official stamp　　　　　签证地点　　　　　签证时间

　　　　　　　　　　Place of issue 烟台 YANTAI　date of issue SEPT. 16，2013

　　　　　　　　　授权人签字　　　　　　　　　　　　　　　　签名

　　　　　　　　　Authorized officer　　　　　signature 王伟

我们已尽所知和最大能力实施上述检验,不能因我们签发本证书而免除卖方或其他方面根据合同和法律所承担的产品质量责任和其他责任。

All inspections are carried out conscientiously to the best of our knowledge and ability. This certificate does not in any means exempt the seller and other related parties from his contractual and legal obligations especially when products quality is concerned.

产地证

1. Exporter(full name and address) YANTAI ZHONGCE IMPORT & EXPORT CORP. NO. 25 MINGXIN RD, YANTAI, SHANDONG, CHINA	Certificate No. CERTIFICATE OF ORIGIN OF THE PEOPLE'S REPUBLIC OF CHINA			
2. Consignee(full name and address) GOLDEN MOUNTAIN TRADING CO. , LTD. ROOM 1618 BUILDING G, NO. 36 THE FIRST LYON STREET, PARIS, FRANCE				
3. Means of transport and route FROM QINGDAO TO MARSEILLES PORT BY SEA	5. For certifying authority use only			
4. Country/region of destination FRANCE				
6. Marks and numbers of packages FTC CZCX080180 MARSEILLES NO. 1-36	7. Description of goods, Number and kind of packages LADIES COAT woven, with bronze-colored buttons, 2 pockets at side. ONE HUNDRED AND FIFTY SIX(36) CARTONS ONLY *	8. H. S. code 6202. 1290	9. Quantity 1248PCS	10. Number and date of invoice CLK008 SEPT. 3, 2013
11. Declaration by the exporter The undersigned hereby declares that the above details and statement are correct that all the goods were produced in China and that they comply with the Rules of Origin of the People's Republic of China. YANTAI SEPT. 16, 2013 王铮 Place and date, Signature and stamp of certifying authority.	12. Certification It is hereby certified that the declaration by the exporter is correct. YANTAI SEPT. 16, 2013 Place and date, Signature and stamp of certifying authority.			

2. 项目实施心得

申请报检时,应填制出境报检申请单,向检验检疫机构申请报检。每份报检单限填一批货物。特殊情况下,对批量小的同一类货物,以同一运输工具运往同一地点,是同一收发货人,同一报关单的几批货物,可填写同一份报检单。

报检日期按检验检疫机构受理报检的日期填写。报检日期和检验证书的签发日期不得晚于出运日期。

填制完毕的报检单必须加盖报检单位公章或已经向检验检疫机构备案的报检专用章,报检人应在签名栏手签,必须是本人手签,不得代签。

3.4　知识拓展

1. 出境货物换证凭单与出境货物换证凭条

法定检验商品生产地与出口报关口岸在同一个地方，该商品在当地的出入境检验检疫部门报检，并且由该检验机构在检验合格以后直接出具"出境货物通关单"。如果这批货物在外省口岸出口报关，那就必须先在当地出入境检验检疫部门报检，检验合格以后由检验检疫局签发"出境货物换证凭单"。报关人再将这份"换证凭单"连同这批出口货物一起运到出口地的出入境检验检疫部门再报检，由口岸地的出入境检验检疫局签发"出境货物通关单"才能交给海关凭以办理通关放行手续。"换证凭单"的流程如图 3-2 所示。

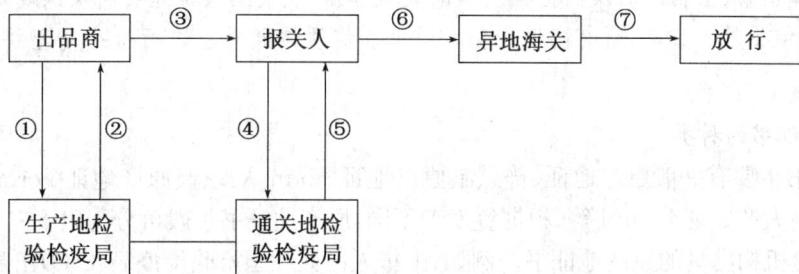

图 3-2　"换证凭单"流程示意图

① 出口商向商品生产所在地的检验检疫局申请报检。

② 检验检疫局在检验商品合格以后向出口商签发"出境货物换证凭单"。

③ 出口商委托异地报关人代理出口报关。

④ 报关人持"出境货物换证凭单"向通关所在地的检验检疫局申请报检。

⑤ 通关地检验检疫局向申请人签发"出境货物通关单"。

⑥ 报关人凭"出境货物通关单"等通关单据向出口地海关申请出口报关。

⑦ 出口地海关办理完毕出口通关手续以后给予放行。

注意

上图中的"报关人"可以是出口商，也可以是出口商委托的代理人。

"出境货物换证凭条"是针对"法定检验商品在　地生产、到异地出口通关"的情况适用的另外一种"检验——通关"的办法。

"换证凭条"又称"电子凭条"，是指生产所在地的检验检疫局对拟到外省海关通关出口的法定检验商品检验并认定合格以后，立即将这个检验检疫的信息发布到网上。同时，该检验机构向出口商打印一张简短的"出境货物换证凭条"，上面简短地列明有关此批出口商品的主要信息。报关人直接将这张"换证凭条"交给出口地海关办理出口申报，而不再需要到通关地的检验检疫机构去申请报检。出口地海关只要按照"换证凭条"上的信息登录商检机构的网站核实后，就视同"通关单"，给予办理出口通关手续。

2. 出境货物包装的检验

我国对出境植物、植物产品及其他检疫物的装载容器、包装物及其铺垫材料依照规定实施检验检疫,对出口商品包装用纸箱的生产厂实施质量许可制度。

出口商品的包装检验可分为危险货物包装检验和一般货物包装检验。出入境检验检疫机构对出口商品的包装检验一般在现场抽样进行,或在进行衡器计重的同时结合进行。

〔小贴士〕

出境货物木质包装的报检

根据《中华人民共和国进出境动植物检疫法》及《中华人民共和国进出境动植物检疫法实施条例》,对出境植物、植物产品及其他检疫物的装载容器、包装物及铺垫材料依照规定实施检疫。

自 2009 年 1 月 1 日起,所有出境货物木质包装均须按照要求进行检疫处理并加施 IPPC 专用标识。

3. 产地证书的种类

产地证书主要有一般原产地证、普惠制原产地证 Form A、东盟原产地证 Form E、智利产地证 Form F、亚太产地证 Form I 等,根据签发者不同,原产地证书一般可分为以下三类:

(1) 商检机构出具的原产地证书。例如,中华人民共和国检验检疫局(CIQ)出具的普惠制产地证格式 A(GSP FORM A);一般原产地证书(CERTIFICATE OF ORIGIN)。

(2) 商会出具的产地证书。例如,中国国际贸易促进委员会(CCPIT)出具的一般原产地证书,简称贸促会产地证书(CCPIT CERTIFICATE OF ORIGIN)。

(3) 制造商或出口商出具的产地证书。

在国际贸易实务中,应该提供哪种产地证明书主要依据合同或信用证的要求来确定。一般对于实行普惠制国家出口的货物,都要求出具普惠制产地证明书。如果信用证并未明确规定产地证书的出具者,那么银行可以接受任何一种产地证明书。

3.5 业务技能训练

3.5.1 课堂训练

1. 商品检验证书有哪些作用? 试举例说明。

2. 商品检验报检时,需要提供哪些材料?

3. 简述商品检验报检单,需要注意哪些问题?

4. 上网搜索我国产地证证书种类有哪些? 由什么机构签发?

5. 案例分析:

(1) 日本某公司 A 出售一批电视给我国香港某公司 B,B 公司又将该批货物转口给泰国某公司 C。在日本货物抵达香港时,B 公司检验发现该批货物的质量有问题,但仍将该批货物转船运往 C 公司。C 公司检验后发现货物有严重缺陷,要求退货。于是 B 公司又向 A 公司提出索赔,但遭日方拒绝。试对此案例进行评析。

(2) 我国对外出口货物一批,货物在装运前经商品检验检疫局检验合格,并出具品质和数量检验证书,货到目的港后进口商发现货物有短缺,要求我方赔偿,我方应如何处理?

(3) 某企业报检一批出口玩具,于 10 月 8 号领取了出境货物通关单,于 12 月 20 号持该出境货物通关单办理报关手续,企业是否需要重新报检?

3.5.2   实训操作

1. 根据烟台东方外贸有限公司与加拿大客户 JAMES BROWN & SONS 出口的男衬衫的"出口货物明细表"内容以及提供的资料缮制"出境货物报检单"。

报检单位登记号:08214,产品用途为自用,贸易方式为 A,货物暂存于烟台。

2. 根据山东天地木业有限公司与现代公司签订的地板出口合同及单据,填写报检单。

报检单位登记号:08218,产品用途为自用,贸易方式为 A,货物暂存于烟台。

3. 根据前面自己公司和外商所签订的合同办理相应的报检手续(说明过程,填写相应的单据)。

项目4 出口货物的运输

学习目标	
知识目标	能力目标
◇ 出口货物的海运流程 ◇ 提单的种类和内容	◇ 掌握海运班轮运输的流程和集装箱运输的流程 ◇ 能够办理出口货物的运输操作 ◇ 能够制作托运单,审核提单内容的正确性

4.1 项目描述与分析

1. 项目描述

2013 年 9 月 10 日,烟台兴隆服装有限公司通知烟台中策外贸有限公司,女式风衣能够按时完成生产。王铮在确定采用集装箱班轮运输后,着手安排货物的运输。

王铮首先计算出所运货物的毛重和体积,向货代办理海运的托运手续,订舱并说明集装箱装货的地点,支付海运费,拿到合格的提单后,认真审核确保提单正确,以符合信用证的规定。

2. 项目分析

出口货物的运输是整个出口业务中的重要环节,由谁负责办理运输手续并支付运费,是由买卖双方商定的贸易术语决定的。在 CIF 贸易术语下,出口方要按时安排运输工具,把货物装上装运港船只,及时向进口方发出装运通知,支付运费,并准备移交海运提单。

海运提单是承运人收到承运货物后签发给出口商的证明文件。它是交接货物、处理索赔与理赔以及向银行结算货款或进行议付的重要单据。在象征性交货术语下,提单的作用更为重要,必须做到单据正确,并控制好所有权。

4.2 相关知识

4.2.1 出口货物的海运流程

以 CIF、CFR 条件成交的出口货物,由出口方安排运输,其主要环节和程序如图 4-1 所示。

① 订舱。出口商在出口货物、信用证齐备后,根据贸易合同和信用证的有关条款,在货物托运前的一定时间,填制订舱单,随附商业发票、装箱单等其他必要单据,向船公司或其代理人申请订舱。

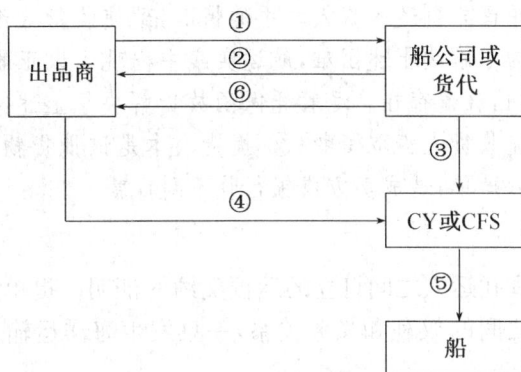

图 4 - 1 海运出口货物运输流程图

② 签发装货单。船公司根据具体情况,如果接受出口商的订舱,就确认托运人的订舱,同时把配舱回单、装货单等与托运人有关的单据退还给托运人,并告知出口商实际承运的船名和航次。

③ 安排运输。船公司在接受托运申请后,签发装货单,分送集装箱堆场或集装箱货运站,据以安排空箱及办理货运交接。

④ 货物集港。港口在载货船只靠港前后,向出口商发送货物集港通知,通知出口商在规定的时间内将货物运至指定码头或集装箱货运站待装。如果 是集装箱整箱货,出口商也可以在工厂或仓库自行装箱并加海关封志后按时运到集装箱码头堆场。

⑤ 货物装船。出口商向海关办理报关手续。海关放行后,货物装船。

⑥ 获取提单。装货后,承运人签发提单给托运人,托运人准备去结汇。

4.2.2 海运提单

1. 提单的性质和作用

海运提单(Bill of Lading,B/L)简称提单,是承运人或其代理人在收到货物后签发给托运人,证明货物已经收到或已装船,并保证将货物运到指定的目的港的证明性文件。它体现了承运人与托运人之间的相互关系。

提单的性质和作用,主要表现在下列几个方面:

(1) 物权凭证

提单代表着货物。货物抵达目的港后,提单的合法持有者凭提单要求承运人交货,而承运人也有义务向提单的持有者交货。提单可以通过背书转让给第三者,此时,货物的所有权也随之转移给了第三者,第三者可凭提单向承运人提货;提单的持有者还可以凭提单向银行办理抵押贷款或押汇。

《小贴士》

无提单提货

依国际航运惯例,承运人在目的港必须凭正本提单交付货物。然而在实践中由于流转环节多,速度慢,而运输速度却随着科技的进步越来越快,特别是短途运输所需时间较短,往往出

191

现货已到达目的港而提单尚未到达收货人之手的情况,致使收货人无法在货物到港后凭正本提单将货物及时提走。为了解决上述困难,航运实践中出现了以正本提单以外的其他单证连同保函提货的做法,目前已普遍存在。尽管凭保函放货解决了上述问题,但存在以下风险:① 提货人不是收货人而冒充收货人骗取货物;② 提货人本是该批货物的买主,但由于提货人提取货物后没有到银行付款赎单,造成卖方或银行收不到货款。

（2）运输契约证明

海运提单是承运人和托运人之间订立的运输契约的证明。提单上载明了承运人、托运人和提单的持有者等各方之间的权利和义务关系,一旦发生海洋运输方面的争议,它是处理的依据。

《小贴士》

租船订舱时,托运人向承运人提交一式两份的托运单,承运人审核同意后,在托运单上签章,并退回一份。此时,合同即告成立。因此,运输合同是经双方签章的托运单,而提单只是该运输合同的证明,不等于运输合同本身。

（3）货物收据

海运提单是承运人装运货物的收据。提单是承运人应托运人的要求所签发的货物收据,表明货物已经由承运人接收或装船。

承运人填写海运提单要做到准确无误,托运人收到承运人的提单要认真核对。提单的更正要尽可能在载货船舶开航之前进行,以减少因此而产生的费用。开船后要求更改提单的,对于不太重要的栏目,可直接修改并加盖签单单位的更正章;对于重要的栏目如品名、收货人、目的港等,须经过船公司批准后才可以重新签单,由此产生的责任及费用由要求更改方承担。一般货到目的港后,提单不能更改。

《注意》

有些国家对提单的海关规定很严格,如巴西的圣多斯港海关规定提单不能修改,即使承运人加盖更正章也不行;叙利亚海关规定,如提单上出现差错,则要被罚款。

2. 提单的分类

海运提单可以从不同角度进行分类,图 4 - 2 是提单的分类。

根据货物是否已装船 { 已装船提单(On Board B/L; Shipped B/L)
收妥待运提单(Received for Shipment B/L)

根据提单上对货物外表是否有不良批注 { 清洁提单(Clean B/L)
不清洁提单(Unclean B/L)

根据提单收货人不同 { 记名提单(Straight B/L)
不记名提单(Bearer B/L)
指示提单(Order B/L)

图 4 - 2　提单的分类

下面对部分提单作简单介绍：

(1) 清洁提单与不清洁提单

不清洁提单是指承运人对货物的表面状况等另加不良批注的提单。例如，"一箱破损"（One Package In Damaged Condition）、"三件玷污"（Three Packages Stained）等。

UCP600 第 27 条规定：银行只接受清洁运输单据。清洁运输单据指未载有明确宣称货物或包装有缺陷的条款或批注的运输单据。带有不良批注的不清洁提单，银行将不予接受。为了安全收汇，在货物装船时，如发现问题，应及时采取措施进行修复或更换，力求取得清洁提单。清洁已装船提单是提单转让的先决条件。

《想一想》

某进口公司以 CFR 价格，即期信用证付款方式成交某商品 1 500 袋，提货时，发现短量 103 袋，持清洁提单向船公司索赔时，船公司出示出口人出具的"赔偿保证书"（letter of indemnity，L/I）（统称保函），拒不承担赔偿责任，进口商当即致电卖方索赔，巧遇卖方公司破产倒闭。船公司有责任吗？进口商如何处理？

(2) 记名提单、不记名提单与指示提单

记名提单是托运人在收货人一栏内指定具体收货人名称的提单。记名提单的收货人已经确定，只能由该特定的收货人提货，托运人不能通过背书的方式将记名提单转让给第三者。因此，记名提单只在某些特定的情况下使用。如来证要求"Full set of B/L consigned to A. B. C. Co."，提单收货人栏应填"A. B. C. Co."。

不记名提单是指在提单的收货人一栏内只写明"货交提单持有人"（To Bearer），而不填写具体收货人的名称，承运人应把货交给提单的持有人。不记名提单不需要背书即可转让，只要把提单交给受让人即可。因此，这种提单对买卖双方均有较大的风险，在国际贸易中，使用很少。

指示提单是指在提单的收货人一栏内填写"凭指示"（To Order）或"凭×××指示"（To Order of×××）的提单，表示承运人凭指示交货，这种提单可以通过指示人的背书而进行转让。指示提单又分为记名指示和不记名指示两种：

1) 记名指示：是指定提单的指示人，通常在收货人一栏填"To Order of ××"。常见的有以下几种形式：A. 凭托运人指示（To order of shipper）；B. 凭开证行指示（To order of ×× Bank 或 To ×× Bank's order）；C. 凭开证申请人指示（To order of A. B. C. Co.）（开证申请人为 A. B. C. Co.）。以上三种情况，提单转让时分别由托运人、开证行、开证申请人背书（由背书人在单据背面签字、盖章）。

2) 不记名指示：在收货人栏内填写"To Order"即可，又称空白抬头。不记名指示提单，必须由托运人背书方可转让。

一般来说，在信用证方式下，常使用指示式提单；在托收方式下，也常使用不记名指示式提单。记名提单、不记名提单、指示提单区别如表 4 - 4 所示。

表4-4 记名提单、不记名提单、指示提单区别

	收货人（示例）	可否转让	转让方式	
记名提单	TO ABC CO.，LTD.	否	否	
不记名提单	TO BEARER	可	任意转让，无需背书	
指示提单	TO ORDER	可	背书转让	托运人背书
	TO ORDER OF××			××背书
	TO×× OR ORDER			××背书

提单还可以根据其他标准进行不同的分类，如表4-5所示。注意：使用预借提单和倒签提单属于违法的欺骗行为，要负法律责任。

表4-5 提单的其他分类

提单签发人	船公司提单	Carrier's Bill of Lading
	船公司代理提单	Agent's Bill of Lading
	无船承运人提单	NVOCC Bill of Lading
提单签发或提交时间	顺签提单	Postdated Bill of Lading
	预借提单	Advanced Bill of Lading
	倒签提单	Anti-dated Bill of Lading
	过期提单	Stale Bill of Lading

3. 提单的内容

不同的国家、不同的船公司使用的海运提单的格式不尽相同，但其内容基本一致。一般而言，海运提单的正面包括的内容有：托运人、收货人、被通知人、收货地点或装货港、目的港或卸货港、船名航次、唛头及件号、货物名称、毛重和体积、运费预付或到付等。表4-6以中国远洋运输集团公司出具的海运提单为例，对海运提单加以说明。

表4-6 海运提单的正面内容

项　目	内容	要点提示
1. 提单的号码 B/L No.		
2. 托运人 Shipper/Consignor	即发货人，全称和地址	信用证方式下的受益人，托收方式下的卖方。如果信用证要求做第三者提单（Third Party's B/L），也可照办。但是出口方已经失去货物所有权，非常危险，一般不能采用。
3. 收货人 Consignee	即提单的抬头	L/C的规定在记名收货人、凭指示和记名指示中选一个。托收方式下填写"to order"或"to order of shipper"。
4. 被通知人 Notify　　　Party, Addressed to	承运人在货物到港后通知的对象，一般是进口商或其代理人，其全称和详细地址。	如信用证未规定，将L/C中的申请人名称、地址填入副本B/L中，正本先保持空白。如果来证要求两个或两个以上的公司为被通知人，出口公司应把这两个或两个以上的公司名称和地址完整地填入。

（续表）

项　目	内容	要点提示
5. 前程运输 Pre-Carriage by	第一程船的船名	如果货物不需转运,保持空白。
6. 收货地点 Place of Receipt	收货的港口名称或地点	如果货物不需转运,保持空白。
7. 船名、航次 Ocean Vessel Voy. No.	实际货运船名、航次	如货物需要转运,填写第二程船的船名
8. 装运港 Port of Lading	实际装船的港口名称	如果货物需要转运,填写中转港口名称。
9. 卸货港 Port of Discharge	一般是目的港	
10. 交货地点 Place of Delivery	最终目的地	如果货物目的地是卸货港,保持空白。
11. 唛头集装箱号和封号 Marks & Nos. Container/Seal No.		符合信用证或合同的规定,与发票等单据保持一致。若无,填"N/M"。
12. 集装箱数或包装件数 No. of containers or packages		
13. 包装种类和件数,货物名称 Kind of packages, Description of Goods	商品名称,最大包装件数	商品名称按信用证要求填写,允许使用货物的统称。包装种类和件数要按实际包装具体情况填写,如塑料桶(Plastic Drums)、铁桶(Iron Drums)、木箱(Wooden Case)、纸箱(Carton)等,而不可仅笼统地填为件(Packages)。若是散装货物,该栏只需填写"In Bulk"。
14. 毛重 Gross Weight	货物的毛重总数	毛重以 kg 表示。如果是裸装货,应该在净重前加注 N. W.
15. 尺码 Measurement	货物的体积总数	货物体积以立方米表示,小数点后保留三位。
4. 合计 Total Number of Containers or Packages (In Words)	大写表示集装箱或其他形式最大外包装的件数	与前面小写一致
17. 运费支付情况 Freight & Charges		非信用证另有规定,此栏一般不填运费的具体数额,只填写运费支付情况,具体有以下几种:在 CFR 或 CIF 价格条件下出口,填运费预付(Freight Prepaid)或(Freight Paid);在 FOB 价格条件下出口,填运费到付(Freight Collect)或(Freight Payable at Destination)。
18. 运费支付地点 Freight Payable at		

（续表）

项　目	内容	要点提示
19. 提单签发地点及日期 Place and Date of Issue	承运人实际装运货物的港口与时间	签发地点应为装运港。签发日期，一般为实际装运货物的时间或接受船方监管的时间，它不能晚于信用证规定的最迟装运期。
20. 正本提单份数 No. of Original B/Ls		用英文大写数字表示，如 ONE, THREE。每份正本提单的效力相同，当其中一份提货后，其他各份均失效。
21. 承运人签字 Signed for the Carrier	船长或承运人或其代理的签字盖章	凡承运人/船长的签署必须可识别其身份，如 COSCO 提单由 COSCO 自行签发时，在签署的橡章上须表示其 CARRIER。凡有承运人/船长的代理签署时，须有代理的具名，并须表明被代理人的名称和身份。例如 E 公司代理 COSCO 签发提单时，除 E 公司具名和签字的橡章外，还得标明：AS AGENT FOR THE CARRIER-COSCO。
22. 装船批注	装船批注、日期和签署	提单上预先印就，如果没有，则需要加注。如要求提供已装船提单，必须由船长签字并注明开船时间 Date:…和"LANDED ON BOARD"字样。

〔注意〕

特殊条款(Special Conditions)的处理

特殊条款很复杂，应根据来证要求在提单上的批注与实际情况结合分析而制作，通常情况信用证多要求在此声明"运费预/到付"或加注信用证号码，此时可照办。例如，来证写明"FULL SET OF 3/3 CLEAN ON BOARD OCEAN BILL OF LADING AND TWO NON-NEGOTIABLE COPIES MADE OUT TO ORDER OF BANGKOK BANK PUBLIC COMPANY LIMITED, BANGKOK MARKED FREIGHT PREPAID（注明运费预付）AND NOTIFY APPLICANT AND INDICATING THIS L/C NUMBER（标明信用证号码）"，应按要求照办。通常这些号码打印在提单空白处。

〔小贴士〕

关于海运提单的相关国际公约

提单的背面常印有运输条款，这些条款是确定承运人和托运人以及提单持有人之间的权利和义务的主要依据。为了缓解船、货双方的矛盾并照顾到船、货双方的利益，国际上为了统一提单背面条款的内容，曾先后签署了有关提单的国际公约，主要有《海牙规则》、《维斯比规则》、《汉堡规则》等。目前以《海牙规则》的内容为依据的海运提单居多，该公约对承运人有利。

4.2.3 其他运输单据

1. 海运单

海运单(Seaway Bill)又称不可转让海运单(Non-negotiable Seaway Bill),具有运输单据的一般功能,它是承运人收到承运货物的收据,是承运人与托运人之间运输契约的证明,但它不是凭以提货的物权凭证。因此,它是一种不可转让的运输单据。这是不可转让海运单与海运提单的根本区别。

近年来,欧洲、北美洲和某些远东、中东地区越来越多地使用不可转让海运单来代替传统的海运提单,主要是因为不可转让海运单既能使收货人及时提货,简化手续,减少费用,同时也解决了港口的拥挤问题。另外,由于 EDI 技术在国际贸易中的广泛使用,不可转让海运单在技术处理上更适宜于使用这种新技术,有利于 EDI 的推广。

《注意》

控制海运单≠控制货物

海运单的正面各项栏目与海运提单基本相同,但海运单的收货人一栏,只能是确定的收货人,即记名收货人,而不能做成可转让的"凭指示(To order)"或"凭×××指示(To order of×××)"的形式。在货物到达目的地后,收货人不凭海运单提货,承运人也不凭海运单而凭收货人的提货通知或收货凭条交付货物,只要该凭条能证明其为海运单上指明的收货人即可。海运单与记名提单都不可转让,两者区别在于前者在提货时无需出示,而后者则必须出示。

2. 铁路运单

铁路运单(Railway Bill)是铁路承运人收到货物后所签发的铁路运输单据。国际铁路联运运单使用正副本方式。运单正本随同货物从始发站到终点站交给收货人,作为铁路向收货人交付货物的凭证。运单副本在发货站加盖承运期戳记,作为货物已被承运的证明,发货人凭之向银行要求结汇。国际铁路运单不是物权凭证,不能转让。

3. 航空运单

航空运单(Airway Bill)是航空公司收到货物后出具的货物收据和运输凭证。航空运单与海运提单性质不同,它只能表示承运人已收到货物,起到货物收据的作用,但不具有物权凭证的性质。货到目的地后,收货人不是凭航空货运单提货而是凭航空公司发出的"到货通知单"提取货物。因此,航空运单不能背书转让,在航空运单的收货人栏内必须填写收货人的全称和详细地址,不能做成指示式抬头。

航空运单根据签发人的不同可分为主运单和分运单。主运单由航空公司签发,分运单由航空货运代理公司签发。

4. 多式联运单据

多式联运单据(Multi-modal Transportation Documents)是指多式联运经营人在收到货物后签发给托运人的单据。按照国际商会《联合运输单证统一规则》的规定,多式联运经营人负责货物的全程运输。多式联运单据的作用与海运提单相似,既是货物收据,也是运输合同契约的证明,在作出指示抬头或不记名抬头时,可作为物权凭证,凭单据提取货物,也可以进行转让、流通或抵押。

5. 邮政收据

邮政收据(Parcel Post Receipt)是邮政部门收到其负责邮递的信函、样品或包裹等邮件后向寄件人出示的注有寄发日期的货物收据,也是邮件发生灭失或损坏事故后寄件人或收件人向邮政部门索赔的凭证。但是邮政收据不代表货物所有权,既不能转让,也不能凭收据提货。表4-7给出了提单与其他运输单据的区别。

表4-7 提单与其他运输单据的区别

	提 单	非物权凭证的其他运输单据
与货物关系	持有提单等于拥有货物	持有单据不等于拥有货物
提货	直接凭提单提货	凭提货通知、收货凭条或身份证件提货
	必须出示提单	无需出示运输单据
转让	可以	不可以
质押	可以	不可以

4.3 项目实施与心得

1. 项目实施

(1) 填写出口托运单,订舱

王铮在出口货物、信用证齐备后根据贸易合同和信用证的有关条款,在9月15号填制出口托运单,随附商业发票、装箱单等单据,向船公司或其代理人申请订舱,订一个20英尺的集装箱,DOOR TO DOOR。

托运单的内容主要包括托运人、起运港、目的港、货名、标记及号码、件数等。各栏内容以及填制和提单相似。

出口货物托运单

公司编号: 日期:SEPT. 15, 2013

托运人 YANTAI ZHONGCE IMPORT & EXPORT CORP. NO. 25 MINGXIN RD, YANTAI, SHANDONG, CHINA TEL:0535-6638171	信用证号码 LCH066/08	
	开证银行 BANQUE NATIONAL DE PARIS, FRANCE	
	合同号码 CZCX080l80	成交金额 USD35817.60
	装运口岸 QINGDAO, CHINA	目的港 MARSEILLES, FRANCE
收货人 TO ORDER	可否转船 ALLOWED	可否分批装运 NOT ALLOWED

续表

通知人 GOLDEN MOUNTAIN TRADING CO., LTD ROOM 418 BUILDING NO. 36 THE FIRST LYON STREET PARIS, FRANCE TEL: 019-33-44-55	信用证效期 OCT. 31, 2013	装船期限 LATEST SEP. 30, 2013
	运费 USD1 200	成交条件 CIF MARSEILLES
	公司联系人 王铮	电话/传真 0535-6638171/6638176
	公司开户行	银行账号
	特别要求	

标记唛码	货号规格	包装件数	毛重	净重	数量	单价	总价
GMT CO. USD35 817. 60 CZCX080180 MARSEILLES NO. 1—156	LADIES COAT	156CTNS	4 680KGS	3 900KGS	1 248PCS	USD28.70	

总件数	总毛重	总净重	总尺码	总金额
1 248PCS	4 680KGS	3 900KGS	24.96 m³	USD35 817. 60

（2）报关、装货上船，发出装运通知

船公司根据具体情况，接受烟台中策外贸有限公司的订舱，同时把配舱回单、装货单等与托运人有关的单据退还给王铮，并告知实际承运的船名和航次为 TRIUMPH V991A，开船日期为 2013 年 9 月 25 日，截止上船时间为 2013 年 9 月 24 日 17 点，截止报关时间为 2013 年 9 月 24 日上午 10 点。船公司的集装箱计划于 9 月 23 日到工厂装货。

王铮随即和工厂联系，安排工厂于 23 日自行装箱并加海关封志后按时运到集装箱码头堆场。王铮根据配舱回单提供的船名、航次信息及其他有关的信息填制报关单，并随同发票及其他报关单据一起于 24 日上午向海关顺利完成报关手续后，货物装上了船。

（3）向客户发出装运通知

按照国际惯例，货物装上船后，王铮于 2013 年 9 月 24 日向法国 GOLDEN MOUNTAIN TRADING CO. LTD. 发出"装船通知"（Shipping Advice）以便买方备款、赎单、办理货运保险、进口报关和接货手续。

装运通知没有固定格式，主要内容包括合同号、信用证号、货物名称、数量、总值、唛头、装运口岸、装运日期、船名及预计开航日期等。

SHIPPING ADVICE

Messrs: GOLDEN MOUNTAIN TRADING CO., LTD.

Dear Sirs:

Invoice No.: CLK008   L/C No.: LCH066/08

We hereby inform you that the goods under the above mentioned credit have been shipped. The details of the shipment are as follows:

Commodity: LADIES COAT

Quantity：<u>1 248 PIECES</u>

Amount：<u>USD35 817. 60</u>

Bill of Lading No.：<u>COS3426</u>

Ocean Vessel：<u>TRIUMPH V991A</u>

Port of Loading：<u>QINGDAO, CHINA</u>

Port of Destination：<u>MARSEILLES, FRANCE</u>

Date of Shipment：<u>SEPT. 25, 2007</u>

We hereby certify that the above content is true and correct.

Company name：YANTAI ZHONGCE IMPORT & EXPORT CORP.

Address：NO. 25 MINGXIN RD, YANTAI, SHANDONG, CHINA

Signature：×××

（4）支付运费，审核船公司的提单

货物上船，并于 2013 年 9 月 25 日离开了青岛港，烟台中策外贸有限公司向船公司支付了海运费 1 200 美元和内陆运费 2 100 元人民币。船公司把海运提单传真给王铮，让王铮认真审核，如果有差错，及时提出，以便船公司更正。

下面是王铮审核无误的提单。

海运提单

BILL OF LADING

Shipper YANTAI ZHONGCE IMPORT & EXPORT CORP. NO. 25 MINGXIN RD, YANTAI, SHANDONG, CHINA TEL：0535-6638171	B/L NO.：COS3426
Consignee TO ORDER	COSCO 中国远洋运输（集团）总公司 CHINA OCEAN SHIPPING (GROUP) CO. ORIGINAL Combined Transport BILL OF LADING
Notify Party GOLDEN MOUNTAIN TRADING CO., LTD. ROOM 418 BUILDING NO. 36 THE FIRST LYON STREET PARIS, FRANCE TEL：019-33-44-55	

Pre-Carriage by	Place of Receipt
Ocean Vessel Voy. No. TRIUMPH V99lA	Port of Loading QINGDAO, CHINA
Port of Discharge MARSEILLES, FRANCE	Place of Delivery

Marks & Nos.　　NO. of Containers or Pkgs. Description of Goods G. W. (kg) Meas. (m³)
Container/Seal No.

GMT CO. CZCX080180 MARSEILLES NO. 1−156 FREIGHT PREPAID	156 CTNS	LADIES COAT	4 680 KGS	24. 96 m³
	FREIGHT CHARGES：USD1 200. 00			

续表

Total Number of Containers and/or Packages (in words) SAY ONE HUNDRED AND FIFTY-SIX CARTONS ONLY					
FREIGHT & CHARGES USD1 200.00	REVENUE TONS	RATE	PER	PREPAID	COLLECT
PREPAID AT		PAYABLE AT		PLACE AND DATE OF ISSUE QINGDAO, SEPT. 25, 2013	
TOTAL PREPAID		NUMBER OF ORIGINAL B(s)/L THREE		SIGNED FOR THE CARRIER CHINA OCEAN SHIPPING (GROUP) CO.	

LOADING ON BOARD THE VESSEL
DATE　　　　　　　BY
SEPT. 25, 2013　　　×××

注意

根据信用证规定,该提单送银行结汇必须空白背书,即在提单背面加盖托运人印章。

2. 项目实施心得

(1) 正确填写和保存出口托运单

出口托运单是出口企业向船公司或船公司代理申请租船订舱的单据。托运单一经承运人确认,便作为承、托双方订舱的凭证。它虽然不是出口结汇的正式单据,但却是船公司或其代理日后制作提单的主要依据。托运单也是托运人与承运人之间发生纠纷、诉之法律解决时的最重要的凭证之一。托运人应保存好托运单,直至货款收回,法定索赔期限结束。

因此,托运单填写正确与否,不仅关系到货物能否及时报关出运,还关系到提单的正确性以及结汇的安全性。出口企业在填写时一定要依照信用证和合同的要求正确填写,便于船公司适当安排船只、舱位,并据此签发提单等其他单据。

在填写托运单时应注意以下事项:

1) 填写要严格依照信用证或买卖合同的有关规定。

2) 有些栏目不需要出口公司填写,如提单号、船号、运费等栏目。

3) "可否分批"、"可否转船"栏中只允许填写"允许"或"不允许",如果合同或信用证对其有其他说明,应在特殊条款栏中作出补充。例如,信用证中规定货物分三批装运,则在托运单"可否分批"栏中填"允许",特殊条款栏中填"货物分三批装运"。

4) 托运单号码一般要与发票号码一致。一是为了使发票填写的内容与实际装货的情况完全一致;二是为了便于查询、核对。

(2) 正确处理好提单的交寄

近些年来,来证中有如下语句出现:"Beneficiary's certificate certifying that they have sent by speed post one of the three(1/3 original)B/L direct to the applicant immediately after shipment and accompanied by relative post receipt",是指开证申请人要求卖方在货物装船后寄给其一份正本提单。这种做法于买方提货和转口贸易以及较急需或易腐烂的商品贸易有

利,但对卖方来说有货物已交出却收不到货款的风险。因而,此处应慎重处理。

4.4 知识拓展

1. 航空运输出口货物实务

紧急货物、鲜活商品、精密仪器、贵重物品、样品、IT 产品等常采用航空运输出口,一般要经过以下环节,如图 4-3 所示。

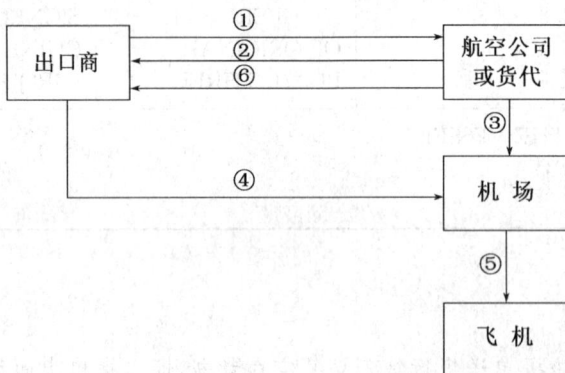

图 4-3 航空运输出口货物流程图

① 办理托运。出口商在备齐货物,收到开来的信用证经审核(或经修改)无误后就可办理托运,填写空运托运单,并提供有关单证,送交航空公司或空运代理公司作为订航班的依据。

② 安排货舱。航空公司收到托运单及有关单据后,根据配载原则、货物性质、货运数量、目的地等情况,结合航班,安排舱位,然后签发航空运单。

③ 安排舱位。航空公司或空运代理公司落实飞机舱位,下达装货指示。

④ 送货。出口商或货运代理人把货物送进机场。

⑤ 装机。出口商或货运代理人凭装货单据将货物送到指定舱位,经过报关后,装上飞机。

⑥ 签发空运单。货物装机完毕,由航空公司签发航空总运单,货运代理公司签发航空分运单。航空分运单有正本三份,第一份交给发货人,第二份由外运公司留存,第三份随货同行交给收货人。副本作为报关、财务结算、国外代理、中转分拨等用途。

类似的,如果采用铁路运输方式出口货物,一般要向铁路部门编报下月车皮计划,办理托运手续,落实装运车皮,将货物运至车站并装上火车,最后换取铁路运单。

2. 电放提单

电放提单(TELEX RELEASE),即船方不凭正本提单而凭电子单据(包括提单的电传件、传真件、复印件和 E-mail 等)放货。一般情况下,发货人是通过银行或直接将提单寄给收货人,收货人拿到正本提单后方可提货(提单的物权凭证性)。但在近洋运输如从烟台到日本或韩国时,船期很短,通过银行或邮寄提单时可能货已到港而提单未到,为不影响收货,收货人会要求发货人办理电放手续,货物到港后收货人凭电放提单等即可提货。

船公司常要求发货人交 100～200 元的电放费并出具保函(船公司或货代均有其固定的格式),保证电放造成的一切问题与其无关。

电放后发货人将不再掌握货权,因此办理电放前一定要确认能够安全收款,否则极易造成钱货两空的局面。

下面是一烟台公司的电放保函式样。

电 放 保 函

我司出运一批货

提单号:LGTVS024268

船名航次:MAY FLOWER V.0810

品名为:FLEXIBLE PIPE,125CARTONS

从:YANTAI

至:Durban South Africa

由　　要求,特出此保函,请贵司允许将提单电放,

由此产生的责任及费用由我司承担。

电放给 CONSIGNEE:

烟台市×××有限公司

2013 年 10 月 15 日

3. 货代的重要性

货代长期与船公司、码头、海关打交道,办事效率高,灵活性强。寻找一个优质的货代,对外贸公司相当重要。

尤其当发生意外变故,比如市场变动剧烈,质量可能发生争议,单据产生重大不符点,客户财务恶化等,预见到客户可能会不付款,或者发现客户在没有付款的情况下以非常手段拿到提单,在货代大力配合的情况下,即使客户手上有提单,也能够扣住货物,或至少暂时扣留,争取宝贵的时间与客户交涉,避免财货两空的重大损失。因为货代提单在目的港码头需要换单才能提货,这一手续就能被很好利用。

此外,通过货代还能随时跟踪货物的动态,了解货物何时到港,客户是否提货等,这在贸易纠纷中会成为宝贵的信息。

4.5 业务技能训练

4.5.1 课堂训练

1. 海运提单具有哪些性质和作用?

2. 记名提单、不记名提单、指示提单有何区别?

3. 物权凭证货运单据与非物权凭证货运单据有何区别? 有哪些货运单据属于物权凭证?

4. 我国海运货物出口的流程如何?

5. 讨论如何填写提单的收货人,如何进行背书? 其依据是什么?

4.5.2 实训操作

1. 烟台东方外贸有限公司出口给加拿大客户 JAMES BROWN & SONS 的衬衫,纸箱每个毛重 25 kg,净重 24 kg,2009 年 1 月 2 日向长荣公司托运。船名为 HAPPY V.86,开船日期:2009 年 1 月 5 日;从烟台起运,目的地是加拿大的温哥华,B/L NO.:LMN 01996,请你缮制提单,并发出装运通知。

2. 山东天地木业有限公司的地板 2013 年 12 月 20 日由 COSCO 的船 WESTERN V. 92 从宁波港起运。CTN SIZE：1 220 mm×20 mm×68 mm,GW：15. 5 kg,NW：15. 3 kg,B/L NO.：GN0867,188,请你缮制提单。

3. 烟台天宁对外贸易有限公司有一批货物从烟台运到美国的洛杉矶。请根据以下资料，缮制托运单和提单，并发出装运通知。

DOC. CREDIT NUMBER：20　CM20130943

EXPIRY：31D　DATE 081004　PLACE CHINA

ISSUING BANK：51A　CENTER BANK(FORMERLY CALIFORNIA CENTER BANK)，
　　　　　　LOS ANGELES, CA

APPLICANT：50　SALTEX, INC.
　　　　　　1117E, PICO BLVD, LOS ANGELES, CA 90021

BENEFICIARY：59　YANTAI TIANNING FOREIGN TRADE CO. , LTD.
　　　　　　7TH FLOOR XINGYUN BUILDING NO. 223 FUQIAN STREET,
　　　　　　YANTAI, SHANDONG,P. R. OF CHINA

PARTIAL SHIPMENTS：43P　　ALLOWED

TRANSHIPMENT：43T　　NOT ALLOWED

PORT OF LOADING：44E　ANY CHINA PORT AND/OR ANY HONG KONG PORT

PORT OF DISCHARGE：44F　LOS ANGELES/LONG BEACH PORT，CA，U. S. A.

LATEST DATE OF SHIPMENT：44C　080930

DESCRIPTION OF GOODS：45A

98/2PCT COTTON/SPANDEX (WOVEN FABRIC)，14 WAIL CORDUROY

IN PFD COLOR, WIDTH 58" SALVAGE TO SALVAGE,

SHRINKAGE LESS THAN 4PCT×4PCT, TORQUE 2PCT

CONSTRUCTION 84×143－4×4＋70D

PIECE LENGTH 35PCT-50PCT 80YDS, 65PCT 80YDS AND OVER

FABRIC WEIGHT 9OZ/YD

Q'TY(YDS)	U/PRICE	AMOUNT(USD)
30 000	USD2. 15	64 500. 00

＋CIF LOS ANGELES PORT, CA, U. S. A.

DOCUMENTS REQUIRED：46A

…

FULL SET AND 3 NON-NEGOTIABLE COPIES OF CLEAN ON BORAD VESSEL MARINE/OCEAN BILLS OF LADING MADE OUT TO THE ORDER OF CENTER BANK, 2222 WEST OLYMPIC BLVD, LOS ANGELES, CA 90006, USA, MARKED "TREIGHT PREPAID" AND NOTIFY ACOUNTEE.

…

ADDITIONAL CONDITIONS：47A

…

＋ALL DOCUMENTS MUST BEAR THIS CREDIT NUMBER.

+ALL DOCUMENTS MUST BE IN ENGLISH LANGUAGE.

其他信息：

唛头	合同号	208TN4281	发票号	2013TN4281
PO： FABRIC DESCRIPTION： CONTENT： CONSTRUCTION： ROLL＃ SHADE＃ YARD＃ GW： NW： MADE IN CHINA	单价	USD2.15/YD	数量	30 635　9YDS/305ROLLS
	总金额	USD65 867.19	总毛重	15 149 kg
	总净重	14 844 kg	总体积	40.90 m³
	目的港	洛杉矶	装运港	烟台
	B/L NO.	COSU60l9576990	船名航次	RIALTO BRIDGE 33E
	开航日期	SEP29,2013	运费	USD2 200
	联系人	谢红娣	联系电话	0535-××××××

4. 每位学生就出口产品和进口商磋商，完成合同货物的出运，缮制订舱委托书和提单，发出装运通知。

项目 5 　出口货物的运输保险

学习目标	
知识目标	能力目标
◇ 出口货物运输保险单的内容 ◇ 出口货物运输保险费的计算	◇ 办理具体的出口货物运输保险手续 ◇ 正确填制投保单,审核保险单的内容是否正确

5.1 　项目描述与分析

1. 项目描述

烟台中策外贸有限公司的 156 箱女士风衣已经在 9 月 15 日完成托运,并确定已于 2013 年 9 月 24 日装上船只,25 日离开港口,现在王铮去保险公司办理相应的保险手续。

2. 项目分析

CIF 贸易术语下,出口人在货物出运前,根据合同向保险公司投保合同约定的货物运输保险。保险公司接受投保,在投保人支付保险费后,向出口人出具保险单。保险单作为出口人结汇的单据之一。

现在王铮需要按照合同填写投保单,支付保险费,在收到保险公司的保险单后,需要认真审核保险单是否正确。

5.2 　相关知识

5.2.1 　保险单的种类

保险单据是保险公司和投保人之间订立的保险合同,也是保险公司出具的承保证明,是被保险人凭以向保险公司索赔和保险公司进行理赔的依据。保险单据背面印有规定保险人与被保险人、受让人之间权利与义务关系的保险条款。常用的保险单据有以下几种:

1. 保险单

保险单(Insurance Policy)又称大保单,它是一种正规的保险合同,除载明上述投保单上所述各项内容外,还列有保险公司的责任范围以及保险公司与被保险人双方各自的权利、义务等方面的详细条款。

2. 保险凭证

保险凭证(Insurance Certificate)又称小保单,它是一种简化的保险合同,除其背面没有列入详细保险条款外,其余内容与保险单相同,保险凭证也具有与保险单同样的法律效力。

3. 预约保单

为了简化投保手续,防止出现漏保或来不及办理投保等情况,我国进口货物一般采取预约保险的做法。合同中规定承保货物的范围、险别、费率、责任、赔款处理等条款,凡属合同约定的运输货物,在合同有效期内自动承保。

此外,还有联合凭证(Combined Certificate),它是将发票和保险单相结合的,比保险凭证更为简化的保险单据。保险公司在出口企业的发票上加注保险编号、承保的险别、保险金额,并加盖印戳,作为承保凭证,其他项目均以发票上列明的为准。

§网站链接§

知名保险公司的网站:

中国人民财产保险股份有限公司 http://www.piccnet.com.cn/

中国太平洋保险(集团)股份有限公司

http://www.cpic.com.cn/cpic/cn/index/

太平保险 http://www.etaiping.com/

中国保险网 http://www.china-insurance.com/

5.2.2　保险单的填制

保险单据正面记载证明双方当事人建立保险关系的文字,主要有:被保险货物的情况,包括货物项目、标记、包装及数量、保险金额及载货船名、起运地和目的地、开航日期等;承保险别;理赔地点以及保险人关于所保货物如遇风险可凭本保险单及有关证件给付赔偿的声明等。具体内容如表 5-1 所示。

表 5-1　保险单的正面内容

项　目	内　容	要点提示
1. 保单的号码 POLICY NO.		保险公司编制的保单号
2. 发票号码 INVOICE NO.		此处填写发票号码
3. 被保险人 INSURED	即投保人,或称抬头	这一栏一般填写出口公司的名称。买卖双方对货物的权利可凭单据的转移而转移,因此交单结汇时,卖方将保险单背书转让给买方。如信用证规定被保险人为受益人以外的第三方,或做成"TO ORDER OF…"应视情况确定接受与否。在 FOB 或 CFR 价格条件下,如国外买方委托卖方代办保险,被保险人栏可做成"×××(卖方)on behalf of(买方)",并且由卖方按此形式背书。此时,卖方可凭保险公司的保费收据向买方收取保险费。
4. 标记 MARKS AND NOS.	唛头	填写具体的唛头,也可只填"AS PER INVOICE NO. ×××"。如无唛头,可填 N/M。

项 目	内 容	要点提示
5. 包装及数量 QUANTITY	有包装的填写最大包装件数	煤炭、石油等散装货注明 IN BULK，再填写净重；有包装但以重量计价的，应将包装数量与计价重量注明。
6. 保险货物项目 DESCRIPTION OF GOODS		参照发票、提单填写，也可用统称，但应该与提单、产地证的填写一致。
7. 保险金额 AMOUNT INSURED	小写金额	一般为发票总金额的 110%，小数点后尾数一律进为整数。例如 USD30 006.06，则填写 USD30 007。
8. 总保险金额 TOTAL AMOUNT INSURED	保险金额的大写形式	上面计价货币也应该填全称，注意大、小写金额保持一致。例如，U. S. DOLLARS THIRTY THOUSAND AND SEVEN ONLY。
9. 保费 PREMIUM 和费率 RATE	通常不注明具体数字而已由保险公司印就"AS ARRANGED"	有时保费栏也可按信用证要求缮打"PAID"、"PREPAID"，或具体金额数目。
10. 装载工具 PER CONVEYANCE	与提单的运输工具一致。实际货运船名、航次	写船名、航次。如，FENGNING V. 940。如整个运输由两程运输完成，应分别填写一程船名和二程船名，中间用"/"隔开。例如，提单中一程船名为"MAYER"，二程船名为"SINYAI"，填写为"MAYER/SINYAI"。
11. 开航日期 DATE OF COMMENCEMENT		填写提单的签发日期，或填"AS PER B/L DATE"。
12. 起运地和目的地 FROM…TO…	按提单填写起运地和目的地名称	如发生转船，可填写：FROM（装运港）TO（目的港）W/T 或 VIA（转运港）。例如，FROM SHANHGAI TO NEWYORK VIA HONGKONG。
13. 承保险别 CONDITIONS		险别内容必须与信用证规定的保险条款严格一致。
14. 保险查勘代理人 INSURANCE SUVERY AGENT	此栏无论信用证是否有规定，都应注明查勘代理人。	由保险公司自己决定查勘代理人，并应有详细地址，以便收货人在出险后通知其代理人联系有关查勘和索赔事宜。如果信用证规定在目的港以外的地方赔付，例如，目的港在伦敦，而赔付地在巴黎，则应注明伦敦的查勘代理人和巴黎的查勘代理人。如果来证规定有两个赔付地，则两个地点的代理人都要注明。
15. 赔付地点 CLAIME PAYABLE AT	一般信用证规定在赔付地点后要注明偿付的货币名称，赔款的货币一般与 L/C 的货币一致。例如，AT NEWYORK IN USD。	如信用证中并未规定，则应填写目的港。如信用证规定不止一个目的港或赔付地，则应全部照打。

（续表）

项　目	内　容	要点提示
16. 保险单的签发日期和地点 DATE AND PLACE OF ISSUE		保险单的签发日期不得迟于提单签发的日期,以证明是在货物发运前办理的投保;签发地点一般为出口商所在地。
17. 保险公司签章 AUTHORIZED SINGATURE		保险单只有经保险公司或其代理人签章后才生效。

如信用证没有规定具体险别,或只规定"MARINE RISK"、"USUAL RISK"或"TRANSPORT RISK"等,则可投保一切险(ALL RISKS)、水渍险(WA 或 WPA)、平安险(FPA)三种基本险中的任何一种,另外还可以加保一种或几种附加险。如来证要求投保的险别超出了合同规定,或成交价格为 FOB 或 CFR,但来证却由卖方保险,遇到这种情况,如果买方同意支付额外保险费,可按信用证办理。

投保的险别除注明险别名称外,还应注明险别适用的文本及日期。例如,Covering all risks and war risk as per ocean marine cargo clauses & ocean marine war risk clauses of the People's Insurance Company of China dated January 1st,1981。

保险单份数:中国人民保险公司出具的保险单 1 套 5 份,由 1 份正本 ORIGINAL、1 份 DUPLICATE 和 3 份副本 COPY 构成。UCP600 规定,如保险单据表明所出具正本为一份以上,则必须提交全部正本保险单。

5.2.3　保险单据的变更和转让

保险单出立后,投保人如需要补充或变更其内容,可根据保险公司的规定,向保险公司提出申请,经同意后即另出一种凭证,注明更改或补充的内容,这种凭证就是批单。保险单一经批改,保险公司就按批改后的内容承担责任。批单原则上要粘贴在保险单上,并加盖骑缝章,作为保险单不可分割的一部分。

在国际贸易中,保险单据和海运提单一样是可以转让的。保险单据的转让无须取得保险人的同意,也无须通知保险人。

保险单的转让一般采取背书的方式进行。保险单据是主要的出口单据之一。卖方在向买方(或银行)交单前,应先行背书(ENDORSED)。

5.2.4　保险索赔

进出口货物在运输途中遭受损失,被保险人(投保人或保险单受让人)可向保险公司提出索赔。保险公司按保险条款所承担的责任进行理赔,索赔主要程序包括以下四个方面:

1. 损失通知

被保险人获悉货损后,应立即通知保险公司或保险单上指明的代理人。后者接到损失通知后应立即采取相应的措施,如检验损失,提出施救意见,确定保险责任和签发检验报告等。

2. 向承运人等有关方面提出索赔

被保险人或其代理人在提货时发现被保险的货物整件短少或有明显残损痕迹,除向保险公司报损外,还应向承运人及有关责任方(如海关、理货公司等)索取货损货差证明,如系属承运人等方面责任的,应及时以书面方式提出索赔。

3. 采取合理的施救措施

被保险货物受损后,被保险人应迅速对受损货物采取必要合理的施救、整理措施,防止损失的扩大。被保险人收到保险公司发出的有关采取防止或者减少损失的合理措施的特别通知的,应按照保险公司的通知要求处理。所支出的费用可由保险公司负责,但以理赔金额之和不超过该批货物的保险金额为限。

4. 备妥索赔单证

被保险货物的损失经过检验,并办妥向承运人等第三者责任方的追偿手续后,应立即向保险公司或其代理人提出索赔要求。

提出索赔要求时,除正式的索赔函以外,应包括保险单证、运输单据、发票、检验报告、货损货差证明,列明索赔金额及计算依据,以及有关费用的项目和用途的索赔清单等。

保险索赔必须于保险有效期内提出并办理,否则保险公司可以不予赔偿。根据我国海洋运输货物保险条款,索赔期限为 2 年,自被保险货物运抵目的港全部卸离海轮之日起计算。如货物已加工,即丧失索赔权。

索赔金额要视损失的性质和损失的程度而定。在实际全损和推定全损的情况下,被保险人的索赔金额就是保险单上的保险金额,被保险货物的一切权益(包括所有权和追偿权)应委付给保险人。

5.3 项目实施与心得

1. 项目实施

(1) 办理投保

投保单是投保人要求投保的书面要约,是保险公司签发保险单的依据,进行核保及核定给付、赔付的重要原始资料。各保险公司的投保单格式有所不同,但内容大体相同,一般均列有:被保险人名称、货物名称、包装及数量、标志、保险金额、装运工具或船名、开航日期、航程(或路程)、投保险别、赔款地点等栏目。

烟台中策外贸有限公司一般出口货物运输保险都是向中国人民保险公司烟台分公司办理投保手续,2013 年 9 月 24 日王铮根据买卖合同和信用证规定,在备妥货物并确定装运日期和运输工具后,按规定格式逐笔填制投保单(Application for Insurance)。下面是王铮填制的投保单:

中国人民保险公司烟台分公司
The People's Insurance Company of China, Yantai Branch
APPLICATION FORM FOR CARGO TRANSPORTATION INSURANCE
被保险人(INSURED:YANTAI ZHONGCE IMPORT & EXPORT CORP.
发票号(INVOICE NO.):CLK008
合同号(CONTRACT NO.):CZCX080180
信用证号(L/C NO.):LCH066/08
发票金额(INVOICE AMOUNT)_____ 投保加成(PLUS) 10 %
兹有下列物品向中国人民保险公司烟台分公司投保。(INSURANCE IS REQUIRED

ON THE FOLLOWING COMMODITIES)

标 记 MARKS & NOS.	包装及数量 QUANTITY	保险货物项目 DESCRIPTION OF GOODS	保险金额 AMOUNT INSURED
FTC CZCX080180 MARSEILLES NO. 1—156	156 CARTONS	LADIES COAT	USD39 400. 00

起运日期:
DATE OF COMMENCEMENT　SEPT. 25，2013

装载运输工具:
PER CONVEYANCE　TRIUMPH V. 991A

自　　　　　　　经　　　　　　至
FROM　QINGDAO　VIA　　　　　　TO　MARSEILLES PORT

赔款偿付地点:
CLAIM PAYABLE AT　DESTINATION

投保险别(PLEASE INDICATE THE CONDITIONS &/OR SPECIAL COVERAGES)
请如实告知下列情况(如是,在[　]中打"×") IF ANY, PLEASE MARK "×":

1. 货物种类　袋装[　]散装[　]冷藏[　]液体[　]活动物[　]机器/汽车[　]危险等级[　]
GOODS　BAG/JUMBO BULK REEFER LIQUID LIVE ANIMAL MACHINE/AUTO DANGEROUS CLASS

2. 集装箱种类　普通[　]　开顶[　]　框架[　]　平板[　]　冷藏[　]
CONTAINER　ORDINARY　OPEN　FRAME　PLAY　RAPRIGERATOR

3. 运转工具　海轮[　]飞机[　]轮船[　]火车[　]汽车[　]
BY TRANSIT　SHIP　PLANS　BARGE　TRAIN　TRUCK

4. 船舶资料　船籍　　　　　　　　　船龄
PARTICULAR OF SHIP REGISTRY　　　　　　AGE　　　　　

备注:被保险人确认本保险合同条款和内容已经完全了解。

投保人(签名盖章)APPLICANT'S SIGNATURE
THE ASSURED CONFIRMS HEREWITH THE TERMS AND CONDITIONS OF THIS INSURANCE CONTRACT FULLY UNDERSTOOD.　　　王铮

投保日期(DATE):　　　　　　　　

电话(TEL):　　　　　　　　

地址(ADD):　　　　　　　

(2) 交付保险费

投保人交付保险费是保险合同生效的前提条件。在被保险人支付保险费以前,保险人可以拒绝签发保险单据。

烟台中策外贸有限公司向保险公司交付保险费433.40美元。计算如下,一切险的保险费率为1‰,战争险的保险费率为0.1‰。

保险费=保险金额×保险费率

=CIF价×(1+投保加成率)×保险费率

=USD39 400.00×1.1‰=USD433.40

(3)领取和审核保险单据

保险公司收到保险费后,传真保险单给烟台中策外贸有限公司,王铮仔细审核保险单的各项内容,如果发现错误或者与信用证内容不符,及时要求保险公司更正,确保内容正确,以保持与信用证要求的一致。

下面是王铮审核无误的保险单:

中国人民保险公司

The People's Insurance Company of China

总公司设于北京   一九四九年创立

Head Office Beijing   Established in 1949

保险单

INSURANCE POLICY

发票号(INVOICE NO.)CLK008   保单号(POLICY NO.)

合同号(CONTRACT NO.)CZCX080180

信用证号(L/C NO.)LCH066/08

被保险人:

Insured: YANTAI ZHONGCE IMPORT & EXPORT CORP.

中国人民保险公司(以下简称本公司)根据被保险人的要求,由被保险人向本公司缴付约定的保险费,按照本保险单承保险别和背面所列条款与下列条款承保下述货物运输保险,特立本保险单。

THIS POLICY OF INSURANCE WITNESSES THAT THE PEOPLE'S INSURANCE COMPANY OF CHINA (HEREIN AFTER CALLED "THE COMPANY") AT THE REQUEST OF THE INSURED AND IN CONSIDERATION OF THE AGREED PREMIUM PAID TO THE COMPANY BY THE INSURED, UNDERTAKES TO INSURED THE UNDERMENTIONED GOODS IN TRANSPORTATION SUBJECT TO THE CONDITIONS OF THIS POLICY AS PER THE CLAUSES PRINTED OVERLEAF AND OTHER SPECIAL CLAUSES ATTACHED HEREON.

标 记 MARKS& NOS.	包装及数量 QUANTITY	保险货物项目 DESCRIPTION OF GOODS	保险金额 AMOUNT INSURED
FTC CZCX080180 MARSEILLES NO. 1—156	156 CARTONS	100% COTTON LADIES COAT	USD39 400.00

总保险金额:

TOTAL AMOUNT INSURED:SAY U. S. DOLLARS THIRTY-NINE THOUSAND AND FOUR HUNDRED ONLY

保费：　　　　　　　　启运日期：

PREMIUM：AS ARRANGED DATE OF COMMENCEMENTSEPT. 25，2013

装载运输工具：

PER CONVEYANCE：　TRIUMPH V. 991A

自　　　　　　　　经　　　　　　　　至

FROM　QINGDAO　VIA　　　　　TOMARSEILLES PORT

承保险别：

CONDITIONS：All Risks as per and subject to the relevant ocean marine cargo clause of the Peoples's Insurance Company of China，dated 1/1/1981.

所保货物，如发生保险单项下可能引起索赔的损失或损坏，应立即通知本公司下述代理人查勘。如有索赔，应向本公司提交保单正本（保险单共有　份正本）及有关文件。如一份正本已用于索赔，其余正本自动失效。

IN THE EVENT OF LOSS OR DAMAGE WHICH MAY RESULT IN A CLAIM UNDER THIS POLICY，IMMEDIATE NOTICE MUST BE GIVEN TO THE COMPANY'S AGENT AS MENTIONED HEREUNDER. CLAIMS，IF ANY，ONE OF THE ORIGINAL POICY WHICH HAS BEEN ISSUED(IN　　　ORIGINAL)TOGETHER WITH THE RELEVENT DOCUMENTS SHALL BE SURRENDERED TO THE COMPANY. IF ONE OF THE ORIGINAL POLICY HAS BEEN ACCOMPLISHED，THE OTHERS TO BE VOID.

中国人民保险公司

The People's Insurance Company of China

赔款偿付地点

CLAIM PAYABLE ATMARSEILLES IN USD

出单日期 ××××××

ISSUING DATE　SEPT. 24，2013　　　Authorized Signature

2．项目实施心得

投保人填制投保单时应注意以下几方面：

（1）投保单内容须据实填制。如果填制内容不实，或有隐瞒情况，势必会使保险公司承担风险估量错误从而发生纠纷，法律规定该项保险合同无效。

（2）投保单内容应与出口合同或信用证规定相符。保险公司根据投保单内容签发保险单，投保人如不按照合同规定填制投保单，导致保险单与合同规定不符，收货人可以拒绝接受。尤其是在信用证支付方式下，投保单内容须符合信用证有关规定，否则也会导致保险单与信用证有关规定不符，遭到开证银行拒收。

（3）对特殊要求的处理。在 CIF 条件下，买方可能临时要求提高保险金额、加保某种特殊附加险以及扩展保险责任等。卖方应认真研究，并与保险公司取得联系，然后决定是否接受这些特殊要求。

（4）适用法律问题。我国外贸公司向中国人民保险公司投保，按照一般惯例，中国人民保险公司投保条款即认为可以适用中国的有关法律。国外客商如要求按照伦敦协会有关条款投保，中国人民保险公司一般可予接受。

《小贴士》

我国外贸公司向中国人民保险公司投保出口货物运输险,为化简手续,双方事先协商同意,一般不填制投保单,而是采用有关装运出口单据副本代替,加注保险金额和投保险别,作为办理投保手续的代用投保单。

出口货物运输的保险比较简单,只要在货物装运前向保险公司投保一定险别的运输险,并缴纳保险费、领取并审核保险单据,就完成了保险的工作。到结汇的时候,把保险单作为单据之一一起交银行就可以。

办理保险单业务时需要注意以下事项:

(1) 保险单的出具时间不得晚于提单的时间,否则进口商或付款银行有权拒绝付款。

(2) 出口商办理保险,保险单交给银行前应该背书转让。

(3) 保险金额一般应该是 CIF 合同金额的 110%,如果进口商要求是 120% 或 130%,其保费差额部分应由国外买方负担。如果进口商要求超过 130% 时,应该征求保险公司的同意。

(4) 当采用 FOB、CFR 术语出口时,应该考虑到货物从工厂到装运港越过船舷这阶段的风险,并采取相应的保险。

5.4 知识拓展

1. 共同海损的分摊

共同海损的牺牲和费用是由船舶、货物和运费方按比例分摊的,被保险人仅能以自己分摊的损失进行索赔。首先须确定共同海损的损失额,然后再计算出各方的分摊价值。共同海损的分摊价值是指因共同海损措施而受益的财产在抵达目的港时的价值。

【例 5-1】 某货轮航行途中发生共同海损,船体损失 30 万元,货物牺牲 20 万元,将船拖至港口所用拖轮费用为 5 万元,损失运费 5 万元,共 60 万元。假设各方分摊总值为 1 500 万元,具体如下:船舶价值为 1 000 万元,货主甲的分摊价值为 200 万元,货主乙的分摊价值为 100 万元,货主丙的分摊价值为 100 万元,运费为 100 万元。求各方共同海损分摊值。

解:损失额 60 万元,分摊、总值为 1 500 万元,分摊比率为 60÷1 500＝4%

各方分摊价值的情况如表 5-2 所示。

表 5-2 各方分摊价值的情况

分摊对象		分摊价值/万元	分摊额/万元
货主	甲	200	200 万元×4%＝8
	乙	100	100 万元×4%＝4
	丙	100	100 万元×4%＝4
船主		1 000	1 000 万元×4%＝40
运费方		100	100 万元×4%＝4
总计		1 500	60

2. 保险的免赔率

对易碎和易短量货物的索赔,应了解是否有免赔的规定。如果不计免赔率(Irrespective of Percentage,IOP),只要标的损失属于承保范围,保险人一律按保险货物的实际损失给予赔偿。

免赔率有相对免赔率和绝对免赔率之分。如果保险标的在承保范围内的损失没有超过保险公司规定的免赔率的比例,保险公司将不予赔偿。

(1) 相对免赔率(Franchise):当保险标的的损失超过了保险单规定的免赔百分比以后,保险人就按实际损失给予赔偿,不扣除免赔率。

(2) 绝对免赔率(Deductible):当保险标的的损失超过了保险单规定的免赔百分比以后,保险人只对保险标的的实际损失超过保险单中规定的免赔率的部分给予赔偿。

5.5 业务技能训练

5.5.1 课堂训练

1. 天津港保税区某公司出口一批货物 CIF 价为 7 800 美元,现国外客户来电要求按 CIF 价加 20% 投保海上一切险,我方照办。如保险费率为 1% 时,我方应向客户补收多少保险费?

2. 我国某外贸公司以每公吨 10 000 英镑 CIF 伦敦(按加一成投保一切险,保险费率为 1%),向英商报盘出售一批轻工业产品,该外商拟自行投保,要求改报 CFR 价,问 CFR 价格为多少,出口人应从 CIF 价中扣除多少保险费?

3. 讨论如果保险单日期晚于提单日期,会出现什么后果?

4. 案例分析题:

(1) 北京某外贸公司按 CFR 马尼拉价格出口一批仪器,投保的险别为一切险"仓至仓"条款。我方用卡车将货物由北京运到天津港发货,但在运输中,一辆货车翻车,致使车上所载部分仪表损坏。问该损失应由哪方负责,保险公司是否应给予赔偿?

(2) 上海浦东开发区某厂从英国进口货物一批,英商应我方的要求,将货物交给指定运送人荷兰某船运公司运到上海。但在卸货时发生短缺,据船公司回答,所有短缺货物已卸在香港,将安排运回上海。约过了 25 天,又发现所短货物未全部运来,而且又无法查清货物究竟在何处,致使该厂的生产计划拖延,生产受到损失。问:① 船公司应负何责任? ② 该厂是否可就由于生产计划拖延而造成的估计损失要求赔偿? ③ 在多次转船运输中,买方为避免此损失发生应该投保何种险别较好?

5.5.2 实训操作

1. 烟台东方外贸有限公司向加拿大客户 JAMES BROWN & SONS 出口的男衬衫已经装运,装运时间见前一个项目实训。请你办理保险手续。

2. 山东天地木业有限公司与现代公司的合同是 CFR 术语,不需要出口方办理保险。现在假设合同是采用的 CIF 术语,其他条款内容不变,请你填写保险单。

3. 根据前一个项目实训烟台天宁对外贸易有限公司出口货物的资料,结合以下资料,缮制投保单和保险单。险别为一切险和战争险。

4. 每位学生就自己公司和外商洽谈签订的合同,确定该由谁进行货物运输的保险工作,并填写保险单。

项目6 出口货物的报关

学习目标	
知识目标	能力目标
◇ 出口货物报关单的内容	◇ 准确办理一般出口货物报关手续
◇ 出口税费的计算	◇ 正确填制出口货物报关单

6.1 项目描述与分析

1. 项目描述

烟台中策外贸有限公司出口货物已办理了出口托运,开船日期为2013年9月25日,截止报关时间为2013年9月24日上午10点。

货物已经通过商品检验检疫局检验,获得了出境货物通关单。现在王铮要准备报关单,办理相应的出口报关手续,否则就会延误装运。

2. 项目分析

《中华人民共和国海关法》规定:"进出境运输工具、货物、物品,必须通过设立海关的地点进境或出境。"

报关(Declare)是指进出口货物收发货人、进出境运输工具负责人、进出境物品的所有人或者他们的代理人向海关办理货物、物品或运输工具进出境手续及相关海关事务的过程。货物、物品、运输工具等在进出关境时由所有人或代理人向海关申报,校验规定的单据、证件,请求海关办理进出口的有关手续。

王铮应该准备一系列文件资料,和出口报关单一起在开船24小时前向海关报关。只有海关审核无误,确定放行后,货物才能够装运出口。

⧆网站链接⧆

海关商品编码查询

http://www.customs.gov.cn/tabid/54691defaul.aspx

6.2 相关知识

6.2.1 进出口税费

1. 进口关税

《海关法》规定,进口货物的收货人、出口货物的发货人、进出境物品的所有人,是关税的纳税义务人。

海关征收的税费是以人民币征收,计算税款前要将审核的完税价格折算成人民币;完税价格计算至元,元以下四舍五入;税额计算到分,分以下四舍五入;税款的起征点为人民币50元。

进口关税是指一国海关以进境货物和物品为课税对象所征收的关税。在国际贸易中,它一直被各国公认是一种重要的经济保护手段。

进口关税采用的计征方法有从价税、从量税、复合税、滑准税等,如表6-1所示。

表6-1 进口关税的计征方法

计征方法	具 体 运 用
从价税	以货物、物品的价格作为计税标准,以应征税额占货物的百分比为税率,价格和税额成正比例关系的关税。我国对进口货物征收进口关税主要采用从价计税标准。计算公式为:进口关税应征税额＝进口货物的完税价格×进口从价税税率 进口货物的完税价格＝CIF价＝(FOB价+运费)/(1-保险费率)
从量税	以货物和物品的计量单位,如重量、数量、容量等作为计税标准,以每一计量单位的应征税额征收的关税。我国目前对冻鸡、石油原油、啤酒、胶卷等类进口商品征收从量税。计算公式为:进口关税应征税额＝进口货物数量×单位税额
复合税	在《进出口税则》中,一个税目中的商品同时使用从价、从量两种标准计税,计税时按两者之和作为应征税额征收的关税。我国目前对录像机、放像机、摄像机、非家用型摄录一体机、部分数字照相机等进口商品征收复合关税。
滑准税	在《进出口税则》中预先按产品的价格高低分档制定若干不同的税率,然后根据进口商品价格的变动而增减进口税率的一种关税。当商品价格上涨时采用较低税率,当商品价格下跌时采用较高税率,其目的是使该种商品的国内市场价格保持稳定。如我国规定对关税配额外进口的一定数量的棉花实行6%~40%的滑准税。

2. 出口关税

出口关税是指海关以出境货物和物品为课税对象所征收的关税。征收出口关税的主要目的是限制、调控某些商品的过度、无序出口,特别是防止本国一些重要自然资源和原材料的无序出口。为鼓励出口,世界各国一般不征收出口税或仅对少数商品征收出口税。

《注意》

我国仅对一小部分关系到国计民生的重要出口商品征收出口关税。

应征出口关税的计算公式为:

出口关税应征税额＝出口货物完税价格×出口关税税率

出口货物完税价格＝FOB价格/(1+出口关税税率)

【例6-1】 国内某企业从广州出口到新加坡一批合金生铁,申报出口量86吨,每吨价格为FOB广州98美元。已知外汇折算率1美元等于人民币6.98元,要求计算出口关税。

解:A) 查得合金生铁出口关税税率为20%。

B) 审定离岸价格为8 428美元,折算成人民币为58 827.44元。

C) 出口关税税额＝FOB价格÷(1+出口关税税率)×出口关税税率

＝58 827.44÷(1+20%)×20%＝9 804.57(人民币元)

3. 海关代征税与其他费用

进口货物和物品在办理海关手续放行后,进入国内流通领域时,由海关代征的进口环节国内税主要有增值税、消费税和船舶吨税三种。报关环节还可能产生的其他费用有滞纳金和滞报金。

《海关法》规定,进口货物的申报期限为自装载货物的运输工具申报进境之日起14日内。申报期限的最后一天是法定节假日或休息日的,顺延至第一个工作日。

《海关法》规定,进出口关税、进口环节增值税、消费税、船舶吨税的纳税人或其代理人应当在海关签发税款缴纳证之日起15日内(节假日包括在内,期末遇节假日顺延至第一个工作日),向指定银行缴纳税款。

《注意》

进口货物收货人未按规定期限向海关申报产生滞报的,海关按日征收滞报金,计征起始日为运输工具申报进境之日起第15日,截止日期为海关接受申报之日(即申报日期)。起始日和截止日均计入滞报期间。

逾期不缴纳税款的,从第16日起由海关按日征收欠缴税款总额的0.5‰的滞纳金。

6.2.2 出口报关单的填制

货物出境时,收发货人或其代理人应在海关规定的期限内向海关申报。报关时须递交海关规定的包括报关单在内的一系列单据。一般情况下,这些单据应由出口企业填制或提供。

完整、准确、有效地填制出口货物报关单直接关系到报关效率、企业的经济利益、海关征税、减免税及查验、放行等工作。出口报关单的填制规范如表6-2所示。

表6-2 出口报关单的填制规范

栏目	填制规范
1. 预录入编号	预录入编号是指预录入单位录入报关单的编号,用于申报单位与海关之间引用其申报后尚未接受申报的报关单。预录入编号由接受申报的海关决定编号规则,由计算机自动打印。
2. 海关编号	海关编号是指海关接受申报时给予报关单的6位顺序编号。海关编号由各直属海关在接受申报时确定,并标识在报关单的每一联上。一般来说,海关编号就是预录入编号,由计算机自动打印,不需填写。
3. 出口口岸	应填报货物实际运出我国关境口岸海关的名称及代码。如:在深圳办理报关手续,陆路运输至上海吴淞港出境的出口货物。其"出口口岸"栏申报为"吴淞海关"+"2202"。
4. 备案号	指经营进出口业务的企业在向海关办理加工贸易合同备案或征、减、免税审批备案手续时,由海关给予加工贸易手册、征免税证明或其他有关备案审批文件编号。一份报关单只允许填报一个备案号。无备案审批文件的报关单,本栏目免予填报。备案号长度为12位,第1位是标记代码。备案号的标记代码必须与"贸易方式"、"征免性质"、"征免方式"、"用途"及"项号"等栏目相协调。

（续表）

栏目	填制规范
5. 出口日期	本栏目为 8 位数,顺序为年(4 位)、月(2 位)、日(2 位)。如 2013.03.25。出口日期指运载所申报货物的运输工具办结出境手续的日期。无实际进出境的报关单填报办理申报手续的日期。
6. 申报日期	申报日期指海关接受出口货物的收发货人或其代理人申请办理货物出口手续的日期。本栏目为 8 位数。
7. 经营单位	经营单位指对外签订并执行出口贸易合同的中国境内企业、单位或个人。本栏目应填报经营单位名称及经营单位编码。经营单位编码为 10 位数,指出口企业在所在地主管海关办理注册登记手续时,海关给企业设置的注册登记编码。
8. 运输方式	指运载货物进出境所使用的运输工具的分类。本栏目应根据实际运输方式按海关规定的《运输方式代码表》选择填报相应运输方式或代码。如"江海运输"、"航空运输"。
9. 运输工具名称	一份报关单只允许填报一个提运单号。一般填报为"运输工具名称"+"/"+"航次号",如 HANSASTAVANGER/HV300W。
10. 提运单号	一份报关单只允许填报一个提运单号。一宗货物对应多个提运单时,应分单填报。如有分提运单的,江海运输填报出口提运单号+" * "+分提运单号;航空运输填报总运单号"_"(下划线)+分运单号。
11. 发货单位	发货单位是指出口货物在境内的生产或销售单位。本栏目应填报收发货单位的中文名称或其海关注册代码。
12. 贸易方式(监管方式)	本栏目根据实际情况,并按海关规定的《贸易方式代码表》选择填报相应的贸易方式简称或代码。如"一般贸易"、"来料加工"、"进料加工""暂时进出口货物"等。一份报关单只允许填报一种贸易方式。报关单的"贸易方式"、"征免性质"、"用途"、"征免"四个栏目有一一对应关系,在原始单据及资料中均无可直接对照的文字表示,需综合各种情况后根据报关单填制规范确定应填报的内容。
13. 征免性质	指海关对进出口货物实施的征、减、免税管理的性质类别。一份报关单只允许填报一种征免性质。征免性质共有 41 种,常见的有:一般征税、来料加工、进料加工、加工设备、中外合资、中外合作、外资企业等。
14. 结汇方式	出口报关单应填报结汇方式名称、代码或英文缩写,如 T/T、L/C 等。
15. 许可证号	一份报关单只允许填报一个许可证号。
16. 运抵国(地区)	运输中转的货物,如在中转地未发生任何商业性交易,则运抵地不变;如中转地发生商业性交易,则以中转地作为起运/运抵国。无实际进出境,本栏目填报"中国"(代码 142)。
17. 指运港	指运港指出口货物运往境外的最终目的港。无实际进出境的,本栏目填报"中国"(代码 142)。
18. 境内货源地	境内货源地是指出口货物在我国境内的产地或原始发货地。
19. 批准文号	出口报关单填报《出口收汇核销单》编号。
20. 成交方式	无实际进出境的,出口填报 FOB 价。

栏目	填制规范
21. 运费	如出口货物为 FOB，则本栏不需填报；如出口货物成交价格为 CIF 或 CFR，则需填报。运保费合并计算的，填报在本栏目。标记"1"表示运费率，"2"表示每吨货物运费单价，"3"表示运费总价。如 5% 的运费，填报为"5"；25 美元的运费单价，填报为"502/25/2"；5 000 港币的运费总价，填报为"110/5000/3"。
22. 保费	如出口货物为 FOB 或 CFR，则本栏不需填报；如出口货物成交价格为 CIF，则需填报。"1"表示保险费率，"3"表示保险费总价。填报方式如上。
23. 杂费	杂费标记"1"表示杂费率，"3"表示杂费总价。应计入完税价格的杂费填为正值或正率，应从完税价格中扣除的杂费填为负值或负率。
24. 合同协议号	应填报出口合同的全部字头和号码。
25. 件数	有外包装的出口货物的实际件数，货物可以单独计数的一个包装称为一件。本栏目不得填报为零，裸装货物填报为 1。
26. 包装种类	出口货物实际外包装的名称，应同时说明包装物材料，如木箱、纸箱。散装货物填报为"散装"。
27. 毛重（千克）	填报出口货物实际毛重，以 kg（公斤）计，不足 1 kg 填报 1。
28. 净重（千克）	填报出口货物实际净重，以 kg（公斤）计，不足 1 kg 填报 1。如重量在 1 kg 以上且非整数，其小数点后保留 4 位，如 9.567 8。
29. 集装箱号	填报方式："集装箱号"＋"/"＋"规格"＋"自重"。例如，TEXU3605231/20/2275，表明这是一个 20 英尺集装箱，箱号为 TEXU3605231，自重 2 275 千克。非集装箱货物填报为 0。多个集装箱的其余号码填在备注栏内。
30. 随附单据	合同、发票、装箱单、许可证等必备的随附单据不在本栏目填报。本栏目填报格式为：监管证件的代码＋"："＋监管证件编号。多个监管证件的其余号码填在备注栏内。
31. 生产厂家	生产厂家是指出口货物的境内生产企业的名称。
32. 标记唛码及备注	标记唛码指货物的运输标志中除图形以外的所有文字和数字。
33. 项号	分两行填报及打印。第一行填报货物在报关单中的商品排列序号；第二行填报该项货物在登记手册中的项号或对应的原产地证书上的商品项号。
34. 商品编号	按海关规定的商品分类编码规则确定出口货物的商品编号。
35. 商品名称、规格型号	第一行打印出口货物规范的中文名称，第二行打印规格型号，必要时应加注原文。
36. 数量及单位	分三行填报及打印。第一法定计量单位及数量应填报在第一行；第二法定计量单位填报在第二行；成交计量单位及数量填报在第三行。
37. 最终目的国（地区）	指已知的出口货物最后交付的国家或地区，即最终实际消费、使用或作进一步加工制造的国家或地区。
38. 单价	无实际成交价格的，本栏目填报货值。如非整数，小数点后保留 4 位。
39. 总价	无实际成交价格的，本栏目填报货值。如非整数，小数点后保留 4 位。
40. 币制	根据实际情况按海关规定"币制代码表"选择填报相应的币制名称或代码或符号。

（续表）

栏目	填制规范
41. 征免	按海关规定的《货币代码表》选择填报相应的货币名称或代码,海关对出口货物进行征税、减税、免税或特案处理的实际操作方式。如照章征税、折半征税、全免等。
42. 填制日期	本栏目为 8 位数,如 2013.09.25。

6.3 项目实施与心得

1. 项目实施

在我国,货物的出口报关应当经过海关审单、查验、征税、放行四个作业环节。与之相适应,出口货物收发货人或其代理人应当按程序办理相对应的出口申报、配合查验、缴纳税费、提取或装运货物等手续,货物才能出境。

出口货物通关作业流程如图 6-1 所示。

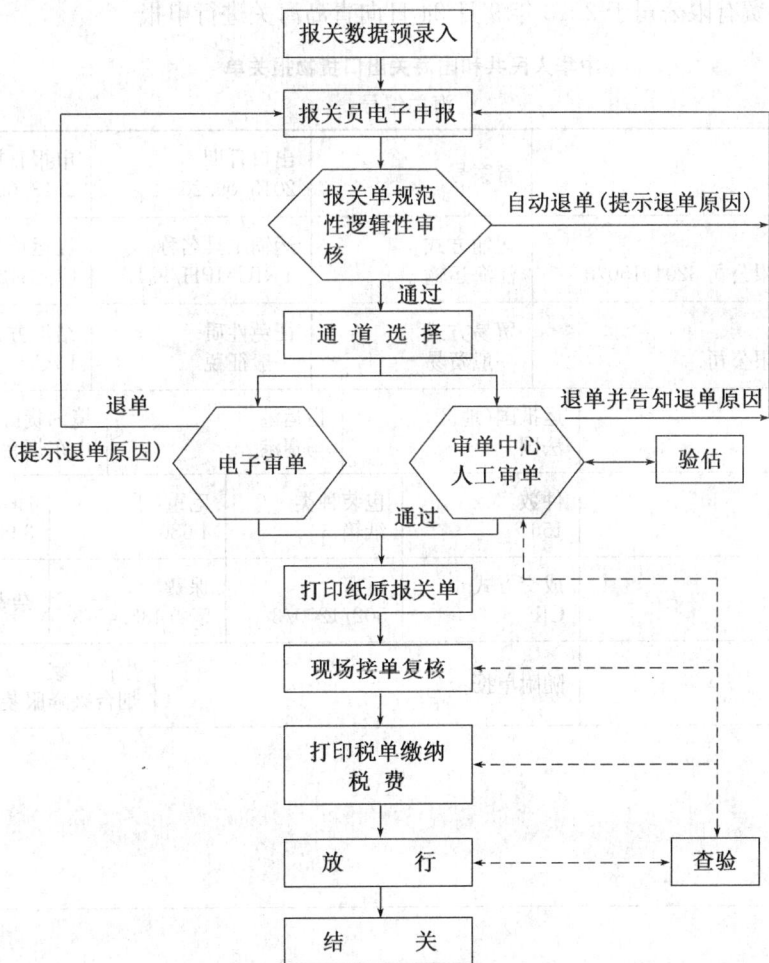

图 6-1 出口货物通关作业流程

（1）出口申报

出口货物的申报期限为货物运抵海关监管区后、装货的 24 小时以前。

准备申报的单证是报关员开始进行申报工作的第一步。申报单证分为主要单证和随附单证两大类，主要单证即报关单，随附单证包括基本单证、特殊单证和预备单证。各类随附单证具体内容如表 6-3 所示。

表 6-3　报关随附单证

单证性质	单证含义	单证内容
基本单证	与出口货物直接相关的商业和货运单证	商业发票、装箱单、出口装货单据等
特殊单证	国家有关法律规定并实行特殊管制的证件	出口许可证、加工贸易电子手册、特定减免税证明、外汇收付汇核销单证、原产地证明书、担保文件等
预备单证	海关认为必要时查阅或收取的单证	贸易合同、出口企业的有关证明文件等

烟台中策外贸有限公司于 2013 年 9 月 24 日向青岛海关进行申报。

中华人民共和国海关出口货物报关单

预录入编号：　　　　　　　　　海关编号：

出口口岸 青岛海关　4 200	备案号	出口日期 2013.09.25	申报日期 2013.09.24
经营单位 烟台中策外贸有限公司 3204915070	运输方式 江海运输	运输工具名称 TRIUMPH/991A	提运单号 COS3426
发货单位 烟台兴隆服装有限公司	贸易方式 一般贸易	征免性质 一般征税	结汇方式 L/C
许可证号	运抵国（地区） 法国	指运港 马赛港	境内货源地 山东烟台其他

合同协议号 CZCX08060	件数 156	包装种类 纸箱	毛重（千克） 4 680	净重（千克） 3 900
批准文号 32A573324	成交方式 CIF	运费 502/1200/3	保费 502/433.40/3	杂费

集装箱号	随附单据	生产厂家 烟台兴隆服装有限公司

标记唛码及备注
GMT. CO.
CZCX08060
MARSEILLES
NO. 1－156

（续表）

项号	商品编号	商品名称、规格型号	数量及单位	最终目的国（地区）	单价	总价
01	6202.1290	女式风衣 LADIES COAT	1 248 件	法国	28.70	35 817.60

币制	征免
美元	全免

100% COTTON woven, with bronze-colored buttons.

录入员	录入单位	兹声明以上申报无讹并承担法律责任	海关审单批注及放行日期（签章）	
			审单	审价
报关员		申报单位（签章）	征税	统计
单位地址：				
邮编：	电话：	填制日期：	查验	放行

（2）配合查验

海关查验是指海关根据《海关法》确定进出境货物的性质、价格、数量、原产地、货物状况等是否与报关单上申报的内容相符，对货物进行实际检验的行政执法行为。

海关查验货物时，烟台中策外贸有限公司应当到场配合海关查验，并做好以下工作：负责按照海关要求搬移货物，开拆包装，以及重新封装货物；预先了解和熟悉所申报货物的情况，如实回答查验人员的询问以及提供必要的资料；协助海关提取需要作进一步检验、化验或鉴定的货样，收取海关出具的取样清单；查验结束后，认真阅读查验人员填写的"海关进出境货物查验记录单"，检验主要记录是否符合实际。

（3）缴纳税费，海关放行，装运货物

海关对报关单进行审核，对需要查验的货物先由海关查验，然后核对计算机计算的税费，开具税款缴款书和收费票据。

出口货物在办完向海关申报、接受查验、缴纳税款等手续以后，由海关在货运单据上签印放行，出口货物凭此装货启运出境。

2. 项目实施心得

报关员在填制报关单时，必须做到真实、准确、齐全、清楚，对申报内容的真实性、准确性、完整性、规范性承担相应的法律责任。因此，填写出口货物报关单时，要注意以下几点：

（1）报关人员必须按照《海关法》和《进出口货物报关单填制规范》的有关规定，向海关如实申报。报关单中填报的内容要准确、齐全、完整、清楚，报关单各栏目内容要逐项详细准确填报（打印），字迹要清楚、整洁、端正，不得用铅笔或红色复写纸填写；若有更正，必须在更正项目上加盖校对章。

（2）报关单必须真实，做到两个相符：一是单证相符，即报关单与合同、发票、装箱单、提单、批文等相符；二是单货相等，即报关单中所列各项内容与实际出口货物情况相符，不允许有伪报、瞒报或虚报等情况存在。

（3）不同批文或合同的货物、同一批货物中不同贸易方式的货物、不同备案号的货物、不同提运单的货物、不同征免性质的货物、不同运输方式或相同运输方式不同航次的货物，均应分别填写报关单。一份原产地证书只能对应一份报关单。同一份报关单上的商品不能同时享受协定税率和减免税。在一批货物中，对于实行原产地证书联网管理的，亦应分单填报。

（4）在反映进出口商品情况的项目中，商品编号不同、商品名称不同、原产国（地区）/最终目的国（地区）不同的商品须分项填报。

（5）已向海关申报的出口货物报关单，如原填报内容与实际进出口货物不一致而又有正当理由的，申报人应向海关递交书面更正申请，经海关核准后，对原填报内容进行更改或撤销。

6.4 知识拓展

1. 电子报关概述

电子报关是指进出口货物收发货人或其代理人通过计算机系统，按照《中华人民共和国海关进出口货物报关单填制规范》有关要求，向海关传送报关单电子数据，并备齐随附单证的申报方式。

我国《海关法》规定："办理进出口货物的海关申报手续，应当采用纸质报关单和电子数据报关单的形式"。这一规定确定了电子报关的法律地位，使纸质报关单和电子数据报关单具有同等的法律效力。

采用纸质报关单形式和电子数据报关单形式是法定申报的两种基本方式。在一般情况下，进出口货物收发货人或其代理人应当履行这两项义务，即进出口货物收发货人或代理人先向海关计算机系统发送电子数据报关单，接收到海关计算机系统发送的"接受申报"电子报文后，凭以打印纸制报关单，随附有关单证，向海关提交报关单进行申报。

《网站链接》

中国海关门户网站 http://www.customs.gov.cn

2. 申报方式

目前，电子报关主要有三种类型四种申报方式：

（1）终端申报方式

终端申报方式指进出口货物收发货人或其代理人在海关规定的报关地点委托经海关登记注册的预录入企业使用连接海关计算机系统电脑终端录入报关单电子数据。

（2）EDI申报方式

这种方式可分为以下两种：

委托EDI申报方式：进出口货物收发货人或其代理人在海关规定的报关地点委托经海关登记注册的预录入企业使用EDI方式录入报关单电子数据；

自行EDI申报方式：进出口货物收发货人或其代理人在本企业办公地点使用EDI方式自行录入报关单电子数据。

（3）网上申报方式

网上申报方式指进出口货物收发货人或其代理人在本企业办公地点连接因特网，通过"中国电子口岸"自行录入报关单电子数据。

进出口货物收发货人或其代理人在上述四种方式中选择一种适用的方式，将报关单内容录入海关电子计算机系统，生成电子数据报关单。一旦接收到海关发送的"接受申报"报文，即表示电子申报成功。

3. 电子通关系统

电子通关系统是海关利用现代计算机技术和信息网络技术对货物进出口进行全面信息化

管理的一整套项目的总称。我国海关已经在进出境货物通关作业中全面使用计算机进行信息化管理,成功地开发运用了多个电子通关系统。

H883/EDI 通关系统的开发利用、H883/EDI 通关系统更新换代项目和 H2000 通关系统的运用,极大地提高了海关管理的整体效能,同时进出口企业也享受到了报关程序简化、高效所带来的便利。

4. 中国电子口岸系统

中国电子口岸系统又称口岸电子执法系统,简称电子口岸,是利用现代信息技术和电子计算机技术,将与进出境贸易管理关联的国务院 12 个有关部委管理的进出口业务信息整合为一个公共数据库,并为相关政府部门提供跨部门、跨行业管理核查,为进出口企业网上办理各种进出口业务提供一个公共平台。

6.5　业务技能训练

6.5.1　课堂训练

1. 简述出口商品报关的流程。

2. 出口商品报关时需要提供哪些单据?

3. 某出口货物成交价格为 FOB 上海 10 000.00 美元,另外从上海至出口目的国韩国的运费为总价 500.00 美元,从上海至韩国的保险费率为 3‰。假定其适用的基准汇率为 1 美元 = 6.80 元人民币,出口关税税率为 10%。计算出口关税税额。

4. 上网搜索进料加工商品出口报关需要提供什么材料?

5. 案例分析:

(1) 北京某公司是一家从事机械制造产品的民营企业,该公司拟向美国一家公司出口一批冷轧不锈钢带,委托北京一家外贸进出口公司向北京海关办理出口报关手续。请分析该项报关业务主要有哪些具体的环节。

(2) 报关员小张于 9 月 10 日以 EDI 方式为本企业出口的货物向海关申报,当日收到海关"不接受申报"的报文,修改后次日再次以 EDI 方式申报,当日收到海关"接受申报"和"现场交单通知"。小张于 9 月 20 日到海关递交打印的纸质报关单和其他单证。该批货物的申报日期为哪天?

6.5.2　实训操作

1. 烟台东方外贸有限公司的男衬衫计划于 1 月 5 日装船。请你填制"出口货物报关单",向海关报关。

2. 根据山东天地木业有限公司与现代公司签订的地板出口合同及发票、装箱单等随附单据,填写出口货物报关单。

3. 根据前面自己公司和外商所签订的合同及相关票据资料,办理相应的报关手续,填制"出口货物报关单"。

项目 7　货款的结算

学习目标	
知识目标	能力目标
◇ 结汇单据的主要内容 ◇ 结汇方式与货款结算业务	◇ 正确制作货款结算所需要的单据 ◇ 办理交单结汇手续并处理结算业务中的相关事项

7.1　项目描述与分析

1. 项目描述

烟台中策外贸有限公司的货物已于 2013 年 9 月 25 日从青岛港按期发运,信用证的交单期为 10 天(PRESENTATION PERIOD 48: DOCUMENTS TO BE PRESENTED WITHIN 10 DAYS AFTER THE ISSUANCE OF THE SHIPPING DOCUMENTS BUT WITHIN THE VALIDITY OF THE CREDIT),现业务员王铮正抓紧制作单据,早日到银行办理货款结算。

2. 项目分析

现代国际贸易绝大部分采用凭单交货、凭单付款方式。在信用证业务中,单证正确与否直接关系到企业的经济利益。由于银行只凭信用证,不管买卖合同和货物,顺利结汇的关键在于单证的正确、完整、及时、清晰。因此,对单据的要求非常严格。

出口商完成了货物的交付后,就要着手结算货款。在出口业务中制作好汇票、发票、装箱单等,并及时从相关机构获取提单、保险单、产地证书、商检证书等单据,审核正确。单据制作完成后,要在规定的交单到期日或以前,将各种单据和必要的凭证送交指定的银行办理付款、承兑或议付手续,向银行进行结汇。

7.2　相关知识

7.2.1　常用结汇单据

在国际贸易实务中,单据份数的表达方式一般有三种:第一种是"Copy"表达法,in 1 copy,in 5 copies;第二种是"Fold"表达法,in 1 fold,in 5 fold;第三种是固定的表达方式:in duplicate(一式两份),in triplicate(一式三份),in quadruplicate(一式四份),in quintuplicate(一式五份),in sextuplicate(一式六份),in septuplicate(一式七份),in octuplicate(一式八份),in nonuplicate(一式九份),in decuplicate(一式十份)。

现对出口履约中涉及的几种主要结汇单据的内容及制单时应注意的问题，作简单介绍。

1. 发票

发票(Invoice)是出口方向进口方开列的出口货物价目清单，也是进出口报关不可缺少的重要文件之一。商业发票是一笔业务的全面反映，内容包括商品的名称、规格、价格、数量、金额等。商业发票处于全套出口单据的核心地位，发票的缮制如表7-1所述。

表7-1 发票的内容和缮制要点

项目	内容	要点提示
1. 出票人和出票地址	即出口人的名称与地址	
2. 发票的名称和种类	如 Invoice	不同发票的名称表示不同用途，要严格根据信用证的规定制作发票名称。
3. 出票日期 Invoice Date 和发票编号 Invoice No.		在全套单据中，发票是签发日期最早的单据。它只要不早于合同的签订日期，不迟于提单的签发日期即可。
4. 运输方式和路线	起运及目的地，如 From Dalian To Goteborg, Sweden W/T Hong Kong	按合同或信用证规定
5. 抬头 To	买方名称	与信用证规定一致。如信用证中无规定，即将信用证的申请人或收货人的名称、地址填入此栏。如信用证中无申请人名字则用汇票付款人。
6. 唛头及编号 Marks and No.	如收货人简称、目的地、参考号、件号	应严格按照信用证与合同的规定进行刷唛和制单。如未规定，可按买卖双方和厂商定的方案或由受益人自定。无唛头时，应注"N/M"或"No Mark"。如为裸装货，则注明"Naked"或散装"in Bulk"。
7. 品名及货物描述 Description of Goods	货物的名称、规格型号等	严格根据信用证及合同的规定填写
8. 价格(Price)	单价 Unite Price 总额 Amount	除非信用证上另有规定，货物总值不能超过信用证金额。如涉及佣金和折扣，要注意其处理。来证要求在发票中扣除佣金，则必须扣除；有时证内无扣除佣金规定，但金额正好是减佣后的金额，发票应显示减佣，否则发票金额超证；有时合同规定佣金，但来证金额内为扣除，而且证内也未提及佣金事宜，则发票不宜显示，待货款收回后另行汇给买方。折扣与佣金的处理方法相同。
9. 特殊条款 Special Terms	如要求证实货物原产地	按信用证或合同要求注明，起到证明、声明的作用。
10. 签署 Signature	出口方公司名称及授权签字	一般要签署，特别是有证实语句时。

《案例分析》

案例：某年我国出口公司向科威特中间商出口货物一批，按 CFR5% 价格条件成交，货值为 USD52 500。国外开来信用证总金额为 USD49 875，并注明"议付时扣 5% 系给某商号（中间商）的佣金"（When negotiating 5% commission to be deducted from amount negotiated and returned to ××）。我出口公司未核对来证金额，在缮制发票和汇票时均按合同金额 52 500 美元。议付时中行扣除 5%，按 49 875 美元借记开证行北京账户。开证行接单后来电拒付，理由是发票金额超过来证金额，成为多次与开证行及中间商交涉均无效，只好在信用证有效期内另赶制发票和汇票，将金额均改为 49 875 美元，在此金额基础上再扣去 5% 佣金，白白损失了 2 493.75 美元。

分析：上例中来证金额为 49 875 美元，议付时扣 5% 作为佣金。我方审证时缺乏业务经验，未能发现信用证所列金额与合同金额不符。按照合同，总金额为 52 500 美元，而不是 49 875 美元。业务员对于信用证中"议付时扣 5% 系给某商号（中间商）的佣金"错误理解为：信用证上金额是合同总金额 52 500 美元扣除 5% 佣金后的净额 49 875 美元。于是在缮制发票、汇票时均按合同规定办理。开证行发现单证不符予以拒付。这是由于我方人员缺乏业务经验，加之复核把关不严，以致中了外国人设下的圈套，多付了 5% 的佣金，价值 2 493.75 美元。

《注意》

(1) 审证是一项既细致、专业性又强的工作，工作人员要有较强的责任心，若稍有疏忽就会带来不可弥补的损失。

(2) 作为外贸工作人员应具备良好的专业知识，熟悉合同的条款及操作方法。如果对合同条文理解不当或操作有误，就会影响出口收汇，给不法分子以可乘之机。

2. 装箱单

装箱单是商业发票的一种补充单据，有装箱单（Packing List）、重量单（Weight List）和尺码单（Measurement List）等不同的名称、格式，具体应该按照信用证要求的名称缮制，便于国外买方在货物到达目的港时供海关检查和核对货物。通常可以将其有关内容加列在商业发票上。装箱单是对出口商品的包装、规格、重量、尺码等详细情况说明的一种单据，是买方收货时核对货物的品种、花色、尺寸、规格和海关验收的主要依据。装箱单主要有以下内容：

(1) 装箱单名称（Packing List）：应按照信用证规定使用。

(2) 编号（No.）：与发票号码一致。

(3) 合同号（Contract No.）：标注此批货物的合同号。

(4) 件号（No.）：如 Carton No. 1—5；…Carton No. 6—10；…，有的来证要求此处注明 "CASE NO. 1 - UP"，UP 是指总箱数，在制单时应把具体箱数写明。

(5) 品名和规格（Name Of Commodity & Specification）：要求与发票一致。

(6) 外包装单位（Unit）和数量（Quantity）。

(7) 毛重（Gr. Weight）：通常计量单位是千克。

(8) 箱外尺寸（Measurement）：注明每个包装件的外尺寸，通常计量单位是立方米。

(9) 唛头（Shipping Mark）：与发票一致。

（10）出单人签章：应与发票相同，如信用证规定包装单为"in plain"或"in white paper"等，则在包装单内不应出现买卖双方的名称，不能签章。

3. 汇票

汇票必须记载下列事项："汇票"字样；无条件支付委托；确定的金额；付款人名称；出票日期；出票人签章等。汇票上未记载规定事项之一的，汇票无效。在实际业务中，汇票通常需列明付款日期、付款地点和出票地点等内容。

（1）汇票名称（Bill of Exchange，Draft）

汇票上标明"汇票"（Bill of Exchange）字样。

（2）金额

金额由货币和数额两部分组成，有大小写两种表述，且大小写必须一致。一般情况下汇票金额应与发票金额一致，但也有例外。

1）信用证上明确规定汇票金额是发票金额的一定百分比。

2）来证要求出具佣金单（Credit Note 或 Comm. Note）时：汇票金额＝发票金额－佣金单金额；如信用证要求佣金在支付时扣除，则汇票金额等于发票金额，但寄单索汇时应少收佣金部分。

3）来证要求运费、保险费或其他费用可在证下或超证支取时：汇票金额＝发票金额＋费用总和；来证要求运费、保险费或其他费用不许超证或证外支付，则须另制费用金额汇票。

4）在部分信用证、部分托收的结算中，需分制不同支付方式下的汇票。

5）当实际装运数量少于规定的数量，或信用证允许分批装运时，发票金额为实际应收金额。此时，汇票金额等于发票金额。

（3）付款期限

汇票期限分为即期和远期。即期用"at sight"或"on demand"表示。远期有多种表示方法，都应将实际付款期限按信用证规定严格一致地打入。

（4）受款人

受款人也称"抬头人"或"抬头"。在实际业务中汇票通常作成指示性抬头，即"Pay to the order of…"。

（5）出票条款

在 Drawn under 之后缮打，按信用证具体规定严格一致。如信用证未要求，则应打开证行名称、地址、信用证号和开证日期。另在出票条款中，按信用证要求也可加注利息条款和费用条款。

（6）付款人

付款人（To）也称受票人，包括付款人名称和地址。汇票付款人的填写要按照信用证的要求。

（7）出票地点及日期

它们通常注在一起，在汇票的右上角。一般在地址之后或之下注日期。出票日期应晚于提单日，早于议付日或于议付日当天，一般是提交议付行议付的日期，该日期往往由议付行填写。该日期不能迟于信用证的有效期。托收方式的出票日期以托收行寄单日期填列。

（8）汇票编号（No.）

一般情况下，汇票号码采用发票号码。

（9）出票人

出票人即受益人、合同的卖方或托收方式下托收的委托人。

7.2.2 结汇方式

出口结汇是指银行将收到的外汇按当日人民币市场汇价的银行买入价购入，结算为人民币以支付给出口人。

我国出口业务中，通常有下列三种信用证的出口结汇办法：

1. 收妥结汇

收妥结汇是指出口地银行收到受益人提交的单据，经审核确认与信用证条款的规定相符后，将单据寄给国外付款行索偿，待付款行将外汇划给出口地银行后，该行再按外汇牌价结算成人民币交付给受益人。

2. 定期结汇

定期结汇是指出口地银行收到受益人提交的单据经审核无误后，将单据寄给国外银行索偿，并自交单日起在事先规定期限内将货款外汇结算成人民币贷记受益人账户或交付给受益人。此项期限视不同国家（地区），根据银行索汇邮程的时间长短分别确定。

3. 买单结汇

买单结汇又称出口押汇或议付，是指议付行在核实单据后确认受益人所交单据符合信用证条款规定的情况下，按信用证的条款买入受益人的汇票及单据，按照票面金额扣除从议付日到估计收到票款之日的利息，将净数按议付日人民币市场汇价折算成人民币，付给信用证的受益人。买单结汇是议付行向信用证受益人提供了资金融通，可加速出口人的资金周转，有利于扩大出口业务。

7.2.3 信用证事故的处理

在实际业务中，由于主、客观原因，发生单证不符的情形往往难以完全避免，只能按符点交单，或者开证行判断存在不符点的，都有可能导致单据被拒付。

如果遭遇对方拒付，首先要区分责任，判断开证行拒付是否有合理依据、是否符合程序。所谓合理依据，就是开证行提出的不符点应有站得住脚的理由，否则可通过国内银行回复解释申辩。所谓符合程序，是开证行必须在5个工作日内审核单证并一次性提出不符点，否则即使有不符点也无权再提。

1."单证不一致"的防范与处理

在信用证交易中，业务员应该树立起"信用证至高无上"的观念，即使信用证中出现错别字或明显的语法错误，只要不导致产生歧义，在无法修改的情况下，也要将错就错地照样搬到所有单证中去。

同一票货物，按照需要可能会制作几套单证，分别交给商检部门、海关和银行。这几套单证在某些方面有出入，并不影响银行对自己那套单证的审核与付款。因此，其他单证可以略有差错，但给银行的单证一定要完全与信用证一致，这是"单证不一致"事故处理的最大原则。至于其他国家机构，只要不是蓄意欺诈，对操作上的失误，还是允许一定的灵活性的。特别是对于出口商自己缮制的单据，比如受益人证明，则不必拘泥实际操作情况。

不能做到的事先讲明，因意外而导致失误的（如提单传递迟误，导致未能按照客户要求及时寄出提单复印件),必要的时候,说明一下,请客户谅解即可,但单证则完全按照信用证要求出具。

对于不是自己出具,而是第三方如货运公司出具的提单一类,事先务必与他们仔细核对正确,然后拿取正本,拿到后再检查一次,看是否正确。出现问题的,在分清责任的同时,火速更换。对于日期时效方面的不符,请货运公司协作,虚打日期以满足信用证。

对于国家机构比如商检局出具的单据,不易灵活处理,因此要慎重一些。如果信用证条款中对这类单证有特别要求的,先与商检机构沟通咨询,看是否能满足客户要求。无法完全满足的,坚决要求修改信用证条款。因外贸市场灵活多变,品质要求也参差不齐,对于商检局提出异议的产品,可以通过"客户确认"的保函形式协商解决。

2. "单单不一致"的预防与处理

单单不一致,指同一套单证里不同单据相同栏目的内容不一致。这个问题通常是由于部门分工协作制单中的疏漏造成的。预防的方法就是事先编制交易档案,按照栏目分别归类,像一个数据库一样,根据交易编码,各部门或者各单证直接调用。

此外,审单证时不但要逐张审核,还可以"横"审,即比对不同单证同一栏目内容。实务中,也允许有些地方在合理范围内某些栏目单单不一致的。比如品名描述栏,在发票中也许细致详实,按照同类产品不同款式逐一分列,而提单和原产地证中就简单合并了。

3. 不符点的处理

单据与信用证存在差异一概称为不符点。轻微的不符点比如某个字母或标点符号的错误,不造成歧义,对交易性质无实质影响的,一般开证行也会接受,但会对每一个不符点扣罚几十美金。如果是较大的错误,特别是数量、金额、交货期方面的错误,就严重了。开证行会通知受益人不符点的情况,并暂时中止执行信用证支付,待受益人与开证申请人协商,开证申请人愿意接受不符点同意付款了,才会支付,同时不符点费用照扣。可见,不符点将直接导致信用证失效。

注意

一般地,在把单证交付国外开证行之前,国内出口商的信用证议付行会审核一遍,发现确有不符点的,如若来得及换单,把修改正确的单证补交上去。只要把修改后的单据在信用证规定的有效期内提交到指定银行,则视为单据不存在不符点,开证行必须付款。

倘若限于时间,无法在信用证有效期内做到单证相符,或者很多情况既成事实,不符点无法更改,有以下几种处理方式:

(1)不符点不严重,可在征得开证申请人同意的前提下,由受益人出具保证书请求议付行"凭保议付"。多数情况下,客户也会同意。

(2)不符情况较为复杂,可请议付行电告开证行单据中的不符点,请开证行与开证申请人联系,让开证申请人向开证行确认接受不符点,开证行再向国内银行确认,然后对外寄单。这种操作方式称为"电提不符点"。

(3)上述两种方式如开证行均不接受,只能改为"跟证托收",这种方式风险极大,不能轻易采用。

【注意】

发生单据拒付的时候,要密切关注货物下落。在信用证业务中,相关各方面处理的是单据,而不是货物。之所以如此,最主要的原因是信用证所涉及的单据尤其是作为货权单据的提单,使得信用证的当事人能够控制货权。另外,关注货物下落还可以了解开证申请人是否已凭开证行的提货担保提取货物,凭保提货虽然构不成开证行拒付后必须付款的责任,但如受益人或议付行要求退单,然后向船公司索要货物,船公司因无法提供货物,必然转而找开证行,要求其履行提货担保项下的责任,则开证行信誉损失不说,还可能承担比货款更多的经济损失,所以在这种情况下,一经向其说明已知客户凭其提货担保提货的事实,开证行往往会妥协付款。

7.3 项目实施与心得

1. 项目实施

(1) 制作单据

王铮在出口货物装运后,根据信用证的要求及时制作汇票、发票、装箱单等单据,以便结汇。

BILL OF EXCHANGE

Drawn under BANQUE NATIONAL DE PARIS, PARIS, FRANCE

L/C NO. LCH066/08   Dated AUG. 12, 2013

NO.：CLK008   Exchange for USD35 817.60   China SEPT. 27, 2013

At Sight of this First of Exchange(SECOND of Exchange Being unpaid)

Pay to the order of BANK OF CHINA, YANTAI BRANCH

The sum of SAY THIRTY FIVE THOUSAND EIGHT HUNDRED AND SEVENTEEN U. S. DOLLARS AND SIXTY CENTS ONLY

TO BANQUE NATIONAL DE PARIS, PARIS, FRANCE

YANTAI ZHONGCE IMPORT & EXPORT CORP.

王铮

YANTAIZHONGCE IMPORT & EXPORT CORP.

NO. 25 MINGXIN RD. YANTAI, SHANDONG, CHINA

TEL：0535-6638171

COMMERCIAL INVOICE

TO：GOLDEN MOUNTAIN TRADING CO. , LTD.   INVOICE NO.：CLK008
　　ROOM 1618 BUILDING   INVOICE DATE：SEPT. 15, 2013
　　NO. 36 THE FIRST LYON STREET   CONTRACT NO.：CZCX080180
　　PARIS, FRANCE   L/C NO.：LCH066/08
FROMQINGDAO, CHINA TO MARSEILLES PORT, FRANCE

MARKS & NOS.	DESCRIPTION OF GOODS	QUANTITY	UNIT PRICE	AMOUNT
GMT CO. CZCX080180 MARSEILLES NO. 1—156	100% COTTON LADIES COAT woven, with bronze-colored button 2 pockets at side.	1 248pcs	USD28.70	CIFC3% MARSEILLES USD35 817.60

AMOUNT IN WORDS: SAY U. S. DOLLARS THIRTY FIVE THOUSAND EIGHT HUNDRED AND SEVENTEEN AND CENTS SIXTY ONLY

YANTAI ZHONGCE INIMPORT & EXPORT CORP.

王铮

YANTAI ZHONGCE IMPORT & EXPORT CORP.

NO. 25 MINGXIIN RD, YANTAI SHANDONG, CHINA

TEL: 0535 - 6638171

PACKING LIST

TO: GOLDEN MOUNTAIN TRADING CO., LTD.　　INVOICE NO.: CLK008
ROOM 1618 BUILDING G　　INVOICE DATE: SEPT. 15, 2013
NO. 36 THE FIRST LYON STREET,　　CONTRACT NO.: CZCX080180
PARIS, FRANCE　　L/C NO.: LCH066/08

MARKS & NOS	DESCRIPTION OF GOODS	QTY	CTNS	G. W. (KGS)	N. W. (KGS)	MEAS.
GMT CO. CZCX080180 MARSEILLES NO. 1—156	100% COTTON LADIES COAT woven, with bronze-color button 2 pockets at side.	1 248 PCS	156 CTNS	30/4680	25/3900	50×40×80 CM/ 2496 CBM

PACKAGES IN WORDS: SAY ONE HUNDRED AND FIFTY SIX CARTONS ONLY

YANTAI ZHONGCE IMPORT & EXPORT CORP

王铮

（2）交单

为了提高单证质量，保证安全和及时收汇，我国银贸双方本着密切配合、互相支持的原则，采用在运输单据签发之前先将其他已备齐的单据送交银行预审和在全部单据备齐后向银行交单两种不同的方式，视业务的实际情况选择使用。

王铮从运输代理取得提单，从保险公司取得保险单，从检验检疫局取得品质证书、产地证等，经仔细审核，连同刚才制作的单证，在 9 月 28 日向银行提交信用证项下的单据，要求银行议付。

（3）结汇

中国银行烟台分行在核实单据后确认烟台中策外贸有限公司所交单据符合信用证条款规定的情况下，按信用证的条款买入受益人的汇票和单据，按照票面金额扣除从议付日到估计收到票款之日的利息，将净数按议付日人民币市场汇价折算成人民币，于 2013 年 10 月 6 日划入烟台中策外贸有限公司的账户。中国银行于 2013 年 10 月 15 日收到法国付款行的货款。

2. 项目实施心得

在凭单交货、凭单付款方式下,办理货款结算时,单据的制作是关键,一定要树立"单证就是钱"的理念,要仔细审核向银行办理结汇的单据,并在规定时间内交单,与银行良好协作,顺利结算货款。

业务员在制作结汇单据时,要按照以下几点要求做:

(1) 正确。单据内容必须正确,要能真实反映货物的实际情况,单据之间的内容不能矛盾,信用证方式下还要符合信用证的要求。

(2) 完整。单据的份数应符合信用证或合同的规定,不能短少;单据本身的内容应当完备,不能出现项目短缺情况,信用证或合同的特别要求也应体现。

(3) 及时。制单应及时,各单据出单时间应合理、有序;交单应及时,信用证业务中应在信用证有效期内、交单期内、装运日后 21 天内交单。

(4) 简明。单据内容应按信用证或合同的要求和国际惯例填写,力求简单明了,切勿加列不必要的内容。

(5) 整洁。单据的布局要美观、大方,打印的字迹要清楚醒目,不宜轻易更改,尤其对金额、件数、重量等内容不宜改动。

7.4 知识拓展

1. 各种单据签发时间之间的关系

每份单据都会标明签发日期,各种单据的签发日期应符合逻辑性和国际惯例,以提单上的 ON BOARD DATE 为基准,发票、提单、保险单、产地证、商检证等单据日期之间存在以下先后关系。

发票日期应在各单据日期之首;装箱单一般与发票同日;提单日不能晚于 L/C 规定的装运期,也不得早于 L/C 的最早装运期;保单的签发日应早于或等于提单日期(一般早于提单 2 天),不能早于发票;产地证不早于发票日期,不迟于提单日;商检证日期不晚于提单日期,但也不能过分早于提单日,尤其是鲜货,容易变质的商品;受益人证明等于或晚于提单日;船公司证明等于或早于提单日;汇票的日期不得早于提单,一般应晚于发票等其他单据,但不能晚于 L/C 的有效期。

2. 各种单据的签章

一个企业有各种各样的章,我们必须明确什么时候盖什么章。

凡属以企业名义对外发文、开具介绍信、报送报表等一律需要加盖公司法人公章;凡属以企业内部行文、通知等,使用公司内部印章;凡属经营类的合同、协议等文本,一般使用企业专用合同章或企业法人章。

发票、装箱单应该盖中英文单据章,报关单应该盖报关专用章,核销单应该盖条形章,报关委托书应该盖公章、法人章。

7.5　业务技能训练

7.5.1　课堂训练

1. 试分析定期结汇、收妥结汇和押汇三者的利弊。
2. 简述备用信用证与跟单信用证的区别。
3. 讨论如果信用证结算方式下,出现单证不符,怎样去解决?
4. 案例分析:

(1) 某外贸公司出口货物一批,数量为 1 000 公吨,每公吨 USD78 CIF Rotterdam。国外买方通过开证行按时开来信用证,证内注明按 UCP600 办理,该证规定:总金额不得超过 USD78 000,有效期为 11 月 30 日。外贸公司于 11 月 4 日将货物装船完毕取得提单,签发日期为 11 月 4 日。请问:

① 外贸公司最迟应在哪天将单据交银行议付? 为什么?

② 本批货物最多、最少能交多少公吨? 为什么?

(2) 我国某出口企业收到国外开来不可撤销信用证一份,由设在我国境内的某外资银行通知并加以保兑。我出口企业在货物装运后,正拟将有关单据交银行议付时,忽接该外资银行通知,由于开证银行已宣布破产,该行不承担对该信用证的议付或付款责任,但可接受我出口公司委托向买方直接收取货款的业务。对此,你认为我方应如何处理为好?

7.5.2　实训操作

1. 烟台东方外贸有限公司的衬衫出口后,缮制发票、装箱单、汇票、产地证。
2. 山东天地木业有限公司的地板出口后,缮制发票、装箱单、汇票、产地证。
3. 每位学生就自己公司产品出口后,缮制发票、装箱单、汇票等单据,去银行结汇。
4. 根据所给的内容和信用证条款缮制发票、装箱单、汇票、产地证。

ADVISING BANK: BANK OF COMMUNICATIONS SHANGHAI(HEAD OFFICE)
OPENING BANK: BANGKOK BANK PUBLIC COMPANY LIMITED, BANGKOK

FORM DOC. CREDIT	*40A	IRREVOCABLE
DOC. CREDIT NUM.	*20	0611LC123756
DATE OF ISSUE	31C	061103
DATE/PLACE EXPIRY	31D	010114　BENEFICIARY'S COUNTRY
APPLICANT	*50	MOUN CO. , LTD.
		NO. 443.249 ROAD BANGKOK THAILAND
BENEFICIARY	*59	SHANGHAI FOREIGN TRADE CORP.
		SHANGHAI, CHINA
CUR. CODE AMT.	*32B	Code USD Amount 18,000
AVAILABLE WITH/BY	*41D	ANY BANK IN CHINA BY NEGOTIATION
DRAFTS AT	43D	ISSUING BANK
PARTIAL SHIPMENTS	43P	NOT ALLOWED

TRANSSHIPMENT	43T	ALLOWED
LOADING ON BRD	44A	CHINA MAIN PORT
FOR TRANSPORT TO	44B	BANGKOK, THAILAND
LATEST SHIPMENT	44C	061220
GOODS DESCRIPT.	45A	2000KGS ISONIAZID BP98
		AT USD900 PER KG CFR BANGKOK
DOCS. REQUIRED	46A	

+COMMECIAL INVOICE IN ONE ORIGINAL PLUS 5 COPIES INDICATING FOB VALUE, FREIGHT CHARGES SEPARATELY AND THIS L/C NUMBER, ALL OF WHICH MUST BE MANUALLY SIGNED.

+FULL SET OF 3/3 CLEAN ON BOARD OCEAN BILLS OF LADING AND TWO NON-NEGOTIABLE COPIES MADE OUT TO ORDER OF BANGKOK BANK PUBLIC COMPANY LIMITED, BANGKOK MARKED FREIGHT PREPAID AND NOTIFY APPLICANT AND INDICATING THIS L/C NUMBER.

+PACKING LIST IN ONE ORIGINAL PLUS 5 COPIES. ALL OF WHICH MUST BE MANUALLY SIGNED.

+CERTIFICATE OF ORIGIN

| ADD. CONDITIONS | 47A | A DISCREPANCY FEE OF USD50.00 WILL BE |

IMPOSED ON EACH SET OF DOCUMENTS PRESENTED FOR NEGOTIATION UNDER THIS L/C WITH DISCREPANCY. THE FEE WILL BE DEDUCTED FROM THE BILL AMOUNT.

| CHARGES | 71B | ALL BANK CHARGES OUTSIDE THAILAND |
| | | INCLUDING REIMBURSING BANK |

COMMISSION AND DISCREPANCY FEE（IF ANY）ARE FOR BENEFICIARY'S ACCOUNT.

相关资料：

发票号码：SHE 02/1845　　　发票日期：2006 年 11 月 26 日

提单号码：SCOISG7564　　　提单日期：2006 年 11 月 29 日

船名：JENNY V. 03　　　装运港：上海港

货物装箱情况：50 KG/DRUM　总毛重：2200 KG

集装箱：1×40' FCL CFS/CFS　UXXU4240250 0169255　　运费：USD0.08/KG

5. 根据以下实例画出包括单证在内的流程图

出口实例流程解析

（注：这是一个南京思科纺织服装公司和加拿大客户就女式全棉上衣交易的贸易实务案例。◇符号表示所涉及的单证）

外贸公司(简称思科)：南京思科纺织服装有限公司

NANJING SICO TEXTILE GARMENT CO., LTD.

HUARONG MANSION RM2901 NO. 85 GUANJIAQIAO, NANJING 210005，CHINA

TEL：0086－25－35784312　FAX：0086－25－35784513

国外客户(简称 FF):FASHION FORCE CO., LTD.

P. O. BOX 8935 NEW TERMINAL, ALTA, VISTA OTTAWA, CANADA

TEL:001 - 613 - 4563508　　FAX:001 - 613 - 4562421

交易商品:

COTTON BLAZER 全棉运动上衣

成交方式:CIF

付款方式:即期信用证(L/C AT SIGHT)

通知行:中国银行江苏省分行

出口口岸:上海

服装加工厂:无锡季节制衣有限公司

面、辅料工厂:无锡百合纺织有限公司

货运代理公司:上海凯通国际货运代理有限公司

承运船公司:中国远洋集装箱运输有限公司

备注说明:

本案例涉及的思科公司的部门有三个:业务部、单证储运部、财务部。其中,业务部负责接洽业务,单证储运部负责出运安排、制单、核销,财务部门负责应收、应付帐款。

出口到加拿大的纺织品有配额限制,在准备单证时需注意及时申请"输加拿大纺织品出口许可证",另需注意缮制"加拿大海关发票"等单证,及时寄出给客户用于进口清关。

本案例涉及贸易公司业务部、单证储运部、财务部三个部门,以及工厂、货运代理公司等。在实际业务中,租船订舱、报验、申领核销单、申请配额等工作往往是贸易公司的各个部门在同时进行的,次序不分先后。从本案例中,可以了解到贸易公司各部门以及货运代理公司等的工作过程。对贸易公司相关部门以及货运代理公司的工作有实务性的认识。

外贸流程1　交易磋商

南京思科纺织服装有限公司(NANJING SICO TEXTILE GARMENT CO., LTD.,以下简称思科公司)成立于1992年,是经国家外经贸部批准的具有进出口经营权的贸易公司,从事纺织服装等产品进出口业务。公司拥有多家下属工厂,产品主要销往欧洲、美加地区及日本等国家和地区。

加拿大客户 FASHION FORCE CO., LTD.(以下简称 F. F. 公司)与思科公司是合作多年的业务伙伴。2000年12月2日,F. F. 公司传真一份制作女式全棉上衣的指示书,并邮寄面料、色样及一件成衣样品给思科公司,要求思科公司2001年3月25日前交货,并回寄面料、色样及两件不同型号的成衣样品确认。

2000年12月8日上午,思科公司收到该样件后,立即联络无锡百合纺织有限公司(面、辅料工厂,以下简称百合纺织),根据 F. F. 公司提供的样件打品质样和色卡,然后用 DHL 邮寄给 F. F. 公司确认。

2000年12月12日,F. F. 公司收到思科公司寄去的样件,回复确认合格,要求思科公司再寄两件不同型号的成衣样品供其确认。接此通知,思科公司立即联络无锡季节制衣有限公司(服装加工厂,以下简称季节制衣)赶制成衣样品。12月17日下午,服装加工厂将两件不同型号的成衣样品送到思科公司。当天,思科公司又将该成衣样品用 DHL 邮寄给 F. F. 公司确认。

12月22日,F. F. 公司收到思科公司寄去的成衣样品,确认合格,要求思科公司报价。当天,思科公司根据指示书要求,以面辅料工厂和服装厂的报价、公司利润等为基础向 F. F. 公司报价。

经过多次磋商,12月26日,双方最终确定以每件 USD12.80 的报价成交。F. F. 公司要求思科公司根据该份报价单制作合同传真其会签,同时传真形式发票供其开具信用证。

合同签订后,双方就成衣细节进行修改和最终确认。

◇ 指示书

◇ 报价单

◇ 外销合同

◇ 形式发票

外贸流程 2　落实信用证

2001 年 1 月 31 日,中国银行江苏省分行通知思科公司收到 F. F. 公司通过 BNP PARIBAS (CANADA) MONTREAL 银行开来的编号为 63211020049 的信用证电开本。

其中与缮制单据有关的条款如下:

1. 开证行:BNP PARIBAS (CANADA) MONTREAL

2. 通知行:中国银行江苏省分行

3. 不可撤销信用证号:63211020049,开证日期:2001 年 1 月 29 日

4. 信用证有效期及地点:2001 年 4 月 10 日,中国

5. 申请人:FASHION FORCE CO. , LTD.
   　　　　　P. O. BOX 8935 NEW TERMINAL, ALTA, VISTA OTTAWA, CANADA

6. 受益人:NANJING SICO TEXTILE GARMENT CO. , LTD.
   　　　　　HUARONG MANSION RM2901 NO. 85 GUANJIAQIAO, NANJING 210005,CHINA

7. 信用证金额:USD32640. 00

8. 商品描述:

   　　SALES CONDITIONS: CIF MONTREAL/CANADA

   　　SALES CONTRACT NO.　F01LCB05127

   　　LADIES COTTON BLAZER (100% COTTON, 40 S×20 S/140×60)

STYLE NO.	PO. NO.	QTY/PCS	USD/PC
46 - 301A	10337	2550	12.80

9. 分批装运及转船运输:不允许分批装运,允许转运,从中国运至加拿大蒙特利尔港口。

10. 最后装船期:2001 年 3 月 25 日

11. 议付单据要求:

    (1) 商业发票六份,受益人代表签名。

    (2) 加拿大海关发票四份。

    (3) 3/3 全套正本已装船的清洁海运提单,抬头人为"TO THE ORDER OF BNP PARIBAS (CANADA)",显示运费预付,通知人为开证人的名称和地址。

    (4) 明细装箱单三份。

    (5) 普惠制产地证一份副本(FORM A)。

    (6) 输加拿大纺织品出口许可证一份副本。

    (7) 受益人证明:证明装运后 5 天内,普惠制产地证正本、输加拿大纺织出口许可证正本、商业发票副本、明细装箱单副本、正本提单的复印件已经由快递方式直接寄送给开证人,并附快件回执。

    (8) 提供开证人的传真确认函,确认货物在装运前生产的样品由开证人认可。

    (9) 印有承运人抬头的证明,显示承运公司的名称和地址、海运提单号、集装箱号,以及本次承运人的集装箱内不含有任何原生木料制成的支撑物或托盘,以及其他任何原生木制包装材料。

    (10) 客检证正本一份:要求出运前 15 天用 DHL 寄四件不同型号的成衣样品,经检验合格后由 F. F. 公司出具客检证。

    (11) 中国人民保险公司出具的保险单一份正本一份副本。

12. 附加条款:

    (1) 如果提供的单据不符合信用证条款的规定,每个不符点 55 美金。

    (2) 一切结算费用由受益人支付。

    (3) 本信用证的数量和金额有 3% 的溢短。

    (4) 所有的单据、证明、申明必须签字及标明日期。

（5）如下内容仅作参考：

请注意，从 1999 年 1 月 4 日开始，所有从中国运往加拿大的货物，如果包装物中含有木制成分，将被加拿大海关禁止。因为，原生木质中含有一种亚州长角甲虫（LONG HORNED）。

（6）加拿大政府现在坚持所有运往加拿大的货物必须提供上述所有文件。

（7）海运提单和商业发票必须证明如下内容：

集装箱内不含有任何原生木料制成的支撑物或托盘，以及其他任何原生木制包装材料。

（8）受益人的银行帐号为 0777103281054。

注意事项：

议付单据中有关客检证条款项，对我方公司极为不利。如果客户信誉良好，多会在样品检验合格后及时签发客检证明。但有些客户会故意拖延签发客检证的时间，导致我方不能及时交单议付。因此，遇到有此项条款的信用证，我方公司需特别注意及时寄样和催客户及时签发客检证。

◇ 信用证通知书

◇ 信用证

外贸流程 3　出口备货

收到信用证后，2001 年 2 月 1 日，思科公司立即与早已联络好的服装加工厂签订订购合同，指定服装厂使用百合纺织的面辅料。2 月 5 日，服装厂正式投产。

根据信用证规定，3 月 2 日，思科公司寄出四件不同型号的成衣样品给 F.F. 公司检验。3 月 6 日，F.F. 公司收到后，经检验合格，签发客检证正本一份并用 DHL 寄回给思科公司。

注意事项：

关于品质检验和客检证的签发，视客户检验的具体状况而定。一般不外乎有以下两种方式：

其一，客户派员亲自来厂检验，检验合格后当场签发客检证，或该员将检验结果向客户汇报后，由客户将客检证寄给我方。在此种方式下，客户一般是在出运前 4～5 天来厂检验，此时工厂的加工、包装已基本结束。验货通过后即可安排出运。

其二，将样品寄给客户检验，检验合格后，客户签发客检证并寄我方。在此种方式下，一般客户会要求我方在出货前 10～15 天寄样品供其检验。

◇ 服装订购合同

◇ 客检证

外贸流程 4　租船订舱

本批出口商品系采用集装箱班轮运输，故在落实信用证及备货时，思科公司即向上海各家货运代理公司询价，最终确定委托上海凯通国际货运有限公司（以下简称上海凯通）代为订舱，以便及时履行合同及信用证项下的交货和交单的义务。

2001 年 3 月 9 日，服装全部生产、包装完毕，工厂制作装箱单传真给思科公司。思科公司根据工厂报来的装箱单，结合合同及信用证货物明细描述，开列出仓通知单，单证储运部门根据出仓通知单、工厂制的装箱单、信用证统一缮制全套的出运单据。出运单据包括出口货物明细单、出口货物报关单、商业发票、装箱单。

单证储运部门先将出口货物明细单传真上海凯通配船订舱，确认配船和费用后，准备全套报关单据（出口货物明细单、报关委托书、出口货物报关单、商业发票、装箱单、出口收汇核销单、输加拿大纺织品出口许可证（海关联）），寄到上海凯通用于报关、出运。同时，准备普惠制产地证用于出运后寄客户作进口清关。

上海凯通在确认配船和费用后，传真送货通知给思科公司，要求思科公司 3 月 16 日中午前将货物运至指定仓库。

注意事项：

在 FOB 条件下，运输公司大多由客户指定。

外贸流程 5　出口报验

由于思科公司出口的全棉女式上衣属于法定检验的商品范围（属于《种类表》商品范畴），在商品报关时，报关单上必须有商检机构的检验放行章方可报关。因此,2001 年 3 月 9 日,思科公司寄出商业发票、装箱单、报检委托书,委托服装加工厂向无锡市商检局申请出口检验。

申请出口商品检验时,工厂必须填写出口商品检验申请单,并随附报检委托书、外销合同、信用证复印件、商业发票、装箱单、纸箱证等单据。

3 月 13 日,此批货物经检验合格,无锡商检局出具换证凭单给工厂。当天,工厂将换证凭单寄给思科公司指定的上海凯通国际货运公司用于报关。

◇ 出口商品检验申请单

◇ 报检委托书

◇ 外销合同

◇ 信用证

◇ 商业发票

◇ 装箱单

◇ 换证凭单

外贸流程 6　申领核销单

由于思科公司有计划内的核销单,2001 年 3 月 9 日,单证员凭出口货物明细单在本公司申领核销单。

注意事项:

如果核销单已用完,需到外汇局申领出口收汇核销单。具体操作如下:

1. 在到外汇局申领核销单前,先上网向外汇局申请所需领用核销单份数。

2. 外汇局确认思科公司已上网申领核销单后,凭思科公司核销员所持本人操作员 IC 卡、核销员证向该核销员发放核销单。

3. 外汇局根据思科公司网上申领的核销单份数和外汇局本地核销系统确认的出口企业可领单数两者中的较小数,向思科公司发放核销单。

◇ 出口货物明细单

◇ 核销单

外贸流程 7　申请配额

2001 年 3 月 9 日,思科公司向外经贸委申领纺织品配额。3 月 13 日,拿到已签发的输加拿大纺织品出口许可证。

注意事项:

对没有配额的公司而言,必须要申领到配额后方能出口。申领纺织品配额一般有以下几种方式:

1. 外经贸部、地方的外经贸厅每年下发给外贸公司的配额。

2. 外贸公司加入纺织品商会,通过商会每年举办的配额招标投标获取配额。

3. 找有配额的公司调剂:一种是纺织商会组织的公开的调剂,一种是私下的不规范的转卖。

◇ 输加拿大纺织品出口许可证

外贸流程 8　出口报关

单证部门拿到核销单和输加拿大纺织品出口许可证后,2001 年 3 月 13 日,将上海凯通报关所需的报关委托书、出口货物报关单、出口收汇核销单、商业发票、装箱单、外销合同、输加拿大纺织品出口许可证用快件寄出。

3 月 14 日,上海凯通收到思科公司寄来的上述单据。

3 月 15 日上午,上海凯通收到工厂寄来的商检换证凭单,当天下午即凭此单到上海出入境检验检疫局换取出境货物通关单。

3 月 16 日上午,思科公司根据上海凯通的送货通知按时将货物送到上海凯通指定的仓库。

根据新的海关报关规定要求:货物的出口报关必须在货物进入港口仓库或集装箱整箱进入堆场后才能进行。由于 17、18 号是周六、周日,故 3 月 16 日下午,上海凯通即向上海海关报关,以免耽误 3 月 20 日的船期。

上海凯通在报关前,先上网向上海海关进行核销单的口岸备案,并如实向海关申报成交方式(CIF),按成交方式申报成交总价、运费等,以后外汇局即根据实际成交方式及成交总价办理收汇核销手续。

报关时需填写中华人民共和国海关出口货物报关单(白色的报关联和黄色的出口退税联),并随附报关委托书、商业发票、装箱单、出口收汇核销单、出境货物通关单、输加拿大纺织品出口许可证等单证向海关报关,海关依此份报关单验货,并退回已盖章的核销单和两份报关单。报关通过后,上海凯通安排集装箱拖货至船公司指定的码头。

注意事项:

1. 未进行口岸备案的核销单不能用于出口报关,对已备案成功的核销单,还可变更备案。

2. 报关时必须要"出口收汇核销单",否则海关不予受理。货物出境后,海关在核销单上加盖"放行章"或"验讫章",并随同加盖海关"验讫章"的一份带有海关编号的白色报关单、一份黄色的报关单出口退税联一同返还口岸代理上海凯通(从上海海关退回一般需 1 个月左右),最后口岸代理上海凯通寄给思科公司用于向外汇管理部门核销。

3. 纺织品出口许可证是政府机关批准配额纺织品出口的证明文件,其作用是出口商凭此办理出口报关和进口商凭此申领进口许可证并办理进口报关手续。因此,出口加拿大的纺织品在报关时必须要附加拿大纺织品出口许可证,否则海关不予受理。

◇ 报关委托书

◇ 出口货物报关单

◇ 出口收汇核销单

◇ 商业发票

◇ 装箱单

◇ 外销合同

◇ 输加拿大纺织品出口许可证

◇ 商检换证凭单

◇ 出境货物通关单

◇ 送货通知

外贸流程 9　出口保险

由于是按 CIF 条件成交,保险由思科公司办理。因此,2001 年 3 月 16 日,思科公司按约定的保险险别和保险金额,向保险公司投保。

投保时应填制投保单和支付保险费(保险费＝保险金额×保险费率),并随附商业发票,保险公司凭以出具保险单。

注意事项:

实际业务中,一些和外贸公司长期合作的保险公司,有时只需外贸公司提供商业发票,甚至可以不填制投保单,直接凭商业发票出具保险单。

◇ 出口货物运输保险投保单

◇ 商业发票

◇ 货物运输保险单

外贸流程 10　装船出运

上海凯通接受思科公司的订舱委托后,2001 年 3 月 12 日,根据思科公司提供的出口货物明细单缮制集装箱货物托运单,这是外运机构向船公司订舱配载的依据。该托运单一式数联,分别用于货主留底、船代留底、运费通知、装货单、缴纳出口货物港务费申请书、场站收据、货代留底、配舱回单、场站收据副本(大副联)等。其中比较重要的单据有:装货单(Shipping Order;S/O)和场站收据副本(Mate's Receipt;M/R)。

3 月 19 日,货物离港前,上海凯通传真海运提单给思科公司确认。

3月20日,在确定货物安全离港后,思科公司传真装运通知给F.F.公司。

3月22日,思科公司将海运提单复印件、输加拿大纺织品出口许可证(正本)、商业发票、装箱单、加拿大海关发票、普惠制产地证用DHL寄给F.F.公司供其作进口清关用,同时将DHL回执留存准备缮制议付单据。

注意事项:

将来船公司签发的提单上相应栏目的填写也会参照订舱委托书的写法,因此,托运人、收货人、通知人这三栏的填写应该严格按照信用证提单条款的相应规定填写。

◇ 出口货物明细单

◇ 装货单

◇ 场站收据副本

◇ 装运通知

◇ 海运提单

◇ 输加拿大纺织品出口许可证(正本)

◇ 商业发票

◇ 装箱单

◇ 加拿大海关发票

◇ 普惠制产地证

◇ DHL回执

外贸流程11 制单结汇

在办理货物出运工作的同时,思科公司也开始了议付单据的制作。2001年3月20日,上海凯通国际货运代理有限公司作为承运人中国远洋运输(公司)公司下属的中远集装箱运输有限公司的代理,签发了COS6314623142号提单。根据信用证的规定,思科公司备齐了全套议付单据(3/3海运提单正本、商业发票、装箱单、普惠制产地证、受益人证明、客检证、货物运输保险单),于4月2日向议付银行—中国银行江苏省分行交单议付。

◇ 海运提单(3/3)

◇ 商业发票

◇ 装箱单

◇ 普惠制产地证

◇ 受益人证明

◇ 客检证

◇ 货物运输保险单

外贸流程12 财务付款

3月22日,思科公司的财务人员收到上海凯通寄来的海运费发票和港杂费发票。

3月27日,收到服装厂寄来的增值税发票和出口专用缴款书。

议付单据交单后,3月30日,财务人员向服装厂支付货款,并和上海凯通结清海运费、港杂费等费用,同时催上海凯通退核销单。

◇ 海运费发票

◇ 港杂费发票

◇ 增值税发票

◇ 出口专用缴款书

外贸流程13 收汇核销

4月20日,思科公司收到上海凯通寄来的上海海关退回的出口收汇核销单和报关单。当天,核销员在网上将此核销单向外汇局交单,并在进行网上交单时,对核销单、报关单的电子底帐数据进行了认真的核对。

2001年4月23日,思科公司收到银行的收汇水单,开证行已如数付款。至此,该笔交易已安全收汇。

网上交单成功之后,4月24日,核销员持纸质的收汇水单(即出口收汇核销专用联,经银行盖有"出口收汇核销专用章")、出口收汇核销单(已经出口海关盖章,第三联)、报关单(白色报关联,海关已盖章)、商业发票及自制的核销单送审登记表(外汇局留存联)到外汇局办理核销手续。核销完毕后,外管局当场将加盖"已核销章"的核销单(出口退税联)退回给思科公司。

核销完成后,核销员将上述单据转交财务办税人员办理退税事宜。

◇ 出口收汇核销单

◇ 报关单

◇ 收汇水单

◇ 商业发票

◇ 核销单送审登记表

外贸流程14　出口退税

2001年4月25日,思科公司的财务办税人员将公司需要办理认证的增值税发票整理后一并申报国税局进行发票认证。当天,拿到国税局认证结果通知书和认证清单。

4月26日,财务办税人员将退税要用的单据收集齐全无误后装订成册。其中,核销单(外管退回的出口退税专用联)、报关单(黄色出口退税联)、商业发票为一册,增值税发票(抵扣联)、出口专用缴款书、认证结果通知书、认证清单为一册,并在退税申报软件中逐条录入进货明细及申报退税明细。录入完毕,核对无误后打印并生成退税处所需要的表格及软盘,连同"外贸企业出口货物退税汇总申报审批表"送交外经委稽核处加盖稽核章。

2001年5月7日,财务办税人员将上述资料送交国税局稽核部门待批。5月28日,接到国税局通知,于5月7日申报的资料已通过。5月29日,财务人员到银行查询,查到申报退税额已足额退回。

至此,该笔业务顺利完成。

◇ 认证结果通知书

◇ 认证清单

◇ 核销单

◇ 报关单(退税联)

◇ 商业发票

◇ 增值税发票(抵扣联)

◇ 出口专用缴款书

◇ 外贸企业出口货物退税汇总申报审批表

项目8 履行进口合同

学习目标	
知识目标	能力目标
◇ 进口合同的结构和内容 ◇ 进口合同的履行程序	◇ 能够解决在进口合同中可能遇到的问题 ◇ 能够熟练制作进口合同中所用到的各种单证

8.1　项目描述与分析

1. 项目描述

经过一段时间的筛选与信用咨询,烟台中策外贸有限公司初步选定了韩国 SANGYONG FISHING CORPORATION 作为出口商进行接触。该公司主要经营冷冻鱼的出口和初级加工,拥有21年的经营历史。烟台中策外贸有限公司询问韩国外汇银行以及与其有过经营往来的烟台天龙外贸公司,他们普遍反映其信誉较好,公司产品质量有保证。经过多轮磋商,双方签订了一份购销合同:中策外贸公司进口整条冻黄鳎鱼200公吨,每公吨700美元FOB釜山,允许溢短装10%,进口冷冻阿拉斯加欧蝶鱼300公吨,每公吨600美元FOB釜山。采用信用证的方式支付,冷冻集装箱,真空塑料包装,9月份装船,按照发票金额的110%投保PICC的一切险和战争险。采用装船前检验,进口国复验的方式。

现在烟台中策外贸有限公司老总让王铮负责该笔业务的进口工作。

2. 项目分析

据中国海关网的数据统计:中国进口贸易增长迅速,从2001年的2 436亿美元增长到2012年的18 178.3亿美元。从2010起,中国已连续四年成为仅次于美国的世界第二大进口国,进口贸易在我国的地位也越加突出。

2012年韩国与中国的双边贸易额为2 151.1亿美元。其中,韩国对中国出口1 343.3亿美元,自中国进口807.8亿美元,中国为韩国第一大贸易伙伴、第一大出口目的地和第一大进口来源地。机电产品、光学医疗设备和化工产品是韩国对中国出口的主要产品,韩国自中国进口排名前三位商品为机电产品、贱金属及制品和化工产品。

〖注意〗

在进口贸易的整个流程中,涉及多个单位的协作。如进出口国家的银行(中国银行烟台分行和韩国外汇银行)、货运代理公司(翔宇国际货运代理有限公司)、保险公司(中国人民保险公司烟台分公司)、检验检疫机构、中华人民共和国海关。还要涉及如信用证申请、租船订舱委托书、投保单、检验检疫申请单、报关单等多种单证。作为进口贸易业务的实际操作人员,必须了解和掌握整个国际贸易进口的流程,把握进口的关键环节,正确填制各种进口相关单证,处理好进口贸易中可能发生的问题。

8.2 相关知识

8.2.1 进口合同的履行程序

按 FOB 条件和信用证付款方式成交的进口合同,其履行合同的一般程序包括开立信用证、租船订舱、接运货物、办理货运保险、审单付款、报关提货、验收和拨交货物、办理索赔等环节,如图 8-1 所示。

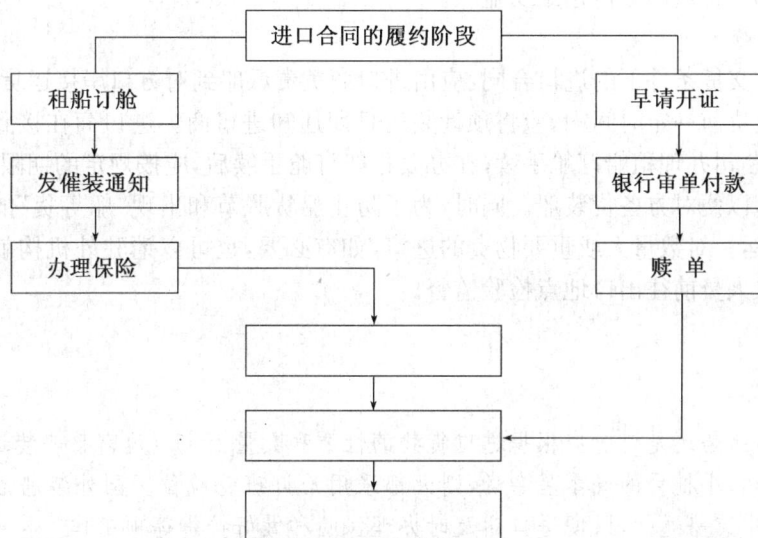

图 8-1 进口合同履行程序

1. 开证

作为进口商,应在合同规定的开证时间办理信用证的开证。如合同规定在卖方确定交货期后开证,应在接到卖方上述通知后开证;如合同规定在卖方领到出口许可证或支付履约保证金后开证,应在收到对方已领到出口许可证的通知,或银行转知保证金已收后开证。

一般而言,进口商都在业务往来银行申请开立信用证,具体分为以下几个步骤:

(1) 递交有关合同的副本及附件

进口商在向银行申请开立信用证时,应向银行递交有关的进口合同副本及附件,如进口许可证、进口配额证(需要进口许可证及配额商品时)、某些政府部门的批文等。

(2) 填写信用证申请书

需要填写银行统一印制的信用证申请书,这一步骤是整个开立信用证过程中最重要的,信用证申请书是开证银行对外开立信用证的基础和依据。因此,在填写申请时,应与合同条款一致。例如,品质、规格、数量、价格、交货期、装货期、装运条件及装运单据等,应以合同为依据,并在信用证中一一做出规定。

(3) 交纳押金和开证手续费

按照国际惯例,进口商向银行申请开立信用证,应向银行交付一定比例的押金或其他担保金。押金一般为信用证金额的百分之几到百分之几十,根据进口商的资信情况而定。我国开证行根据不同企业的交易情况,要求开证申请人缴付一定比例的人民币保证金,然后开证。此外,银行为进口商开证时,开证申请人还需按规定支付一定比例的开证手续费,通常为申请金额的 1.5‰。

（4）银行开立信用证

开证行在收到进口商的开证申请后,立即对开证申请书的内容及其与合同的关系、开证申请人的资信状况进行审核,在确信可以接受开证人的申请并收到开证申请人提交的押金及开证手续费后,即向信用证受益人开出信用证,并将信用证正本电传给受益人所在地分行或代理行,然后由通知行将信用证传达给受益人。

2. 租船订舱

履行 FOB 交货条件下的进口合同,应由进口商负责派船到对方口岸接运货物。如合同规定,出口商在交货前一定时间内,应将预计装运日期通知进口商。进口商在接到上述通知后,应及时向运输公司办理租船订舱手续,在办妥租船订舱手续后,应按规定的期限将船名及船期及时通知对方,以便对方备货装船。同时,为了防止船货脱节和出现"船等货"的情况,注意催促对方按时装运。对数量大或重要物资的进口,如有必要,也可以请驻外机构就地了解、督促对方履约,或派人员前往出口地点检验监督。

> **注意**
>
> 一般而言,租船还是订舱应根据进口货物的性质和数量而定。凡需整船装运的,则需寻租合适的船舶承运;小批量的或零星杂货,则大都采用洽订班轮舱位。国外装船后,出口商应及时向进口商发出装船通知,以便进口商及时办理保险和做好接货等项工作。
>
> 进口环节项目众多,而进口商业务人员有限,所以租船订舱的项目就需要委托专业的外运公司办理。进口商只需要填写托运单（Shipping Note）就可以了,托运单又称"订舱委托书",外运公司以它作为订舱依据。

3. 投保货运险

在 FOB 或 CFR 交货条件下的进口合同,保险由进口商办理。进口商在向保险公司办理进口运输货物保险时,有两种做法:一种是逐笔投保方式,另一种是预约保险方式。

逐笔投保是进口商在接到国外出口商发来的装船通知后,直接向保险公司提出投保申请,填写"起运通知书",并送交保险公司。保险公司承保后,即在"起运通知书"上签章,进口商缴付保险费后,保险公司出具保险单,保险单随即生效。这种投保方式比较麻烦,也比较容易出现漏保现象,因而,在实际业务当中更倾向于选择手续简单的预约保险方式。

预约保险方式是进口商同保险公司签订一个总的预约保险合同,按照预约保险合同的规定,所有预约保险合同项下的按 FOB 或 CFR 条件进口货物的保险都由该保险公司承保。预约保险合同对各种货物应投保的险别做出具体规定,故投保手续比较简单。每批进口货物在收到国外装船通知后,即直接将装船通知寄到保险公司或填制国际运输预约保险启运通知书,将船名、提单号、开船日期、商品名称、数量、装运港、目的港等项内容通知保险公司,即作为已办妥保险手续,保险公司则对该批货物负自动承保责任,一旦发生承保范围内的损失,由保险公司负责赔偿。

【例 8-1】　我国某外贸公司进口成交一批价值为 CFR12 000 美元的货物。现按 CIF 价格加成 10%投保一切险和战争险,业务员应该怎么去办理保险手续?

解:查保费率表得出一切险和战争险费率分别为 0.5%和 0.04%,则总费率为:

0.5%+0.04%=0.54%

将 CFR 价值转化为 CIF 价值,即

CIF=12 000 美元÷(1-0.54%×1.1)=12 072 美元

保险费=12 072 美元×1.1×0.54%=71.11 美元

【例 8-2】　某批出口商品由天津新港出口到美国某港口 CIF 价为 30 000 美元,投保一切险及战争险,保险费率分别为 0.6%和 0.03%,客户要求加一成投保,求保险金额和保险费。

解:保险金额=30 000 美元×110%=33 000 美元

保险费=33 000 美元×(0.6%+0.03%)=207.90 美元

4. 审单和付汇

出口商在货物装运后,将汇票与全套货运单据经国外银行寄交进口国的开证行。开证行收到国外寄来的汇票和单据后,根据"单证一致"和"单单一致"的原则,对照信用证的条款,核对单据的种类、份数和内容。如果发现"单证不符"和"单单不符"的情况时,可以有以下处理方法:第一,由开证银行向国外银行提出异议,根据不同情况采取必要的处理办法;第二,由国外银行通知卖方更正单据;第三,由国外银行书面担保后付款;第四,拒付。

如果完全相符,即由开证行向国外付款,并通知进口商按当日外汇牌价付款赎单。进口公司付款后,获得运输单据凭以提货。

5. 报检和报关

(1) 进口货物报检

入境货物检验检疫的报检方式分为进境一般报检、进境流向报检和异地施检报检。

1) 进境一般报检,指法定检验检疫入境货物的货主或其代理人持有关证单向卸货口岸检验检疫机构申请取得《入境货物通关单》,并对货物进行检验检疫的报检。对进境一般报检业务而言,签发《入境货物通关单》和对货物的检验检疫都由口岸检验检疫机构完成。货主或其代理人在办理完通关手续后,应主动与检验检疫机构联系落实施检工作。

2) 进境流向报检,也称口岸清关转异地进行检验检疫的报检,是指法定入境检验检疫货物的收货人或其代理人持有关证单在卸货口岸向口岸检验检疫机构报检,获取《入境货物通关单》并通关后,由进境口岸检验检疫机构进行必要的检疫处理,货物调往目的地后再由目的地检验检疫机构进行检验检疫监管。申请进境流向报检货物的通关地与目的地属于不同辖区。

3) 异地施检报检,是指已在口岸完成进境流向报检,货物到达目的地后,该批货物的货主或其代理人在规定的时间内向目的地检验检疫机构申请进行检验检疫的报检。异地施检报检时,应提供口岸检验检疫机构签发的《入境货物调离通知单》。

(2) 进口货物报关

进口货物到货后,进口货物的收货人应当自运输工具申报进境之日起 14 日内向海关申报。由进口公司或委托货运代理公司或报关行根据进口单据填制"进口货物报关单"向海关申报,并随附发票、提单、装箱单、保险单、进口许可证及审批文件、进口合同、产地证和所需的其他证件。如属法定检验的进口商品,还须随附商品检验证书。

《注意》

进口货物在办完向海关申报、接受查验、缴纳税款等手续以后,由海关在货运单据上签印放行。收货人或其代理人必须凭海关签印放行的货运单据才能提取进口货物。

6. 货物验收和拨交

进口货物运达港口卸货时,要进行卸货核对。如发现短缺,应及时填制"短缺报告"交由船方签认,并根据短缺情况向船方提出保留索赔权的书面声明。卸货时如发现残损,货物应存放于海关指定仓库,待保险公司会同商检局检验后再作出处理。

对于法定检验的进口货物,必须向卸货地或到达地的商检机构报检,未经检验的货物不准投产、销售和使用。如进口货物经商检局检验,发现有残损短缺,应凭商检局出具的证书对外索赔。

在办完上述手续后,如订货或用货单位在卸货港所在地则就近转交货物;如订货或用货单位不在卸货地区,则委托货运代理将货物转运内地并转交给订货或用货单位。关于进口关税和运往内地的费用,由货运代理向进出口公司结算后,进出口公司再向订货单位结算。

7. 争议与索赔

在履行进口合同过程中,因卖方未按期交货或货到后发现品质、数量和包装等方面有问题,致使买方遭受损失,这时则需向有关方面提出索赔。进口索赔事件虽不是每笔交易一定发生,但一旦出现卖方违约或发生货运事故,进口索赔是必须进行的工作。根据造成损失原因的不同,进口索赔也可分为向出口商索赔、向轮船公司索赔、向保险公司索赔三种情况。

《想一想》

如果出现原装数量不足;货物的品质、规格与合同规定不符;包装不良致使货物受损;货物数量少于提单所载数量;提单是清洁提单,而货物有残缺等情况,买方如何确定索赔对象?

在进口业务中,办理对外索赔时,一般应注意以下事项:

第一,保留索赔证据。对外提出索赔需要提供证件,首先应制备索赔清单,随附商检局签发的检验证书、发票、装箱单、提单副本。其次,对不同的索赔对象还要另附有关证件。向轮船公司索赔时,须另附由船长及港务局理货员签证的理货报告及船长签证的短缺或残损证明;向保险公司索赔时,须另附保险公司与买方的联合检验报告等。

第二,计算索赔金额。索赔金额,除受损商品的价格外,有关的费用也可以提出。如商品检验费、装卸费、银行手续费、仓租、利息等,都可以包括在索赔金额内。至于包括哪几项,应根据具体情况确定。

第三,注意索赔期限。对外索赔必须在合同规定的索赔有效期限内提出,过期无效。如果商检工作可能需要更长的时间,可向对方要求延长索赔期限。

《注意》

我们的进口索赔工作属于船方和保险公司责任的一般由货运代理外贸运输公司代办;属于卖方责任的则由进出口公司直接办理。为了做好索赔工作,要求进出口公司、外贸运输公司、订货单位、商检局等各有关单位密切协作,要做到结果正确,证据属实,理由充分,赔偿责任明确,并要及时向有关责任方提出,以挽回货物受到的损失。

8.2.2 开证申请书的填写

进口商根据银行规定的统一开证申请格式,填写一式三份,其中一份交银行,另两份留公司的业务部门和财务部门。开证申请书是银行开立信用证的依据,必须按合同的具体规定,写明对信用证的各项要求,内容要明确、完整、无词义不清的记载。开证申请书主要包括两部分内容:

1. 正面内容的填写

格式化的开证申请人对信用证的要求,即开证申请人按照买卖合同条款,要求在信用证上列明的条款。

2. 背面内容的填写

它是开证申请人对开证行的声明,用以明确双方的责任。

开证申请书除了背面的内容外,主要还有下列一些内容(对照信用证开证申请书):(1) 开证行名称;(2) 开证通知方式,要明确指示信用证采用全电、简电或信开方式;(3) 申请日期;(4) 信用证的有效期及地点;(5) 通知行名称和地址;(6) 申请人名称和地址;(7) 受益人名称和地址;(8) 金额(大小写)和币别;(9) 信用证类型,即明确信用证是即期付款、承兑、议付或延期付款;(10) 受益人必须提供的单据种类、正副本份数、内容及要求等;(11) 有关货物的简要描述;(12) 必要的附加指示,如国外银行费用由谁负担、提交单据的期限、以第三者为发货人的运输单据可否接受等;(13) 价格条件及原产国;(14) 装运条款;(15) 开证申请人签章。

8.3 项目实施与心得

1. 项目实施

烟台中策外贸有限公司同韩国三永水产经过了大概 20 天的密切磋商,终于在 2013 年的 8 月 2 日签订了一份国际贸易合同,合同具体内容如下。

PURCHASE CONTRACT

The Sellers:SANGYONG FISHING CORPORATION   Contract No.:KO/08/08.908
Address:CPO BOX 110,SEOUL,KOREA   DATE:Aug. 2nd,2013
The Buyers:YANTAI ZHONGCE IMPORT & EXPORT CORP.
Address:NO.25 MINGXIN RD,YANTAI SHANDONG,CHINA

This contract is made by and between the Buyers and the Sellers, whereby the Buyers agree to buy and the Sellers agree to sell the under-mentioned commodity according to the terms and conditions stipulated below:
COMMODITY AND SPECIFICATIONS:

Names of the commodities	Specifications	Quantity	Unite price	Amount
FROZEN YELLOW FIN SOLE	WHOLE ROUND (WITH WHITE BELLY)	200M/T	FOB PUSAN USD700M/T	USD140,000
ALASKA PLAICE	WITH YELLOW BELLY	300M/T	FOB PUSAN USD600M/T	USD180,000
Total:		500M/T		USD320,000

Total Amount: Say U. S. Dollars Three Hundred and Twenty Thousand Only.

COUNTRY OF ORIGIN: Korea

PACKING: vacuum-packed(真空包装) in plastic bags, then in cartons.

TIME OF SHIPMENT: Not later than Sept. 30, 2013

PORT OF SHIPMENT: Pusan

PORT OF DESTINATION: Yantai, China

INSURANCE: To be covered by the Buyers for 110% of invoice value covers all risks and war risk as per P. I. C. C.

PAYMENT: To be effected by irrevocable letter of credit available by draft(s) at sight for 100% of invoice value drawn by the Sellers.

INSPECTION: Inspection result of CCIB at destination should be final.

The Sellers: The Buyers:

SANGYONG FISHING CORPORATION   YANTAI ZHONGCE IMPORT & EXPORT CORP.

（1）开立信用证

进口合同签订之后，业务员王铮就去中策外贸有限公司的往来银行中国银行烟台分行提出了开立信用证的请求，并递交了与合同相关的副本和附件。目前，中策外贸公司的账户上有充足的资金，银行业务员在审核了合同的相关副本之后，交给王铮一份《开证申请书》。

王铮根据合同中的品质、规格、数量、价格、交货期、装货期、装运条件及装运单据等条款，在信用证申请书中一一填写。

信用证申请书

Application for Issuing L/C

TO: BANK OF CHINA, YANTAI BRANCH   date: 080810

Beneficiary (full name and address) SANGYONG FISHING CORPORATION CPO BOX 110 SEOUL KOREA (also as notifying bank)	L/C NO. : LC84E0081/06 Contract No. : KO/06/08. 908
	Date and place of expiry of the credit OCTOBER 15TH AT THE BENEFICIARY'S COUNTRY

（续表）

Partial shipments （ ）allowed （×）not allowed	Transshipment （ ）allowed （×）not allowed	（ ）Issue byairmail （ ）With brief advice by teletransmission （ ）Issue by express delivery （×）Issue by teletransmission（which shall be the operative instrument）
Loading on board/dispatch/taking in charge at/from KOREAN MAIN PORT		Amount（both in figures and words） USD 320，000 SAY US DOLLARS THREE HUNDRED TWENTY THOUSAND ONLY
Description of goods： FROZEN YELLOW FINE SOLE WHOLE ROUND （WITH WHITE BELLY） USD700/MT FOB PUSAN QUANTITY：200MT ALSAKA PLAICE （WITH YELLOW BELLY） USD600/MT FOB PUSAN QUANTITY：300MT		Credit available with （ ） by sight payment （ ） by acceptance （ ） by negotiation （ ） by deferred payment at （×） against the documents detailed herein and beneficiary's draft for 100％ of the invoice value at sight on KOREA EXCHANGE BANK， SEOUL，178. 2 KA， ULCHIRO， CHUNG-KO （×）FOB （ ）CFR （ ）CIF （ ）or other terms

Documents required：（marked with×）

（×）Signed Commercial Invoice in 5 copies indicating Invoice NO. Contract NO.

（×）Full set of clean on board ocean Bills of Lading made out to order and blank endorsed， marked "freight （×）to collect/（ ）prepaid （ ）showing freight amount" notifying （ ）the applicant/（ ）.

（ ）Air Waybills showing "freight （ ）to collect/（ ）prepaid （ ）indicating freight amount" and consigned _____ .

（ ）Memorandum issued by _____ consigned to _____

（ ）Insurance policy/Certificate in 3 copies for 110％ of the invoice value showing claims payable in China in currency of the draft， bank endorsed， covering （ ）Ocean Marine Transportation/（ ）Over Land Transportation All Risks and War Risk.

（×）Packing List/Weight Memo in 3 copies indicating quantity/gross and net weights of each package and packing conditions as called for by the L/C.

（×）Certificate of Quantity/Weight in 2 copies issued an independent surveyor at the loading port， indicating the actual surveyed quantity/weight of shipped goods as well as the packing condition.

（×）Certificate of Quality in 3 copies issued by （ ）manufacturer/（×）public recognized surveyor/（ ）.

（×）Beneficiary's certified copy of FAX dispatched to the accountee with 3 days after shipment advising （×）name of vessel/（×）date， quantity， weight and value of shipment.

（ ）Beneficiary's certificate certifying the extra copies of the documents has been dispatched according to the contract terms.

（ ）Shipping Co's Certificate attesting that the carrying vessel is chartered or booked by accountee or their shipping agents：

（×）Other documents， if any：

a) Certificate of Origin in 3 copies issued by authorized institution.

b) Certificate of Health in 3 copies issued by authorized institution.

Additional instructions：

（×）All banking charges outside the opening bank are for beneficiary's account.

（×）Documents must be presented with 15 days after the date of issuance of the transport documents but within the validity of this credit.

（续表）

（　）Third party as shipper is not acceptable. Short Form/Blank Back B/L is not acceptable.

（×）Both quantity and amount 10% more or less are allowed.

（　）Prepaid freight drawn in excess of L/C amount is acceptable against presentation of original charges voucher issued by Shipping Co./Air line/or it's agent.

（　）All documents to be forwarded if one cover, unless otherwise stated above.

（×）Other terms, if any:

      a) Charter party B/L and third party documents are acceptable.

      b) Shipment prior to L/C issuing date is acceptable.

Advising bank: KOREA EXCHANGE BANK, SEOUL, 178. 2 KA, ULCHIRO, CHUNG-KO

Account NO. : 02000010090 186675678

Transacted by: Wang Xiaofeng

        Applicant: YANTAI ZHONGCE IMPORT & EXPORT CORP.

            NO. 25 MINGXIN RD, YANTAI, SHANDONG, CHINA

            TEL: 0535 - 6638171

由于是老客户，中国银行同意我方缴付合同金额8%的担保金，也就是174 080 元人民币。（合同的金额是320 000 美元，当时的汇率是1：6.8）此外，还支付了3 264 元开证手续费。（开证手续费为合同金额的1.5‰）

手续费收讫后，中国银行即向韩国三永水产公司开出信用证，并将信用证正本电传给韩国外汇银行，然后由该行将信用证传达给受益人。

Letter of Credit

BKCHCNJSA08E   SN: 000000

Issuing bank		BANK OF CHINA, YANTAI BRANCH
		NO. 5 DRAGON FLY BRIDGE WUJIN DISTRICT, YANTAI, CHINA
Destination Bank		KOEXKRSEXXX MESSAGE TYPE: 700
		KOREA EXCHANGE BANK
		SEOUL, 178. 2 KA, ULCHIRO, CHUNG-KO
Type of Documentary Credit	40A	IRREVOCABLE
Letter of Credit Number	20	LC84E0081/06
Date of issue	31G	080816
Date and Place of Expiry	31D	081015 KOREA
Applicant Bank	51D	BANK OF CHINA, YANTAI BRANCH
Applicant	50	YANTAI ZHONGCE IMPORT & EXPORT CORP.
Beneficiary	59	SANGYONG FISHING CORPORATION
		CPO BOX 110, SEOUL, KOREA
Currency Code, Amount	32B	USD 320,000
Available with. . . by. . .	41D	ANY BANK BY NEGOTIATION
Drafts at	42C	AT SIGHT

Drawee	42D	BANK OF CHINA，YANTAI BRANCH
Partial Shipments	43P	NOT ALLOWED
Transshipment	43T	NOT ALLOWED
Shipping on Board/Dispatch /Packing in Charge at/from	44A	PUSAN
Transportation to	44B	YANTAI PORT，P. R. CHINA
Latest Date of Shipment	44C	080930

Description of Goods or Services：45A

FROZEN YELLOW FIN SOLE WHOLE ROUND(WITH WHITE BELLY)USD700/MT FOB PUSAN

QUANTITY：200MT

ALASKA PLAICE(WITH YELLOW BELLY)USD600/MT FOB PUSAN

QUANTITY：300MT

Documents Required　　　　　46A

1. SIGNED COMMERCIAL INVOICE IN 5 COPIES.

2. FULL SET OF CLEAN ON BOARD OCEAN BILLS OF LADING MADE OUT TO ORDER AND BLANK ENDORSED, MARKED "FREIGHT TO COLLECT" NOTIFYING YANTAI ZHONGCE IMPORT & EXPORT CORP. TEL：0535－6638171

3. PACKING LIST/WEIGHT MEMO IN 4 COPIES INDICATING QUANTITY/GROSS AND NET WEIGHTS OF EACH PACKAGE AND PACKING CONDITIONS AS CALLED FOR BY THE L/C.

4. CERTIFICATE OF QUALITY IN 3 COPIES ISSUED BY PUBLIC RECOGNIZED SURVEYOR.

5. BENEFICIARY'S CERTIFIED COPY OF FAX DISPATCHED TO THE ACCOUNTEE WITH 3 DAYS AFTER SHIPMENT ADVISING NAME OF VESSEL, DATE, QUANTITY，WEIGHT，VALUE OF SHIPMENT, L/C NUMBER AND CONTRACT NUMBER.

6. CERTIFICATE OF ORIGIN IN 3 COPIES ISSUED BY AUTHORIZED INSTITUTION.

7. CERTIFICATE OF HEALTH IN 3 COPIES ISSUED BY AUTHORIZED INSTITUTION.

ADITIONAL INSTRUCTIONS　47A

1. CHARTER PARTY B/L AND THIRD PARTY DOCUMENTS ARE ACCEPTABLE.

2. SHIPMENT PRIOR TO L/C ISSUING DATE IS ACCEPTABLE.

3. BOTH QUANTITY AND AMOUNT l0 PERCENT MORE OR LESS ARE ALLOWED.

Charges　　　　　　　　　　71B

ALL BANKING CHARGES OUTSIDE THE OPENNING BANK ARE FOR BENEFICIARY'S ACCOUNT.

Period for Presentation　　　48

DOCUMENTS MUST BE PRESENTED WITHIN 15 DAYS AFTER THE DATE OF ISSUANCE OF THE TRANSPORT DOCUMENTS BUT WITHIN THE VALIDITY OF THE CREDIT.

Confirmation Instructions 49 WITHOUT

Instructions to the Paying/Accepting/Negotiating Bank 78

1. ALL DOCUMENTS TO BE FORWARDED IN ONE COVER, UNLESS OTHERWISE STATED ABOVE.

2. DISCREPANT DOCUMENT FEE OF USD 50.00 OR EQUAL CURRENCY WILL BE DEDUCTED FROM DRAWING IF DOCUMENTS WITH DISCREPANCIES ARE ACCEPTED.

"Advising Through" Bank 57A KOEXKRSEXXX MESSAGE TYPE: 700

KOREA EXCHANGE BANK

SEOUL, 178.2 KA, ULCHIRO, CHUNG-KO

* * * * * * other wordings between banks are omitted * * * * * *

（2）派船接运货物

在办妥银行开证申请手续后,王铮随即联系翔宇国际货运代理有限公司,并填写了订舱委托书,委托该公司办理进口货物的运输。

进出口货物订舱委托书

公司编号:DL09071226	日期:2013 年 8 月 19 日	
发货人:韩国三永水产公司 SANGYONG FISHING CORPORATION CPO BOX 110,SEOUL,KOREA	信用证号码:LC84E0081/06	
	开证银行:中国银行烟台分行芝罘区建设路支行	
	合同号码:KO/06/08.908	成交金额:USD320,000
	装运口岸:釜山	目的港:烟台
收货人:烟台中策外贸有限公司 鸣新路 25 号 电话:0535-6638171	转船运输:否	分批装运:否
	信用证有效期: 2013 年 10 月 15 日	装船期限:9 月
	运费	成交条件:FOB
	公司联系人:王强	电话/传真:13123232566
通知人: 烟台中策外贸有限公司,鸣新路 25 号	公司开户行: 中国银行烟台分行	银行账号: 02000010090 186675678
	特别要求:	

标记	货号规格	包装件数	毛重/数量		单价	总价
FROZEN	YELLOW FIN SOLE	4 000PKGS	200MT	USD700/MT	FOB PUSAN	USD140,000
FROZEN	ALASKA PLAICE	6 000PKGS	300MT	USD600/MT	FOB PUSAN	USD180,000
TOTAL:		10 000PKGS	500MT			USD320,000
备注						

翔宇国际货运代理有限公司在收到托运单后,审核托运单,确定装运船舶后,安排运输。

我公司随后通知韩国三永水产预期装船的港口、船名和时间：9月3日釜山港口，VICTORIA.
0608 号货轮。9月1日，韩国三永水产公司向我方发来了货物已备妥通知。双方再次核准了
装船时间、港口和地点等。

（3）投保货运险

9月15日，王铮收到了韩国三永公司的已装船通知单（传真），告知该批货物已经于当日
装载至 VICTORIA. 0608，预计开航日期为 2013 年 9 月 16 日。其装船通知如下：

Shipping Advice

Pusan，SEPT. 15th，2013

Dear Sir，

L/C No.：LC84E0081/06

Cover Note(or open policy)No. AD335

Under the captioned Credit and Cover Note(or Open policy)，Please insure the goods as
detailed in our Invoice No. IN/06/08. 908 enclosed，other particulars being given below：

Carry Vessel's Name：VICTORIA. 0608

Shipment Date：on or about Sep. 16th，2013

Covering Risks(as arranged)

Kindly forward directly to the insured your Insurance Acknowledgment.

SANGYONG FISHING CORPORATION

据此通知，王铮立即向中国人民保险公司发出了一份《国际运输预约保险起运通知书》。

国际运输预约保险起运通知书

被保险人：烟台中策外贸有限公司 　　　　　　　　　　　　　　　　　　　编号：SK030412

唛头	包装及数量	保险货物项目	价格条件	货价（原币）
N/M	FOAM WRAPPED 4 000PKGS	FROZEN YELLOW FIN SOLE	FOB PUSAN	USD140,000
N/M	6 000PKGS	ALASKA PLAICE	FOB PUSAN	USD180,000

合同号：KO/06/08. 908	发票号：IN/06/08. 908	提单号：KKLUAA0123456
运输方式：江海运输	运输工具名称：VICTORIA. 0608	运费：TO Collect
开航日期：2013 年 9 月 16 日	运输路线：自釜山至烟台	

投保险别	一切险	费率：0.35%	保险金额：USD352,000	保险费：USD1 232

中国人民保险公司 2013 年 9 月 15 日	烟台中策外贸有限公司 被保险人签章 2013 年 9 月 15 日	备注

本通知书填写一式五份送保险公司，保险公司签章后退回被保险人一份。

（4）审单和付汇

汇票及全套单据于 2013 年 9 月 19 日顺利传递至中国银行烟台分行，根据银行的通知，王
铮当日便去审核单据。审核的单据包括商业发票、海运提单、品质证书、装箱单、卫生检验证
书、原产地证书。

经审核完全无误，韩国三永水产公司的交单日期是 2013 年 9 月 16 日，当日见票审核无误

后,韩国外汇银行已经垫付。因而,除了支付票面金额外,我方还需支付3天的垫付利息,每天的利息率为0.34%。当日人民币对美元的汇率为1:6.8,所以我公司应支付金额为:

$$[(320\,000\text{美元}\times0.34\%)+320\,000\text{美元}]\times6.8=2\,183\,398.4\text{元}$$

(5)报检和报关

9月20日货物顺利到达烟台港口,接到通知后,王铮立即向烟台进出口检验检疫局提出检验申请,填写了报检单,随后向烟台海关提交了报关单。海关工作人员依法查验后,对货物征收了进口关税。具体税款的计算如下:

已知海运费用为RMB8 300,保险费用为人民币8 377元。则根据当日汇率1:6.8,转化为CIF价为RMB(320 000×6.8+8 300+8 377),即海关完税价格为人民币2 192 677元。经查询冷冻鱼的HS代码为0304900090,征收进口关税为按照总价值征收10%的税费。则中策外贸有限公司应该缴纳的进口关税=(320 000×6.8+8 300+8 377)×10%=219 268元人民币。

各种手续办好之后,烟台海关即在货运单据上签印放行。

中华人民共和国出入境检验检疫
入境货物报检单

报检单位(加盖公章):烟台中策外贸有限公司　　　　　　　　　　　　编号:CX061008

报检单位登记号:3100600018　　　联系人:王铮　　　电话:0535－6638171

报检日期:2013年9月20日

发货人	(中文)韩国三永公司				
	(外文)SANYONG CORPORATION, CPO BOX 110, SEOUL, KOREA				
收货人	(中文)烟台中策外贸有限公司				
	(外文)YANTAI ZHONGCE IMPORT & EXPORT CORP. NO. 25 MINGXIN RD, YANTAI SHANDONG, CHINA				

货物名称(中/外文)	H. S. 编码	产地	数/重量	货物总值	包装种类及数量
冻黄鲫鱼	0304900090	韩国	200M/T	USD 140,000	4 000PKGS
阿拉斯加欧蝶鱼	0304900090	韩国	200M/T	USD 180,000	6 000PKGS

运输工具名称号码	VICTORIA.0608	贸易方式	一般贸易	货物存放地点	烟台
合同号	KO/06/08.908	信用证号	LC84E0081/06	用途	食用
到货日期	2013年9月20日				
起运地	釜山				
集装箱规格、数量及号码	40英尺冷冻集装箱 TEXU3605231				

合同订立的检验检疫条款或特殊要求	标记及号码	随附单据(划"√"或补填)
	N/M	合同、发票、海运提单、品质证书、装箱单
需要证单名称(划"√"或补填)		＊检验检疫费

品质证书✓	植物检疫证书	总金额（人民币元）RMB4 356.00	
重量证书✓	卫生证书✓	计费人	王强
兽医卫生证书	健康证书✓		
动物卫生证书		收费人	
报检人郑重声明： 1. 本人被授权报检。 2. 上列填写内容正确属实，货物无伪造或冒用他人的厂名、标志、认证标志，并承担货物质量责任。 签名：王铮		领 取 证 单	
		日 期	
		签 名	

中华人民共和国进口货物报关单

预录入编号：459785468-8 海关编号：459785468-8

进口口岸 烟台海关4 200	备案号	进口日期 2013.09.20	申报日期 2013.09.20
经营单位 烟台中策外贸有限公司 3204915070	运输方式 江海运输	运输工具名称 维多利亚/0608	提运单号 MSHKS-06
收货单位 烟台福星大酒店	贸易方式 一般贸易	征免性质 一般征税	征税比例
许可证号	起运国（地区） 韩国	装货港 釜山	境内目的地 烟台其他
批准文号	成交方式 FOB	运费 502/1220/3	保费 0.35	杂费
集装箱号 TEXU360231/20/2275	随附单据		用途 外贸自营内销

（6）货物验收和拨交

海关放行后，王铮会同相关人员一起查验货物，发现一切正常。由于订货单位是烟台福星大酒店，所以委托运输公司将货物转交给该酒店。

2. 项目实施心得

在做完这一份进口合同之后，王铮对国际贸易的操作又有了不少新的体会和认识。这一份FOB贸易合同的履行程序一般包括：开证、租船订舱、装运、办理保险、审单付款、接货报关、检验、拨交和索赔。在实际操作中要特别注意以下环节：

⑴开证。开证内容必须与合同内容一致，做到完备、明确、具体。

（2）做好催交、租船订舱、派船工作。进口商可采用预约保险或逐笔保险方式办理保险。

（3）进口商应在规定时间内对银行转来的单据认真审核。

（4）进口商或其代理人在货到目的港后须按海关规定的办法报关纳税，并由进口商向中国商检局申请商品检验。

（5）发现质量、重量和包装等方面有问题，进口商应在分清责任的基础上，及时向有关方提出索赔。

此外，在履行凭信用证付款的FOB进口合同时，上述各项基本环节是不可缺少的，但是在履行凭其他付款方式和其他贸易术语成交的进口合同时,则其工作环节有别。例如,在采用汇付或托收的情况下,就不存在买方开证的工作环节;在履行 CFR 进口合同时,买方则不负责租船订舱,此项工作由卖方办理;在履行 CIF 进口合同时,买方不仅不承担货物从装运港到目的港的运输项目,而且不负责办理货运投保手续,此项工作由卖方按约定条件代为办理。这就表明,履行进口合同的环节和工作内容与出口合同履行一样,也主要取决于合同的类别及其所采取的支付条件。

8.4　知识拓展

进口业务中,我方采用 FOB 术语比较有利。

1. 掌握主动,避免欺骗

出口方经常为了掩饰其失误或被动,编造有利于自己的信息。如果采用 CIF 条款成交,运输商是由出口方来安排,而进口方则无法验证核实。如果采用 FOB,由于运输商由买方自己来指定,因此完全可以通过自己指定的运输商来核实出口商提供的信息,并时时了解货物的信息动态,拥有了完全的掌控权,可以避免出口方的欺骗行为。在国际运输中,经常出现的倒签提单就是 CIF 条款的产物。如果是 FOB,那么进口方自己指定的运输商不大可能去配合卖方倒签提单来欺骗进口方。

2. 行动自由,避免受制

进口货物以 CIF 条款成交,运输由出口方安排。倘若需要更改提单上的信息(如品名、规格、件数等),就无法像采用 FOB 那样轻松(因为运输商是买方指定的,听买方的指示,配合更改单据是他们的义务)。相反采用 CIF,在涉及修改提单时就显得处处受制于人。

3. 贴心服务,避免后患

贸易公司一般是充当中介的角色。作为贸易中介,担心最终买家和卖家的直接联系。而当采用 CIF 条款成交时,出口方可以通过货运公司了解到真正买家的身份,从而过河拆桥绕过贸易公司直接合作。而采用 FOB 条款成交,则不存在这样的风险。

4. 自由磋商,降低成本

进口货物采用 CIF 条款成交,由于是出口方安排货运商,因而贸易商没有与货运商讨价还价的余地。而采用 FOB 条款成交,进口商可以直接安排货运商,拥有了直接磋商的机会,从而降低货物的物流成本。

5. 流动资金,免息利用

进口货物采用 CIF 条款成交时,在货物发运时就必须支付包括运输费用在内的全额货款。如果是一大批货物,海运费也将是一笔不少的费用。如果是采用 FOB 条款,那么海运费将在货物到岸后才支付给运输商。这样一来,如果是大宗进口的高额运费,再加上货物行程时间稍长,则进口商可以在货物运输的这一时间段内,自由支配这笔运费资金,有利于资金周转。

8.5　业务技能训练

8.5.1　课堂训练

1. 采用 FOB 贸易术语进口时,对于买卖双方来说存在着船货衔接的问题,请问可以通过什么样的途径加以解决?

2. 如果南京一外贸公司准备进口一批美国大豆,请陈述进口的流程。

3. 假定你是一家贸易公司进口业务员,讨论怎样降低你公司的进口总成本。

4. 案例分析:甲方按 FOB 条件向乙方购买一批大宗商品,双方约定的装运期限为 2013 年 5 月份,后因买方租船困难,接运货物的船舶不能按时到港接运货物,出现较长时期的货等船情况,卖方便以此为由撤销合同,并要求赔偿损失,你认为卖方的做法是否合理? 为什么?

8.5.2　实训操作

1. 请根据信用证预审单的相关信息,为上海新联纺织品股份有限公司拟写一封信函,对其中标出的 3 个问题进行修改。

开证行	BANK OF NAGOYA LTD.				开证日期	Oct. 6th , 2003			
申请人	THE GENRRU TRADING CO., LTD.				受益人	SHANGHAI NEW UNION TEXTILES IMP & EXP CORP. PUDONG COMPANY 3409 NEW DENG ROAD SHANGHAI CHINA			
信用证金额	① USD172 006(应为 USD172 066)				信用证号	NLC0310598			
汇票付款人	开证行				汇票期限	② 见票后 60 天(应为即期)			
可否转船	可以			可否分批装运		可以			
装运期限	Dec. 15th , 2003 以前			有效期	Dec. 30th , 2003		到期地点		③ KOBE
唛头	未指定			交单日			提单日后 3 天		
单据名称	提单	发票	装箱单	重量单	保险单	产地证	FORM A	寄单证明	寄单邮据	寄样证明
银行	3/3	3	3		2	2		3		3
提单或承运单据	抬头				保险		一切险加战争险			
	通知						加成 10%	赔款地点		目的港
	注意事项		注明运费已付							
备注	检验证明须由开证申请人签发									

2. 请根据烟台东方外贸有限公司和 JAMES BROWN & SONS 的贸易函电,拟定一份进口合同。

June 20,2009

Dear Sirs,

Thanks for your Acceptance of June. 18th. And hereby we are pleased to send you our sales confirmation No. 04DRA207 for your signing.

Portable Mixer Pm – 23	US＄23 FOB Dalian/Set	100Sets	US＄2 300.00
Vacuum Cleaner Vc – 18	US＄47 FOB Dalian/Set	100Sets	US＄4 700.00

Terms：As usual

We hope that the goods will be shipped by Aug. 30th. And we ensure L/C will reach you not later than July 1.

Yours Faithfully,

(Signature)

Buyer：

YANTAI DONGFANG IMPORT & EXPORT CORP.

Room 2601, Yantai International Trade Center

801 YanLing Road(w), Yantai, Shandong 264000

Seller：

JAMES BROWN & SONS

＃304 – 310 JaJa Street, Toronto, Canada

综合训练三

1. 业务背景

接综合训练二,新加坡客户很快会签寄回烟台永盛进出口公司缮制的销售确认书。

SALES CONFIRMATION

NO.：SC009762　　　　　　　　　　　DATE：SEP. 21, 2013

Seller：YANTAI YONGSHENG IMPORT & EXPORT CORP.

　　88, YANLING ROAD, YANTAI, SHANDONG, CHINA

Buyer：RAFFLES TRADING CO. , LTD.

　　69 INTERNATIONAL TRADE PLAZA, ORCHARD ROAD, SINGAPORE

The undersignedSeller and Buyer have agreed to close the following transaction according to the terms and conditions stipulated below：

NAME OF COMMODITY	QUANTITY	UNIT PRICE	AMOUNT
BLACK PENOY BRAND JEANS 30S×36S/72×69 150CM×42YARDS	4200YARDS	CIF SINGAPORE USD2.50/YARD	USD10500.00

TOTAL VALUE US DOLLARS TEN THOUSAND AND FIVE HUNDRED ONLY.

SHIPMENT BEFORE DEC. 08, 2013 FROM CHINA PORT TO SINGAPORE WITH PARTIAL SHIPMENT ALLOWED, TRANSSHIPMENT NOT ALLOWED.

PAYMENT BY IRREVOCABLE CREDIT AT 30 DAYS AFTER SIGHT(THE L/C MUST REACH THE SELLER 30 DAYS BEFORE THE TIME OF SHIPMENT).

PACKING PACKED IN BALES OF 20 PCS EACH.

MARKS & NOS. AT SELLER'S OPTION.

INSURANCE TO BE COVERED BY THE SELLERS AGAINST ALL RISKS AND WAR RISK, STRIKES RISK AS PER CIC.

THE BUYER　　　　　　　　　　THE SELLER

RAFFLES TRADING CO., LTD.　　YANTAI YONGSHENG IMPORT & EXPORT CORP.

烟台永盛进出口公司 10 月 23 日接到对方开来的信用证。

BANK OF CHINA SINGAPORE　　　　Singapore，20 Oct.，2013

IRREVOCABLE LETTER OF CREDIT　NO. 08475 For US $10,500.00

To: YANTAI YONGSHENG IMPORT & EXPORT CORP.

88, YANLING ROAD, YANTAI, SHANDONG, CHINA

We inform you that we have established our Irrevocable Letter of Credit in your favour, for account of RAFFLES TRADING CO., LTD., 69 INTERNATIONAL TRADE PLAZA, ORCHARD ROAD, SINGAPORE for a sum or sums not exceeding a total of US DOLLARS TEN THOUSAND AND FIVE HUNDRED and available by your drafts on us at 30 days after sight for 100% of the Invoice value, accompanied by the following documents.

(1) Signed Invoices in 3 fold indicating S/C No.

(2) Packing List in 5 fold.

(3) Full set clean shipped on board Bills of Lading marked Freight prepaid made out to order of shipper and blank endorsed, notifying applicant.

(4) Insurance Policy in duplicate covering All Risks and War Risk, Strikes Risk for 110% of invoice values as per CIC with claims payable in Singapore.

(5) Certificate of Origin issued by CCPIT.

Evidencing shipment of:

4 200 yard of Jeans to be packed in bales as per SC300762 CIF SINGAPORE.

From China Port to Singapore not later than 8 Dec., 2013.

Partial shipments are allowed.

Transshipment is not allowed.

This Credit is valid for negotiation in China until 23 Dec., 2013.

OTHER INSTRUCTIONS:

5% more or less in value and quantity acceptable.

Shipper must cable advise Buyer shipment particulars within 24 hours after shipment.

One copy of signed invoices and non-negotiable B/L to be airmailed to Buyer after shipment.

Alldrafts drawn under this credit must contain the clause "DRAWN UNDER BANK OF CHINA, SINGAPORE Credit No. 08475 dated 20 Oct., 2013." This credit is issued subject to Uniform Customs & Practice for Commercial Documentary Credits publication No. 600 (2007 Revision).

We hereby undertake to honor all drafts drawn in accordance with the terms of this credit, one complete set of documents is to be sent by airmail to us in one lot.

2. 训练项目

(1) 完成出口合同下的备货项目(签订购货合同、缮制出口货物出境报检单及原产地证明书)。

1) 购货合同资料:

合同号码:08CS96

合同供方:烟台黑牡丹纺织有限公司

签约时间地点:2013 年 9 月 29 日

购销价格:每码 15 元

交货期:2013 年 11 月底以前

2) 商检、产地证资料:

申请日期:2013 年 11 月 5 日;报验号:508888878;

商品名称编码:1376.2040

申请单位注册号:3508888637;

证书号:35080076660;发票号:CS08 - 556;

发票日期:2013 年 11 月 6 日;发票(FOB)总值:USD10 050.00;

拟出运日期:2013 年 11 月 25 日;申请日期:2013 年 11 月 6 日。

(2) 完成信用证的审证、改证等必要工作。

(3) 完成货物装运出口项目(填写提单、保险单、出口货物报关单、发装运通知等)。

1) 运输、投保资料:

货物 2013 年 11 月中旬备妥并办完商检、产地证手续。

11 月中下旬开往新加坡港的可选船舶为 COSCO 公司"HAPPY LIFE V. 0688"。船方确认货物开船日期为 2013 年 11 月 25 日。

2) 报关资料:

货物 2013 年 11 月 20 日办妥运输手续;报关单预录入及海关编号分别为编号 666456880、350100856;境内货源地为烟台市区;出口收汇核销单为 20130666988。

3) 装船资料:

货物 11 月 25 日全部如数装船出口。

(4) 制作出口结汇单据(汇票、发票、装箱单),办理出口结汇手续。

模块四　业务善后与争议的处理

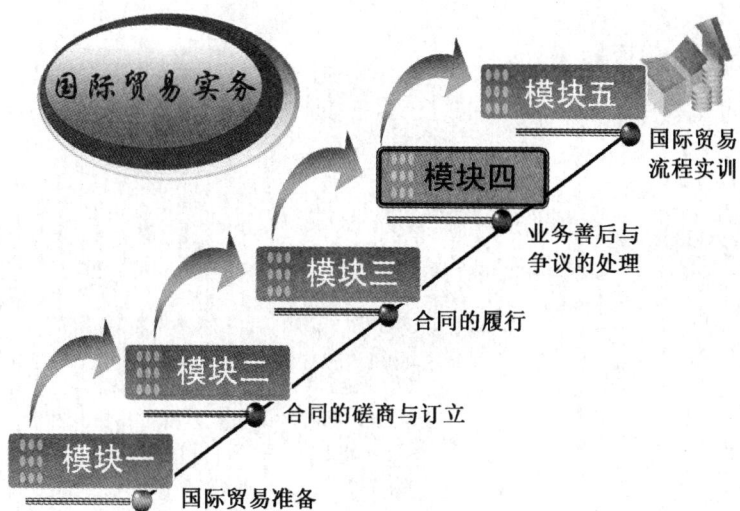

模块分解

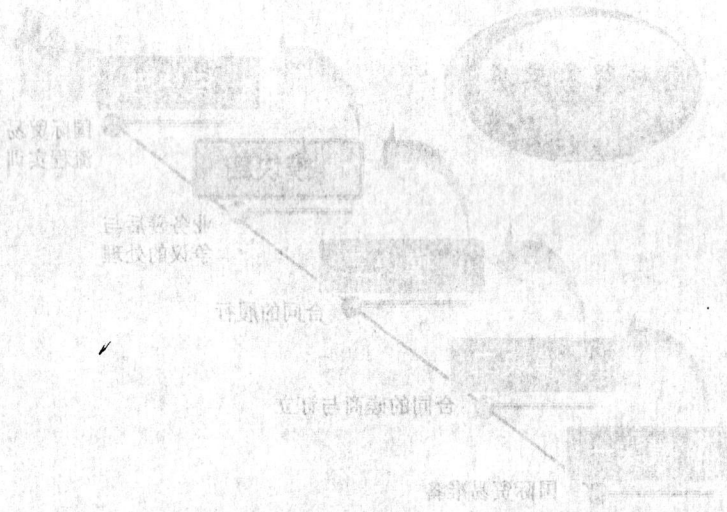

项目1 外汇核销与出口退税

学习目标	
知识目标	能力目标
◇ 外汇核销的程序 ◇ 出口退税税款的计算	◇ 填写出口外汇核销单,办理外汇核销手续 ◇ 办理出口退税手续

1.1 项目描述与分析

1. 项目描述

烟台中策外贸有限公司从中国银行烟台分行得知国外客户已付款,银行已于2013年10月15日把货款划到公司账户上。公司老总让王铮和财务处的小杨一起去办理外汇核销和出口退税手续。

有关资料如下:CIF总额为35 817.60美元,运费1 200美元,保险费354美元;烟台中策外贸有限公司采购时取得增值税发票总额16 380元。(注明:销售额140 000,增值税税额23 800)。10月15日USD/CNY=6.80,增值税率为17%,出口退税率为8%。

2. 项目分析

货物出口后,出口公司必须在规定期限内将货款收回,并向外汇管理局核销,此即出口收汇核销制度。此外,根据WTO规则要求,各成员国可以对本国出口产品实行退税,但退税的最大限度不能超过出口产品在国内已征的税款。对出口产品实行退税是国家支持外贸出口的重要手段,符合国际惯例。

出口公司必须准备好核销单据先到外汇管理局办理外汇核销,然后再带齐出口退税所需要的单据去国家税务局办理出口退税手续。

1.2 相关知识

1.2.1 外汇核销

从1991年起,我国实行出口收汇核销制度,是外汇管理局对出口单位的出口货物实施跟踪监管直到货款收回进行核销的一种事后监督制度。其目的是为了督促企业安全及时收汇。

1. 出口收汇核销单

出口收汇核销单分为出口收汇核销存根和正本以及出口退税专用联三个部分。企业从外汇管理局申领的每一张核销单,都有一个唯一的编号,都在外汇管理局的数据库中有备案和留档。核销单最终的存根必须送回外汇管理局,以核对原来数据库的电子档案并注销此核销单号码,这一过程就叫做"核销"。

企业一次可以向外汇管理局申领多张号码的核销单,并当场加盖企业名称印章。核销单只能供本企业使用,不得借用、冒用、转让和买卖。此外,核销单是有期限的,过期未用的核销单不得使用,而且必须退回外汇管理局注销。填写有误的核销单也必须退回外汇管理局核销。

2. 出口收汇核销

出口企业在货物报关出口后,必须持盖有海关"验讫章"的"核销单"、银行出口收汇单(出口收汇核销专用联)和报关单,在规定的时间内,向原申领核销单的外管局办理核销手续。为了简化核销手续,外管局开发"出口收汇核销网上报审系统",实现了网上"无纸化"核销,方便出口企业的收汇核销工作,提高了工作效率,降低了企业经营成本。需要指出的是,出口企业必须妥善保管纸质的核销单据,做好后续核销工作。

1.2.2 出口退税

出口退税(Export Rebates),是指对出口商品已征收的国内税部分或全部退还给出口商的一种措施。出口退税是一项国际惯例,主要通过退还出口货物的国内已纳税款来平衡国内产品的税收负担,使本国产品以不含税成本进入国际市场,与国外产品在同等条件下进行竞争,从而增强竞争能力,扩大出口创汇。

我国从1985年开始实行出口退税政策,此后,对出口产品的出口退税经过多次调整。

根据现行税制规定,我国出口货物退(免)税的税种是流转税范围内的增值税、消费税两个税种。

1. 增值税出口退税的计算

出口增值税退税额的计算比较复杂,这里只介绍其中最简单的有进出口经营权的外贸企业收购货物直接出口或委托其他外贸企业代理出口货物时的出口退税的计算办法。

出口应退增值税税额=外贸收购不含增值税的购进金额×出口退税率

=(外贸收购含增值税采购金额/(1+增值税税率)×出口退税率

外贸企业适用上述计算办法,其前提条件是必须做到对出口货物单独设立库存账和销售账,单独核算出口货物的购进金额和进项税额。外汇人民币牌价应按财务制度规定的两种办法确定,即国家公布的当日牌价或月初、月末牌价的平均价。计算方法一旦确定,企业在一个纳税年度内不得更改。

〘网站链接〙

出口退税率查询 http://www.chinatax.gov.cn/

【例1-1】 某外贸企业于2013年10月从某日化厂购进化妆品(口红、指甲油、胭脂等)直接出口,取得防伪税控系统开具的增值税专用发票总额为585万元(含增值税采购金额),该批出口货物成交价格为670万元,同时支付境内运费2万元。请问,该业务如何计算应退增值税税额(化妆品增值税率为17%,出口退税率为5%)。

解:出口应退增值税税额

=外贸收购含增值税采购金额/(1+增值税税率)×出口退税率

=585/(1+17%)×5%=25万元

2. 出口退税附送材料

办理出口退税应该附送以下材料:报关单、出口销售发票、进货发票、收汇通知书(结汇水单)、产品征税证明、出口收汇已核销证明以及与出口退税有关的其他材料。

销售发票是外商购货的主要凭证,也是出口企业财务部门凭此记账作为出口产品销售收入的依据。

提供进货发票主要是为了确定出口产品的供货单位、产品名称、计量单位、数量和生产企业的销售价格,以便划分和计算确定其进货费用等。

收汇通知书(结汇水单)是国外汇款入银行账户以后,银行开给收款人的收汇凭证。

注意

出口企业在办理出口退税时,应注意四个时限规定:

一是"30天"。出口企业购买出口货物后,应及时向供货企业索取增值税专用发票,属于防伪税控增值税发票,必须在开票之日起30天内办理认证手续。

二是"90天"。出口企业必须在货物报关出口之日起90天内办理出口退税申报手续。

三是"180天"。出口企业必须在货物报关出口之日起180天内,向所在地主管退税部门提供出口收汇核销单(远期收汇除外)。

四是"3个月"。出口企业的纸质退税凭证丢失或内容填写有误,按有关规定可以补办或更改的,可向退税部门提出延期办理出口货物退税申报的申请,经批准后可延期3个月申报。

1.3 项目实施与心得

1. 项目实施

(1) 办理出口收汇核销

在实际出口业务中,核销工作需要遵循如图1-1所示的步骤。

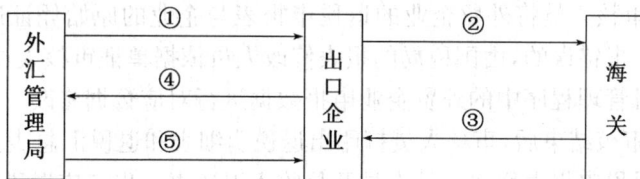

图1-1 外汇核销流程图

① 领单。出口单位在开展出口业务前到外汇管理局领取出口收汇核销单(以下简称"核销单"),当场在每张核销单的"出口单位"栏内填写单位名称或者加盖单位名称章。出口单位填写的核销单应与出口货物报关单上记载的有关内容一致。

② 报关。出口单位持在有效期内,加盖出口单位公章的核销单和相关单据办理报关手续。

③ 海关退回核销单。海关退回核销单并出具贴有防伪标签、加盖海关"验讫章"的出口报关单。

④ 核销。出口单位凭核销单、银行出具的"出口收汇核销专用联"到外汇管理局办理出口收汇核销。

⑤ 外汇管理局审核相关单证，核销完毕。

（2）出口退税

在实际出口业务中，出口退税工作需要遵循如图1-2所示的步骤。

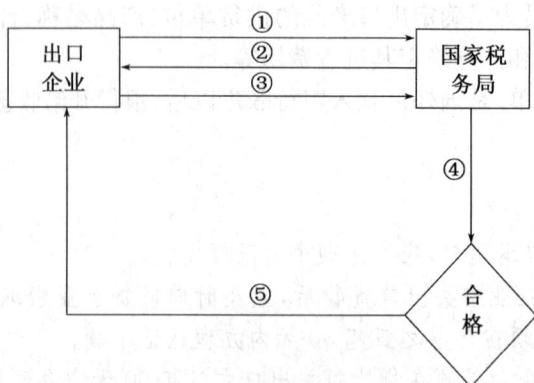

图1-2　出口退税流程图

① 退税登记。出口企业在取得外贸经营权的证明文件、工商行政管理部门核发的工商登记证明和税务机关核发的税务登记证明后，在30日内将外贸经营权的证明文件、工商登记证明、税务登记证明（各省、自治区、直辖市、计划单列市国家税务局）和企业章程的原件与复印件送交企业所在地的出口退税主管部门。

② 发放出口企业退税登记证。退税机关审核后发给"出口企业退税登记证"。

③ 退税申报。外贸企业在将某一所属期的出口退税数据申报盘片生成以后，到国税局申报大厅进行退税申报。国税局受理外贸企业出口退税正式申报，将外贸企业的申报数据读入国家税务总局的出口退税管理程序中企业申报数据库，并打印国税局受理外贸企业申报回执，以示接受申报，同时将外贸企业申报的盘片、申报表和退税原始凭证进行审查接收。

④ 审核。单证审核人员将外贸企业的退税申报表与企业的原始凭证进行对照审核。外贸企业申报表若有申报错误的，由国税局的报表修改人员依据单证审核人员的修改意见，对储存在出口退税计算机管理程序中的外贸企业申报数据进行对应数据修改。

⑤ 税票开具。审核结束后，审核人员打印出退税明细表和退税汇总表。经国税局同意批准退税的外贸企业退税申报由税票开具人员开具收入退还书。出口应退税额的公式为：

出口应退税额＝外贸收购不含增值税的购进金额×出口退税率

2. 项目实施心得

外汇核销和出口退税流程很简单，自己多演示一下，自然熟能生巧。

未进行口岸备案的核销单不能用于出口报关。

已进行口岸备案的核销单在未被用于出口报关的情况下，如果出口口岸发生变化，应当上网变更并重新设置出口口岸。

一般情况下，大都由财务部门负责办理外汇核销和出口退税手续，但外贸业务人员应及时提供相关单证，配合好财务部门做好此项工作。

1.4　知识拓展

1. 出口收汇核销遗失及补办

出口单位遗失核销单后，应当在 15 天之内向外汇局书面说明情况（加盖公章、法人签字），申请挂失，外汇局核实后，统一登报声明作废。

对于空白核销单，外汇局予以注销；对于已报关的核销单，则凭有关出口凭证办理核销。

对于要补办出口退税专用联的，在办理出口核销手续后，出口单位应当凭税务部门签发的与核销单对应的出口未退税证明，向外汇局书面申请，经批准后，外汇局出具"出口收汇核销单退税联补办证明"。

2. 外汇核销的差额核销

外汇核销的差额核销，一般来料加工企业采取差额核销的办法。差额核销是按一定的比例将出口的收入汇入国内，余额可留境外用于材料的采购等。外贸业务人员必须弄清外管局核定的比例。一笔水单可多笔核销，其余额可用于下次核销。如果不进行外汇核销，相关核销单会一直在外汇局的纪录里显示"未核销"，影响企业收汇及出口退税。

1.5　业务技能训练

1.5.1　课堂训练

1. 出口公司应如何计算出口退税？
2. 讨论出口收汇核销程序、出口退税程序，并画出外汇核销和出口退税的流程图。

1.5.2　实训操作

1. 烟台东方外贸有限公司男衬衫出口后，收到加拿大客户 JAMES BROWN &SONS 的货款，请你回去办理出口收汇核销和出口退税。

2. 山东天地木业有限公司收到美国现代公司的货款，请你去办理出口收汇核销和出口退税。

3. 每位学生就自己公司出口产品情况，计算出口退税额。

项目 2　业务争议的处理

学习目标	
知识目标	能力目标
◇ 各国关于违约自认的规定及争议解决方式 ◇ 不可抗力的含义、构成要件及处理 ◇ 仲裁的特点，了解仲裁条款的内容	◇ 能根据实际情况，选择合适的争议解决方式 ◇ 能正确处理合同履行中遭受的不可抗力 ◇ 能模拟仲裁流程

2.1　项目描述与分析

1. 项目描述

烟台中策外贸有限公司第一次出口到法国公司（GOLDEN MOUNTAIN TRADING CO.，LTD.）的服装，法国公司很满意，双方合作良好，接着下了第二笔订单，数量、金额都和第一次一样，交货期为 2013 年 10 月 30 日。

为及时履行合同，王铮通知工厂于 10 月 26 日把货物运送、存放于烟台港码头的一个仓库里。10 月 28 日凌晨 2 点，该仓库因雷击起火，起火后，仓库管理员及时组织扑火，并及时拨打 119 报警，虽然消防队员及时赶到，但终因火势过大，货物全部烧毁。由于该批货物是 GOLDEN MOUNTAIN TRADING CO.，LTD. 特别定制，如果重新生产，至少在 11 月下旬才能制造生产完毕。事发后，王铮把本公司遭遇不可抗力一事及时通知 GOLDEN MOUNTAIN TRADING CO.，LTD. 和 PAUL 并随后寄去烟台贸促会出具的相关证明。但 PAUL 认为烟台中策外贸有限公司不能够按时交货，就构成违约，要求烟台中策外贸有限公司按照合同支付违约金；而烟台中策外贸有限公司坚持认为属于不可抗力，双方协商未果。

GOLDEN MOUNTAIN TRADING CO.，LTD. 根据合同中的仲裁协议向北京中国国际经济贸易仲裁委员会提出仲裁申请，要求烟台中策外贸有限公司赔偿损失。

2. 项目分析

索赔、理赔是一项政策性、技术性很强的涉外工作，必须严肃对待、认真处理。处理好这项工作必须熟悉国际惯例和国际法律，注意调查研究，弄清事实，合理解决，做到有理、有利、有节。在解决国际贸易纠纷时，最好能在尽可能短的时间内、以尽可能少的费用解决纠纷，且尽量不要伤害彼此感情。仲裁就是国际贸易使用最多的一种争议解决方式。

在实际的进出口贸易中，发生争议、索赔的事例是很多的。在市场情况发生变化，进出口商人觉得履约对他们不利时，往往寻找各种借口拒不履约或拖延履约，甚至弄虚作假或提出无理要求，不可抗力就是其中一个常见的借口。判断是否构成不可抗力，主要看事件是否符合不可抗力的三个构成条件。

2.2 相关知识

2.2.1 争议与索赔

1. 争议

争议(Dispute)是指交易的一方认为另一方未能部分或全部履行合同义务而引起的业务纠纷。在国际贸易中,这种纠纷屡见不鲜,究其原因,主要有以下几个方面:

(1) 卖方不交货,或未按合同规定的时间、品质、数量、包装条款交货,或单证不符等。

(2) 买方不开或迟开信用证,不付款或不按时付款赎单,无理拒收货物,在FOB条件下不按时派船接货等。

(3) 合同条款的规定不明确,买卖双方所属国家的法律或其对国际贸易惯例的解释不一致,甚至对合同是否成立有不同的看法。

(4) 在履行合同过程中遇到了买卖双方不能预见或无法控制的情况,如某种不可抗力,双方对其有不一致的解释等。

2. 违约责任

买卖合同是对缔约双方均具有约束力的法律文件。任何一方违反了合同规定,都应承担违约的法律后果,受损方有权提出损害赔偿要求。但是,各国法律及国际公约对于违约方的违约行为、由此产生的法律后果及处理有不同的规定和解释。

(1) 英国的法律规定

英国的《货物买卖法》将违约分为违反要件和违反担保两种。

违反要件是指违反合同的主要条款,即违反与商品有关的品质、数量、交货期等要件。在合同的一方当事人违反要件的情况下,另一方当事人即受损方有权解除合同,并提出损害赔偿。

违反担保是指违反合同的次要条款。在违反担保的情况下,受损方只能提出损害赔偿,而不能解除合同。至于在每份具体合同中,哪个属于要件、哪个属于担保,该法并无明确具体的解释,只是根据合同所作的解释进行判断。这样,在解释和处理违约案件时,就难免带有不确定性和随意性。

(2) 美国的法律规定

美国法律把违约分为重大违约和轻微违约。一方当事人违约,致使另一方当事人无法取得该项交易的主要利益,属于重大违约,受损害的一方有权解除合同,并要求损害赔偿。如果一方违约,并未影响对方在该项交易中取得的主要利益,则为轻微违约,受损害的一方只能要求赔偿损失,而不能要求解除合同。

(3)《联合国国际货物销售合同公约》的法律规定

与英国《货物买卖法》不同,《联合国国际货物销售合同公约》根据违约的后果及其严重性进行判断,将违约分为根本性违约和非根本性违约。

根本性违约是指违约方的故意行为造成的违约,比如卖方完全不交货,买方无理拒收货物或拒付货款,其结果给受损方造成实质损害。如果一方当事人根本违约,另一方当事人可以宣告合同无效,并可要求损害赔偿。

非根本性违约是指违约的状况尚未达到根本违反合同的程度,受损方只能要求损害赔偿,而不能宣告合同无效。

【例2-1】 美国公司 A 从外国公司 B 进口一批冻火鸡,供应圣诞节市场。合同规定卖方应当在 9 月以前装船。但是卖方违反合同,推迟到 10 月 7 日才装船,因此 A 拒绝收货,并主张撤销合同。试问买主 A 是否可以拒收货物和撤销合同? 为什么?(注:圣诞节的火鸡就像中国中秋节的月饼,节前基本已采购充足,节后鲜有人买)

分析:买主 A 是否可以拒收货物和撤销合同,要看船只到达后,对买方影响的程度而定,具体分析如表 2-1 所示。

表 2-1 卖方违约程度以及买方的处置方式一览表

假设船只到达时间和买方销售火鸡的时间		买方的处置以及理由	
船只在圣诞节前到达	买方有足够的时间销售火鸡	买方不能拒收货物或解除合同	卖方并未构成根本违约
	买方有时间销售大部分火鸡		卖方并未构成根本违约
	买方仅有时间销售极少部分火鸡	买方可以拒收货物或解除合同	卖方构成根本违约
船只于圣诞节后到达	买方没有时间销售火鸡		卖方构成根本违约

（4）我国的法律规定

我国《合同法》规定,一方当事人违反合同规定,以致另一方订立合同时所期待的经济利益受到影响,另一方当事人有权要求解除合同。同时也规定,合同的变更、解除或终止并不影响当事人要求赔偿损失的权利。可见,中国合同法规定与公约基本一致。

3. 索赔

索赔(Claim)是指在合同的履行过程中,受损方向违约方提出赔偿的要求。理赔(Settlement of Claim)是违约方对受损方所提出的赔偿要求予以受理并进行处理的行为。因此,索赔与理赔是一个问题的两个方面。涉及国际货物买卖的索赔一般有三种情况:

（1）买卖索赔

它是以买卖合同为基础的,当一方当事人违反买卖合同规定时,受损方可依据买卖合同规定和违约事实提出索赔。属于卖方违约,主要表现为交货的时间、品质、数量、包装等不符合合同的规定;属于买方违约,主要表现为不按时接货、付款、办理租船订舱等。

（2）运输索赔

它是以运输合同为基础的,当一方当事人违反运输合同规定时,受损人可以依据运输合同规定和违约事实提出索赔。如收货人持有清洁提单而收到的货物发生残损短缺,这与发货人无关,收货人只能凭运输合同向承运人索赔。

（3）保险索赔

它是以保险合同为基础的,当发生保险合同承保范围内的风险并由此造成损失,被保险人可向保险公司索赔。例如,按 CIP 条件成交的货物,在运输途中遭遇暴雨致水浸损坏,由于投保了水渍险,买方可凭保险合同向保险公司索赔。

〖小实践〗

有一批货物共 1 000 箱,自 A 国港口装运至 B 国港口,承运人签发了"已装船清洁提单",

但货运到目的地港口后,收货人发现下列情况:少10箱货;20箱包装严重破损,内部货物大部分丧失;50箱包装外表完好,箱内货物短少。请分别说明上述三种情况应属承运人还是托运人的责任? 为什么?

索赔时,依照索赔情形、对象不同,索赔的依据有所不同,向贸易对方索赔,销售合同为主要依据;向承运人索赔须提供运输合同;向保险公司索赔,以保险单据为主要凭证,而检验证书则是任何索赔均必须出具的。

4. 索赔条款示例

买卖双方可根据交易的需要在合同中订立或不订立索赔条款。订立索赔条款通常有两种方式:

(1) 索赔条款

该条款针对卖方交货品质、数量或包装不符合合同规定而订立。

例如,买方对于装运货物的任何异议,必须于装运货物的船只到达提单所指定的目的港的30天内提出,并须提供经卖方同意的公证机构出具的检验报告。如果货物已经过加工,买方丧失索赔的权利。

Any claim by the buyers regarding the goods shipped shall be advanced within 30 days after arrival of goods at the port of the destination specified in the relative B/L and supported by a survey report issued by a surveyor approved by the sellers. If the goods have already been processed, the buyers shall lose the right to claim.

(2) 违约金条款

违约金(Penal)是指合同当事人一方未履行合同义务而向对方支付约定的金额。只要一方违反合同,不管其违约行为有没有给对方造成损失,都必须向支付违约金。违约金条款一般适用于卖方延期交货,或者买方延迟开立信用证和延期接运货物等情况。

计算违约金日期的方法有两种:一种是以约定的交货期或开证期终止后立即起算;另一种是规定宽限期,即在约定的有关期限终止后再宽限一段时间,在此宽限期内仍可免于罚款,待宽限期届满后再起算违约金。

在一方违约没有给对方造成损失的情况下,按照约定的违约金支付;在当事人约定了违约金的情况下,一方违约同时给对方造成了损失时,确定违约金数额的参考标准就是损失的数额;延迟履行合同的一方当事人支付违约金后,还应当履行合同义务。

例如,除本合同第＿＿条所列举的不可抗力原因外,卖方不能按时交货,在卖方同意由付款银行在议付货款中扣除违约金或由买方于支付货款时直接扣除违约金的条件下,买方应同意延期交货,违约金率按每7天收取延期交货部分总值的0.5%,不足7天者以7天计算。但违约金不得超过延期交货部分总金额的5%。如卖方延期交货超过合同规定期限10周时,买方有权撤销合同,但卖方仍应不延迟地按上述规定向买方支付罚金。

Unless caused by the Force Majeure specified in Clause ＿＿ of this contract, in case of delayed delivery, the sellers shall pay to the buyers for every week of delay amounting to 0.5% of the total value of the goods whose delivery has been delayed. Any fraction part of a week is to be considered a full week. The total amount of penalty shall not, however, exceed 5% of the total value of the goods involved in late delivery and is to be deducted from the amount due to the sellers by the paying bank at the time of negotiation, or by the buyers direct at the time of payment. In case the period of delay exceeds ten weeks later than the time as shipment as stipulated in the contract, the buyers have the right to terminate this contract but the sellers shall not thereby be exempted from payment of penalty.

〖注意〗

英美法系国家的法律只承认损害赔偿,不承认带有惩罚性的违约金。所以在与英、美、澳、新等国贸易时,应注意约定的违约金额的合法性。违约金条款常用于大宗商品或成套设备的合同中。

2.2.2 不可抗力

不可抗力(Force Majeure)又称人力不可抗拒,是指合同签订后,不是由于当事人一方的过失或故意,发生了当事人在订立合同时所不能预见的、对其发生和后果不能避免并且不能克服的事件,以致不能履行合同或不能如期履行合同。遭受不可抗力事件的一方,可以据此免除履行合同的责任或推迟履行合同,对方无权要求赔偿。因此,不可抗力是一项免责条款。

1. 不可抗力的特点

不可抗力是一项免责条款,所以区分商业风险和不可抗力事故显得非常重要。根据国际贸易惯例的解释,货价的变动、运价的变动、汇率的变动等不属于不可抗力,是正常的商业风险。构成不可抗力一般应当具备以下条件:

(1) 事件必须发生在合同签订以后。

(2) 事件不是因为合同当事人自身的过失或故意导致。

(3) 事件是合同当事人不能控制、不能预见、无法避免的。

〖案例分析〗

案例:印度商人与英国商人签订出口农产品合同,条件为 CIF 伦敦,交货期为 11 月份。后发生中东战争,苏伊士运河被封闭。印度商人称因战争导致的不可抗力因素不能交货。英国商人不同意,称可绕道好望角,而印度商人说要增加许多运费,让英国商人承担。英商人不同意承担。请问:战争是否构成不可抗力?

分析:战争不构成不可抗力。中东战争是不能预见,不能避免,但是能够克服,即绕道好望角。绕道好望角增加了卖方的负担,但并没有达到不可克服的程度,因此,此时不能使用不可抗力制度。

〖想一想〗

中国从阿根廷进口普通豆饼 2 万公吨,交货期为 8 月底,拟转售欧洲。然而,4 月份阿根廷商人原定的收购地点发生百年未见洪水,收购计划落空。阿商要求按不可抗力免除交货责任。

请问:洪水是否构成不可抗力?

2. 不可抗力的范围

不可抗力通常包括两种情况：一种是自然原因引起的，如水灾、旱灾、暴风雪、地震等；另一种是社会原因引起的，如战争、罢工、政府禁令等。但对于目前国际上不可抗力事件并无统一的、明确的解释。哪些意外事故应视作不可抗力，可由买卖双方在合同的不可抗力条款中约定。

国际贸易公约及各国的法律、法规对不可抗力有不同的称谓和解释。英美法称之为"合同落空"；大陆法称之为"情势变迁"或"契约失效"。

3. 不可抗力事件的处理方式

发生不可抗力事件后，应按约定的处理原则和办法及时进行处理。不可抗力的后果有两种：一种是解除合同；另一种是延期履行合同或部分履行合同。

究竟如何处理，应视事件的原因、性质、规模及其对履行合同所产生的实际影响程度，由买卖双方磋商而定。

4. 不可抗力事件的通知期限与方式

不可抗力事件发生后如影响合同履行，发生事件的一方当事人应按约定的通知期限和通知方式，将不可抗力事件情况如实通知对方，一般先用电报通知对方，并在 15 天内以航空信提供事故的详尽情况和影响合同履行程度的证明文件。对方在接到通知后，应及时答复，如有异议也应及时提出。

值得注意的是，有关不可抗力的通知必须确保对方能够收到；否则，遭受不可抗力的一方必须对另一方"未收到通知而造成的损害"而非"因遭受不可抗力而造成的损害"负赔偿责任。

5. 不可抗力事件的证明

在国际贸易中，当一方援引不可抗力条款要求免责时，必须向对方提交有关机构出具的证明文件，作为发生不可抗力的证明。在国外，一般由当地的商会或合法的公证机构出具。在我国，由中国国际贸易促进委员会（China Council for the Promotion of International Trade, CCPIT）或其设在口岸的贸促分会出具。

我国进出口合同中的不可抗力条款，通常有下列三种规定办法：

（1）概括式规定

概括式规定指在合同中不具体规定不可抗力事件的范围，只作概括的规定。

例如，如果由于不可抗力的原因导致卖方不能履行合同规定的义务，卖方不负责任，但买方应立即电报通知买方，并须向买方提交证明发生此类事件的有效证明书。

If the fulfillment of the contract is prevented due to force majeure, the seller shall not be liable. However, the seller shall notify the buyer by cable and furnish the sufficient certificate attesting such event or events.

由于这类规定方法对不可抗力范围定得过于笼统，一旦发生问题，容易引起贸易纠纷。难以作为解决问题的依据，一般很少采用。

（2）列举式规定

列举式规定指在合同中明确规定不可抗力事件的范围。凡在合同中没有订明的，均不能作为不可抗力事件加以援引。

例如，如果由于战争、洪水、火灾、地震、雪灾、暴风的原因致使卖方不能按时履行义务，卖方可以推迟这些义务的履行时间，或者撤销部分或全部合同。

If the shipment of the contracted goods is delayed by reason of war, flood, fire, earthquake, heavy snow and storm, the seller can delay to fulfill or revoke part or the whole contract.

这种规定方法虽然明确具体,但规定得过死。因为在签订合同时难以预见所有可能发生的不可抗力,一旦发生未列入条款的事件,会引起争议,且一一列明,使得合同文字繁琐。

(3) 综合式规定

综合式规定指采用概括和列举综合并用的方式。这种方法既明确,又有一定的灵活性,在我国进出口贸易业务中,多采用此种表示方法。

例如,因战争或其他人力不可控制的原因,买卖双方不能在规定的时间内履行合同,如此种行为或原因在合同有效期后继续三个月,则本合同的未交货部分即为取消,买卖双方的任何一方,不负任何责任。

If the fulfillment of the contract is prevented by reason of war or other causes of force majeure, which exists for three months after the expiry of the contact, the non-shipment of this contract is considered to be void, for which neither the seller nor the buyer shall be liable.

2.2.3 仲裁

在国际贸易实践中,对于争议和索赔的处理,通常可以采用友好协商、调解、仲裁或诉讼的方式来解决。与友好协商和诉讼相比,仲裁是被最广泛采用的解决国际经济争议的一种方式。

仲裁(Arbitration)又称公断,是指买卖双方在争议发生之前或发生之后,签订书面协议,自愿将争议提交双方所同意的第三者予以裁决,而这个裁决是终局性的,对双方都有约束力,双方都必须遵照执行。

1. 仲裁的特点

在国际贸易中,解决争议的方式很多,而仲裁之所以得到最为广泛地应用,关键在于其区别于其他几种争议解决方式的特点:

(1) 仲裁是双方自愿的。当事人双方应在争议发生之前或之后订立仲裁协议,任何仲裁机构不受理没有仲裁协议的案件。

(2) 仲裁的立案时间快。一般在1周之内即可开庭,处理案件时间较短。

(3) 仲裁的费用较低。一般按争议价值的一定百分比收取费用。

(4) 仲裁时当事人双方可以选择仲裁员。

(5) 仲裁裁决一般是终局裁决,对双方都有约束力。

(6) 仲裁气氛缓和,当事人双方感情上有回旋余地。

2. 仲裁协议

仲裁协议是双方当事人达成的、自愿将其已发生或将来可能发生的争议交付仲裁机构解决的书面表示,是申请仲裁的必备材料。任何国际贸易仲裁机构都必须依据当事人的仲裁协议受理仲裁。

一般来说,仲裁协议主要有以下两种形式:

(1) 仲裁条款(Arbitration Clause),是双方当事人在争议发生之前订立的,通常作为合同中的一项条款出现,表示自愿把将来可能发生的争议交付仲裁机构解决的书面文件。

（2）提交仲裁协议（Submission Agreement），是双方当事人在争议发生以后订立的，表示自愿把已经发生的争议提交仲裁解决的协议。

这两种形式的仲裁协议虽然在形式上有所区别，但其法律效力却是相同的。为避免发生争议后，一方欲仲裁而另一方不愿意的局面出现，最好在合同中订立仲裁条款。

按照大多数国家的法律规定，仲裁协议的作用主要有以下三个方面：

（1）约束双方当事人只能以仲裁方式解决其争议，且不得向法院起诉。

（2）排除法院对有关案件的管辖权。如果一方违背仲裁协议，自行向法院起诉，另一方可根据仲裁协议要求法院不予受理，并将争议案件退交仲裁庭裁决。

（3）仲裁机构取得争议案件管辖权的依据。

3. 仲裁条款的内容

仲裁条款的规定应当明确合理，不能过于简单，其具体内容一般应包括仲裁地点、仲裁机构、仲裁程序、仲裁裁决的效力、仲裁费用负担等。

（1）仲裁地点

在仲裁条款中，确定在哪国仲裁，一般就适用该国的仲裁法律。由于适用的法律不同会导致处理结果大相径庭，故在仲裁条款的磋商过程中，仲裁地点经常会成为一个焦点问题。我国进出口贸易合同中的仲裁地点，应视贸易对象和情况的不同来决定，一般可以采用三种规定方法：力争规定在我国仲裁；有时规定在被告所在国仲裁；规定在双方同意的第三国仲裁。

（2）仲裁机构

仲裁机构是依法对争议案件进行审理裁决的专门机构，根据组织形式不同可以分为两种形式：

一种是由双方当事人在仲裁协议中规定一个常设的仲裁机构。我国主要的常设仲裁机构是设在北京的中国国际经济贸易仲裁委员会（CIETAC）及其分别设在深圳和上海的分会，在外贸业务中，也经常会遇到外国的一些较著名的常设仲裁机构，如瑞士苏黎世商会仲裁院、瑞典斯德哥尔摩仲裁院、美国仲裁协会及英国伦敦仲裁院等。

另一种是由双方当事人指定仲裁员所组成的临时仲裁庭，当争议处理完毕，它即自动解散。

》小贴士《

中国国际经济贸易仲裁委员会简称中国贸仲委，于 1956 年 4 月成立。2000 年同时启用中国国际商会仲裁院的名称。中国仲贸委总部设在北京，贸仲委分别在上海和深圳设立了华东分会和华南分会。仲裁委员会北京总会及华南分会和上海分会是一个统一的整体，是一个仲裁委员会。总会和分会使用相同的《仲裁规则》和《仲裁员名册》，在整体上享有一个仲裁管辖权。仲裁委员会以其独立、公正、高效的仲裁工作在国内外享有广泛的声誉，是世界上重要的国际商事仲裁机构之一。中国国际经济贸易仲裁委员会网址：www.cietac.org.cn/

（3）仲裁规则

仲裁规则主要是规定进行仲裁的程序和方法，其中包括仲裁的申请、答辩、仲裁员的指定、案件的审理和仲裁裁决的效力等。其主要作用在于为当事人和仲裁员的行动提供一套准则，便于有序地完成仲裁过程。它是仲裁方面的程序法。

（4）仲裁裁决的效力

世界上大多数国家的法律承认仲裁裁决是终局的，对双方当事人均有约束力，双方必须依照执行，任何一方不得向法院起诉要求变更。我国进出口合同的仲裁条款也有相同的规定。

（5）仲裁费用的负担

一般规定由败诉方承担，也可以规定由仲裁庭酌情处理。

4. 仲裁条款示例

凡因执行本合约或有关本合约所发生的一切争执，双方应以友好方式协商解决；如果协商不能解决，应提交中国国际经济贸易仲裁委员会，根据该会的仲裁规则进行仲裁。仲裁裁决是终局的，对双方都有约束力。

All disputes arising in connection with this Sales Contract or the execution thereof shall be settled by way of amicable negotiation. In case no settlement can be reached, the case shall then be submitted for arbitration to the China International Economic and Trade Arbitration Commission in accordance with the provisions of the said Commission. The award by the said Commission shall be deemed as final and binding upon both parties.

2.3 项目实施与心得

1. 项目实施

烟台中策外贸有限公司与 GOLDEN MOUNTAIN TRADING CO., LTD. 合同的违约金，不可抗力和仲裁条款如下：

除本合同列举的不可抗力原因外，卖方不能按时交货，在卖方同意由付款银行在议付货款中扣除违约金或由买方于支付货款时直接扣除违约金的条件下，买方应同意延期交货。违约金率按每 7 天收取延期交货部分总值的 0.5%，不足 7 天者以 7 天计算。但违约金不得超过延期交货部分总金额的 5%。卖方延期交货超过合同规定期限 10 周时，买方有权撤销合同，但卖方仍应不延迟地按上述规定向买方支付违约金。

Unless caused by the Force Majeure Specified in this contract, in case of delayed delivery, the sellers shall pay to the buyers for every week of delay a penalty amounting to 0.5% of the total value of the goods whose delivery has been delayed. Any fraction part of a week is to be considered a full week. The total amount of penalty shall not, however, exceed 5% of the total value of the goods involved in late delivery and is to be deducted from the amount due to the sellers by the paying bank at the time of negotiation, or by the buyers direct at the time of payment. In case the period of delay exceeds ten weeks later than the time of shipment as stipulated in the contract, the buyers have the right to terminate this contract but the sellers shall not thereby be exempted from payment of penalty.

因人力不可抗拒事故使卖方不能在本售货合约规定期限内交货或不能交货，卖方不负责任，但是卖方必须立即以电报通知买方。如果买方提出要求，卖方应以挂号函向买方提供由中国国际贸易促进委员会或有关机构出具的证明，证明事故的存在。买方不能领到进口许可证，不能被认为属人力不可抗拒范围。

The sellers shall not be held responsible if they fail, owing to Force Majeure cause or causes, to make delivery within the time stipulated in this Sales Contract or cannot deliver the goods. However, the sellers shall inform immediately the buyers by cable. The sellers shall deliver to the buyers by registered letter. If it is requested by the buyers, a certificate issued by the China Council for the Promotion of International Trade or by any competent authorities, attesting the existence of the said cause or causes. The buyers' failure to obtain the relative Import Licence is not to be treated as Force Majeure.

仲裁：凡因执行本合约或有关本合约所发生的一切争执，双方应以友好方式协商解决；如果协商不能解决，应提交中国国际经济贸易仲裁委员会，根据该会的仲裁规则进行仲裁。仲裁裁决是终局的，对双方都有约束力。

Arbitration: All disputes arising in connection with this Sales Contract or the execution thereof shall be settled by way of amicable negotiation. In case no settlement can be reached, the case at issue shall then be submitted for arbitration to the China International Economic and Trade Arbitration Commission in according with the provisions of the said Commission. The award by the said Commission shall be deemed as final and binding upon both parties.

(1) 提出仲裁申请(To Apply for Application)

GOLDEN MOUNTAIN TRADING CO., LTD. 认为此次不能够及时交货的原因是雷击起火，不属于不可抗力，于是将所发生的争议根据合同的仲裁条款向北京中国国际经济贸易仲裁委员会提出仲裁申请。附有所依据的事实证明文件，预缴了一定数额的仲裁费。

仲裁申请书内容包括：申诉人和被诉人的名称、地址；申诉人所依据的仲裁协议；申诉人的要求及所依据的事实和证据。

(2) 组织仲裁庭(To Establish Arbitration Tribunal)

根据我国仲裁规则的规定，烟台中策外贸有限公司和 GOLDEN MOUNTAIN TRADING CO., LTD. 各自在仲裁委员会仲裁员名册中指定一名仲裁员，并由仲裁委员会主席指定一名仲裁员为首仲裁员，共同组成仲裁庭审理案件，审理该争议案件。

(3) 审理案件(To Hear the Case)

仲裁庭审理案件的形式有两种：一是不开庭审理。这种审理一般是经当事人申请，或由仲裁庭征得双方当事人同意，只依据书面文件进行审理并做出裁决；二是开庭审理。按照仲裁规则的规定，采取不公开审理，如果双方当事人要求公开进行审理，由仲裁庭做出决定。仲裁庭审理案件的依据是中国国际经济贸易仲裁委员会的仲裁规则。

(4) 作出裁决(To Give Award)

裁决是仲裁程序的最后一个环节。裁决做出后，审理案件的程序即告终结，因而这种裁决被称为终局裁决。

仲裁裁决必须于案件审理终结之日起 45 天内以书面形式做出，仲裁裁决除由于调解达成和解而做出的裁决书外，应说明裁决所依据的理由，并写明裁决是终局的和做出裁决书的日期、地点以及仲裁员的署名等。

当事人对于仲裁裁决书，应依照其中所规定的时间自动履行，裁决书未规定期限的，应立即履行。一方当事人不履行的，另一方当事人可以根据中国法律的规定，向中国法院申请执行，或根据有关国际公约和中国缔结或参加的其他国际条约的规定办理。

仲裁庭作出裁决如下：

火灾发生在合同订立后,满足"不能预见"、"不能避免"、"不能克服"三项条件,且当事人均无过错,因此,火灾构成不可抗力。

火灾发生后,YANTAI ZHONGCE IMPORT & EXPORT CORP. 及时通知对方,并提供当地贸易促进委员会的证明,且因货物全部烧毁,故 YANTAI ZHONGCE IMPORT & EXPORT CORP. 有权延期履行合同或终止履行合同。YANTAI ZHONGCE IMPORT & EXPORT CORP. 不需要向 GOLDEN MOUNTAIN TRADING CO. , LTD. 进行赔偿。

2. 项目实施心得

(1)合同要明确规定双方应承担的义务、违约的责任

许多合同只规定双方交易的主要条款,却忽略了双方各自应尽的责任和义务,特别是违约应承担的责任。这样,等于无形中为双方解除了应负的责任,架空了合同或削减了合同的约束力,还有一种情况是,这些合同条款写得十分含糊笼统,即使是规定了双方各自的责任、义务,也无法追究违约者的责任。

合同文字如果含糊不清,模棱两可,在执行过程中,往往争议纷纷,扯皮不断,甚至遗祸无穷。例如,某一合同中有这样一条:"合同生效后不得超过45天,乙方应向甲方缴纳××万美元的履约保证金。……超过两个月如未能如期缴纳,则合同自动失效。"这里"两个月"究竟从哪一天开始算起,是合同生效之日开始算起,还是合同生效45天以后算起,写得不明确。

(2)索赔时应注意的问题

索赔事件多发生在交货期、交货品质及数量等问题上,一般来说,买方向卖方提出索赔的情况较多。当然,买方不按期接运货物或无理拒付货款的情况也时有发生,因此,也有卖方向买方索赔的情况。

由于索赔案件大多案情复杂,涉及的责任方多,因此当因质量、数量、规格、包装、残损等原因需要对外索赔或理赔时应注意以下几方面的问题:准确判断货损原因及索赔对象;注意收集旁证资料;留足证据;注意索赔期限;注意研究国际贸易惯例、规则及有关法律的规定。

(3)援引不可抗力条款和处理不可抗力事件应注意的事项

当不可抗力事件发生后,合同当事人在援引不可抗力条款和处理不可抗力事件时,应注意如下事项:

1)发生事故的一方当事人应按约定期限和方式将事件情况通知对方,对方也应及时答复。

2)双方当事人都要认真分析事件的性质,看其是否属于不可抗力事件的范围。

3)发生事件的一方当事人应出具有效的证明文件,作为发生事件的证据。

4)双方当事人应就不可抗力的后果,按约定的处理原则和办法进行协商处理。处理时,应弄清情况,体现实事求是的精神。

2.4 知识拓展

索赔期限是指索赔方向违约方提出索赔要求的有效期。逾期索赔,违约方可不予受理。索赔期限的规定要根据商品性质以及检验所需时间等因素确定。UNCISG 第 39 条规定:

(1)买方对货物不符合同,必须在发现或理应发现不符情形后一段合理时间内通知卖方,说明不符合同情形的性质,否则就丧失声称货物不符合同的权利。

（2）无论如何，如果买方不在实际收到货物之日起两年内将货物不符合同情形通知卖方，他就丧失声称货物不符合同的权利，除非这一时限与合同规定的保证期限不符。

实际业务中的习惯做法：一般货物的索赔期限为货到目的港后 30～45 天；食品、农产品等易腐烂、易变质商品的索赔期限可以再短些；机器设备的索赔期限分数量和品质作不同的规定，数量方面的索赔期限一般为货到目的港后 60 天，品质方面的索赔期限一般为一年或一年以上，并通常规定其为质量保证期。

2.5　业务技能训练

2.5.1　课堂训练

1. 合同中的哪些变更构成实质性变更？
2. 不可抗力的构成要件如何？不可抗力可能有哪些后果？
3. 仲裁程序如何？
4. 讨论如果公司遭受不可抗力事件，在不可抗力发生后该如何处理？

2.5.2　实训操作

1. 烟台东方外贸有限公司男衬衫出口后，收到加拿大客户 JAMES BROWN & SONS 的来信，声称有 200 件男衬衫的衣袖存在色差，要求东方外贸公司赔偿 1 万美元。请你回 E-mail，妥善处理此事。

2. 山东天地木业有限公司收到现代公司传真，称这两个型号的地板质量有问题，要求降价 20%。请你回复传真，提出你的处理意见。

3. 每位学生就自己公司和客户洽谈的商品出口业务，订立合同的索赔条款、不可抗力条款和仲裁条款。

综合训练四

1. 业务背景

烟台永盛外贸有限公司于 2013 年 12 月 8 日收到出口货款，2009 年 1 月，公司收到客户 RAFFLES TRADING CO. , LTD. 寄来 SGS 新加坡公司的检验报告，证明我方所交货物数量短少 300YARDS。

2. 训练项目

（1）出口退税计算

烟台永盛外贸有限公司收到货款后办理核销，请你描述出口收汇核销手续的流程以及所需递交的单据。然后去国税局退税（退税率 14%），问可得多少退税？

（2）写理赔函

公司接到对方索赔函电后，经查此次短少系我方工作疏忽所致。现在请写一封回函，提出两种解决办法：以空邮方式将短少数量补齐，或者把短少的金额电汇给客户，向客户保证今后将不再发生此事。

模块五　国际贸易流程实训

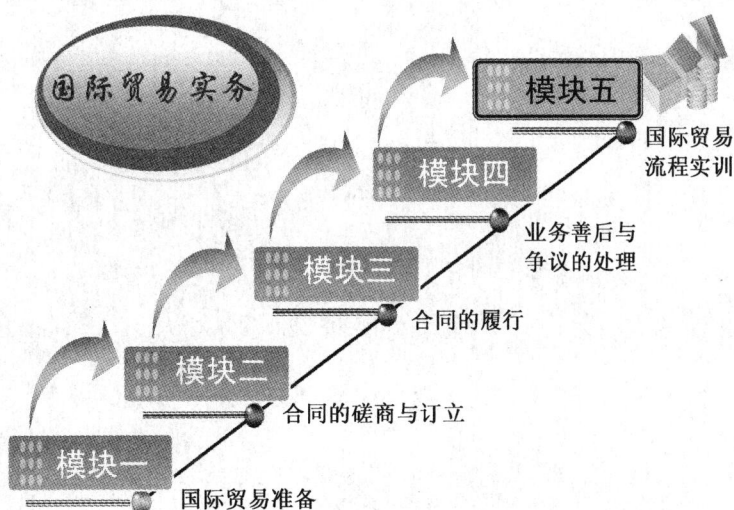

国际贸易实务

模块五
国际贸易
流程实训

模块四
业务善后与
争议的处理

模块三
合同的履行

模块二
合同的磋商与订立

模块一
国际贸易准备

模块分解

项目1　甜玉米罐头出口业务实训
项目2　茶叶出口业务实训

项目 1　甜玉米罐头出口业务实训

实训条件		
硬件	软件	地点
200 台电脑组成的局域网	SimTrade 外贸实训平台	国际贸易综合仿真实训室

1.1　公司注册登记

1. 实训目的

了解公司注册登记的程序,熟悉公司登记所需资料,会进行公司登记操作。

2. 实训内容

上网查询公司注册有关法规和文件规定、公司注册程序及所需文件,模拟制作注册文件,并模拟注册。

3. 模拟情景

以注册一个拥有外贸经营权的公司为工作任务,学生作为任务的决策者和执行者,利用各种免费资源,虚拟制作文件,以最小的成本和最快的速度完成这一工作。

4. 实训步骤

公司注册有关法规文件查询——公司注册程序查询——公司注册所需文件查询——注册文件模拟制作——模拟注册公司——模拟登记外贸经营权——SimTrade 外贸实训平台公司注册。

1.2　市场调研

1. 实训目的

了解食品行业市场调研的基本渠道、方式方法,基本掌握食品行业市场行情分析的技巧。

2. 实训内容

选择产品大类,通过网络资源调研影响产品行情的宏观和微观因素,分析宏观和微观经济环境。通过查询食品行业各企业相关产品的供求信息,分析食品行业各产品的市场价格及供求走势。

3. 实训步骤

选择产品大类——调研影响产品行情的宏观和微观因素——查询各企业相关产品的供求信息——分析各产品的市场价格及供求走势——在 SimTrade 外贸实训平台上模拟市场调研——在平台上选择经营商品至少三个——市场考察。

4. SimTrade 外贸实训平台上的操作

工厂上淘金网,查看商品生产成本;

出口商向不同的工厂询价,同时向不同的进口商询价,以了解市场情况;

进口商进入业务中心,查看市场情况。

5. 公共网站操作与实地调研

选定一种商品,登陆不同的电子商务网站,选择不同的供货商询价。学生自行到市内大型市场、商场、超市调研商品价格及销售情况。

1.3　贸易磋商

1. 实训目的

通过实训,使学生基本掌握发盘、还盘、接受的基本技巧,了解相关函电往来的基本要求,能熟练起草相关函电。

2. 实训内容

就选定的产品进行网上询价,并进行发盘、还盘、接受的模拟,掌握函电起草和往来的基本要求和技能。至少进行三种产品的交易条件磋商上模拟。

3. 实训步骤

搜寻相关企业——网上询价——平台上发布供求信息、广告信息——向潜在交易对手询价——发盘、还盘——接受——平台上起草合同——传递合同——签署合同

4. 示例

发布国内采购信息。

输入内容:我公司因客户需要,急购大量甜玉米罐头,有意者请与我公司联系! email: xyz1@simtrade.com

步骤一:与进口商建立业务关系

Dear Mr. Carter,

We know your name and address from the website of www. simtrade. net and note with pleasure the items of your demand just fall within the scope of our business line. First of all, we avail ourselves of this opportunity to introduce our company in order to be acquainted with you.

Our firm is an exporter of various Canned Foodstuffs. We highly hope to establish business relations with your esteemed company on the basis of mutual benefit in an earlier date. We are sending a catalogue and a pricelist under separate cover for your reference. We will submit our best price to you upon receipt of your concrete inquiry.

We are looking forward to receiving your earlier reply.

Yours faithfully,

Minghua Liu

Grand Western Foods Corp.

步骤二:回复

Dear Mr. Minghua Liu,

Thanks for your E-Mail.

With reference to your letter of July 28, 2013, we are glad to learn that you wish to enter into trade relations with us.

At present, we are in the market for CANNED SWEET CORN, and shall be glad to receive your best quotations for this item, with indications of packing, for date of shipment, CIF TORONTO.

Your early replay will be appreciated.

Yours sincerely

Carter

Carters Trading Company, LLC

步骤三:发盘

Dear Mr. Carter,

We have received your letter of July 29, 2013, asking us to offer the CANNED SWEET CORN for shipment to TORONTO PORT and highly appreciate that you are interested in our products.

Comply with your kindly request, we are pleased to offer our best price as follows:

1. CANNED SWEET CORN

2. Packing: EXPORTER CARTON

3. Specification: 3060G×6TINS/CTN

4. Quantity: 800 CARTONS

5. Price: USD14/CARTON CIF TORONTO

6. Payment: D/P

7. Shipment: in August, 2013

8. Brand: At your option

Our offer remains effective until August 30, 2013

Yours faithfully,

Minghua Liu

Grand Western Foods Corp.

步骤四:接受

Dear Mr. Minghua Liu,

We have received your E-Mail of July 29, 2013

After the consideration, we have pleasure in confirming the following offer and accepting it:

1. Commodity: CANNED SWEET CORN

2. Packing: EXPORTER CARTON

3. Specification: 3060G×6TINS/CTN

4. Quantity: 800CARTONS

5. Price: USD14/CARTON

6. Payment: D/P

7. Shipment: in August, 2013

Please send us a contract and thank you for your cooperation.

Yours sincerely,

Carter

Carters Trading Company，LLC

请根据以上磋商内容签订一份合同。

1.4　履行合同操作

1. 实训目的

了解国际贸易中货物流的基本环节、各环节操作的规则和基本技巧，掌握相关单证的制作技能。

2. 实训内容

完成甜玉米罐头交易的物流环节的操作及单证制作。

3. 实训步骤

选择采购厂家——磋商并签订合同——付款并接受货物——租船订舱——保险——报检——报关——装船出运——装船通知——接船收货

4. 提示

出口商操作：

（1）租船订舱。添加"货物出运委托书"。

（2）申请出口检验。添加"出境货物报检单"，填写出境货物报检单、商业发票、装箱单。

（3）回到"业务中心"，申请报检。报检完成后，检验机构给发"出境货物通关单"及出口商申请签发的相应检验证书。

（4）申请产地证。添加"普惠制产地证明书"。

（5）办理保险。添加"货物运输保险投保单"。

（6）申领核销。填写出口收汇核销单。

（7）备案。凭填好的出口收汇核销单办理备案。

（8）送货。将货物送到海关指定地点。

（9）报关。添加"出口货物报关单"，填写出口货物报关单。

（10）取回提单。点"船公司"，再点"取回提单"，将提单取回。

（11）发送装船通知。添加"Shipping Advice"，填写 Shipping Advice。填写完成后，点"船公司"，再点"发送装船通知"，将装船通知发送给进口商。

进口商操作：

（1）（出口商发送装船通知后）

收取装船通知已发送的通知邮件。

（2）（进口地银行议讨单据后）

收取单据到达的通知邮件。回到"业务中心"，支付货款。

（3）取回单据，领取相关货运单据。

（4）换提货单。去"业务中心"里的"船公司"办理。

（5）报检添加"入境货物报检单"，填写入境货物报检单。报检完成后，检验机构签发"入境货物通关单",凭以报关。

（6）报关。添加"进口货物报关单",填写进口货物报关单。填写完成后,去"业务中心"里的"海关"报关。完成报关后,海关加盖放行章后返还提货单与进口报关单。

（7）缴税。缴纳税款。

（8）提货。领取货物。

1.5　国际贸易资金结算

1. 实训目的

了解国际贸易 D/P 结算方式的操作程序,了解其费用构成,会制作相关结算文件和单据。

2. 实训内容

以 D/P 方式进行模拟,制作相关结算往来文件和单据。

3. 实训步骤

选择结算方式 D/P——核销登记——制作结算往来文件——制作结算单据——付款或收汇——核销退税

1.6　国际贸易善后处理

1. 实训目的

掌握业务完成后的善后往来信函的制作,掌握后续交流的技巧。了解国际贸易的各种风险,掌握各种风险下的处理方式及技巧。

2. 实训内容

制作善后函、索赔和理赔往来函件。

3. 实训步骤

货损调查——索赔对象分析——索赔价值计算——索赔函——理赔函——善后函

项目 2　茶叶出口业务实训

实训条件		
硬件	软件	地点
200 台电脑组成的局域网	SimTrade 外贸实训平台	国际贸易综合仿真实训室

2.1　出口商资料

商家名称:烟台长垦进出口有限公司

主营业务:茶叶

所在地区:山东烟台

联络地址:解放路 166 号国际金融大厦 17 层

联系人:王永灏

联系电话:0535－6236337

传真号:0535－6805461

商家网址:http://eon885974.e1288.com

2.2　交易准备

了解茶叶出口的管理条例。

进行市场调查,写一篇茶叶市场的调研分析报告。

经过市场调查,初步选定原生态系列的以下茶叶出口:金花茶袋泡茶。

考虑到供货商广西桂人堂金花茶产业集团股份有限公司在防城港,办理海运方便,并且有利于国内海运的发展,所以选择 CIF 的贸易方式。核算 CIF 价后,用英文编辑发盘。

2.3　样品

选样原则以"平均品质"原则为基础。经过市场调查,初步选定原生态系列的以下茶叶出口:

袋泡茶

茶叶货号:JHT01

品名:金花茶袋泡茶

包装方式:12 盒/纸箱

包装尺码:65×45×55 cm

包装重量(毛/净):3.6/1.92 kgs

含税采购成本:70元/盒,最低起订量2 076盒

2.4　出口价格核算

出口价格核算一般包括以下五个步骤:明确商品价格构成、核算出口成本、核算出口费用、核算出口利润和核算出口报价。

在以下出口报价核算过程中,做以下几方面的假设:

(1) 按2 076盒的交易量进行核算;

(2) 设该商品出口价格为X美元;

(3) 计算过程中,数值要保留到小数点后四位数,最后报价保留到小数点后2位。

1. 明确商品价格构成

根据外商的要求,确定茶叶价格构成的出口报价核算公式:

CIF价=出口成本+国内费用+国外运费+国外保费+出口利润

2. 核算出口成本

从国家税务总局出口退税率查询中得知:

因为金花茶是用于出口,所以增值税为17%,则出口退税率为15%。

通过"今日最新中国农业银行汇率—农行外汇牌价查询"中可知:

USD1=￥6.813 2

出口成本=采购成本-出口退税额

=采购成本-采购成本÷(1+增值税率)×出口退税率

=[70-70÷(1+17%)×15%]÷6.813 2=8.957 0美元/盒

3. 核算出口费用

(1) 核算国内费用

用明细核算法,即把可能产生的费用相加算出国内费用。

① 国内运费

由厂区到港口的运费为2 000元。

则国内运费=2 000÷2 076÷6.813 2=0.141 4美元/盒

② 业务定额费

业务定额费率为1%

则业务定额费=采购成本×业务定额费率=70×1%÷6.813 2=0.102 7美元/盒

③ 银行费用

根据长期的业务经验,银行费用率为0.3%

银行费用=出口价格×银行费用率=0.3%X

④ 垫款利息

预计垫款时间为30天,银行年利率为1.70%

垫款利息=采购成本×贷款年利率×垫款天数÷360

=70×1.70%×30÷360÷6.813 2=0.014 6美元/盒

⑤ 认证费

外商一般要求一份商业发票和一份产地证进行使馆认证,认证费由以下几部分构成:

贸促会收费:产地证的办证费¥35/份、领事认证代办费¥115/份;发票的认证费¥10/份、领事认证代办费¥115/份。

外交部相关部门收费:¥240/份。

新加坡使馆认证费:产地证的使馆认证费为¥400、发票的使馆认证费为¥4 000。

则认证费=贸促会收费+外交部相关部门收费+新加坡使馆认证费

=[(35+115+10+115)+(2×240)+(400+4 000)]÷2 076÷6.813 2

=0.364 5 美元/盒

⑥ 商检费

由于本产品为法检商品,因此要进行报检,根据国家质检总局的"商品检验主要项目收费标准",该产品商检收费标准是货物总值的 0.15%。

所以每件的商检费=出口价格×0.15%=0.15%X

⑦ 国内费用小结

国内费用=国内运费+业务定额费+银行费用+垫款利息+认证费+商检费

=0.141 4+0.102 7+0.3%X+0.014 6+0.364 5+0.15%X

=0.45%X+0.623 2

(2) 国外运费

① 集装箱装箱量的计算

根据包装信息,能否装入 20 英尺集装箱。

按体积算,可装纸箱数量 Q=集装箱内容积×0.9 误差系数÷(纸箱长×宽×高)

=173 箱

茶叶盒数=173×12=2 076 盒

通过简单计算,2 076 盒茶叶要用一个 20 英尺集装箱。

② 海外运费的核算

通过查询中远集装箱运输有限公司的报价表,新加坡属于基本港,1 个 20 英尺集装箱基本运费为 1 100 美元。同时查得燃油附加费为 100 美元。

国外运费=基本运费+附加运费=(1 100+100)÷2 076=0.578 0 美元/盒

(3) 国外保费

查保险费率表,投保平安险,到新加坡的保险费率为 0.10%。

国外保费=CIF 价×(1+保险加成率)×各种保险费率之和

=X×(1+10%)×0.1%=0.11%X

出口费用=国内费用+国外运费+国外保险

=0.45%X+0.623 2+0.578 0+0.11%X

=0.56%X+1.201 2

4. 核算出口利润

预期的销售利润率为 10%

出口利润=出口价格×销售利润率=10%X

5. 核算出口报价

出口价格=出口成本+出口费用+出口利润

$X = 8.9570 + 0.56\%X + 1.2012 + 10\%X$

$X = 11.36$ 美元/盒

因此出口报价 USD11.36/box CIF Singapore

2.5 发盘

金花茶出口发盘

YANTAI CHANGKEN IMP. & EXP. CO., LTD.

166 JIEFANG ROAD, YANTAI, CHINA

TEL：0535－6236337 FAX：0535－6805461

TO：SINGAPORE SONGFENG TEA IMP. & EXP. CO.,LTD.

DATE：APR. 02, 2013

Dear Sirs,

Thank for your inquiry on Apr. 01, 2013. Our offer is as follows：

1. Name of Commodity：Camellia Tea

2. Packing：12BOXES/CTN

3. Unit Price：USD11.36/box CIF Singapore

4. Quantity：2076boxes

5. Payment：30%T/T before and 70%T/T later

6. Shipment：by ship

7. Insurance：To be effected by the seller for 110% invoice value covering F. P. A. as per CIC of PICC dated 01/01/1981.

This offer is valid subject to your reply here before Apr. 10, 2013.

Furthermore, we have mailed a sample of Camellia Tea by DHL on Apr. 02, 2013. The sample is free of charge. Please tell us if you have any special requirement for the goods, we will remark the sample to meet your demand.

We wish we could become your good trade partner.

We are looking forward to your early reply.

Yours faithfully,

Yu Jieyun

2013 年 4 月 8 日进口商接受发盘。

2.6 合同签订

长垦公司和新加坡客户于 2013 年 4 月 20 日签订购销合同。具体内容参照发盘。

实训任务：

出口商：起草销售合同，合同寄送进口商。

进口商：确认合同。

2.7　合同履行

（2013 年 4 月 26 日,进口商 songfeng 公司打入电汇 30％预付款）

1. 备货

4 月 27 日烟台长垦外贸公司业务员马上向合作工厂下单,联系广西桂人堂金花茶产业集团股份有限公司。

实训任务:签订内销合同

2. 申请许可证

从 1998 年 8 月 10 日起,国家对茶叶出口不再实行统一联合经营,由外经贸部批准的有茶叶出口经营权的外贸公司、获得茶叶出口经营权的生产企业及已经外经贸部批准的外商投资企业自行成交。未经外经贸部批准,其他出口企业均不得经营茶叶出口。中方茶叶出口企业如果是生产加工型企业,长期从事进出口贸易,并有独立的进出口权,可以到当地商检局进行备案,直接向国内大型外贸公司申领进出口许可证(注:国家对茶叶出口仍实行计划配额和出口许可证管理,同时需出口合同),同时可以依客户要求申请 FORM_A（普惠制产地证）。FORM_A 可以在当地商检局办理。

3. 出口货物托运

货代公司传真出口货物明细单给船公司,收到配船以及费用确认件。

实训任务:出口商缮制出口货物订舱委托书、商业发票、装箱单

4. 出口货物投保

长垦公司收到船公司签署的配舱回单,确认货物的装船时间为 5 月 18 日,并于当天向中国人民保险公司烟台分公司办理保险手续,填写"海运货物投保单",投保平安险。在得到保险公司的承保回执后,缮制保险单,并将其送交保险公司签署确认。

实训任务:出口商缮制投保单和保险单

5. 出口货物报验

2013 年 5 月 20 日长垦公司填写"出口商品检验申请单",向商检局申请出口商品检验,随附合同、成交样本以及信用证和信用证修改书,送交商检局。商检局经审核检验后认为商品符合国家标准,在长垦公司已填制的出口报关单上盖商检放行章。

注:茶叶出口企业在进行茶叶出口商检报验及申领茶叶出口许可证时,必须列明具体茶种及 H.S 编码,不允许笼统使用"茶叶"或"中国茶叶"等名称。如不按此规定办理,各商检机构不接受报验,许可证发证机关不予发证。

实训任务:出口商缮制出口商品检验申请单

6. 出口货物报关

根据新的海关报关规定要求,货物的出口报关必须在货物进入装货码头仓库后才能进行。长垦公司于 5 月 22 日货物进入码头仓库后持"中华人民共和国海关出口货物报关单"并随附进出口许可证、报关委托书、核销单、报关单、发票、箱单等向有关部门报关。

实训任务:出口商缮制出口货物报关单

（2013 年 5 月 25 日,进口商 songfeng 公司打入电汇 30％后付款

7. **发装运通知**

货物装船后,长垦公司需及时向新加坡客户发送装船通知。

实训任务:出口商缮制装船通知

8. **出口退税**

长垦公司收回报关单、核销单,并进行外汇核销,最后出口退税。

实训任务:出口商收集退税单证

常用外贸术语及缩略语

A

At buyer's option 由买方决定
Acceptance Credit 承兑信用证
Acceptance 承兑;接受
Actual Total Loss 实际全损
Advising Bank，Notifying Bank 通知行
Air Transport 航空运输
Air Waybill 航空运单
All Risks 一切险
Allowance 折让;公差
Ante-dated B/L 倒签提单
Anticipatory L/C 预支信用证
Arbitral Award 仲裁裁决
Arbitration Clause 仲裁条款
Asian Development Bank 亚洲开发银行
At seller's option 由卖方决定
Auctioneer 拍卖人
A. V.（Ad. Val）从价运费

B

BAF（Bunker Adjustment Factor）燃油附加费
Back to Back Credit 背对背信用证
Banker's Draft 银行汇票
Barter 易货
Bearer B/L 不记名提单
Bidder 竞买者
Bidding 递盘
Bilateral Trade 双边贸易
Bill of Exchange (Draft)汇票
Bona Fide Holder 善意持票人
Bonded Warehouse 保税仓库
B/R (Buying Rate)买价
Breach of Contract 违约

Brokerage 经纪费
Business Negotiation 交易磋商
Buyer's sample 买方样品

C

CAF（Currency Adjustment Factor）货币汇率附加费
Cargo Receipt 承运货物收据
Cash with Order 随订单付款
CBM（cubic meter）立方米
C. C（Collect）运费到付
CCPIT（China Council for the Promotion of International Trade）中国对外贸易促进委员会
C/D（customs declaration）报关单
Certified Invoice 证实发票
CFS（Container Freight Station）集装箱货运站
CFS/CFS 集装箱货运站/集装箱货运站
CFT（Cubic Feet）立方英尺
CHB（Customs House Broker）报关行
Clean B/L 清洁提单
Clean Bill 光票
Clean Credit 光票信用证
Collection Bank 代收银行
Combined Transport B/L 多式联运提单
COMM（Commodity）商品
Commercial Draft 商业汇票
C. O，C/O（certificate of origin）一般原产地证
Commercial Invoice 商业发票
Commission 佣金
Compensation Trade 补偿贸易
Complete knock down（C. K. D.）全拆卸
Conditional Acceptance 有条件的接受

296

Conditioned Weight 公量

Confirmed Letter of Credit 保兑信用证

Confirming Bank 保兑行

Consignor 发货人

Constructive Total Loss 推定全损

Consular Invoice 领事发票

Copy B/L 副本提单

Counter Sample 对等样品；回样

C. S. C（Container Service Charge）货柜服务费

C. T. D（Combined Transport Documents）多式联运单据

CTN/CTNS（carton/cartons）纸箱

CTNR（Container）集装箱，货柜

Current Price 现行价

Customary Packing 习惯包装

Customs Invoice 海关发票

Customs Tariffs 关税

C. Y.（Container Yard）集装箱堆场

D

D/A（Documents Against Acceptance）承兑交单

Damage Caused by Heating and Sweating 受热受潮险

D/D（Remittance by Banker's Demand Draft）汇票

D/P（Documents Against Payment）付款交单

DDC（Destination Delivery Charge）目的港码头费

Deductible 绝对免赔额

Defendant 被诉方

Deferred Payment Credit 延期付款信用证

Demurrage 滞期费

Dispatch Money 速遣费

DHL（DHL International Ltd.）敦豪速递公司

Dishonor 拒付

DOC（document）文件、单据

Doc♯（Document Number）文件号码

Documentary Bill 跟单汇票

Documentary Credit 跟单信用证

D/O，D. O.（Delivery Order）到港通知、提货单

DOZ/DZ（dozen）一打

D. P. V.（duty paid value）完税价格

dup.（duplicate）副本

E

EA（each）每个，各

E/D（export declaration）出口申报书

EMP（European Main Ports）欧洲主要港口

EMS（Express Mail Special）特快专递

Endorsement 背书

Entrepot Trade 转口贸易

ETA（estimated time of arrival）预计到达时间

ETCL（expected time of commencement of loading）预计开始装货时间

ETD（estimated time of departure）预计离港时间

ETFD（expected time of finishing discharging）预计卸完时间

EU（European Union）欧盟

Exclusive Agent；Sole Agent 独家代理

Exclusive Sales 包销

F

FAC（facsimile）传真

FAF（Fuel Adjustment Factor）燃料附加费

F. A. Q（Fair Average Quality）良好平均品质

FCL（Full Container Load）整柜

FEU（Forty-Foot Equivalent Unit 40'）40'柜

F/F（Freight Forwarder）货运代理

F. I.（free in）船方不负担装货费用

FIATA （Federation Internationable des Associations de Transitaires et Assimeles）国际运输商协会联合会

Firm Offer 实盘

F. I. O. （free in and out）船方不负担装卸费用

F. O. C （free on charge）免费

F. O. I （free on interest）免息

For Reference Only 仅供参考

Force Majeure 不可抗力

Foreign Exchange Reserve 外汇储备

Forward Contract 远期交货合同

Foul B/L 不清洁提单

F. R. E. C. （fire risks extension clauses）存仓火险责任扩展条款

Franchise 相对免赔额

Freight Prepaid 运费已付

Freight to Collect 运费到付

Futures Exchanges 期货交易所

F. W. R. D. （Fresh Water and/or Rain Damage）淡水雨淋险

G

G. A. （General Average）共同海损

GATT （General Agreement on Tariffs & Trade）关税及贸易总协定

General Agent 总代理

G. M. Q 上好可销品质

Gross for Net 以毛作净

GSP （generalized system of preferences）普惠制

GSP C/O （generalized system of preferences certificate of origin）普惠制产地证

GSP Form A （generalized system of preferences Form A）普惠制格式 A

H

HAWB （house airway bill）航空分运单

HBL （House B/L）子提单

HC （high cubic）高箱

Heavy Weather 恶劣天气

Hedging 套期保值

Hook Damage 钩损险

H. O. （Head Office）总行

HSBC （HongKong & Shanghai Banking Corporation）汇丰银行

I

ICC （Institute Cargo Clause）伦敦保险学会条款

ICC （International Chamber of Commerce）国际商会

I/L （import licence）进口许可证

In Bulk 散装

Inc. （Incorporated）有限公司

Indent 订单

Indicative Mark 指示性标志

Industrial Property 工业产权

Initial Price 初步价格

Inspection before delivery 交货前检验

Inspection Certificate of Disinfection 消毒检验证明书

Inspection Certificate of Health 健康检验证书

Inspection Certificate of Measurement &/or Weight 衡量检验证明书

Inspection Certificate of Temperature 温度检验证明书

Inspection Certificate of Value 价值检验证书

Inspection Certificate on Damaged cargo 验残检验证书

Inspection on cleanliness 清洁检验

Inspection Report 检验报告

Insurance Broker 保险经纪人

Insurance Policy 保险单

Insurer 承保人

Intellectual Property 知识产权

International Bank for Settlement 国际清算

银行

International Multimodal Transport 国际多式联运

INV（Invoice）发票

Invitation to Tender 招标

I. O. P.（irrespective of percentage）不计免赔率

I. Q.（import quota）进口配额

ISO（International Standard Organization）国际标准化组织

J

JV（Joint Venture）合资企业

JVC（Joint Venture Corporation）合资公司

K

KID（Key Industry Duty）基础工业保护关税

Know How 专有技术

KYD（kiloyard）千码

L

Lay Time 装卸时间

LCL（Less Than Container Load）拼柜

Legal Weight 法定重量

L/G（Letter of Guarantee）保函

Liner's Freight Tariff 班轮运费表

Long Form B/L 全式提单

Loss or Damage Caused Breakage of Packing 包装破裂险

Loyd's Surveyor 英国劳氏公证行

ltg.（lighterage）驳船费

L/T（long ton）长吨

M

M³ 立方米

Manufacturer's Invoice 厂商发票

Marine Transport 海洋运输

MAWB（master airway bill）总航空运单

MB/L（Master Bill Of Loading）主提单

M 或 MED（medium）中等，中级的

Memorandum 备忘录

Metric Ton 公吨

MIN（minimum）最小的，最低限度

M/R（mate's receipt）大副收据

M/V（merchant vessel）商船

M/W（measurement/weight）体积或重量

Money Order 汇款单

Most Favored Nation Treatment 最惠国待遇

Mother Vessel 主线船

MTD（Multimodal Transport Document）多式联运单据

M. T. O.（multi-modal transport operation）多式联运

M/T（Mail Transfer）信汇

M/T 或 MT（Measurement Ton）尺码吨

Multilateral Trade 多边贸易

Multi-National Corporation 跨国公司

N

Negotiating Bank 议付行

Negotiation Credit 议付信用证

Neutral Packing 中性包装

N/M（no mark）无唛头

N. N. B/L（non-negotiable, not negotiable B/L）副本提单

N. O. E.（not otherwise enumerated）除非另有例举

N. O. P. F.（not otherwise provided for）除非另有规定

N. O. S.（not otherwise specified）除非另有指定

Non-transferable L/C 不可转让信用证

NVOCC（Non Vessel Operating Common Carrier）无船承运人

O

OBL（Ocean B/L）海运提单

O/L TPT ALL RISKS 陆运综合险

O/L TPT RISKS 陆运险

OMCC (Ocean Marine Cargo Clause) 海洋运输货物保险条款

Open Negotiation Credit 公开议付信用证

Opening Bank，Issuing Bank 开证行

Optional Port 选择港

Original B/L 正本提单

P

P. A. （particular average）单独海损

Parcel Post Receipt 邮包收据

Parcel Post Transport 邮包运输

Pattern Sample 款式样品

Paying Bank，Drawee Bank 付款行

Payment by Installments 分期付款

Payment in Advance 预付货款

PCT（percent）百分比

Physical Delivery 实际交货

Phytosanitary Certificate or Plant Quarantine Certificate 植物检疫证明书

P/L（packing list）装箱单、明细表

Port of Shipment 装运港

Port Surcharge 港口附加费

P. P（Prepaid）预付

Presenting Bank 提示行

Processing with Customer's Materials；Processing of Imported Materials 来料加工

Pro forma Invoice 形式发票

Promissory Note 本票

PSS（Peak Season Surcharges）旺季附加费

PUR（purchase）购买、购货

Purchase Confirmation 购买确认书

Purchase Contract 购买合同

Q

Quality Latitude 品质机动幅度

Quality，Weight and Measurements 货物质量、重量和尺码

Quota 配额

Quotation 报价

Quality Tolerance 品质公差

R

Rail Transport 铁路运输

Railway Bill 铁路运单

Rebate 回扣

Reciprocal Credit 对开信用证

REF（Reference）参考、查价

Ref. No.（reference number）参考号

Remitting Bank 汇出行

Revolving Credit 循环信用证

Right of Recourse 追索权

Risk of Clash & Breakage 破损破碎险

Risk of Intermixture and Contamination 混杂、玷污险

Risk of Leakage 渗漏险

Risk of Odor 串味险

Risk of Rust 锈损险

Risk of Shortage 短量险

Risk of Breakage 包装破裂险

Road Transportation 公路运输

S

Sales Confirmation 销售确认书

Sanitary Inspection Certificate or Certificate of Health 卫生检验证书

S/C（Sales Contract）售货合同

Scope of Business 业务范围

SDR（special drawing rights）特别提款权

S. K. D（Semi-complete knock down）半拆卸

Settlement of Claim 理赔

SGS（Societe Generale de Surveillance）通用鉴定公司

Short Form B/L 简式提单；略式提单

Short Ton 短吨

Sight Credit 即期信用证

Sight Draft 即期汇票

Signature 签字

SINOTRANS (China National Foreign Trade Transportation Corporation) 中国外贸运输公司

S/N (shipping note) 装运通知单

S/O (Shipping Order) 装货单

spec. (specification) 规格

Specification of Goods 商品规格

S. R. (strike risks) 罢工险

S. R. C. C (strike, riots and civil commotions) 罢工、暴动及民变险

S. S (steamship) 船运

SSL (Steam Ship Line) 船公司

Stale B/L 过期提单

STL. (style) 式样、款式、类型

Submission of tender 投标

SWIFT (Society for Worldwide Interbank Financial Telecommunication) 环球银行金融电讯协会

Symbolic Delivery 象征性交货

T

TEU (Twenty-Foot Equivalent Unit 20') 20'柜型

Time Draft (Usance Bill) 远期汇票

T. L. O. (total loss only) 全损险

T. O. C (Terminal Operations Option) 码头操作费

Total Loss 全部损失，全损

T. P. N. D. (Theft, Pilferage and Non-delivery) 偷窃提货不着险

T. R. C (Terminal Receiving Charge) 码头收柜费

T/T (Telegraphic Transfer) 电汇

Trade Barriers 贸易壁垒

Train/Air 陆/空

Train-Air-Truck 陆空陆

Tramp 不定期船

Transferable Credit 可转让信用证

Transshipment additional 转船附加费

Transshipment B/L 转船提单

Transshipment Risks 转运险

TTL (Total) 总共

U

UCP (uniform customs & practice) 统一惯例

U. K. Ports (United Kingdom Ports) 英国港口

UNCTAD (United Nations Conference on Trade and Development) 联合国贸易和发展会议

Underwriter 保险公司

Underwriters Laboratory 保险商实验室

UNDP (United Nations Development Program) 联合国开发计划署

Usance Letter of Credit 远期信用证

V

Veterinary Inspection Certificate 兽医检验证书

VOCC (Vessel Operating Common Carrier) 船公司

Voy. (voyage) 航次

Voyage Charter 程租船

W

W. A. (with average) 水渍险

Warning Mark 警告性标志

Weight Memo 重量单

Without Recourse 无追索权

W/M (Weight or Measurement ton) 以重量吨或者尺码吨中从高收费

w/o (without) 没有

W. P. A. /W. A. (With Particular Average) 水渍险

W/T (Weight Ton) 重量吨（即货物收费以重量计费）

W/T (with transshipment) 转船

WTO (World Trade Organization) 世界贸易
　组织
wty.（warranty）保证条款
W/W 或 W TO W（Warehouse to
　Warehouse）仓至仓条款

X

Ex Coupon 除息票

Excluding 不包括，免除
Extension 电话分机，内线

Z

Zero defects 无差错，无缺憾
ZERT［德］Zertifikat（＝certificate）证明书

参考文献

1. 黎孝先.国际贸易实务(第3版)[M].北京:对外经济贸易大学出版社,2003.

2. 姜宏.国际贸易实务与综合模拟实训[M].北京:清华大学出版社,2008.

3. 郭燕,杨楠楠.国际贸易案例精选[M].北京:中国纺织出版社,2004.

4. 郑光贵.国际贸易理论与实务[M].大连:东北财经大学出版社,2002.

5. 翟江南.货物贸易理论与实务[M].北京:对外经济贸易大学出版社,2007.

6. 金焕.报检实务[M].北京:电子工业出版社,2007.

7. 张亚芬.国际贸易实务与案例[M].北京:高等教育出版社,2002.

8. 张彦欣,卓小苏,杨楠楠.国际贸易操作实务[M].北京:中国纺织出版社,2005.

9. 王莉,等.进出口业务单证操作手册[M].广州:广东经济出版社,2005.

10. 童宏祥.新编国际商务单证实务[M].上海:上海财经大学出版社,2006.

11. 李健.新编进出口实务[M].北京:中国水利水电出版社,2005.

12. 贾建华.国际贸易理论与实务[M].北京:首都经济贸易大学出版社,2007.

13. 吴百福.进出口贸易实务教程[M].上海:上海人民出版社,2002.

14. 祝卫.出口贸易模拟操作教程[M].上海:上海人民出版社,2003.

15. 童宏祥.国际贸易实务[M].上海:华东理工大学出版社,2003.

16. 朱晓明,陶田,袁海君.21世纪国际经贸实务大全[M].上海:华东师范大学出版社,2003.